Sepp und Marc Brandl · Markus Stadler

Berchtesgadener und Chiemgauer Alpen

mit Kaisergebirge und Steinbergen

62 ausgewählte Skitouren zwischen Kufstein und Salzburg, Chiemgau und Pinzgau

ROTHER
BERGVERLAG

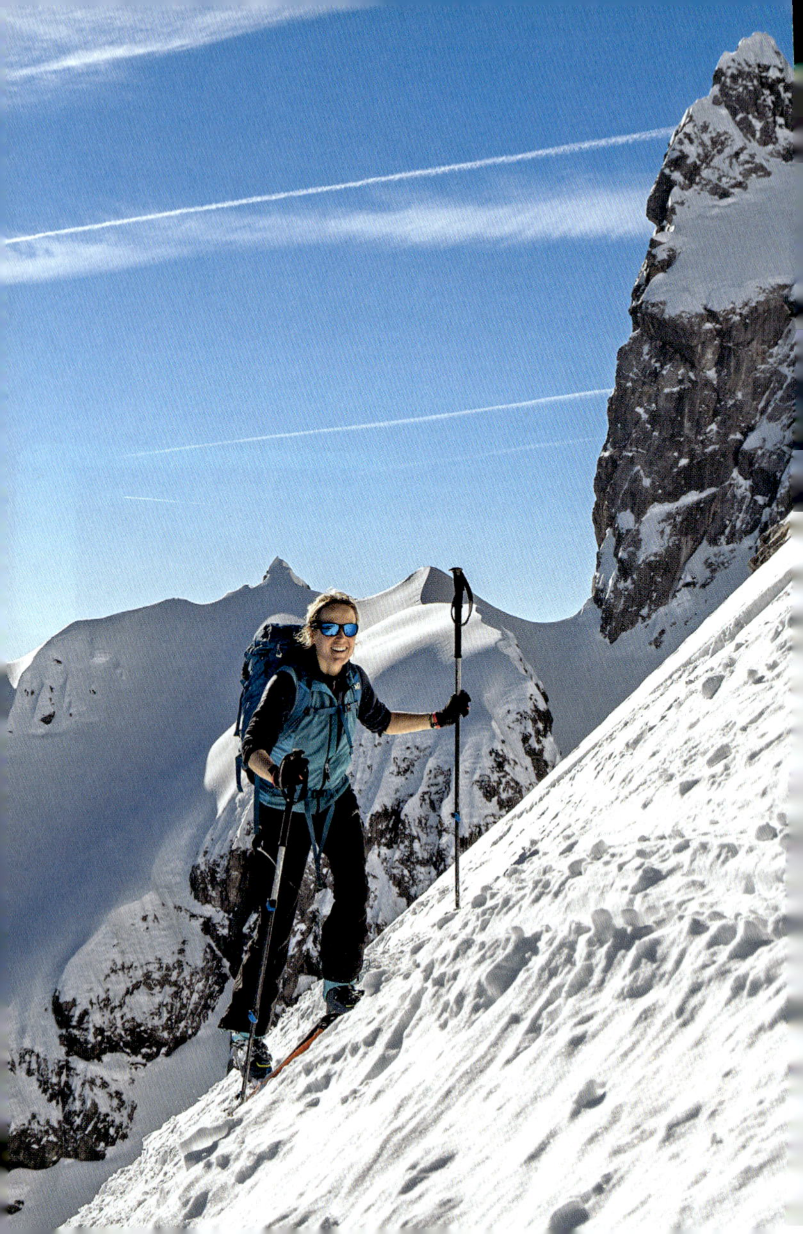

VORWORT

Die 62 Skitouren dieses Buches wurden von meinem geschätzten Kollegen Sepp Brandl und seinem Sohn Marc bereits für die letzte Auflage sorgfältig aus den reichhaltigen Tourenmöglichkeiten zwischen Inn und Salzach ausgesucht. Es bestand kein Anlass, die ausgewogene Mischung aus Einsteigertouren, mittelschwierigen Genussrouten und einigen anspruchsvolleren Zielen zu verändern. Meine Hauptaufgabe bestand deshalb darin, die Beschreibungen auf Aktualität zu prüfen, die Bebilderung um aktuelle Fotos zu bereichern und vor allem die von den Skitourengehern zunehmend vorausgesetzten GPS-Daten zu liefern.

Das Tourengebiet zeichnet sich durch einen extrem abwechslungsreichen Charakter aus. In den Chiemgauer Alpen dominieren bewaldete Hügel und sanfte Almweiden, nur an wenigen Stellen durchbrochen von schroffen Felsmassiven wie der Hörndlwand oder der Kampenwand. Ein ideales Revier für Einsteiger, aber auch ein beliebtes Ausweichziel für die erfahrenen Skibergsteiger bei schlechtem Wetter und unsicherer Lawinenlage. Östlich anschließend umrahmen die grandiosen Berchtesgadener Alpen den berühmten Königssee. Dementsprechend eindrucksvoll gestalten sich hier viele Touren und erfordern gute Kondition und Technik. Ähnliches gilt auch für die anderen beschriebenen Kalkgebirgsstöcke – die Loferer und Leoganger Steinberge und den Wilden Kaiser. Ganz im Südosten der in diesem Skitourenführer behandelten Region liegen die Dientner Berge, ein Teil der Salzburger Schieferalpen. Aufgrund ihrer oft bilderbuchgleichen Skihänge eine ideale Ergänzung für unser feines Sammelsurium. Allerdings sind diese Berge zwischen Saalfelden und Bischofshofen aus den bayerischen Ballungsräumen nur mit sehr langer Anreise erreichbar und daher nicht mehr als Tagestour geeignet. Generell ist aus Gründen des Umwelt- und Klimaschutzes zu empfehlen, längere Anfahrtszeiten mit einem mehrtägigen Aufenthalt zu verbinden. Dann ist auch eine Anreise mit Bahn und Bus über weitere Strecken realistisch, was die oft unter der Blechlawine leidenden Täler entlastet und den persönlichen CO_2-Fußabdruck reduziert. Aber nicht nur Klima und Talbewohner gilt es zu schonen, sondern auch die eigentlichen Hausherren der Berge. Wir bewegen uns im Lebensraum zahlreicher Wildtiere, für die der Winter eine harte Zeit darstellt. Störungen sollten wir daher so gut es geht vermeiden. Unter dem Punkt »Wald-Wild-Schongebiete« wird auf sensible Bereiche und Schutzzonen hingewiesen.

So wünsche ich allen Tourenfreunden viel Freude mit diesem Skitourenführer, eindrucksvolle Wintererlebnisse und allzeit gesunde Heimkehr!

Markus Stadler
Rosenheim, im Winter 2022/23

INHALTSVERZEICHNIS

Dientner Schieferberge

Loferer und Leoganger Steinberge

Kaisergebirge

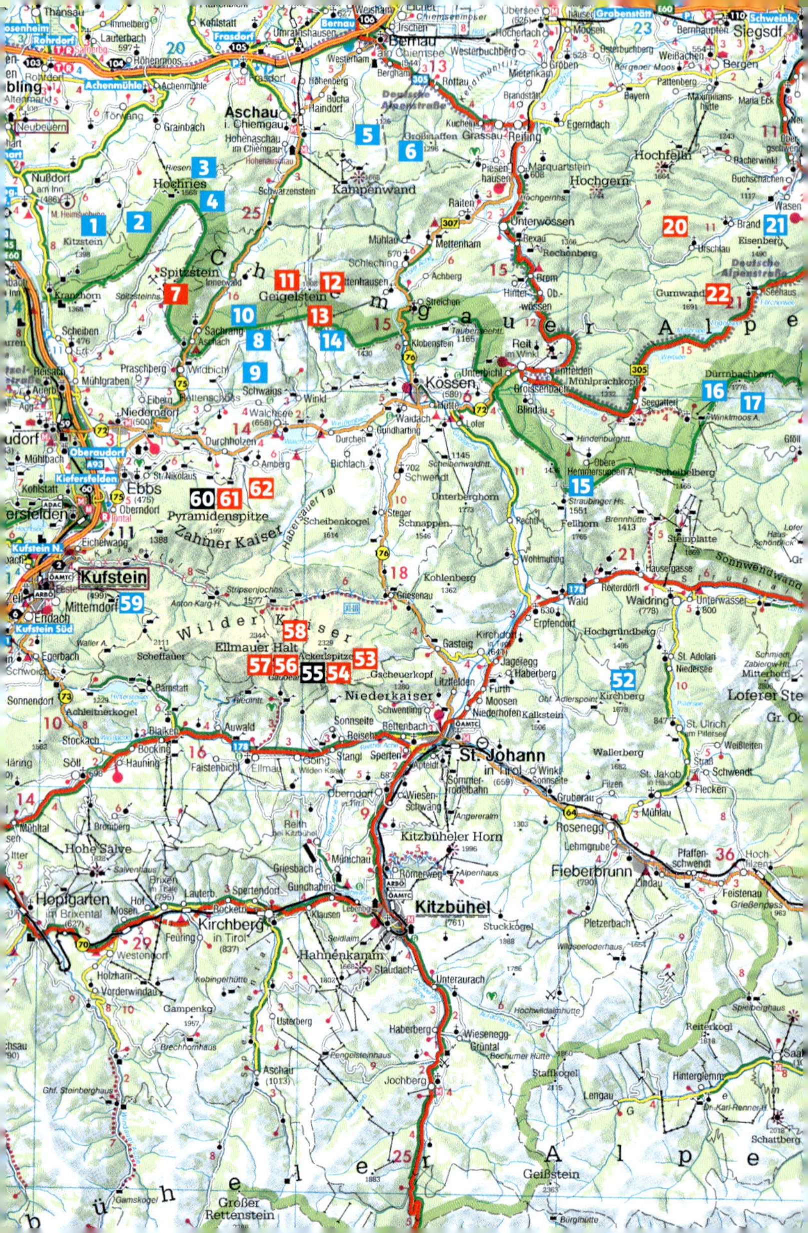

Aschau i. Chiemgau
Hohenaschau im Chiemgau
Kampenwand
Hochries
Spitzstein
Geigelstein
Chiemgauer Alpen
Kössen
Reit im Winkl
Unterwössen
Marquartstein
Hochfelln
Hochgern
Grassau
Bernau
Siegsdorf
Bergen
Nußdorf am Inn
Neubeuern
Kitzstein
Sachrang
Walchsee
Niederndorf
Ebbs
Oberaudorf
Kiefersfelden
Pyramidenspitze
Zahmer Kaiser
Kufstein
Kufstein N.
Kufstein Süd
Wilder Kaiser
Ellmauer Halt
Ackerlspitze
Scheffauer
Gscheuerkopf
Niederkaiser
St. Johann in Tirol
Kitzbüheler Horn
Kitzbühel
Hahnenkamm
Kirchberg in Tirol
Hopfgarten im Brixental
Hohe Salve
Söll
Ellmau
Going
Fieberbrunn
Waidring
Steinplatte
Sonnwendwand
Fellhorn
Unterberghorn
Erpfendorf
Kirchdorf in Tirol
St. Ulrich am Pillersee
St. Jakob in Haus
Loferer Steinberge
Hochfilzen
Pillerseetal
Jochberg
Aurach
Großer Rettenstein
Geißstein
Hinterglemm
Saalbach
Schattberg
Kitzbüheler Alpen
1 2 3 4 5 6 7 8 9 10 11 12 13 14 15 16 17 20 21 22 52 53 54 55 56 57 58 59 60 61 62

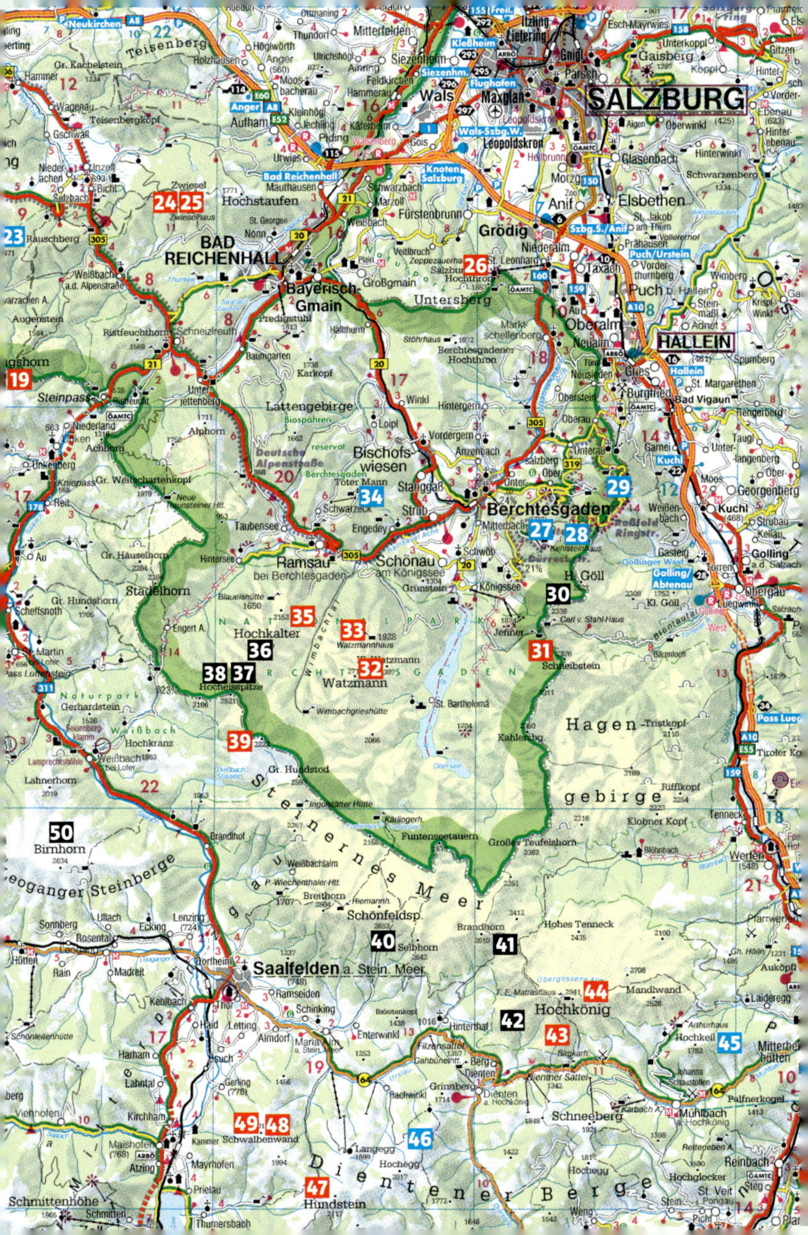

SALZBURG
HALLEIN
BAD REICHENHALL
Bayerisch Gmain
Berchtesgaden
Bischofswiesen
Ramsau bei Berchtesgaden
Schönau am Königssee
Saalfelden a. Stein. Meer
Hochstaufen
Untersberg
Lattengebirge
Deutsche Alpenstraße
Hochkalter
Watzmann
Hocheisspitze
Hagen
gebirge
Steinernes Meer
Schönfeldsp.
Hochkönig
Dientener Berge
Grödig
Anif
Elsbethen
Wals
Puch
Oberalm
Kuchl
Golling
Stadelhorn
Birnhorn
Leoganger Steinberge
Schwalbenwand
Hundstein
Schneeberg
Mühlbach a. Hochkönig
Teisenberg
Zwiesel
19
23
24
25
26
27
28
29
30
31
32
33
34
35
36
37
38
39
40
41
42
43
44
45
46
47
48
49
50

TOP-TOUREN

Die Auswahl dieses Tourenführers bietet ein breites Repertoire von kurzen Spritztouren bis hin zu großzügigen Unternehmungen, die auch mal etwas abseits des Massengeschmacks sein können. Besonders auswärtige Bergsteiger und Urlauber werden nur einige wenige Touren aus diesem Buch besuchen. Um die Qual der Wahl etwas zu verringern, haben wir auf dieser Seite zehn besonders lohnende Ziele zusammengestellt.

Spitzstein
Beliebte Eingehtour zwischen Inn- und Priental, am schönsten bei frischem Pulverschnee, aber auch bei Firn *(Tour 7, 3.30 h).*

Geigelstein – Ostroute
Begehrter Aussichtsberg mit Standardabfahrt vom Skischartl und steilerer Variante übers »Platt« *(Tour 12, 3.50 h).*

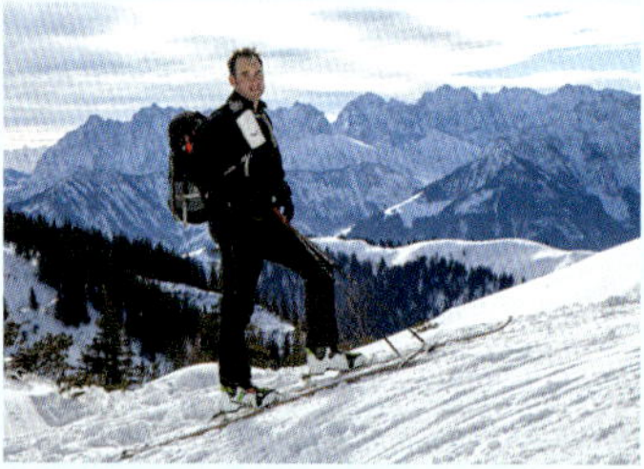

Sonntagshorn und Peitingköpfl
Gipfelpaar im schneesicheren Unkener Heutal für Hochwinter und Frühling *(Tour 19, 4.30 h).*

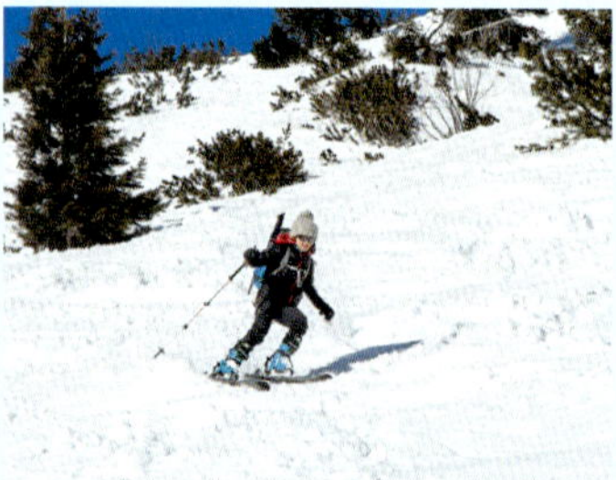

Schneibstein – Kleine Reibn
Beliebte Rundtour über den einfachsten 2000er der Berchtesgadener Alpen mit reizvollen Landschaftsbildern *(Tour 31, 7.00 h).*

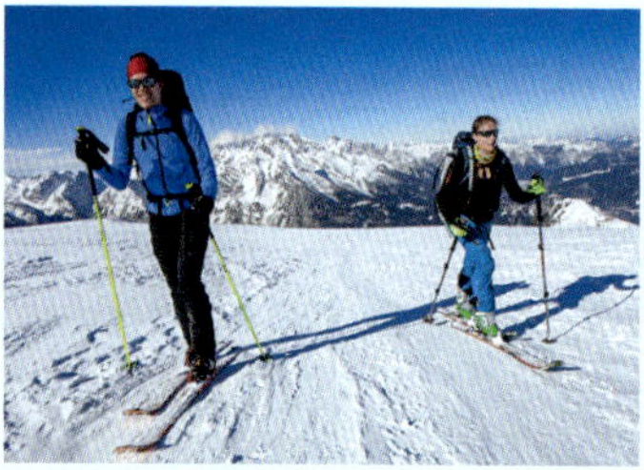

Watzmannkar
Vom Hochwinter bis ins Frühjahr in jeder Hinsicht eine große und landschaftlich imposante Tour mit drei verschiedenen Zielen *(Tour 32, 6.15 h).*

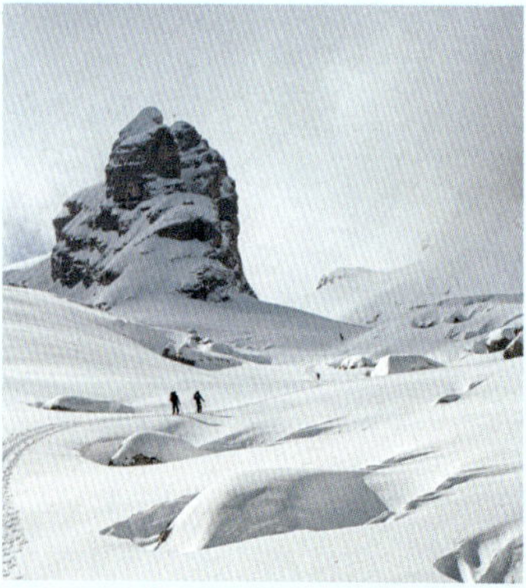

Seehorn
Relativ schneesicheres Ziel hoch über dem Saalachtal mit Blick ins Steinerne Meer *(Tour 39, 5.40 h).*

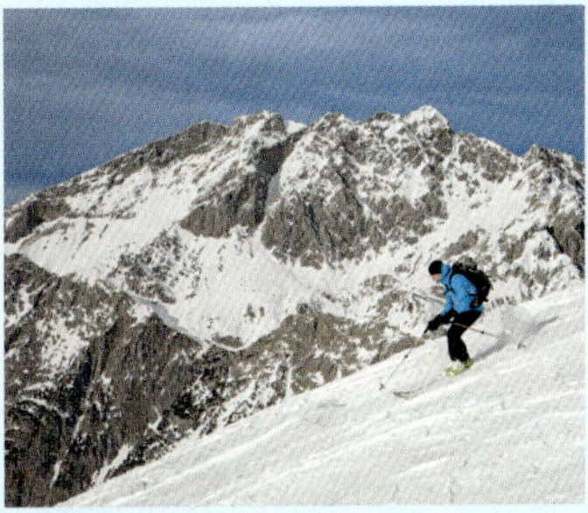

Schwalbenwand
Das Modell eines Skiberges mit mehreren Aufstiegs- und Abfahrtsrouten; am lohnendsten von Unterberg herauf *(Tour 48, 4.45 h).*

Skihörndl
Trägt die Skitour zu Recht im Namen, ideal bei sicheren Pulverbedingungen im Spätwinter und bei Firn im Frühjahr *(Tour 51, 5.40 h).*

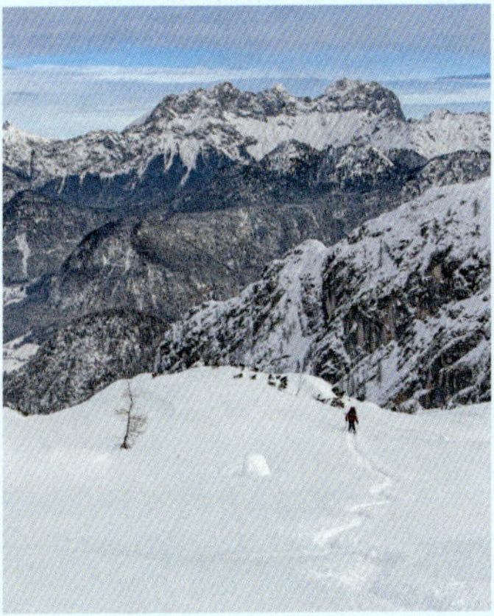

Ellmauer Tor
Ein südseitiges Kar mit mittelsteilen Firnhängen und einer grandiosen Felskulisse im Herzen des Wilden Kaisers *(Tour 56, 3.30 h).*

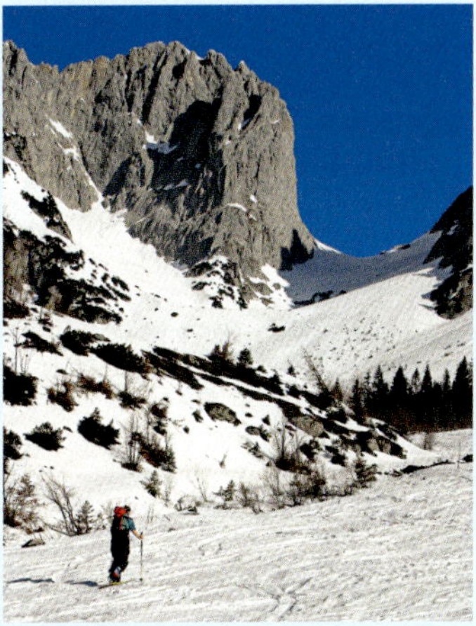

Griesenerkar
Schattiges Parade-Kar um die Fritz-Pflaum-Hütte mit Optionen auf mehrere steile Scharten *(Tour 58, 3.10 h).*

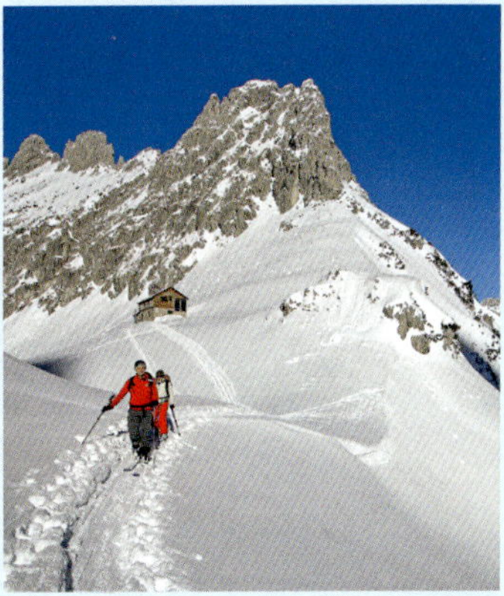

ZUM GEBRAUCH DES BUCHES

Tourenplanung

Aus der Kopfzeile einer jeden Tour kann man auf einen Blick wichtige Parameter für die Planung und Durchführung ablesen.

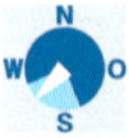

Eine Windrose gibt Auskunft über die Exposition des Tourengeländes; der weiße Pfeil gibt die Haupthangrichtung an, das hellblaue Segment informiert über die wesentlichen Expositionsbereiche. Aus diesen festen Größen lassen sich für den erfahrenen Skibergsteiger unter Einbeziehung des aktuellen Wetter- und Lawinenlageberichts wichtige Rückschlüsse auf die zu erwartende Schneeart und Lawinengefahr ziehen. Die in manchen Übersichtsaufnahmen eingezeichneten Routen umgehen sensible Wildtiereinstände und zeigen die gängigen Bereiche für Aufstieg bzw. Abfahrt. Für die Feinplanung einer Tour gibt neben der Routenbeschreibung auch der einführende Infoteil nützliche Hinweise. Um sich einen umfassenden Überblick über das Tourengebiet und alternative Unternehmungen verschaffen zu können, sollte man sich zu den im Maßstab 1:50.000 abgebildeten Kartenausschnitten (Hauptroute in durchgezogener Linie – Variante gestrichelt – verdeckter Routenverlauf punktiert) noch weiteres Kartenmaterial zulegen (siehe Karten S. 17).

Wintermärchen vor dem Steinernen Meer (Tour 46): Breithorn und Ramseider Scharte (links), Schönfeldspitze und Buchauer Scharte (Mitte), Selbhorn und Poneck (rechts).

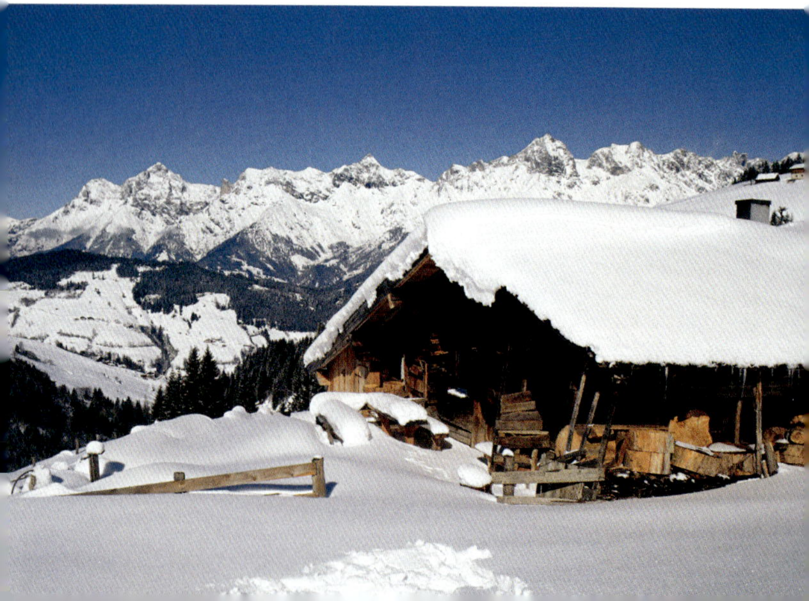

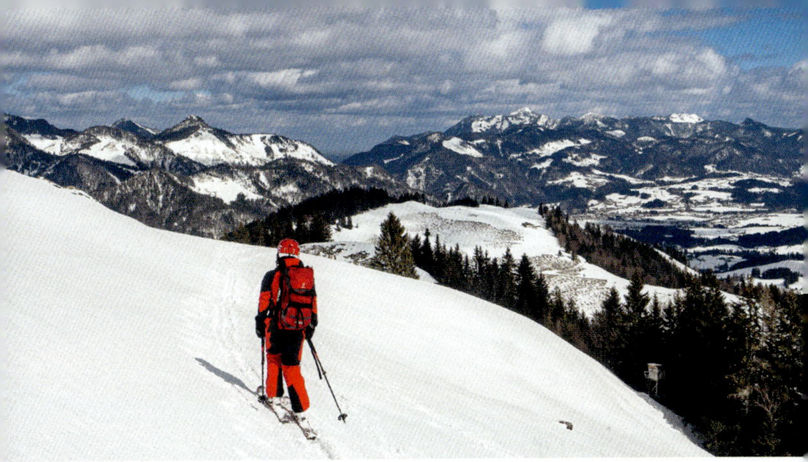

Abfahrt vom Walchseer Heuberg (Tour 62).

Gehzeiten

Für die Aufstiegszeiten – Rast- und Fotopausen nicht einbezogen – wurde ein Mittelwert von knapp 400 Hm/Std. (Höhenmeter pro Stunde) angenommen. Bei gespurtem Gelände ohne größere technische Schwierigkeiten oder längere Flachpassagen ist das gut zu schaffen, wenn man regelmäßig Sport treibt. Die Zeit für die Abfahrt geht von einer Kleingruppe guter Skifahrer aus und berücksichtigt pro Umrüstung Aufstieg/Abfahrt jeweils etwa 15 Minuten Zeitbedarf. Spurarbeit nach größeren Neuschneemengen, Pappschnee mit aufstollenden Fellen und andere Widrigkeiten, aber auch schlechter Trainingszustand können den Zeitbedarf deutlich erhöhen und sollten bei der Planung mit entsprechendem Puffer berücksichtigt werden.

Höhenunterschied

Angegeben ist die geforderte Anstiegsleistung; dabei sind zusätzlich zur Höhendifferenz zwischen Ausgangspunkt und Ziel (Gipfel) auch etwaige Gegenanstiege mit einberechnet.

Anforderungen und Schwierigkeitsbewertung

Wie anspruchsvoll eine Tour ist, hängt vor allem von Länge, Höhenunterschied, Hangneigung und -richtung, Untergrund und Bewuchs sowie von der Weite des für Anstieg und Abfahrt zur Verfügung stehenden Geländes ab. Neben diesen festen, messbaren Größen kommen als variable Größen das Wetter und der Schnee dazu, die auf jeder Tour gesondert zu beurteilen sind. Ungünstige Schneequalität (Pappschnee, Harsch, Bruchharsch, Sulzschnee, Eis oder windgepresster Schnee) kann die technischen Schwie-

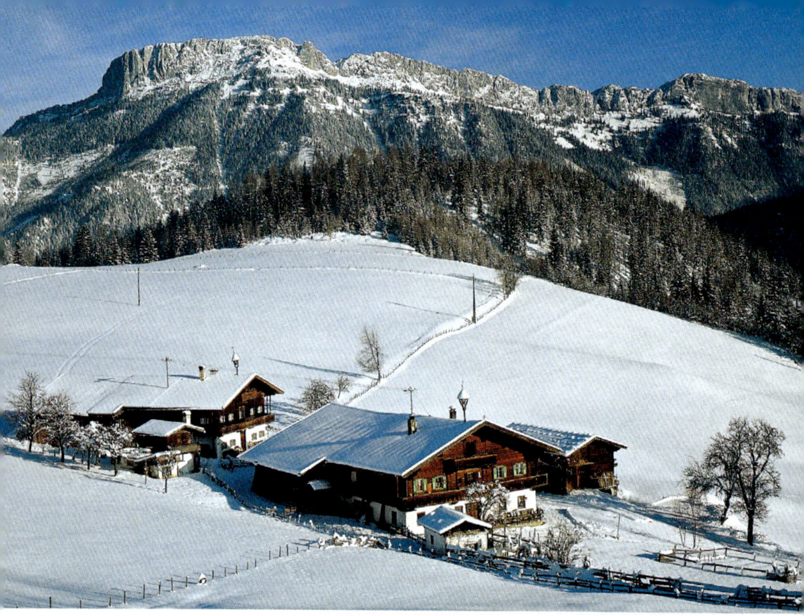

Die Höfe von Rechensau (Tour 52) bei Waidring, im Hintergrund die Steinplatte.

rigkeiten und konditionellen Anforderungen auf einer Tour um eine ganze Stufe erhöhen, kann aber nicht in die objektive Bewertung einbezogen werden. Die Summe der gesamten Anforderungen, die eine Skitour stellt, drückt sich in der Farbe der Tourennummer aus. Drei Stufen (Farben) werden unterschieden:

SCHWIERIGKEITSKATEGORIEN

■ = Leicht

Einfache Aufstiege und Abfahrten, die sich auch für Einsteiger, häufig auch für Kinder eignen und eine Aufstiegszeit von 2½ Stunden im Allgemeinen nicht überschreiten, sofern auf der Tour keine Einkehrmöglichkeit besteht. Die Hangneigung erreicht meist nur 25 Grad oder überschreitet sie nur streckenweise in geringem Maß. Das Tourengelände bietet Almwiesen, lichte Waldpassagen, Forststraßen.

■ = Mittel

Mäßig schwierige Aufstiege und Abfahrten. Die Hangneigung erreicht bis zu 35 Grad oder überschreitet sie nur stellenweise in geringem Maß. Das Tourengelände kann neben Steilflanken auch unangenehme Engstellen,

Grat- und Waldpassagen oder sonstige Hindernisse aufweisen. Im Steilgelände wird gute Aufstiegstechnik vorausgesetzt (Spitzkehren), die Aufstiegszeit kann sich bis zu 4 Stunden und länger hinziehen.

■ = Schwierig

Schwierige Aufstiege und Abfahrten. Nur für ausgezeichnete Skifahrer und alpin erfahrene Skibergsteiger bei günstigen Bedingungen! Die Hangneigung reicht bis zu 40 Grad oder überschreitet sie stellenweise. Ausgesetzte Passagen, gefährliche Engstellen und/oder felsdurchsetzte Steilstufen können die Tour erschweren. Stürze oder Ausrutscher können fatale Folgen haben, ja lebensbedrohend sein!

Orientierung

Das Tourengelände ist infolge der winterlichen Schneedecke zunächst einmal weglos. Wegweiser (»Ww.«) und Markierungen sind meist nicht oder nur vereinzelt zu erkennen. Als Orientierung dienen dann Geländestrukturen, Bewuchs (Wald oder einzelne Bäume), künstliche Einrichtungen (Forststraßen, Lifte, Versorgungsleitungen, Gebäude u.a.). Am einfachsten orientiert man sich an vorhandenen Skispuren, die umso ausgeprägter und damit auch hilfreicher sind, je häufiger eine Route im Winter begangen wird. Die Orientierung wird jedoch problematisch, wenn oberhalb der Waldgrenze der Nebel die Sicht nimmt oder/und der Wind oft in wenigen Minuten alle Spuren verwischt. In solchen Fällen hilft nur eine sofortige Umkehr, damit man entlang der vorhandenen Spuren den Rückweg ins Tal finden kann. Gutes Kartenmaterial (am besten 1:25.000), Höhenmesser und Kompass oder GPS-Gerät – sicherer Umgang vorausgesetzt – können zu unverzichtbaren Helfern werden. Sehr verbreitet ist inzwischen die Orientierung mittels Smartphone und den zahlreichen GPS-tauglichen Apps. Zu bedenken ist dabei aber der hohe Stromverbrauch, der den Akku bei Kälte in wenigen Stunden leer saugt. Dann kann man nicht nur die Orientierung verlieren, sondern auch die einzige Notrufmöglichkeit.

SYMBOLE

Symbole im Tourenkopf

Mit Bahn/Bus erreichbar

Einkehrmöglichkeit unterwegs

Symbole im Höhenprofil

Ort mit Einkehrmöglichkeit

Einkehrmöglichkeit

P Parkplatz

Bushaltestelle

Bahnhof / S-Bahn-Haltestelle

† Gipfel

Kirche, Kapelle

Auf-/Abfahrt mit Seilbahn

)(Joch, Passübergang

Abzweigung

Hangrichtung

Bezeichnet die überwiegende Ausrichtung der Tour. Die Angabe hilft in Verbindung mit dem Lawinenlagebericht bei der Einschätzung der Lawinengefahr, sie gibt aber auch – unter Berücksichtigung des Wetters und der Jahreszeit – Informationen über die mögliche Schneequalität.

Lawinengefährdung

Grundsätzlich muss man auf jeder Unternehmung im winterlichen Gelände das Thema Lawinen berücksichtigen. Skitouren, auf denen Lawinengefahr ausgeschlossen ist, gibt es nur sehr wenige. Solange wir uns nicht auf einer Pistenskitour im gesicherten Skiraum befinden, liegt es in unserer eigenen Verantwortung, die Gefahrensituation einzuschätzen. Gerade bei der Abfahrt kann man innerhalb weniger Sekunden aus dem Bereich der sicheren Hauptroute in einen lawinengefährdeten Hang gelangen. Das gilt auch, wenn man »nur« vorhandenen Spuren folgt.
Die im Beschreibkopf angeführte Gefährdung durch Lawinen bezieht sich immer auf die beschriebene Route, nur wenig abseits davon kann die Situ-

EUROPÄISCHE LAWINENGEFAHRENSKALA

Stufe 1, gering:
Lawinenauslösung ist nur an wenigen, extremen Steilhängen möglich. Allgemein sichere Tourenverhältnisse.

Stufe 2, mäßig:
Lawinenauslösung ist bei größerer Zusatzbelastung vor allem an Steilhängen der angegebenen Exposition und Höhenlage möglich. Unter Berücksichtigung lokaler Gefahrenstellen günstige Tourenverhältnisse.

Stufe 3, erheblich:
Lawinenauslösung ist bei mittlerer Zusatzbelastung vor allem an Steilhängen der angegebenen Exposition und Höhenlage wahrscheinlich. Skitouren erfordern lawinenkundliches Beurteilungsvermögen; Tourenmöglichkeiten eingeschränkt.

Stufe 4, groß:
Lawinenauslösung ist bereits bei geringer Zusatzbelastung an den meisten Steilhängen wahrscheinlich. Fallweise sind viele mittlere, vereinzelt auch große spontane Lawinen zu erwarten. Skitouren erfordern großes lawinenkundliches Beurteilungsvermögen; Tourenmöglichkeiten stark eingeschränkt.

Stufe 5, sehr groß:
Zahlreiche große spontane Lawinen sind zu erwarten. Skitouren sind allgemein nicht mehr möglich.

ation eine völlig andere sein. Dazu lassen sich natürlich an dieser Stelle nur Aussagen über geländeabhängige Größen machen wie: Untergrund, Bewuchs, Hangneigung und -form sowie die Hangrichtung – und somit die Exposition gegenüber Sonne und der Hauptwindrichtung (Luv/Lee). Die variablen Größen der aktuellen, sich laufend verändernden Schneesituation und des Wetters bleiben unberücksichtigt. Diese sind stets vor Ort zu beurteilen, wobei schon im Vorfeld einer Skitour der aktuelle Wetter- und Lawinenlagebericht einzuholen ist.

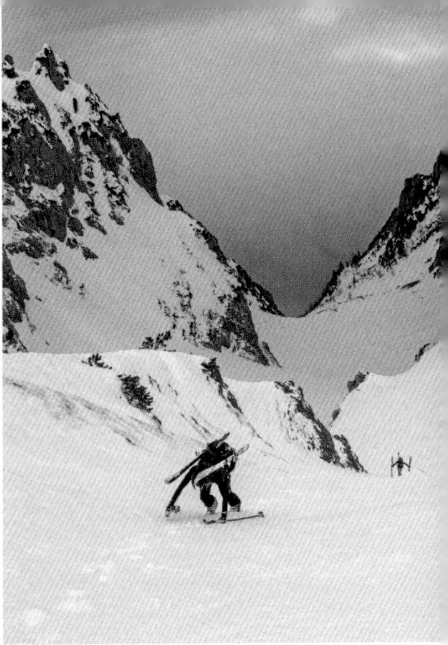

Das Eggersgrinn erfordert absolut sichere Lawinenlage (Tour 60).

Die Lawinenprognose für den nächsten Tag ist bereits am Vorabend bequem übers Internet abrufbar (siehe Telefonnummern und Informationsadressen, Seite 24). Für diesen Führer kommen drei Regionen in Frage, für die jeweils eigene Lawinenlageberichte ausgegeben werden: Bayern, Tirol und das Land Salzburg. Man achte darauf, den Lagebericht der entsprechenden Region für die geplante Tour auszuwählen. Ein hilfreiches Tool in der Planungsphase zur Auswahl einer Skitour anhand der aktuellen Lawinensituation findet sich unter www.skitourenguru.com. Auf dieser Website werden für die meisten der hier vorgestellten Unternehmungen täglich automatische Lawinen-Risiko-Bewertungen erstellt, wofür Geländedaten mit der Lawinenprognose verknüpft werden.

Günstige Zeit

Jeder Winter verläuft anders. Manchmal schneit es bereits im November größere Mengen und es bildet sich eine Unterlage, die den gesamten Winter über Bestand hat. Manchmal beginnt der Skitourenwinter überhaupt erst nach Weihnachten mit zögerlichen Schneefällen im Januar auf aperen Boden. Fast immer kumuliert sich die Schneemenge in den höheren Lagen im Laufe des Winters, so dass die größten Schneehöhen im März oder erst im April gemessen werden. Gleichzeitig werden die Tage ab Weihnachten schon wieder länger und die Sonne steigt höher über den Horizont, mit Auswirkungen auf die Schneequalität und den Schneedeckenaufbau. Anhand dieser Gesetzmäßigkeiten ergeben sich Wahrscheinlichkeiten, wann eine Skitour brauchbare Bedingungen aufweist. Das heißt aber nicht, dass

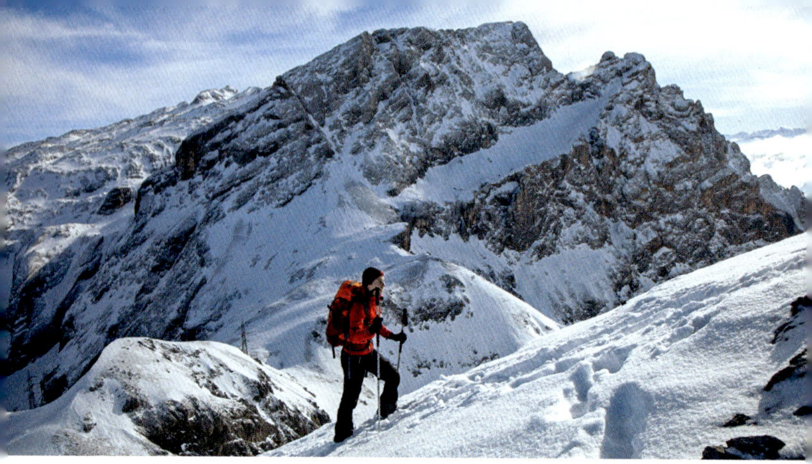

Die letzten Meter auf den Marterlkopf (Tour 41).

sie zu den angegebenen Monaten tatsächlich durchführbar ist – genauso wie nicht ausgeschlossen ist, dass man sie ausnahmsweise bei passenden Bedingungen auch zu einem anderen Zeitpunkt angehen kann.

Einkehr

Hier sind die an der Route bzw. an Ausgangspunkten (Ausnahme: in Ortschaften) gelegenen Gasthäuser, Jausenstationen und Hütten aufgeführt, soweit sie im Winter bewirtschaftet sind. Bei Übernachtungsmöglichkeiten ist die Zahl der Betten (»B.«) und Lager (»L.«) angegeben.

Varianten

Bei zahlreichen Touren werden in Kurzform auch Varianten für Aufstieg und/oder Abfahrt beschrieben; sie können leichter, aber auch schwieriger als die Hauptrouten sein.

Schutzzonen

Als Skitourengeher sind wir zu Gast im sensiblen Lebensraum der Wildtiere. Ihnen das Leben in der kalten Jahreszeit nicht zusätzlich zu erschweren, erfordert Rücksicht und Ruheräume, die nicht betreten werden. In Bayern wurden dafür vom DAV und den zuständigen Behörden sogenannte Wald-Wild-Schongebiete ausgewiesen. Sie werden an dieser Stelle im Beschreibkopf erwähnt, genauso wie Gefährdungsgebiete auf österreichischer Seite (siehe dazu auch »Skibergsteigen umweltfreundlich« auf Seite 25). Verantwortungsbewusste Tourengeher werden sich naturverträglich verhalten und empfindlichen Zonen ausweichen sowie Unwissende unaufdringlich darauf hinweisen.

SICHER UNTERWEGS

Ausrüstung

Einsteiger sollten sich von erfahrenen Tourengehern beraten lassen und bedenken, dass Tourengehen in erster Linie »Gehen«, in zweiter erst »Fahren« bedeutet. Das ist beim Kauf von Schuhen von allergrößter Bedeutung. Es gilt aber auch bei der Anschaffung von Kleidung (Skihose, Pullover/Jacke, Anorak, Mütze, Handschuhe, Socken, Unterwäsche) und nicht weniger für Skier, Bindung, Klebefelle, Harscheisen, Skistöcke, Tourenrucksack mit Skibefestigung und evtl. Helm. Gutes Kartenmaterial, GPS-Gerät bzw. Kompass und Höhenmesser, Lawinenverschüttetensuchgerät (LVS-Gerät), Lawinenschaufel, Sonde und Handy sind unverzichtbar, ein Airbag kann lebensrettend sein. Mitzunehmen sind auf einer Tour Proviant und Getränk, Sonnenbrille, Sonnenschutz, Erste-Hilfe-Päckchen und Biwaksack. Als praktische Helfer können sich erweisen: Rettungsfolie, Messer, Reepschnur, Draht, Tape, Wachs, Stockteller und Ersatzfell.

Karten

- Wanderkarten von Freytag & Berndt im Maßstab 1:50.000: WK 301 »Kufstein, Kaisergebirge, Kitzbühel«, WK 393 »Loferer und Leoganger Steinberge, Chiemgauer Alpen, Nationalpark Berchtesgaden« und WK 103 »Pongau, Hochkönig, Saalfelden«.
- Alpenvereinskarten Bayerische Alpen mit Skirouten und eingezeichneten Wildschutzgebieten im Maßstab 1:25.000: BY 17 »Chiemgau-

Gleichmäßig steile Aufstiegsspur zur Hochalm (Tour 35).

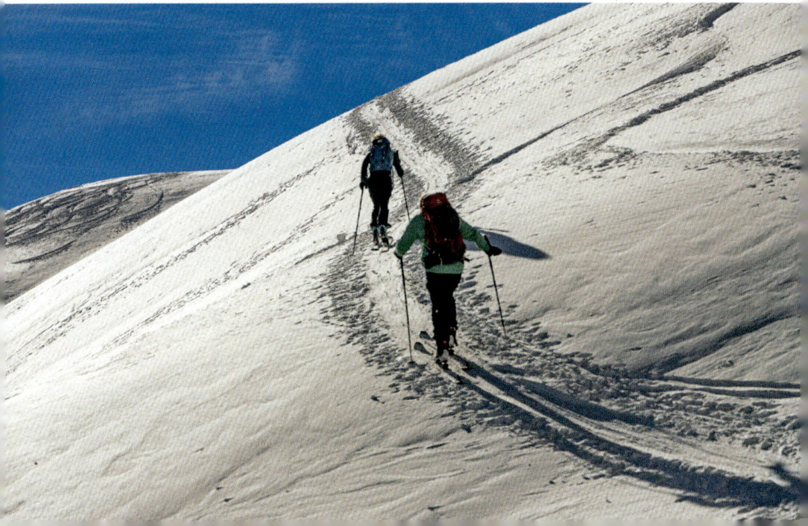

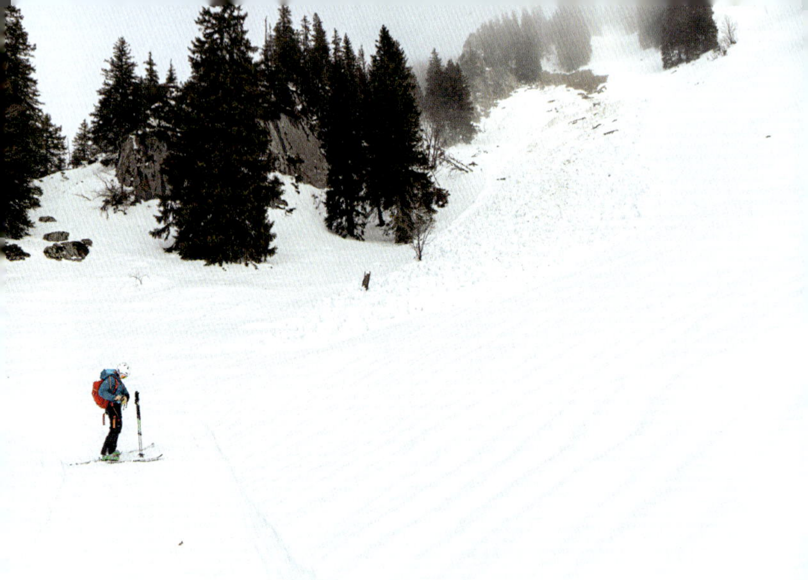

Lawinenenabgang bis fast zum Hüttenweg der Priener Hütte (Tour 11).

er Alpen West, Hochries, Geigelstein«, BY 18 »Chiemgauer Alpen Mitte, Hochgern, Hochfelln«, BY 19 »Chiemgauer Alpen Ost, Sonntagshorn«, BY 20 »Lattengebirge, Reiteralm«, BY 21 »Nationalpark Berchtesgaden, Watzmann«, BY 22 »Berchtesgaden, Untersberg«.
Ferner: 10/1 »Steinernes Meer«, 10/2 »Hochkönig Hagengebirge«, 9 »Loferer und Leoganger Steinberge«, 8 »Kaisergebirge« mit Skirouten.

GPS-TRACKS UND KOORDINATEN DER AUSGANGSPUNKTE

Zu diesem Skitourenführer stehen auf www.rother.de GPS-Tracks und Koordinaten der Ausgangspunkte zum kostenlosen Download bereit.
7. Auflage, Passwort: 590607acp
Sämtliche GPS-Daten wurden auf einer digitalen Karte erfasst. Verlag und Autor haben die Tracks und Wegpunkte nach bestem Wissen und Gewissen überprüft. Dennoch können wir Fehler oder Abweichungen nicht ausschließen, außerdem können sich die Gegebenheiten vor Ort zwischenzeitlich verändert haben. GPS-Daten sind zwar eine hervorragende Planungs- und Navigationshilfe, erfordern aber nach wie vor sorgfältige Vorbereitung, eigene Orientierungsfähigkeit sowie Sachverstand in der Beurteilung der jeweiligen (Gelände-)Situation. Man sollte sich für die Orientierung auch niemals ausschließlich auf GPS-Gerät und -Daten verlassen.

Lawinengefahr und Verhaltensweisen

Die Lawinengefahr ist das größtes Risiko, dem wir uns beim Skitourengehen aussetzen. Alpenweit sterben pro Jahr durchschnittlich etwa 100 Menschen den »weißen Tod«. Allerdings sind das bei Weitem nicht nur Skitourengeher, sondern ein großer Anteil davon entfällt auf Freerider im Nahbereich der Skigebiete. Bezogen auf alpenweit geschätzt etwa 1 Million Tourengeher relativiert sich die Unfallzahl dann doch deutlich. Trotzdem darf man das Risiko nicht unterschätzen, fast jeder aktive Tourengeher kennt einen Fall in seinem erweiterten Bekanntenkreis, der in einen Lawinenunfall verwickelt war.

Lawinengefahr ist immer Lebensgefahr! Locker und lässig in der Schussfahrt aus einem Schneebrett auszufahren, wie man es manchmal in Freeride-Videos sieht, ist eindeutig die Ausnahme. Ebenso ist es eher dem Zufall zu verdanken, wenn ein Airbagrucksack vor einer Lawine schützt, als dass man sich wirklich darauf verlassen könnte. Ein Airbag verringert zwar das Verschüttungsrisiko um einige Prozent, aber oft genug klappt das auch nicht. Daher gilt als oberste Prämisse immer: jede Lawinenauslösung zu vermeiden, egal wie gut man ausgerüstet ist und wie erfahren man ist.

Am stärksten kann man das Lawinenrisiko reduzieren, wenn man an Tagen mit hoher Lawinengefahr das gefährliche Gelände meidet. Zumindest in Höhenlagen unter 2000 m herrscht an der Mehrzahl der Wintertage Lawinenwarnstufe 1 oder 2. Daneben gibt der Lawinenlagebericht immer Hinweise auf besondere Gefahrenstellen. Wer sich auf diese Gefahrenstufen beschränkt, die Gefahrenstellen umgeht und dabei nur auf gängigen, allgemein üblichen Routen wie in diesem Skiführer unterwegs ist, wird höchstwahrscheinlich sein ganzes Tourenleben in keinen Lawinenunfall verwickelt sein.

Nichtsdestotrotz haben eine unverspurte Winterlandschaft unmittelbar nach Neuschneefall, ein einsamer Skigipfel oder eine steile Abfahrt ihre Reize. Um sich eigenverantwortlich in solche Bereiche vorzuwagen oder an weniger sicheren Tagen angemessene Skitouren auszuwählen, sind eine gute Ausbildung und viel Erfahrung erforderlich. Ein paar weitere Grundregeln können dafür Anhaltspunkte sein:

- Planung ist das A und O: Bereits zu Hause alle verfügbaren Infos zu Wetter und Lawinensituation einholen und aufs Gelände übertragen. Eine gute Hilfe ist skitourenguru.com, womit man schnell sichere bzw. gefährliche Touren für den nächsten Tag herausfiltern und einzelne Gefahrenstellen identifizieren kann. Aber Achtung: Die Information gilt immer nur für genau den dort dargestellten Routenverlauf. Die Spur kann vor Ort anders angelegt sein und bei unverspurtem Gelände ist Erfahrung für eine sichere Spuranlage erforderlich.
- Timing beachten: Besonders im Spätwinter und Frühjahr fängt der frühe Vogel den Wurm. Nach einer klaren Nacht herrschen vormittags sichere Bedingungen, nachmittags sollte man schon wieder zu Hause sein.

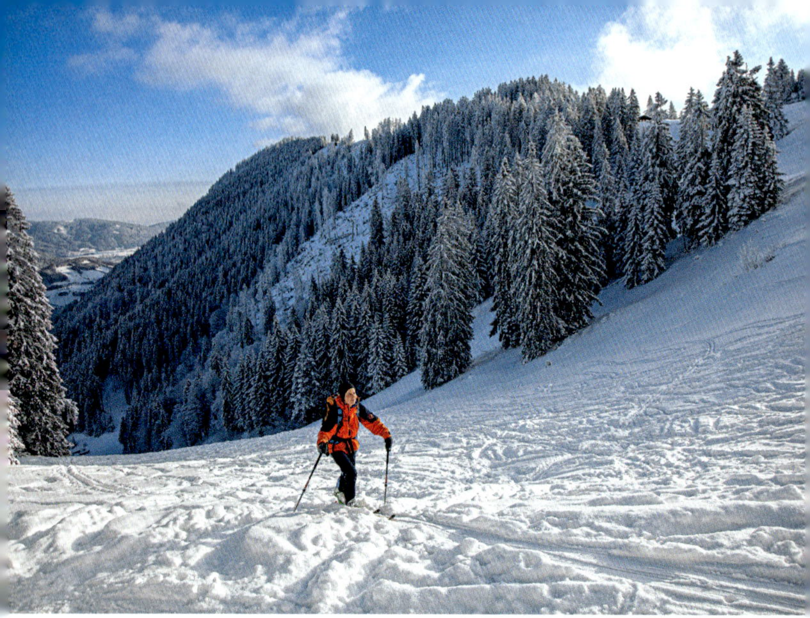

Viel begangene Touren reduzieren das Lawinenrisiko.

- Nur bei guter Sicht in unbekanntes Gelände! Eine exakte Schnee- und Geländebeurteilung erfordert gute Sichtbedingungen. Nebel, Schneefall und diffuse Strahlungsverhältnisse können dies erschweren oder unmöglich machen.
- Vollständige LVS-Ausrüstung mitführen und regelmäßig damit üben. Auch wenn man selbst sehr vorsichtig und sicher unterwegs ist, sollte man in der Lage sein zu helfen, wenn man an eine Unfallstelle kommt. Nur mit schneller Kameradenrettung besteht eine gute Chance, eine verschüttete Person lebend zu bergen!

Tipps für Einsteiger

- Die erste Skitour nicht auf eigene Faust unternehmen, sondern mit einem Bergführer, Tourenleiter des Alpenvereins oder skitourenerfahrenen Freunden.
- Als Konditionstest eignen sich Bergtouren/Wanderungen mit ähnlichem oder größerem Höhenunterschied vor der Skisaison. Wenn die Skitechnik gut genug ist, um auch die unpräparierten Bereiche neben einer Skipiste einigermaßen sturz- und stressfrei befahren zu können, steht der ersten Skitour nichts mehr im Weg.
- Für die ersten Skitouren eignen sich viel begangene Touren am besten,

unangenehme Stellen sind dann meist pistenähnlich eingefahren und auch bei schlechter Schneequalität für Unerfahrene gut zu bewältigen.

- Die Kräfte gut einteilen, flache Aufstiegsspuren wählen, genügend trinken, am besten warmen Tee aus unzerbrechlichen Metall-Thermosflaschen.
- Nicht jeder Spur kritiklos folgen, sondern anhand der Karte immer den Überblick bei der Orientierung behalten.
- Bei der Bekleidung hat sich das Zwiebelschalen-Prinzip bewährt. Mehrere dünne Schichten übereinander ermöglichen optimale Anpassung an die Temperaturen. So lässt sich übermäßiges Schwitzen im Aufstieg und Frieren am Gipfel und bei der Abfahrt weitgehend vermeiden.
- Immer zwei Paar Handschuhe mitnehmen. Am besten ein paar dünnere Fingerhandschuhe für den Aufstieg und warme Fingerhandschuhe oder Fäustlinge für die Abfahrt.
- Für aufstollende Felle auf einer Tour einen Block Wachs bereithalten.

Wenn doch etwas passiert ist

Ereignet sich auf einer Skitour ein Unfall, so gilt es Ruhe zu bewahren. Kameradenhilfe ist die erste und wichtigste Maßnahme. Das erforderliche Wissen und Können sollte man sich auf Kursen aneignen.

Ist der Einsatz von Rettungskräften erforderlich, so sind für die Unfallmeldung (siehe Telefonnummern S. 24) kurze und präzise Angaben nötig:

- Wo war der Unfall? Wo sind die Verletzten bzw. Verschütteten?
- Was ist geschehen? Unfallart/Verletzungsart, Zahl der Betroffenen.
- Wann war das Unglück?
- Wer ist verletzt? Wer erstattet die Unfallmeldung?
- Wie sind Wetter und Sichtweite im Unfallgebiet?

Die Kaiser-Südseite zwischen Ellmauer Halt (links) und Ackerlspitze (rechts) mit den Skitouren Nr. 55, 56, 57 zum Herrenstein (rechts), Ellmauer Tor (Mitte) und Gruttenköpfl (links).

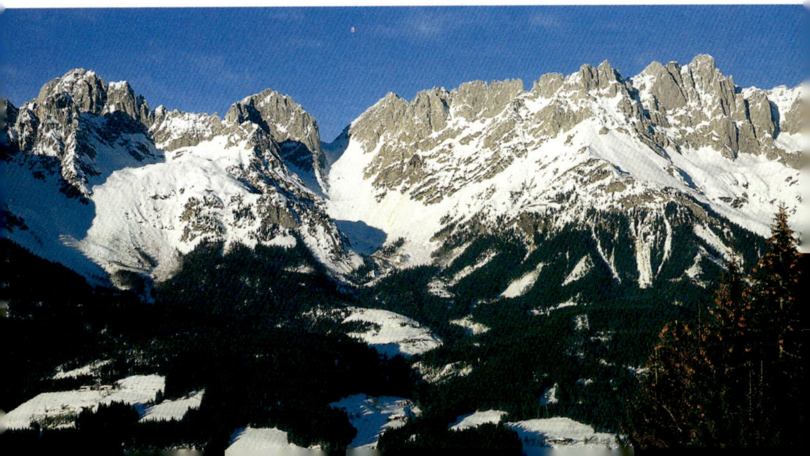

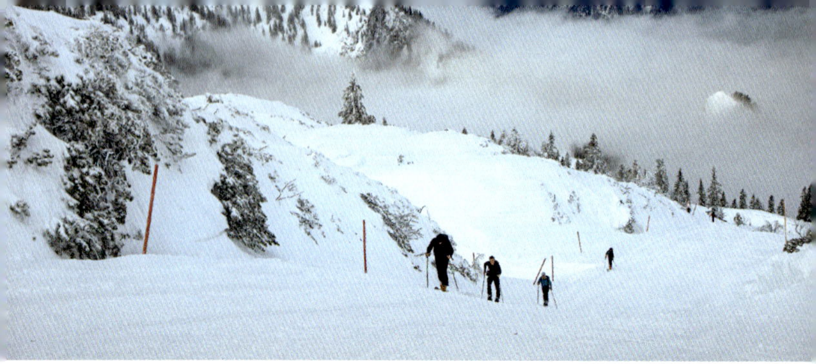

Über Skipisten möglichst am Rand und hintereinander aufsteigen.

SKITOUREN AUF PISTEN – 10 DAV-REGELN

Skipisten stehen in erster Linie den Nutzern der Seilbahnen und Lifte zur Verfügung! Sie werden aber aus verschiedenen Gründen auch immer öfter von Tourengehern benutzt. Der Deutsche Alpenverein (DAV) hat in Abstimmung mit den Skiinteressensverbänden 10 Regeln für Skitouren auf Pisten festgelegt.

- Aufstieg und Abfahrt erfolgen auf eigenes Risiko und eigene Verantwortung.
- Nur am Pistenrand aufsteigen (FIS-Regel Nr. 7). Dabei hintereinander, nicht nebeneinander gehen. Auf den Skibetrieb achten.
- Besondere Vorsicht an Kuppen, in Engpassagen, Steilhängen und bei Vereisung der Piste. Bei Pistenquerung möglichst einzeln gehen bzw. Abstände zueinander halten. Keine Querung in unübersichtlichen Bereichen.
- Pistensperrungen, Warnhinweise und lokale Regelungen immer beachten.
- Bei Pistenarbeiten sind die Pisten aus Sicherheitsgründen gesperrt. Insbesondere bei Einsatz von Seilwinden besteht Lebensgefahr.
- Frisch präparierte Skipisten nur in den Randbereichen befahren. Bei Dunkelheit stets mit eingeschalteter Stirnlampe gehen, reflektierende Kleidung tragen.
- Auf alpine Gefahren, insbesondere Lawinengefahr, achten. Keine Skitouren durchführen, wenn Lawinensprengungen zu erwarten sind. Nur geöffnete Pisten sind vor Lawinen gesichert.
- Skitouren nur bei genügend Schnee unternehmen. Schäden an der Pflanzen- und Bodendecke vermeiden.
- Rücksicht auf Wildtiere nehmen. Bei Dämmerung und Dunkelheit werden Tiere empfindlich gestört. Hunde nicht auf Skipisten mitnehmen.
- Regelungen an den Parkplätzen beachten, Parkgebühren bezahlen, umweltfreundlich anreisen.

DIE RICHTIGE TOURENWAHL

Das Element »Schnee« ist für den Tourengeher so unverzichtbar wie das Wasser für den Fisch, seine Eigenschaften sind aber nur teilweise berechenbar bzw. vorhersehbar. Daher weiß man vorher nie ganz sicher, ob eine Tour zur Tortur oder zum Genuss wird. Immer aber ist eine Skitour mit einem gewissen Risiko verbunden – zumindest dieses gilt es zu minimieren. Das fängt damit an, dass man ein den Verhältnissen entsprechendes Tourenziel wählt.

Ein erfolgreicher Tourengeher ist daher ein permanenter und gründlicher Wetterbeobachter, nicht nur während der Tour, sondern auch in der Woche davor. Bei der Vorbereitung zieht er daraus Rückschlüsse auf die Tourenbedingungen und trifft eine Vorauswahl über das Ziel. Während der Tour entscheidet er über deren weiteren Verlauf. Auf einer Skitour spielt ferner das Gelände eine große Rolle. Es ist bereits bei der Vorbereitung wegen der zu erwartenden Länge und Schwierigkeiten, der Schneeart und der Lawinengefahr besonders zu berücksichtigen. Vor allem aber ist auf einer Skitour größte Flexibilität erforderlich, da eine Entscheidung über das Tourenziel oft erst vor Ort möglich und sinnvoll ist. Der »Leithammel« sollte Ersatztouren »aus der Tasche ziehen« können.

Meist trifft man bis in den Spätwinter auf schattseitigen Lagen die günstigeren Schneeverhältnisse an (Pulverschnee). Sonnseitige Touren sind am günstigsten an kalten (!) Tagen mit stabiler Neuschneeauflage, dann erst wieder bei Firn. Ansonsten droht Bruchharsch! Bei »Firntouren« gilt es zu unterscheiden: Sonnseitige Firntouren macht man meist ab Februar/März, schattseitige Firntouren ab Mitte April (im Alpenvorland 20 °C).

Skitouren für Kinder

Chiemgauer Alpen: Abereck (Tour 4), Erlbergkopf (5), Staffen (6), Spitzstein bis Spitzsteinhaus (Variante 1 von Tour 7), Karspitz (8), Brennkopf (9), Dürrnbachhorn ab Winklmoos (16), Peitingköpfl (19), Unternberg (21).

Berchtesgadener Alpen: Kehlstein bis Buswendeplatz (27), Eckerleiten (28), Roßfeld (29), Hirschkaser (34), Hochkeil über Knappensteig (45).

Dientner Berge: Neualm (46), Hofer Hochberghütte (48).

Kaisergebirge: Weinbergerhaus über Brentenjoch (59), Wolfinger- bzw. Hageralm (62).

Kinderleichter Aufstieg am Brennkopf (Tour 9).

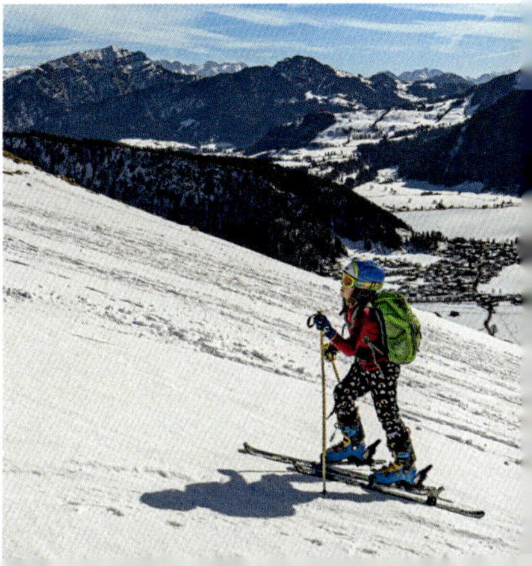

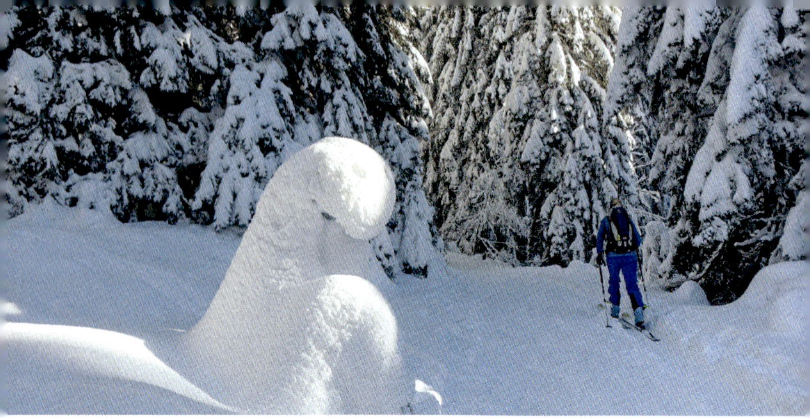

Das »Monster vom Dürrnbachhorn« beäugt die Tourengeher kritisch (Tour 16).

TELEFONNUMMERN UND ADRESSEN

Notruf

Europäische Notrufnummer: 112
Bergrettung Österreich: 140

Wetter und Lawinen

- **AV-Wetterbericht/Bergwetter:** www.alpenverein.de, www.alpenverein.at. Alpenvereinswetter, persönliche Beratung +43 (0)512 291600
- **Lawinenlagebericht:**
  Bayern: www.lawinenwarndienst.bayern.de
  Tirol: www.lawinen.report
  Salzburg: lawine.salzburg.at – Tel. Beratung +43 662 80422170

Alpine Infos & Umwelt-Thematik

- **Deutscher Alpenverein (DAV)**, Anni-Albers-Straße 7, 80807 München, www.alpenverein.de
  Projekt **»Skibergsteigen umweltfreundlich«/»Natürlich auf Tour«**: Ressort Naturschutz und Kartografie, Manfred Scheuermann, +49 89 14003-73
- **Österreichischer Alpenverein (ÖAV)**, www.alpenverein.at

Öffentliche Verkehrsmittel

- **Fahrplanauskunft:** DB: +49 180 5 99 66 33, www.bahn.de
  ÖBB: +43 5 1717, fahrplan.oebb.at
- **Busauskunft:** www.dbregiobus-bayern.de
  Österr. Postbusse: fahrplan.oebb.at
  Tirol: www.vvt.at

SKIBERGSTEIGEN UMWELTFREUNDLICH

Da sich mit der steigenden Zahl der Tourengeher und Schneeschuhwanderer auch der Druck auf die alpine Tierwelt und ihren Lebensraum erhöht, hat der Deutsche Alpenverein (DAV) in Zusammenarbeit mit dem Bayerischen Umweltministerium, mit Forstbetrieben, Landratsämtern und Verbänden für die ökologisch empfindlichen Bereiche der Bayerischen Alpen Routenempfehlungen erarbeitet, die ein naturverträgliches Touren- und Schneeschuhgehen zum Ziel haben. Damit sind zwar für Wintersportler Einschränkungen verbunden, die aber nur ein Fünftel des Tourengeländes betreffen und deshalb allgemeine Akzeptanz finden sollten, zumal damit die Störungen der Wildtiere, vor allem der sehr sensiblen und gefährdeten Raufußhühner erheblich reduziert und dadurch ihre Überlebenschance im Winter nachhaltig erhöht wird. Auch Kantenschäden in Aufforstungen und im Jungwald, in der Strauch- und Almzone gilt es auf Skitouren zu vermeiden.
Als sichtbare Orientierungshilfe hat der DAV in besonders empfindlichen Bereichen Infotafeln aufgestellt und die Routen dort mit einem **weißen Tourengeher und/oder einem Schneeschuhwanderer in einem kreisrunden, grünen Feld** behutsam markiert. Außerdem weisen die neu entstandenen AV-Karten (siehe S. 15) für den gesamten bayerischen Alpenraum die Schongebiete und Schutzzonen sowie die naturverträglichen Skirouten aus. Die Empfehlungen des DAV sind nicht als Ge- oder Verbote zu verstehen, sondern als Aufruf an die Einsicht, Vernunft und Naturbegeisterung der Touren- und Schneeschuhgeher, um durch freiwillige Selbstbeschränkung die Schönheit und Vielfalt der Schöpfung zu erhalten.
Auch der Österreichische Alpenverein (ÖAV) arbeitet mit seinen Forstbetrieben im Anliegen eines naturverträglichen Touren- und Schneeschuhgehens zusammen. Dort darf jeder zu Erholungszwecken den Wald betreten. Als Ausnahme gelten Futterstellen, Aufforstungen und Jungwälder mit einem Bewuchs unter 3 m und der an Bergbahnen/Lifte und Pisten angrenzende Bereich (mindestens 500 m bzw. ½ Gehstunde). Weitere Einschränkungen bedürfen der behördlichen Genehmigung. Unabhängig davon gilt für unser Verhalten gegenüber der Natur grundsätzlich dasselbe wie für unsere

DAV-Zeichnung mit Schutzzone und naturverträglicher Skiroute (Tour 22).

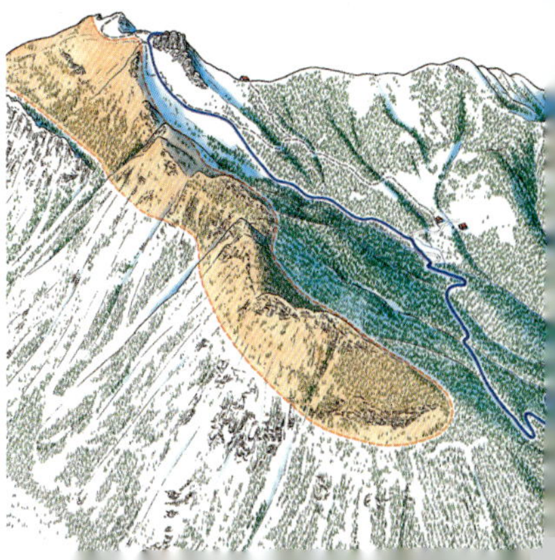

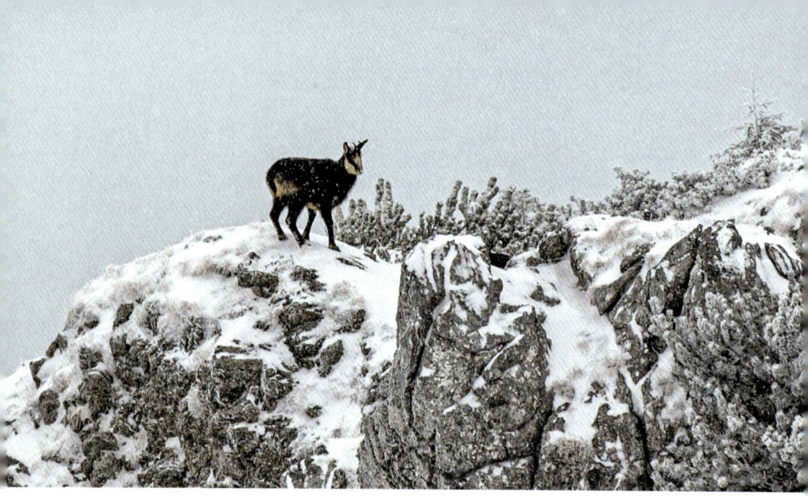

Auch für Gämsen ist der Winter eine harte Zeit, daher Abstand halten!

Beziehung zum Mitmenschen: Lass Deinem Ego(n) nur so viel Schwung, dass Rechte und existenzielle Bedürfnisse der Umgebung nicht verletzt werden.

10 DAV-Tipps für naturverträgliche Wintertouren

- Markierungen, Hinweise und Routenempfehlungen des DAV-Projektes »Skibergsteigen umweltfreundlich« beachten.
- Schutz- und Schongebiete für Pflanzen und Tiere respektieren, Lärm vermeiden.
- Lebensräume erkennen: Wildtieren möglichst ausweichen, sie nur aus der Distanz beobachten, Futterstellen umgehen, Hunde anleinen.
- Im Hochwinter Gipfel, Rücken und Grate vor 10 Uhr und nach 16 Uhr meiden.
- In Waldgebieten und an der Waldgrenze auf üblichen Skirouten, Forst- und Wanderwegen bleiben, Abstand zu Baum- und Strauchgruppen halten.
- Aufforstungen und Jungwald schonen.
- Umweltschonend anreisen: mit öffentlichen Verkehrsmitteln fahren oder Fahrgemeinschaften bilden, ausgewiesene Parkplätze benutzen, keine Zufahrten blockieren.
- Eher mehrtägige Aufenthalte als häufige Tagestouren planen, das gastronomische Angebot vor Ort nutzen.
- Touren mit Führern und Karten planen, die das DAV-Gütesiegel »Natürlich auf Tour« tragen, sich über Natur und Kultur des Zielgebietes informieren.
- Regeln für Skitouren auf Pisten beachten (siehe S. 22).

DAV-GÜTESIEGEL »NATÜRLICH AUF TOUR«

Der Rother Skiführer »Berchtesgadener und Chiemgauer Alpen, Kaiser und Steinberge« von Sepp Brandl ist als erster Skitourenführer mit dem Gütesiegel »Natürlich auf Tour« des Deutschen Alpenvereins (DAV) ausgezeichnet worden. Die Auswahl, Beschreibung und Darstellung der Skitouren berücksichtigen die Routenempfehlungen des DAV-Projektes »Skibergsteigen umweltfreundlich«, das der DAV in Kooperation mit dem Bayerischen Umweltministerium und dem Bayerischen Landesamt für Umwelt für das Gesamtgebiet der Bayerischen Alpen durchführt. Der Führer enthält zudem Informationen und Verhaltenstipps für naturverträgliches Tourengehen in der Einleitung und im Text zu den einzelnen Skitouren. Auch die Anreisemöglichkeiten mit Bahn und Bus sind, sofern vorhanden, aufgeführt. Damit erfüllt der Skiführer alle für die Auszeichnung erforderlichen Kriterien und kann dem naturverbundenen Tourengeher als Grundlage für die Planung und Ausführung von Skitouren in den Berchtesgadener und Chiemgauer Alpen empfohlen werden. Der DAV gratuliert den Autoren sowie dem Bergverlag Rother und dankt für die gute Zusammenarbeit!

Deutscher Alpenverein
Ressort Naturschutz und Kartografie

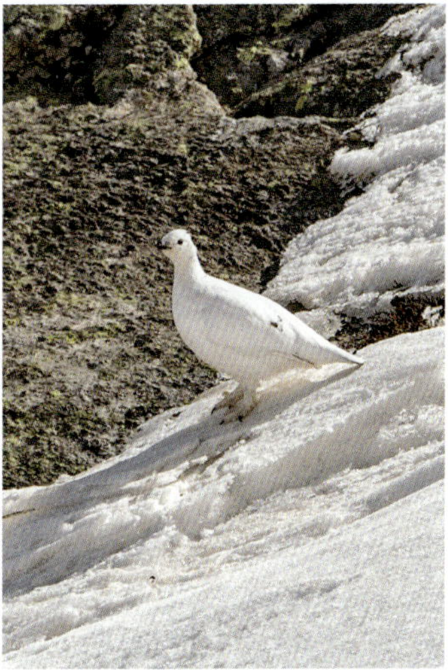

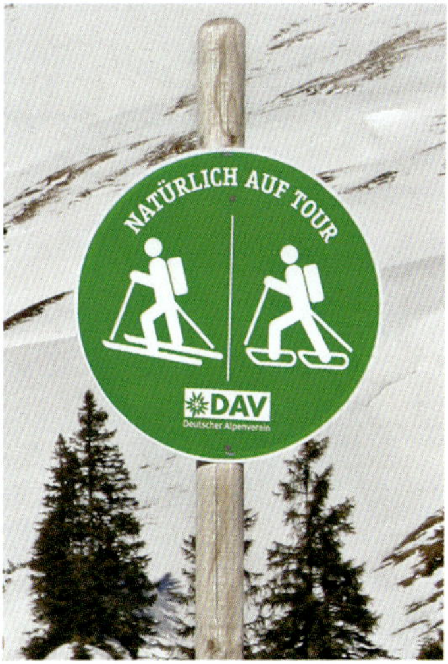

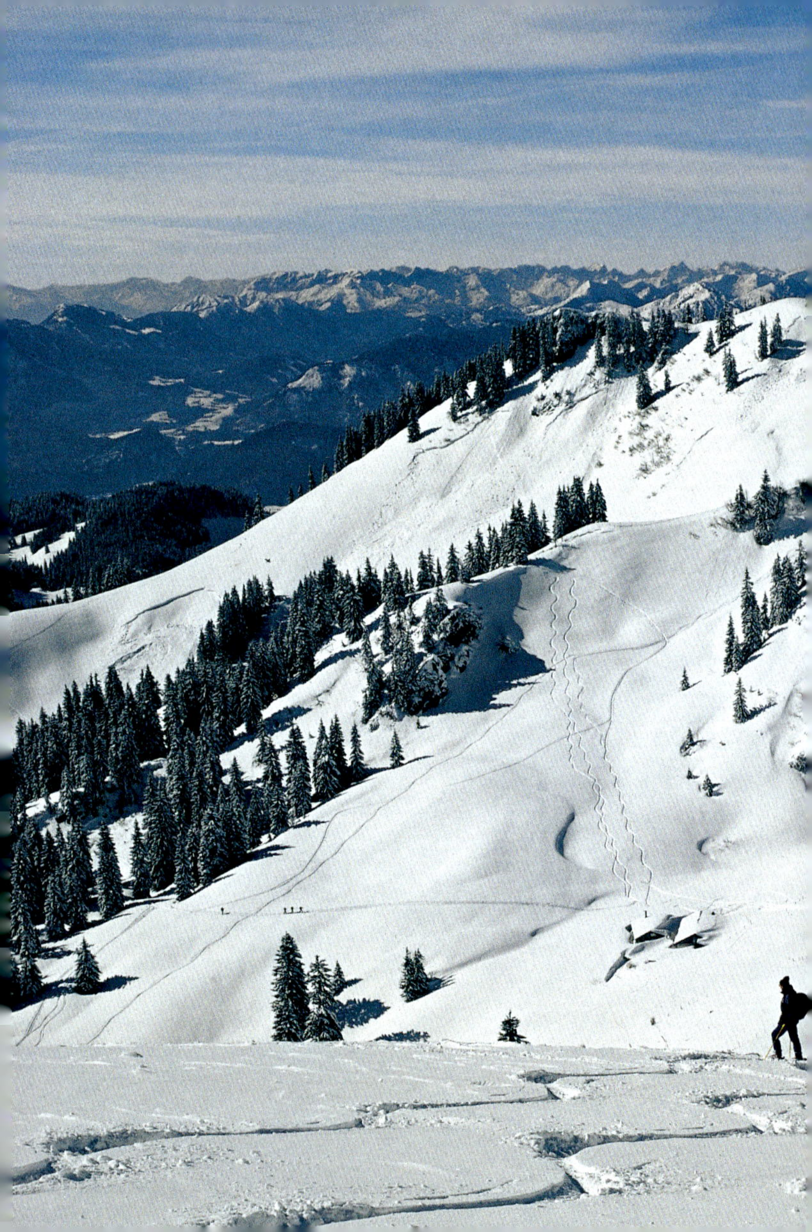

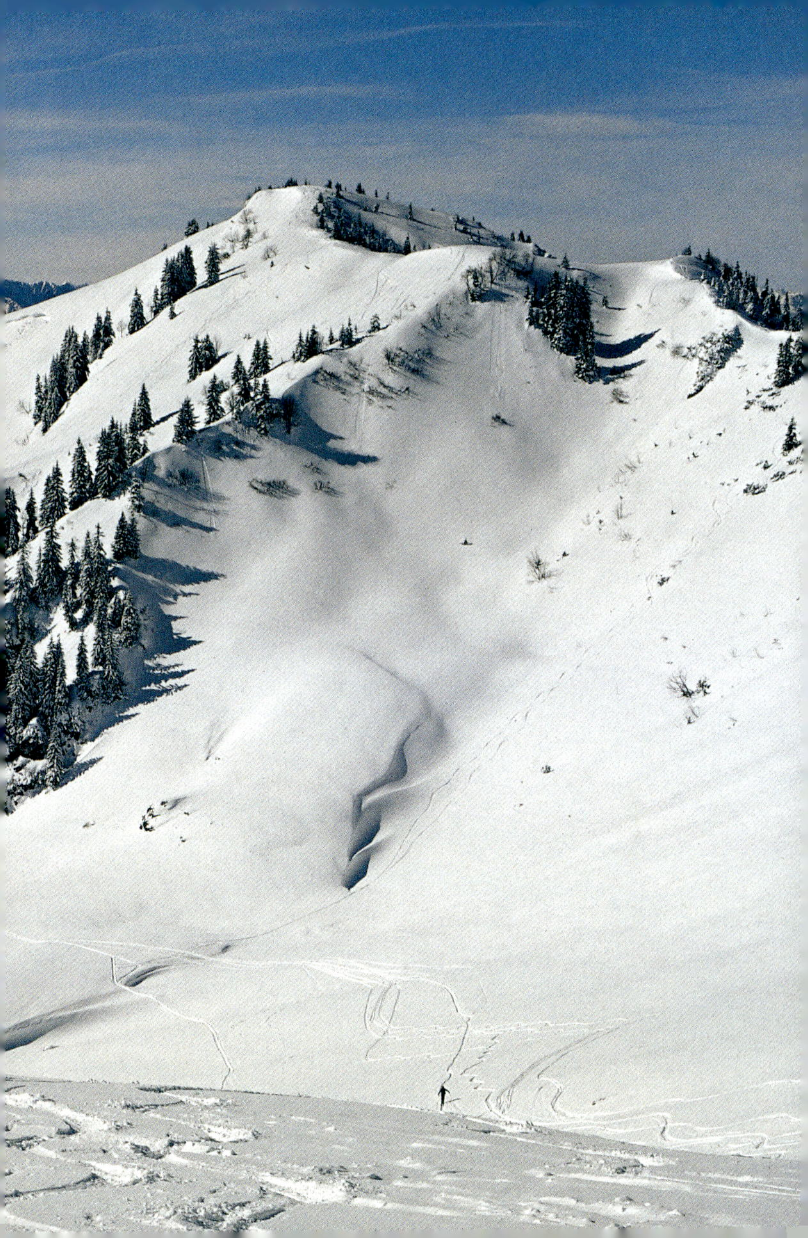

↗ 550 m | ↘ 550 m | 5.6 km

1 Inntaler Heuberg, 1338 m

2.00 h

N W O S

Gemütliche Eingehtour bei Schneelage bis in die Talregion

An der eher schneearmen Westflanke des Heubergs lässt sich aus dem Inntal die Schneelage in den angrenzenden Gebirgsgruppen ablesen. Die Ostseite ist auch für den Tourengeher geeignet. Sie ist allerdings nur dann reizvoll, wenn im Früh- und Hochwinter die Schneedecke bis ins Tal hinabreicht. Insgesamt eine bescheidene, meist stille Skitour mit schönen Bergweiden in der oberen Hälfte.

Talort: Grainbach am Samerberg, 684 m, Bushaltestelle der RVO-Linie Nr. 9493 – Rosenheim – Achenmühle – Samerberg.
Ausgangspunkt: Heubergparkplatz in Schweibern, ca. 775 m. Zufahrt über Grainbach, Ruftaxi »Rosi« zum Haltepunkt Schweibern HP #1959.
Aufstiegszeiten: Schweibern/Heubergparkplatz – Daffneralm ¾ Std., Daffneralm – Heuberg ¾ Std.
Anforderungen: Forststraßen und Bergweiden bis über die Daffneralm (»blau«). Zuletzt kurzer, steiler Waldgürtel (»rot«).
Orientierung: Bei ausreichender Sicht relativ einfach.
Hangrichtung: Zur Daffneralm Nordost, darüber Ost und Südost.
Lawinengefährdung: Auf den zwei ostseitigen Steilstufen oberhalb der Daffneralm besonders nach starken Schneefällen die Lawinengefahr nicht unterschätzen! Am südlichen Waldrand entlanggehen!
Günstige Zeit: Früh- und Hochwinter, bei reichlicher Schneelage bis ins Tal.
Einkehr: Duftbräu, an Wochenenden Daffneralm.

Von **Schweibern** über die flachen Wiesen nach Süden aufwärts, an einem einzelnen Haus links vorbei zum Waldrand und nach rechts zum **Heubergparkplatz** ❶. Der Aufstieg zum Heuberg führt auf breitem Forstweg **Nr. 8** zuerst in angenehmen, weiten Schleifen durch den Wald zu der von Nußdorf heraufführenden Straße (Rodelbahn) hinauf und auf dieser links über eine Doppelkehre zur **Daffneralm** ❷ hinaus. Gleich hinter der ersten Almhütte ziehen wir rechts auf eine Schulter und legen dann unsere Spur am Waldrand entlang zum höchstgelegenen freien Winkel, wo wir an geeigneter Stelle etwas mühsam einen steilen Waldstreifen nach rechts durchqueren müssen und anschließend in einen

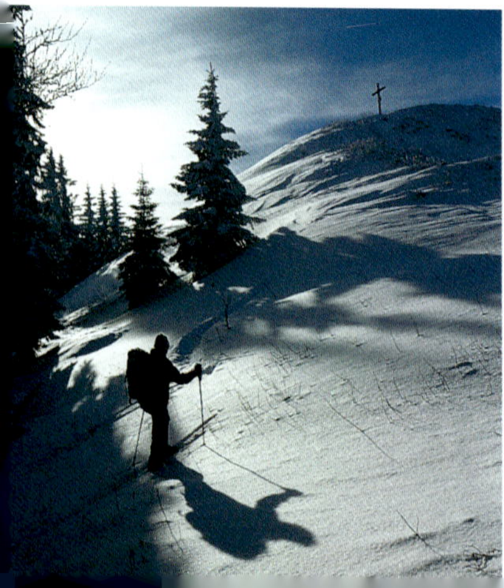

Die letzten Meter zum kreuzgeschmückten Mittelgipfel des Heubergs.

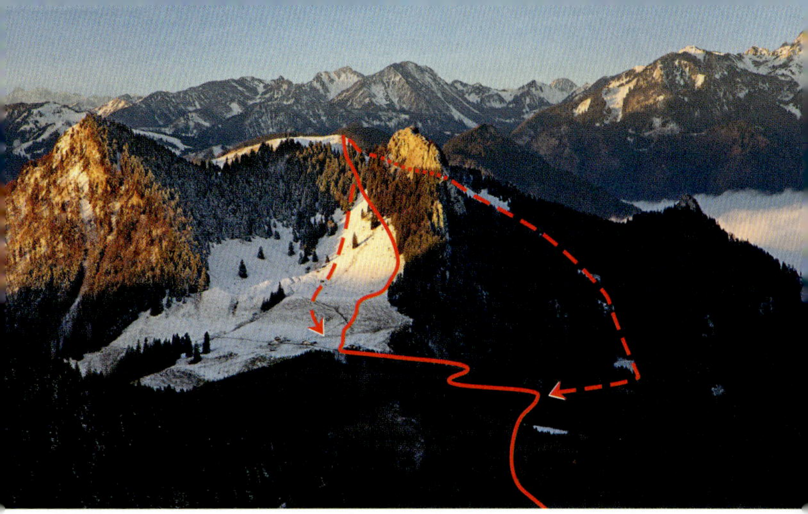

Beim Aufstieg zum Feichteck (Tour 2) hat man die Skiroute über die Daffneralm zum Heuberg im Blick.

Sattel gelangen. Von diesem geht es in wenigen Minuten über einen freien Rücken nach links zum Kreuz auf dem **Heuberg** ❸.
Abfahrt wie Aufstieg. Man kann bei geeigneten Verhältnissen auch einer beim Anstieg gut sichtbaren, lockeren Baumreihe folgen, die etwa in der Mitte der weiten **Gipfelmulde** auf einen großen Boden hinabzieht. Von hier fahren wir rechts eines Grabens auf die Rampe der **Daffneralm** hinab und kehren entlang der Aufstiegsroute zum Ausgangspunkt ❶ zurück.
Variante: Man kann vom Heuberggipfel auch nach Norden, links an der Wasserwand vorbei, durch eine kurze, etwas dichtere Waldzone ins Wassertal abfahren. Über Lichtungen und im Hochwald auf schattiger Abfahrt nach Mailach und dort kurz nach rechts auf der Fahrstraße hinaus zur Aufstiegsroute.

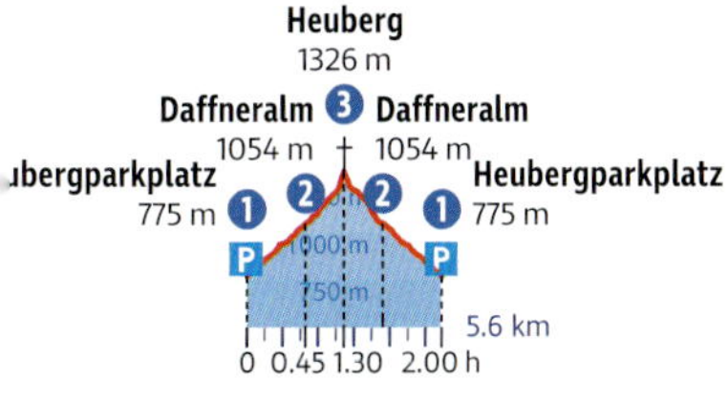

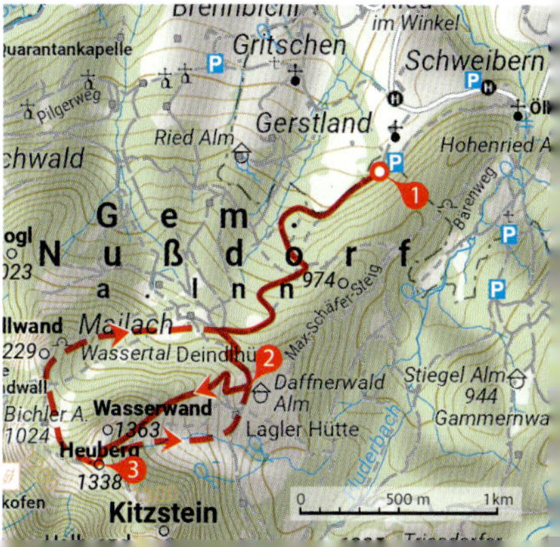

↗ 650 m | ↘ 650 m | 6.8 km

2 Feichteck, 1514 m

2.50 h

Stiller Vorberg mit genussvollem Gipfelhang und längeren Forstwegen

Bei flaumigem Pulverschnee im Früh- und Hochwinter wird eine Skitour aufs Feichteck zu einem genussvollen Halbtagesvergnügen. Manch eine(r) hält sich hier auch länger auf, vor allem, wenn die Idealhänge zwischen Gipfel und Feichteckalm einen zwei- oder gar mehrmaligen Aufstieg geradezu provozieren. Auch in den weiten Anger um die Wagneralm lassen sich vortreffliche Spuren zeichnen. Der Rest sind Forst- und Wanderwege.

Talort: Grainbach am Samerberg, 684 m, Bushaltestelle der RVO-Linie Nr. 9493 – Rosenheim – Achenmühle – Samerberg.
Ausgangspunkt: Gebührenpflichtiger Waldparkplatz Bruchfeld, ca. 875 m. Zufahrt: Von Grainbach in Richtung »Duftbräu«. 400 m vor dem Ghs. Duftbräu links abzweigen und 1,3 km zum Parkplatz Bruchfeld, der meist nur mit Schneeketten zu erreichen ist. Ruftaxi »Rosi« von Grainbach bis Duftbräu (HP #1952), Wanderweg erst rechts vom Bach, dann nach links 15 Min. zum Parkplatz.

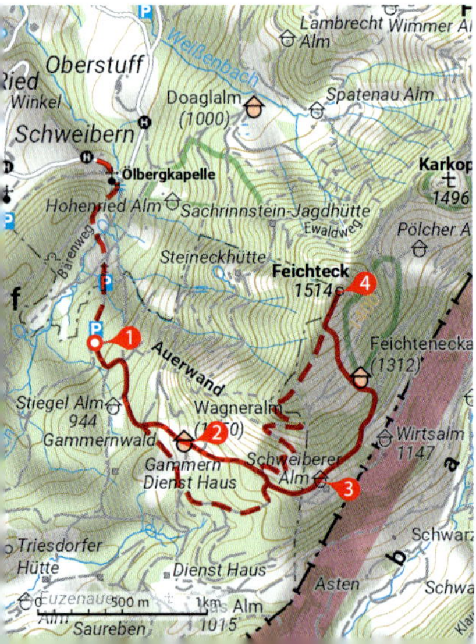

Aufstiegszeiten: Parkplatz Bruchfeld – Wagneralm 40 Min., Wagneralm – Schweibereralm 20 Min., Schweibereralm – Feichteck 1 Std.
Anforderungen: Forst- und Almsträßchen, Waldpassagen mit kurzen Steilstufen und Bergweiden.
Orientierung: Bei fehlenden Spuren ist Orientierungssinn und etwas Gespür fürs Gelände erforderlich.
Hangrichtung: Südost – Süd – Südwest – Nordwest – Nord.
Lawinengefährdung: Entlang der vorgeschlagenen Routen gering.
Günstige Zeit: Dezember mit Februar.
Einkehr: Wagneralm (Sa./So.)
Variante: Nicht über den Wiesenhang gleich hinter der Wagneralm links hinauf, sondern erst auf dem kleinen Plateau etwa ¼ Std. oberhalb der Wagneralm, wo sich das Gelände zu senken beginnt, von der Hauptroute links abzweigen und auf breitem Forstweg in mehreren Schleifen gut 110 Hm auf die Kammhöhe. Hier nach rechts und nach einer kurzen Steilpassage etwas wellig am Hang entlang zu einer zweiten, kurzen Steilstufe zur Linken. Darüber in angenehmer Steigung durch den Wald zur Feichteckalm und sehr übersichtlich am Kamm entlang auf den Gipfel (1½ Std. von der Abzweigung).
Wald-Wild-Schongebiete: Den bewaldeten Hang auf der Südostseite des Feichtecks, der zwischen Gipfel, Pölcher- und Feichteckalm liegt, bitte nicht befahren.

Vom **Waldparkplatz Bruchfeld** ❶ gehen wir auf der linken Forststraße (**Weg Nr. 221/220**) zunächst in Richtung »Feichteck, Hochries«, halten uns an der ersten Verzweigung rechts, an der zweiten links und treffen nach gut 100 Hm ab Parkplatz auf ein Hinweisschild »Wagneralm« und auf eine dreifache Verzweigung. Hier schlüpfen wir am mittleren, dem am wenigsten ausgeprägten Weg, ca. 50 m durch einen Waldstreifen auf die freien Hänge und Mulden der **Wagneralm** ❷ hinaus. Diese Route ist auch für die spätere Abfahrt am reizvollsten. Unsere Spur führt zuerst links an der Alm (1018 m) vorbei, geradeaus zu einem Hüttchen und zu einer Mulde hinauf, dann rechts durch einen kurzen Hohlweg (Zaun) auf ein kleines Plateau (1140 m, Abzweigung Variante). Von diesem gleiten wir ca. 15 Hm zur Forststraße hinab, die wir unterhalb der Wagneralm verlassen haben und die auch als Aufstiegsroute geeignet ist. Auf dieser geht es leicht steigend noch ca. 200 m bis zu einer Rechtskurve weiter. Hier zweigen wir links ab und gelangen durch einen etwa 50 m breiten Waldstreifen zur **Schweibererealm** ❸, 1160 m, hinaus. Etwas wellig gehen wir noch 400 bis 500 m am Bergfuß und durch ein Waldstück weiter, bis genau oberhalb der zweiten Hütte der unter uns liegenden **Wirtsalm** ein kleiner, keilförmiger Hang nach links zum Waldrand hinaufzieht. Hier steigen wir auf einem Ziehweg ca. 60 Hm schräg rechts durch den Wald so weit an, bis er eben verläuft. Nun drehen wir scharf links ab, durchqueren über ca. 15 Hm einen lichten Jungwald und treten dann zur **Feichteckalm** hinaus. Über weitläufige, schütter bewaldete Bergweiden spuren wir zur Kammhöhe und am Grat entlang aufs **Feichteck** ❹.

Abfahrt wie Aufstieg.

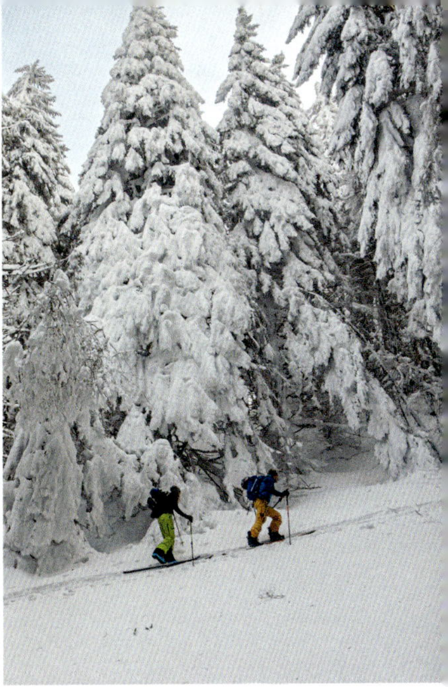

Wintermärchen in der Aufstiegsvariante zum Feichteck.

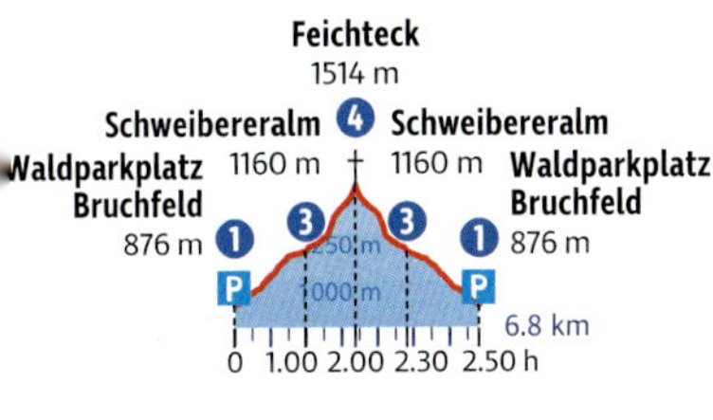

↗ 950 m | ↘ 950 m | 15.0 km

3 Hochries, 1568 m

4.15 h

N W O S

Lange Flachpassagen übers Paradies und die Riesenhütte

Unsere Skiroute übers Paradies und die Riesenhütte ist von längeren Flachpassagen und waldreichem, sanftem Gelände geprägt. Sie wird gerne auch von Winterwanderern und manchmal auch Langläufern begangen. Die Gebietskenner wählen sie vor allem bei besonderer Lawinengefahr; sie zählt zu den technisch leichtesten Skitouren dieses Führers. Auf der Forststraße zwischen dem Parkplatz und der fast ganzjährig bewirtschafteten Frasdorfer Hütte begegnet man bei günstiger Schneelage vielen Winterwanderern (z.T. mit Schlitten).

Talort: Frasdorf, 598 m, Chiemgauer Erholungsort, RVO-Buslinie Nr. 9496 Rosenheim – Aschau.
Ausgangspunkt: Parkplatz Lederstube, ca. 620 m. Von der Frasdorfer Kirche in Richtung »Sagberg«, nach 0,7 km rechts zum Parkplatz Lederstube (Parkautomat).
Aufstiegszeiten: Lederstube – Zellboden – Riesenhütte 2 Std., Riesenhütte – Hochries knapp 1 Std.
Anforderungen: Forststraßen und mäßig geneigtes Wald- und Wiesengelände.
Orientierung: Entlang des Sommerweges auch im Winter fast immer gespurt, wenn man nach starken Schneefällen nicht zu früh aufbricht.
Hangrichtung: Nordost und Nord.
Lawinengefährdung: Gering.
Günstige Zeit: Dezember bis März.
Einkehr: Hochries-Gipfelhaus (1568 m, DAV, gj. bew., 64 B. u. L.), Frasdorfer Hütte.
Variante: Abfahrt über die Abergalm

Variante von der Hochries (links) über die Bergwachthütte (Mitte) zur Abergalm (rechts).

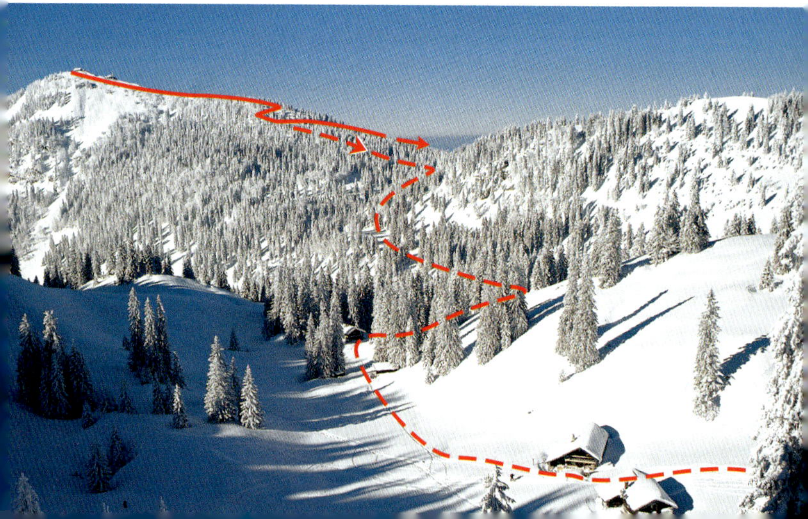

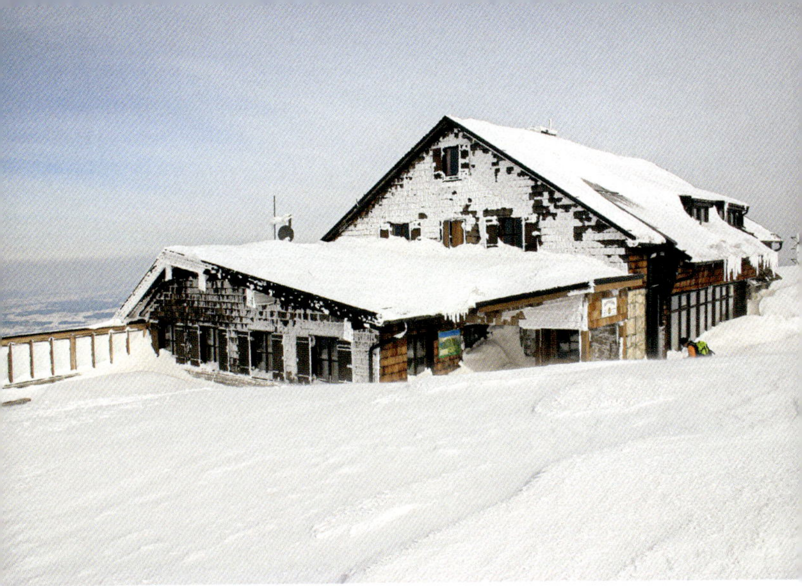

Oben: Die Hochrieshütte, vom letzten Schneesturm gezeichnet.
Unten: Am Nordostkamm, kurz vor dem Gipfel.

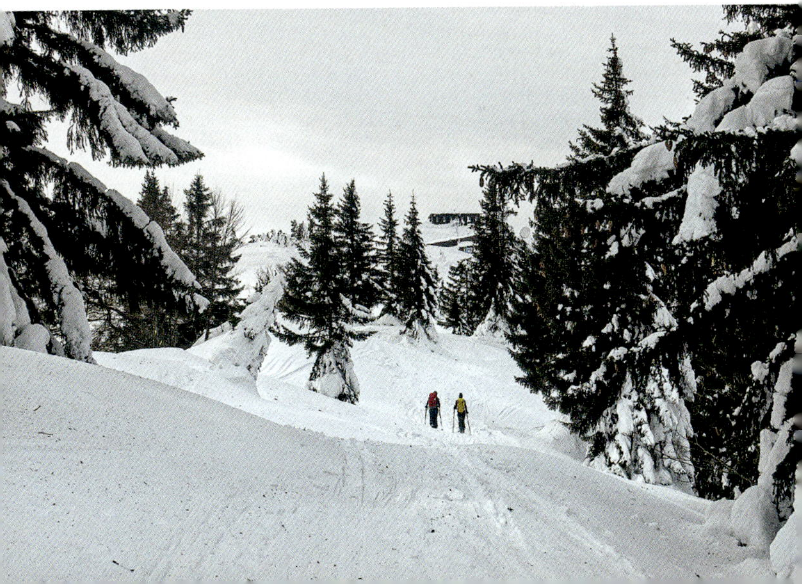

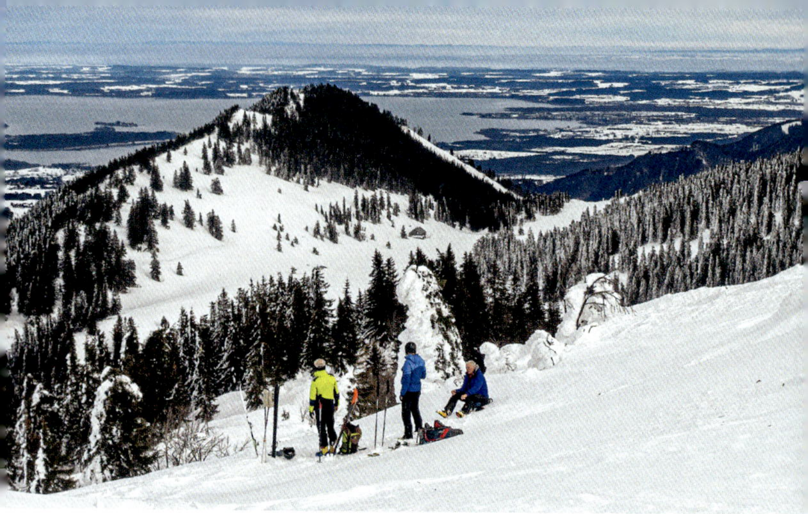

Blick von der Hochries über den Riesenberg zum Chiemsee und zum Bayerischen Wald.

und das Abereck: Von der Hochries im Bereich des Nordost- und Ostrückens – an der Wegtafel bei etwa 1420 m geradeaus weiter – bis maximal 1350 m hinab (Wegteilung, Mulde). Dort rechts abdrehen und im Bereich des Sommerweges schräg links am bewaldeten West- und Südwesthang des Spielberges entlang auf eine Rampe auf etwa 1280 m hinab. Nur leicht fallend durch Wald und schneisenartige Lichtungen zu dem von Oberwiesen heraufführenden Traktorweg (ca. 1250 m), wo man die Felle wieder aufzieht. Auf dem verschneiten Fahrweg steigt man links oder rechts um die Holzerhütte (1260 m) herum zu einer Wegteilung auf einen kleinen Boden (1283 m). Hier nicht am Weg 215 links in den stark lawinenbedrohten Eisgraben, sondern rechts zur Bergwachthütte (Grozachhütte) und zur nahen Abergalm (1346 m) hinauf. Von dort wie beim Rückweg von Tour 4 (siehe auch Foto S. 38) aufs Abereck und ins Tal (»blau«, gut ¾ Std. länger als über das Almplateau und die Riesenhütte).

Vom **Parkplatz Lederstube** ❶ auf der Straße zu einer Verzweigung, dort links über eine Brücke und auf dem Fahrweg (Rodelbahn) gut ½ Std. berg-

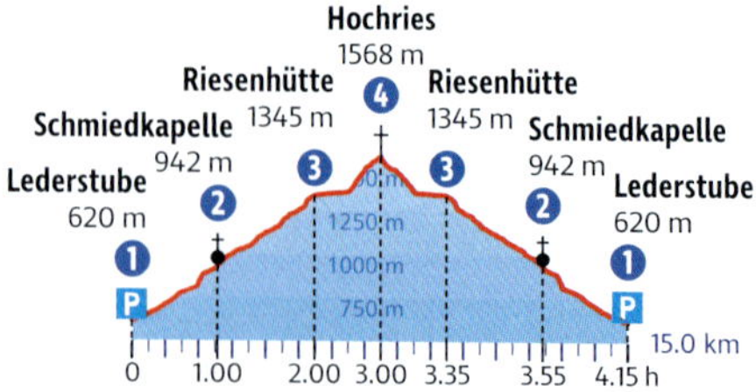

wärts. Unmittelbar beim Austritt aus dem Wald vor einem Gehöft (**Zellboden**) – direkt beim Viehrost – rechts abbiegen und zuerst an einem Zaun entlang, dann durch das Gehölz zu der am Waldrand versteckten **Schmiedkapelle** ❷. Geradeaus über einen mäßig steilen, breiten Weiderücken zu einem Kreuz, links davon in den Wald und auf einem Weg über ein kleines Plateau hinweg zu einer Forststraße hinauf. Links davon entlang eines seichten Grabens (**Paradies**) bis zu einer Wegverzweigung am »Taferlbaum« (Bergwachtdepot). Hier zweigt die Route zum Abereck (siehe Tour 4) links ab, zur Hochries geht es geradeaus weiter und meist in der Nähe einer Telefonleitung in einigen Windungen durch schönen Bergwald auf ein großes Plateau hinter der **Riesenhütte** ❸, die bis auf Weiteres geschlossen ist. Geradeaus über den Almboden hinweg, links an den Hütten der Riesenalm vorbei und durch eine Senke auf einen kleinen Sattel. Links in den Wald und etwa am Scheitel des licht bewaldeten Rückens zur Bergstation und zum Gipfelhaus auf der **Hochries** ❹. **Abfahrt** wie Aufstieg.

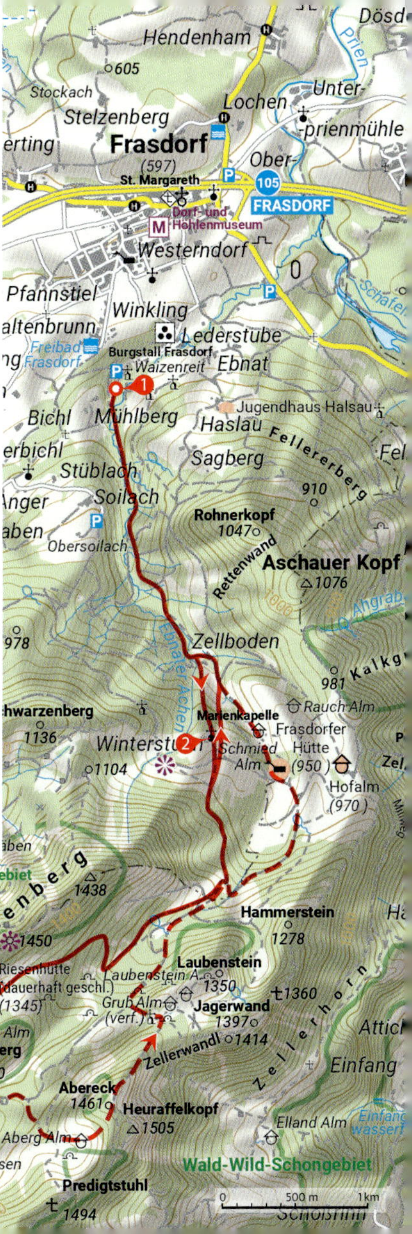

↗ 1070 m | ↘ 1070 m | 14.0 km

4 Abereck, 1461 m, und Predigtstuhl, 1494 m

6.00 h

N W O S

Beliebte Hochwintertour mit Variationsmöglichkeiten

Wenn nach starken Schneefällen und -verfrachtungen eine besondere Lawinengefahr besteht, dann hat man gerne eine Reihe von Skirouten und Bergzielen in der Hinterhand, denen man ziemlich vertrauen kann. Dazu zählen im Chiemgau bei geschickter Routenwahl die Berge um die Hochries und das Abereck.

Talort: Frasdorf, 598 m, Chiemgauer Erholungsort, RVO-Buslinie Nr. 9496 Rosenheim – Aschau.
Ausgangspunkt: Parkplatz Lederstube, ca. 620 m. Mit Pkw oder zu Fuß von der Frasdorfer Kirche in Richtung »Sagberg«, nach 0,7 km rechts zum gebührenpflichtigen Parkplatz Lederstube.
Aufstiegszeiten: Lederstube – Zellboden – Taferlbaum 1½ Std., Taferlbaum – Laubensteingatterl ½ Std., Laubensteingatterl – Abereck ½ Std., Abereck – Abergalm – Predigtstuhl 1.10 Std., Predigtstuhl – Abergalm – Abereck 1.10 Std.
Anforderungen: Technisch unschwierig, jedoch mehrfacher Rhythmuswechsel.
Orientierung: Bei vorhandenen Spuren unschwierig, ansonsten ist Geländekenntnis ratsam.
Hangrichtung: Nordwest bis Nordost.
Lawinengefährdung: Bei geschickter Anpassung ans Gelände auf der Hauptroute gering.
Günstige Zeit: Dezember bis März.

Hochwinter am Abereck – Ausblick auf die Kampenwand.

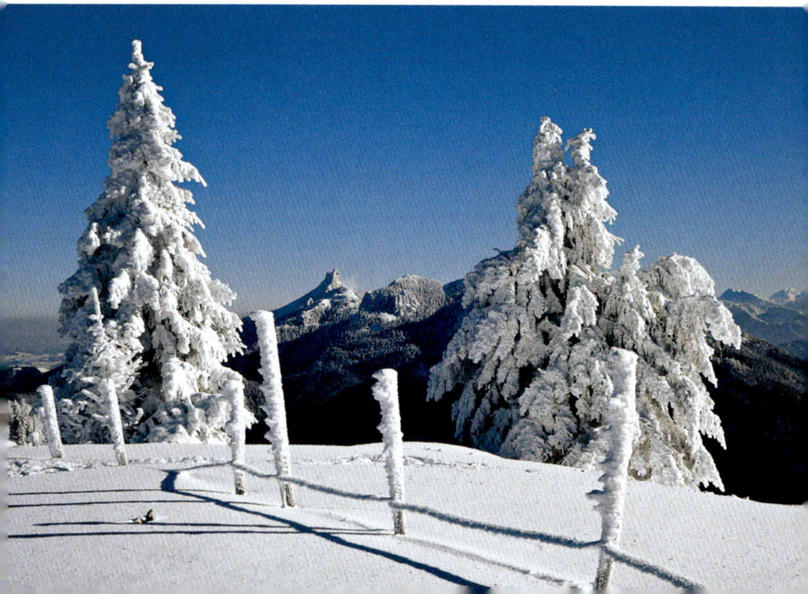

Einkehr: Frasdorfer Hütte (Variante 3).
Varianten: 1. Laubenstein, 1350 m, ca. ½ Std. über die Laubensteinalm.
2. Abfahrt vom Predigtstuhl über die Nikolai nach Oberwiesen: Gleich bei den kleinen Felsen hinterm Predigtstuhlkreuz rechts hinab, dann etwas links halten und in einer schönen Schneise sowie über Almwiesen links nach Oberwiesen (1160 m). Rückweg zur Hauptroute: Entweder ein kleines Stück unterhalb des Waldgürtels in ¼ Std. rechts zur Abergalm oder von Oberwiesen zum obersten Talende und zur Holzerhütte (siehe Variante von Tour 3). Hier rechts zur Bergwachthütte (Grozachhütte) und zur benachbarten Abergalm (gut ½ Std. von Oberwiesen).
3. Abfahrt auf der Forststraße über die Frasdorfer Hütte. Alle Varianten »blau«.
Wald-Wild-Schongebiete: Bitte folgende Bereiche nicht befahren: 1. Den von der Scharte zwischen Heuraffelkopf und dem Predigtstuhl nach Nordwesten abfallenden Geländekeil. 2. Die vom Abereck nordseitig zum Eiskeller abfallende Steilflanke (sie ist zudem stark lawinengefährdet!). 3. Vom Predigtstuhl zum Klausenberg nicht den Grat begehen, sondern auf der Rampe rechts unterhalb des Kammes bleiben.

Vom Parkplatz **Lederstube** 1 auf der Straße zu einer Verzweigung, dort links über eine Brücke und auf dem Fahrweg (Rodelbahn) gut ½ Std. bergwärts. Unmittelbar beim Austritt aus dem Wald vor einem Gehöft (**Zellboden**) – direkt beim Viehrost – rechts abbiegen und zuerst an einem Zaun entlang, dann durch das Gehölz zur **Schmiedkapelle** 2. Geradeaus über einen mäßig steilen Weiderücken bis vor ein Feldkreuz und links davon am Hang entlang in den Wald. Leicht steigend über eine Geländeschwelle zu einer Senke und dahinter über

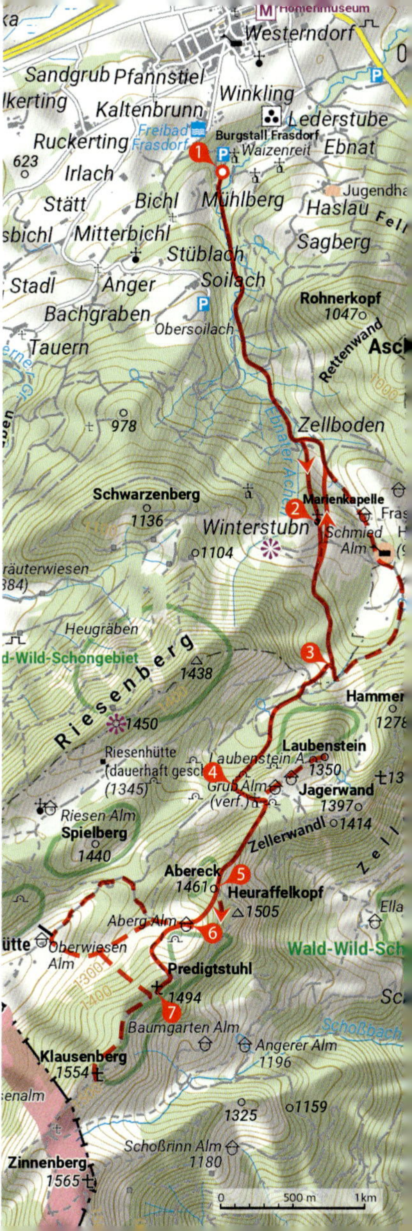

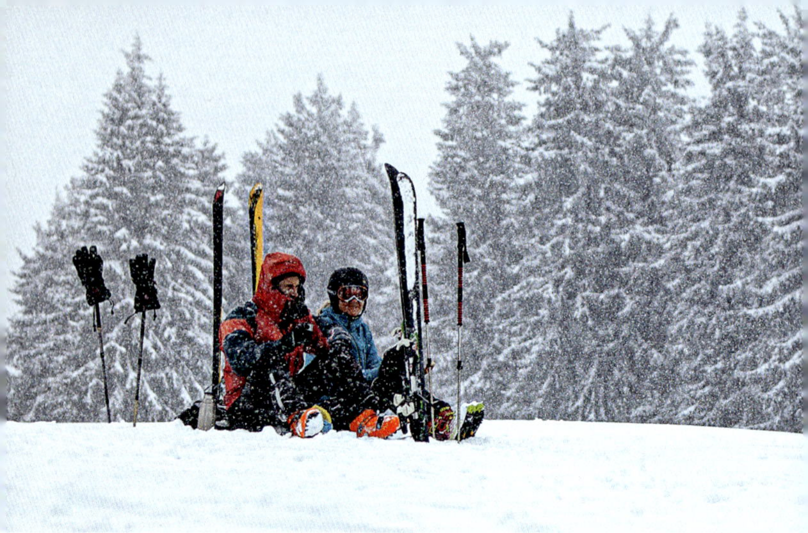

Gipfelpause im Schneefall am Abereck.

eine kurze Steilstufe zu einer Forststraße. Diese queren und am Rand eines seichten Grabens nahezu eben zu einer Wegteilung beim **»Taferlbaum«** ❸. Hier führt die Spur zur Hochries (siehe Tour 3) geradeaus weiter, unsere Route zum Abereck zweigt links ab (Ww. »Laubensteinalm, Klausen«) und zieht auf einem Traktorweg durch den Wald auf einen Absatz (**Laubensteingatterl**, ❹). Hier nicht geradeaus in den gefährlichen Eiskeller hinab, sondern links am licht bewaldeten Steilhang entlang zur Laubensteinalm. Zum Abereck lassen wir diese links liegen und steigen rechts zuerst im Bereich eines lichten Bergwaldes, dann über einen schneisenartigen Rücken auf das Plateau beim **Abereck** ❺, 1461 m, wo viele ihre Tour beenden.
Zur Abergalm und zum Predigtstuhl geht es geradeaus zu einer kleinen Senke und zu einem Schärtchen mit Routenteilung. Rechts fährt man durch eine Rinne am kürzesten zur **Abergalm** ❻, 1346 m, ab. Wir können

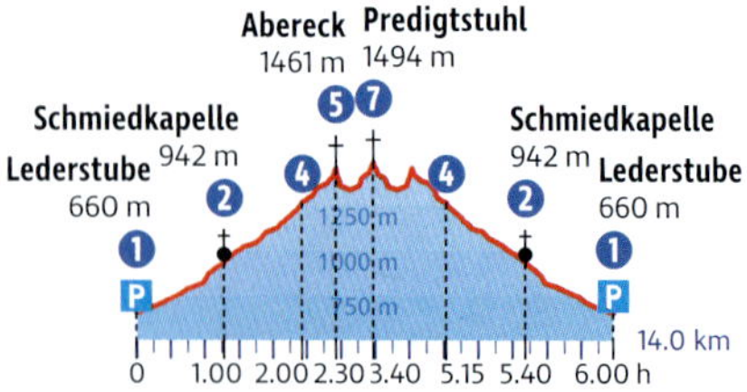

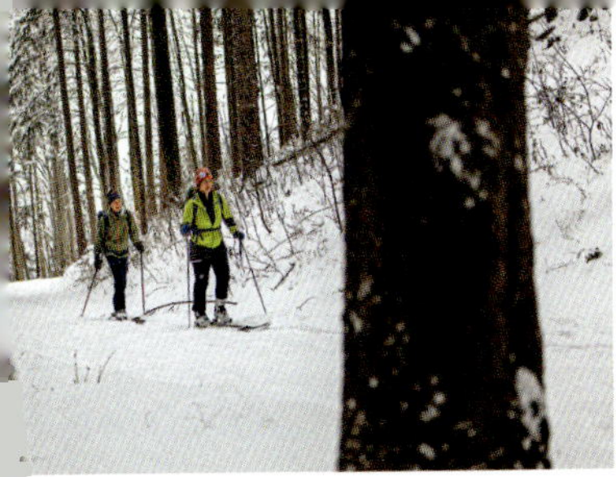

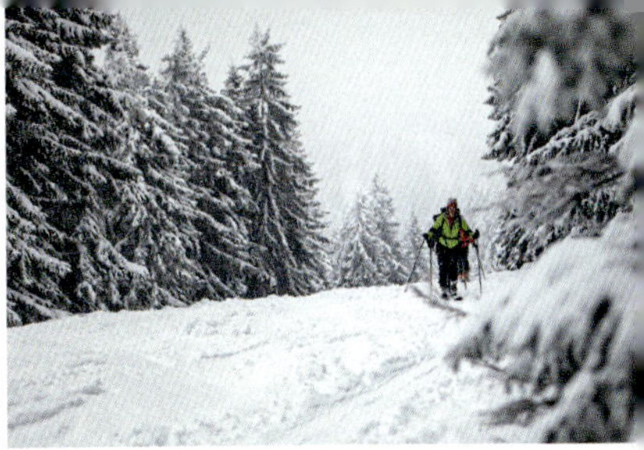

Forststraße im unteren Teil der Tour.

Am Gipfelrücken des Aberecks.

vom Plateau auch links am bewaldeten Westhang des **Heuraffelkopfes** entlang in mäßiger Steigung zu dessen Südgrat queren und in meist genussreicher Abfahrt zuerst über diesen, dann in einer Mulde nach rechts in den Kessel der Abergalm hinabschwingen. Bitte keinesfalls am Grat entlang zum Predigtstuhl hinübergehen, da hier ein sehr sensibles Schutzgebiet liegt. An der Alm ziehen wir die Felle wieder auf und steigen im weiten Linksbogen zuerst über einen freien Rücken, dann am Waldrand auf den **Predigtstuhl** 7, 1494 m, den wir von links her erreichen.
Neben der Standardabfahrt entlang der Aufstiegsroute bietet der Predigtstuhl mit der »Nikolai« eine interessante Abfahrtsvariante in den nordwestlich gelegenen Almkessel von Oberwiesen, 1160 m. Beim Rückweg über die **Abergalm** steigen wir, wie am Titelbild gut erkennbar, von dieser über die keilförmige Wiese und in einem kurzen, bewaldeten Graben aufs **Abereck** 5 und fahren von dort über die Aufstiegsroute zur **Lederstube** 1 ab.

Skatingpassage bei der Abfahrt zum Zellerbauern.

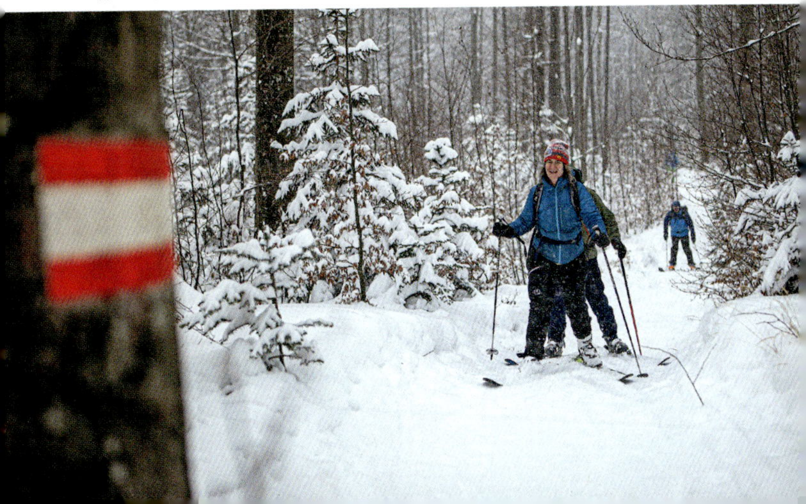

↗ 450 m | ↘ 450 m | 4.2 km

5 Erlbergkopf, 1134 m

2.40 h

Originelle Skischaukel für Tourengeher

Wer es versteht, nach frischem Neuschnee auf bescheidenen Bergweiden sein Tourenglück zu finden, kann sich den Erlbergkopf, einen Vorgipfel von Gederer- und Kampenwand, als originelle Skischaukel auswählen, die sich auch für Einsteiger eignet.

Talorte: Bernau am Chiemsee, 544 m, und Aschau im Chiemgau, 615 m. Bus und Bahn von Rosenheim.
Ausgangspunkt: Parkplatz in Hintergschwendt/Aigen, 826 m. Zufahrt: Auf der Straße zwischen Bernau und Aschau/Chiemgau zur Seiseralm und nach Gschwendt abzweigen. An der Straßengabelung am Plateau in Gschwendt links zum Parkplatz. Ruftaxi »Rosi« Haltepunkt #1029.
Aufstiegszeiten: Parkplatz – Vockalm ½ Std., Vockalm – Erlbergkopf ¾ Std., Erlbergalm – Erlbergkopf ½ Std.
Anforderungen: Forststraße, freies Almgelände. Zweimaliger Aufstieg auf der west- und ostseitigen Skischaukel.
Orientierung: Einfach.
Hangrichtung: West und Ost mit leichter Tendenz zu Nord.
Lawinengefährdung: Gering.
Günstige Zeit: Früh- und vor allem Hochwinter bei reichlicher Schneeauflage.
Einkehr: Keine Einkehrmöglichkeit.
Variante: Abfahrt über die freien, ausladenden Südosthänge des Erlbergkopfes zur Weißen- bzw. zur Schmiedalm und wieder zurück. Oder auf der weitschweifigen Forststraße rechts zum Ausgangspunkt.

Vom **Parkplatz** ❶ auf einer ebenen Forststraße links zum Gehöft **Aigen** und dahinter zu einer dreifachen, etwas versetzten Wegteilung. Unsere

Der Osthang zur Erlbergalm. Hinten von links Hochfelln, Hochgern und Staffen.

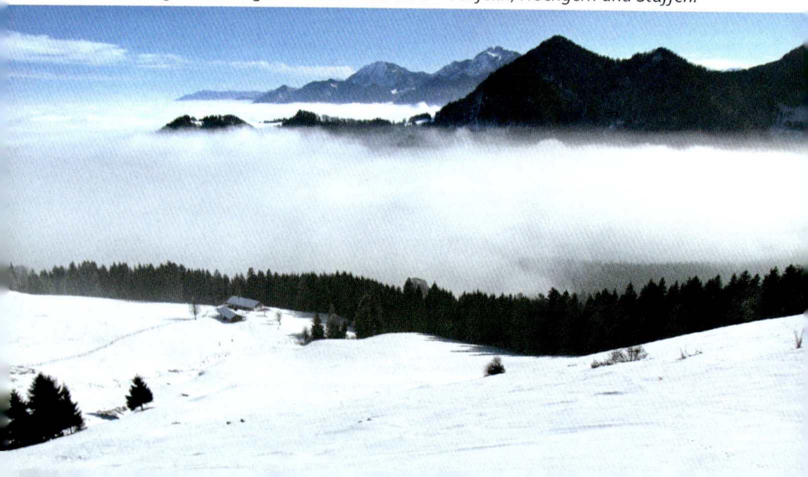

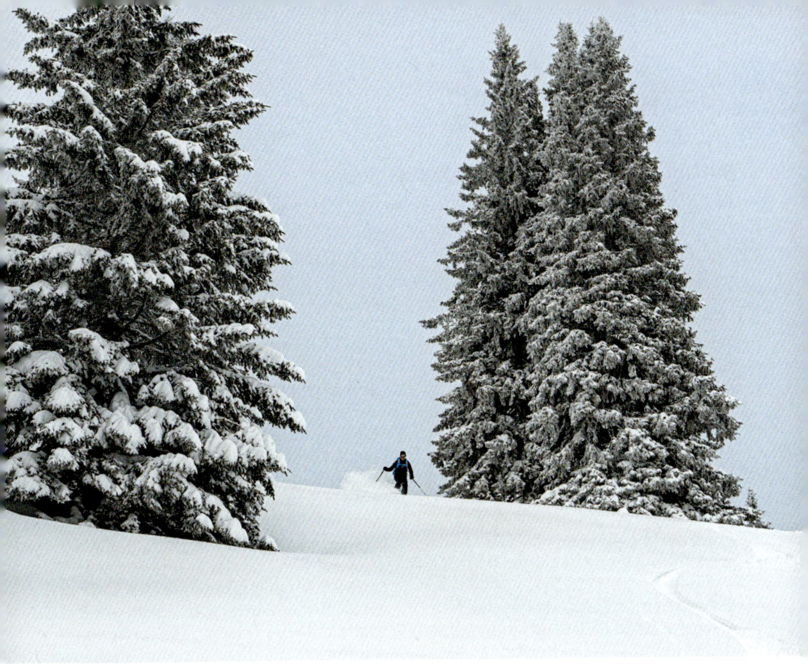

Genussvolle Abfahrt im Pulverschnee der Chiemgauer Vorberge.

Skiroute steigt am mittleren Straßl über einen Wasserspeicher auf Bergweiden hinaus und passt sich dort links von einem Graben den überwiegend freien Weidehängen an. Dabei passieren wir die versteckte **Vockalm** ❷ und streben dann dem ausgeprägten Sattel zwischen dem bewaldeten Schwarzenberg (links) und dem freien, kreuzgeschmückten **Erlbergkopf** ❸ (Irlberg, rechts) zu. Von dessen Gipfel schwingt man über freie Hänge ostwärts zur gut sichtbaren **Erlbergalm** ❹ hinab. Nach der Rückkehr zum **Erlbergkopf** fährt man über das Aufstiegsgelände, am günstigsten meist in der Nähe des Waldes bzw. des Grabens ab und schiebt über **Aigen** zum **Parkplatz** hinaus ❶.

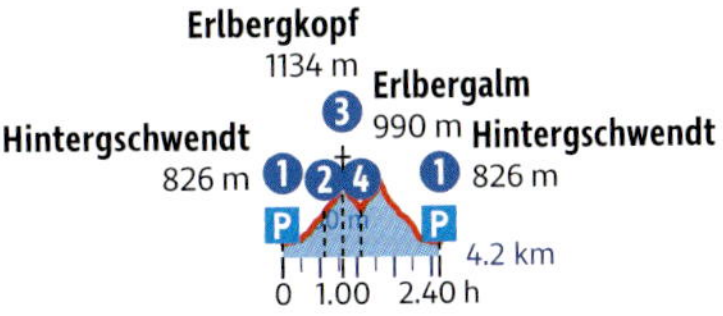

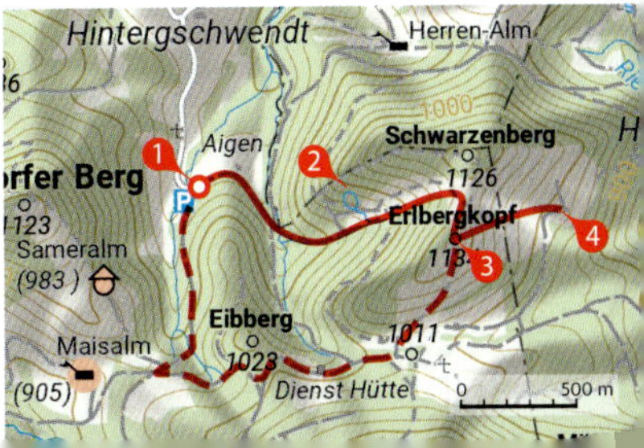

↗ 570 m | ↘ 570 m | 5.8 km

6 Staffen, ca. 1170 m

2.30 h

Beliebte Schnuppertour mit kurzer Saison

In Anbetracht des Klimawandels kann die Tour zwar nicht jedes Jahr durchgeführt werden, sie ist aber bei den Einheimischen recht beliebt und bietet bei reichlicher Schneeauflage für einige Wochen oder auch nur mehrere Tage ein genussreiches Skivergnügen abseits von Pisten; eine solche bestand hier auch vor vielen Jahren auf der beschriebenen Skiroute.

Talort: Marquartstein, 546 m. Buslinie Übersee – Reit im Winkl.
Ausgangspunkt: Talstation der Hochplattenbahn in Niedernfels, 600 m. Zufahrt bzw. Zugang von Marquartstein beschildert.
Aufstiegszeiten: Talstation – Staffenalm 1¼ Std., Staffenalm – Staffenrundweg 25 Min.
Anforderungen: Wald- und Forstwege sowie Almgelände von unterschiedlicher Steilheit.
Orientierung: Skispur bei reichlicher Schneeauflage meist vorhanden und in der unteren Hälfte hilfreich.
Hangrichtung: Hauptsächlich Nordost, nur unten und ganz oben Südost.
Lawinengefährdung: Gering.
Günstige Zeit: Nur bei reichlicher Schneeauflage bis ins Tal von Dez. mit Februar.
Einkehr: Staffenalm, fast gj. bew.
Variante: Hochplatte nur für Ortskundige, die mit den im Winter kritischen Stellen vertraut sind.
Wald-Wild-Schongebiete: Zwei eingezäunte Schonungen werden im Aufstieg und bei der Abfahrt umgangen.
Hinweis: Zwischen Talstation der Hochplattenbahn und der Staffenalm wird im Winter ein gut beschilderter und präparierter Winterwanderweg unterhalten, da der Fahrweg (Sommerweg) als Rodelbahn dient und für Fußgänger aus Sicherheitsgründen gesperrt ist. Der Winterwanderweg eignet sich auch als bequeme Aufstiegsroute für Tourengeher.

Unmittelbar vor der Talstation der **Plattenbahn** ❶ am Winterwanderweg rechts über den Bach und bis zur folgenden Linkskurve. Gleich danach vom Winterwanderweg rechts abzweigen und zwischen einer Schonung und einem rechtseitigen Hang auf einen Absatz. Nun dicht am Waldrand zur Linken weiter und auf Wiesen hinauf. Über diese – zwischen dem einzelnen Gebäude Schwaig (links) und dem Gehöft Fahrnpoint (rechts eines Grabens) – zu einer Staudenzone und dahinter zu einer zweiten, eingezäunten Schonung, die auf der rechten Seite auf einem breiten, alten Waldweg gut umgangen werden kann und in eine flache Forststraße mündet. (Diese Forststraße stellt eine Verbindung sowohl zum Winterwanderweg als auch zur Ro-

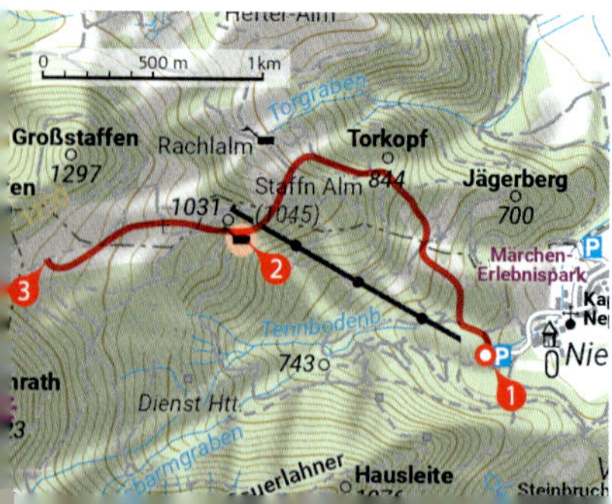

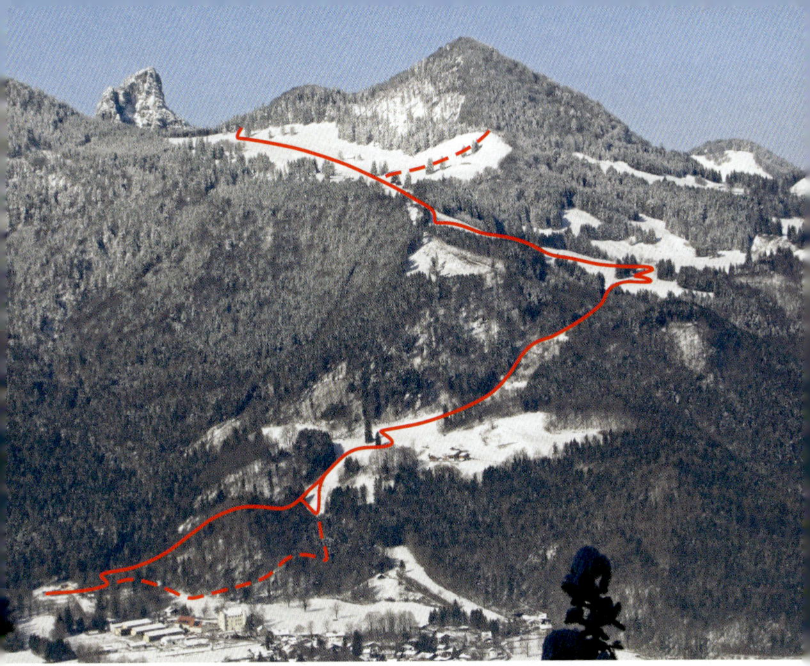

Die Skiroute von der Talstation der Plattenbahn (links unten) bis zum Waldrand unterm Kleinstaffen. Links oben der Felsgipfel des Gederer, rechts der Großstaffen.

delbahn her.) Auf der Forststraße leicht steigend rechts durch den Wald zu den skifreundlichen Weiden der verdeckten **Rachelalm** hinaus. Über den ausladenden Hang zur Linken (Rachelhang) – und zwar links von der ersten und rechts von der zweiten Baumgruppe – in weiten Schleifen zu einem heckenartigen Waldstreifen hinauf, der den freien Skihang oben säumt. An der Hecke entlang zur Startrampe für Paragleiter, bei der man wieder auf den Winterwanderweg trifft und diesem über die **Bergstation** der Plattenbahn zur **Staffenalm** ❷ folgt. Hinter dem Gasthaus geradeaus zu einer Alm und weiter in gleicher Richtung über mäßig geneigte Bergweiden bis zu ihrem oberen rechten Rand ❸. Der Weiterweg durch den Wald und dabei quer über den auch im Winter häufig präparierten Staffenrundweg auf den steilen Groß- oder Kleinstaffen ist möglich, aber skifahrerisch nicht erstrebenswert. **Abfahrt** wie Aufstieg über den Rachelhang.

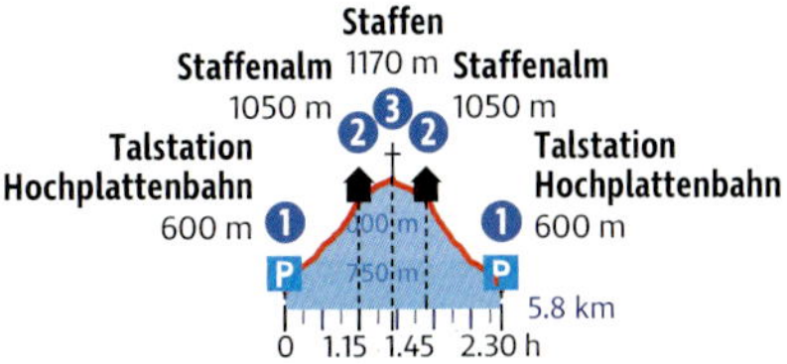

TOP 7

↗ 850 m | ↘ 850 m | 7.3 km

Spitzstein, 1596 m

3.30 h

Unverspurter Pulverschnee nur für Frühaufsteher

Der Spitzstein zählt dank des abwechslungsreichen und auch ziemlich lawinensicheren Geländes zu den beliebtesten Skibergen der Chiemgauer Alpen; er eignet sich vorzüglich als Eingehtour. Da ist man natürlich nur sehr selten allein, deshalb finden nach Neuschnee nur Frühaufsteher unverspurtes Gelände. Das bewirtschaftete Spitzsteinhaus lockt zudem viele Winterwanderer.

Talort und Ausgangspunkt: Sachrang, 738 m, Chiemgauer Bergsteigerdorf an der Grenze zu Tirol mit stilvollem Ortskern. RVO-Bus Nr. 9502 von Bernau – Aschau/Bhf. (verkehrt nicht an Sonn- und Feiertagen). Von der Kirche noch ca. 0,5 km westwärts zu einem Graben vor dem kleinen Schweibernlift. Parkmöglichkeit bei einer kleinen Brücke an der Abzweigung des Weges zum Spitzsteinhaus und entlang der Zufahrtsstraße.

Bei der Steinmoosalm.

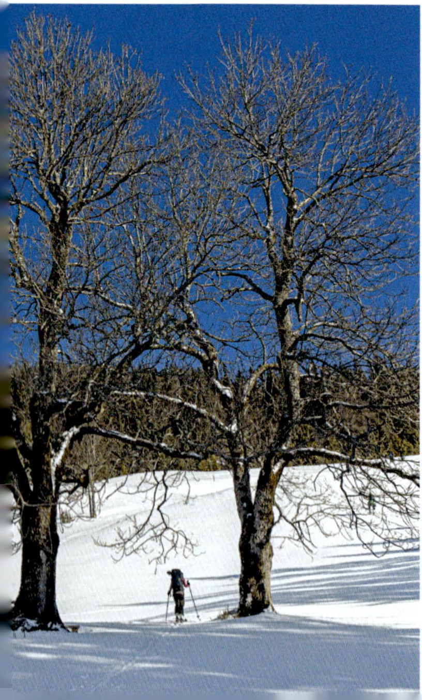

Aufstiegszeiten: Sachrang – Steinmoosalm – Spitzsteinhaus gut 1½ Std., Spitzsteinhaus – Spitzstein knapp 1 Std.

Anforderungen: Viel begangene Skitour und Winterwanderung über Wiesen- und Waldgelände; am steilen Gipfelaufbau etwas mühsam, dort »rot«.

Orientierung: Nur bei Nebel und ungespurten Verhältnissen problematisch.

Hangrichtung: Süd.

Lawinengefährdung: Bei vernünftiger Routenwahl gering.

Günstige Zeit: Dez. bis März. Genussreich nach Neuschnee und bei Firn. Der Gipfelbereich erfordert wegen versteckter Felsen eine satte Schneeauflage.

Einkehr: Spitzsteinhaus (1252 m, DAV, bew. ab 26.12., 70 B. u. L.), Altkaser, Stoanaalm, Goglalm.

Varianten: 1. Von Erlerberg zum Spitzstein: Vom Parkplatz in Erlerberg (ca. 960 m) zum Spitzsteinhaus ist häufig eine Motorschlittenspur vorhanden. Die Route führt vom Parkplatz auf der Straße oder rechts davon am freien Hang leicht steigend auf einen Boden mit Straßengabelung. Auf oder neben dem linken Fahrweg gehen wir knapp ¼ Std. über mäßig steigendes Wald- und Wiesengelände bis zum Linksknick der Straße hinter einem schattigen Waldstück. Hier zweigen wir vom Sträßchen rechts ab und steigen über eine freie Mulde auf eine Geländeschwelle. Dahinter geht es

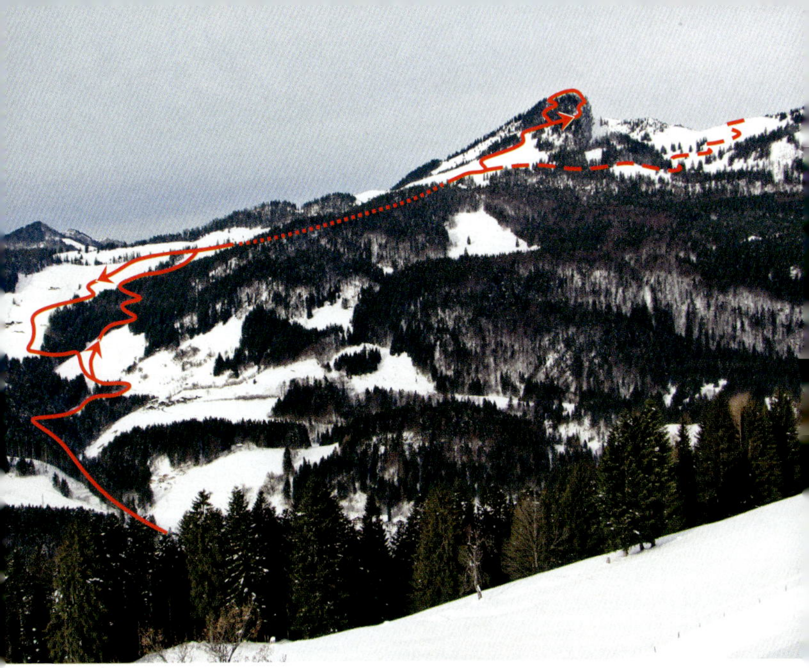

Spitzstein und Tristmahlnschneid (rechts) mit der Skiroute von Sachrang.

leicht fallend zu einer von rechts heraufführenden Trampelspur, der wir zur Goglalm folgen. Hinter dieser holen wir über freies Gelände nach Osten zur Hauptroute aus oder drehen an der Alm links zu einem nur wenige Minuten entfernten Sträßchen ab, dem wir bis zum Spitzsteinhaus (1252 m) folgen können. Der direkte Weg zum Spitzstein führt an der Linkskurve unterhalb des Hauses geradeaus in einer Mulde ostwärts zur Hauptroute und zum Gipfel (knapp 2 Std. von Erlerberg).

2. Tristmahlnschneid, 1452 m. Bei der Aueralm auf einem Forstweg flach rechts durch den Wald zur Tristmahlnalm, dann über den freien Hang zum höchsten Punkt (gut ½ Std. von der Aueralm).

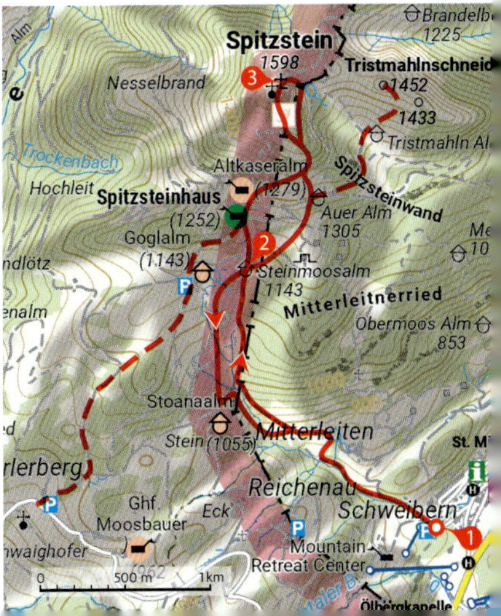

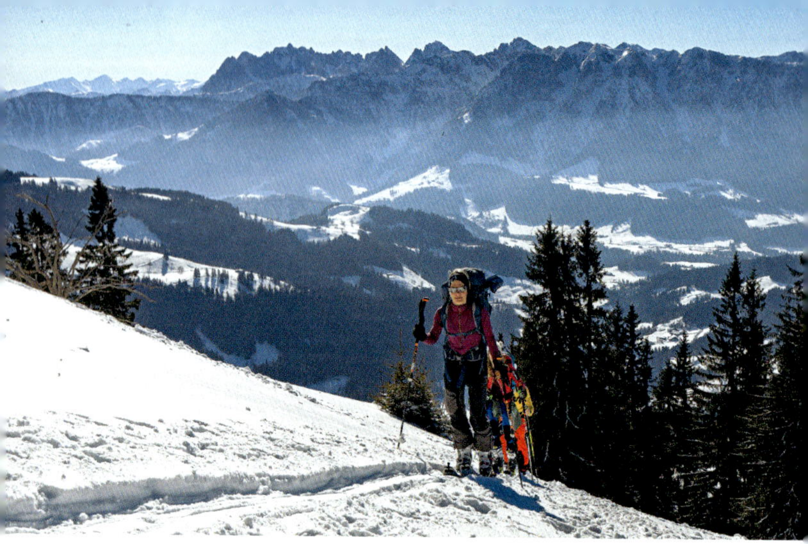

Gipfelanstieg zum Spitzstein vor kaiserlicher Kulisse.

Die Skiroute führt vom Parkplatz ❶ aus etwa eine Viertelstunde lang dicht am bewaldeten Bachufer entlang, bis sich hinter einigen Lichtungen auf der rechten Seite eine gute Anstiegsmöglichkeit über Wiesen auftut. Nach dem ersten Absatz, etwas oberhalb des Weilers **Mitterleiten**, erreicht man einen Holzzaun. Hier geht es links weiter. Schon nach ca. 100 m mündet von links die Abfahrtsroute ein. Unsere Anstiegsspur – im folgenden Abschnitt für die Abfahrt wenig geeignet – folgt ihr aber nicht, sondern zieht geradeaus an einem Wiesenhang entlang, dann ein längeres Stück durch den Wald (Weg Nr. 6) und dahinter links davon über Wiesen zur **Steinmoosalm** ❷, ca. 1160 m, hinauf. Beim Kreuz hinter der Alm teilt sich die Route dreifach: Nach links (westwärts) führt eine Abfahrtsroute hinab, geradeaus steigt man in ca. 20 Minuten zu dem bald darauf sichtbaren **Spitzsteinhaus**, 1252 m, hinauf, und rechts schert über mäßig geneigte Wiesen die meistbegangene Anstiegsroute aus. Während die letztgenannte Spur einen größeren Waldfleck rechts umgeht, zieht die über das Schutzhaus führende Route am Wald links vorbei. Beide treffen sich oberhalb desselben, etwa auf Höhe der **Aueralm** wieder, und streben dem darüberliegenden Wald zu. Beliebig steigen wir durch eine der Schneisen auf-

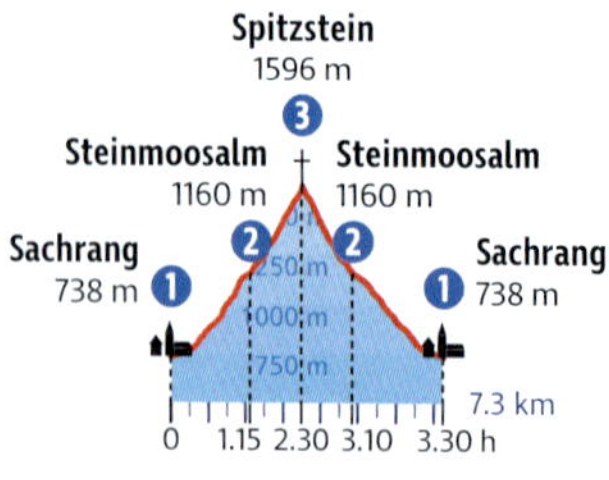

wärts und über die folgende Bergweide bis zu ihrem rechten oberen Ende. Dort geht es wieder rechts in den Wald hinein und meist in der Nähe eines ostseitigen Abbruchs häufig recht mühsam durch den steilen Bergwald auf den **Spitzstein** 3, 1596 m.

Abfahrt: Eher selten wählt man als Abfahrt vom Spitzstein die Aufstiegsroute. Man fährt meist von der Gipfelkapelle in Falllinie über einen keilförmigen Hang bis zur geschlossenen Waldzone ab, dann schräg links durch den von versteckten Felsen gespickten Wald auf freies Gelände zur Aufstiegsspur hinaus. Bei der Querfahrt erweist sich eine reichliche Schneeauflage als angenehm und materialschonend. Auf bekannter Spur geht es über Weidegelände zur **Steinmoosalm** hinab. Hier teilen sich die Abfahrtsrouten vorübergehend.

Die eine führt parallel zur Aufstiegsspur noch gut 50 Hm gerade hinab, dann auf einem Almweg rechts über einen bewaldeten Graben, anschließend über mäßig geneigte Weiden und einen weiteren kleinen Graben zum »**Oberstoanahof**«. Die andere schießt an der Steinmoosalm westwärts auf das Plateau der **Goglalm** hinaus, biegt hinter den Almhütten nach links, durchquert einen lichten Waldstreifen und führt dann rechts von oben genanntem Graben an der bewirtschafteten Stoanaalm vorbei nach »Oberstoa«.

Nun erlauben herrliche Wiesen genussreiche Schwünge zu einer Holzhütte am Waldrand. Zur Linken finden wir dort einen Durchschlupf durch einen Waldstreifen mit einem steinigen Graben. Dahinter lassen wir die Skier in Schrägfahrt möglichst hoch über Wiesen vollständig bis zur Anstiegsroute hinüberlaufen, über die wir nach **Sachrang** 1 zurückkehren.

Sanftes Genussschwingen über die Wiesen der Steinmoosalm, links im Hintergrund der Gipfel.

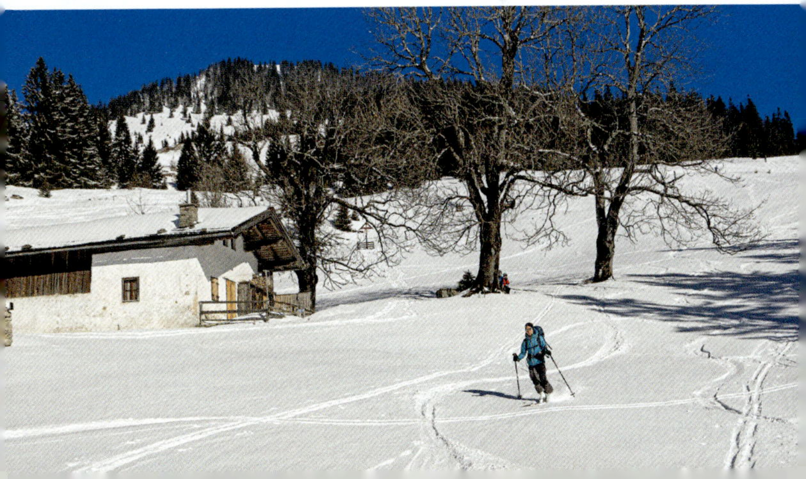

↗ 800 m | ↘ 800 m | 11.6 km

8 Wandberg, 1454 m, und Karspitze, 1241 m

5.40 h

Bescheidene Almmulden und reizvolle Skihänge im Wechsel

Die beschauliche Rundtour über den Wandberg und die Karspitze verläuft im mehrfachen Auf und Ab auf Forstwegen, über Almen und durch lichten Wald.

Talorte: Sachrang (bayerisches Bergsteigerdorf), 738 m, RVO-Bus Nr. 9502 von Bhf. Aschau (verkehrt nicht an Sonn- und Feiertagen); Wildbichl, Gemeinde Niederndorferberg (Tirol), Bus von Kufstein nur Mo. – Fr.
Ausgangspunkt: Parkplatz Ritzgraben (gebührenpflichtig), ca. 750 m. Anreise: Auf Tiroler Seite bei km-Marke 14,2 (gegenüber einer Tischlerei) in Richtung »Ritzgraben, Rettenschöss« abzweigen.
Aufstiegszeiten: Parkplatz – Gabnalm 20 Min., Gabnalm – Wildbichlalm 35 Min., Wildbichlalm – Rettenbachalm 40 Min., Rettenbachalm – Wandberg 50 Min., Rettenbachalm – Karspitze 20 Min.
Anforderungen: Angenehmes Almgelände, lichte Waldpassagen. Mehrfaches Auf und Ab. Südwestabfahrt von der Karspitze »rot« bis »schwarz«!
Orientierung: Im Bereich der Almstraßen leicht, abseits derselben (Wandberg-West, Karspitz-Abfahrt, Variante) ist bei fehlender Spur Bergerfahrung erforderlich.
Hangrichtung: Alle Richtungen, besonders Südwest.
Lawinengefährdung: Die Südwestabfahrt von der Karspitze kann nach großen Neuschneemengen kritisch sein; Ausweichmöglichkeit über die Aufstiegsroute.
Günstige Zeit: Dezember – Mitte März.
Einkehr: Wandberghaus, im Winter häu-

Herrlicher Blick zum Wilden Kaiser kurz oberhalb des Wandberghauses.

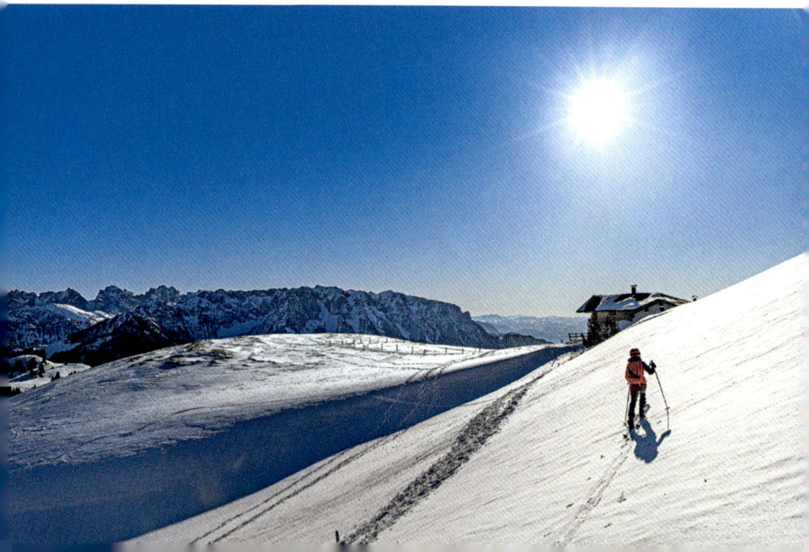

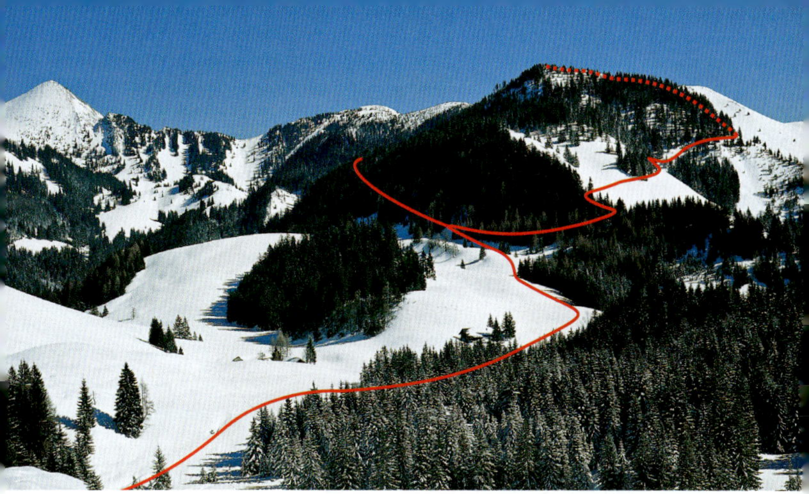

Die Skiroute über Rettenbach zum Wandberg (rechts) – links der Geigelstein.

fig bewirtschaftet (Mi. Ruhetag), Wildbichlalm, Müllner Peter (Variante).
Variante: Vom Müllner Peter bei Sachrang am Schlepplift zur Bergstation (Routenteilung): Links hinauf, von rechts herab. Links auf einem Ziehweg zum Ende einer flachen Lichtung, dort scharf rechts durch einen Waldstreifen zu einer alten Alm. Über eine große Lichtung und einen Steilhang (Schneebrettgefahr!) zum Wald hinauf, wo ganz links ein Durchschlupf besteht. Dahinter in einer Mulde zur Hauptroute bei der Wildbichlalm. Abfahrt: Unterhalb des Steilhanges – etwa 50 Hm oberhalb der alten Alm – links über einen bewachsenen Graben und schräg links über Weidegelände zum Waldrand (Hütte) hinab. Ganz rechts (!) über einen kleinen Graben zum Schlepplift hinauf und auf der Piste ins Tal.
Wald-Wild-Schongebiete: Raufußhühner-Einstand am Wandberg-Nordwestgipfel.

Vom **Parkplatz** ❶ zum Graben zurück und auf einem Sträßchen (Rodelbahn) zur alten **Gabnalm**. Abseits der Straße (links) über Wiesen zur neuen Gabnalm, davor rechts zu einer Hecke und zur Schmalzeckalm. Auf der Straße links zur **Wildbichlalm** ❷, hinter der die Variante einmündet. Auf dem Fahrweg in einer Doppelschleife zu einer Wegteilung unmittelbar hinter einem ausgedehnten Waldgürtel: Rechts »Karalm, Karspitze« – links »Wandberg«. Zum Letztgenannten links über einen kleinen Graben und einen flachen Grasrücken hinweg zur **Rettenbachalm** ❸ (Einmündung der Straße von der Schönen Aussicht). Am Fahrweg etwa 400 m links zu ei-

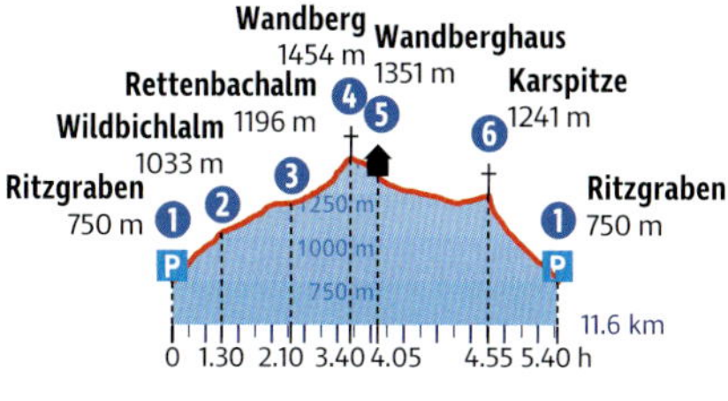

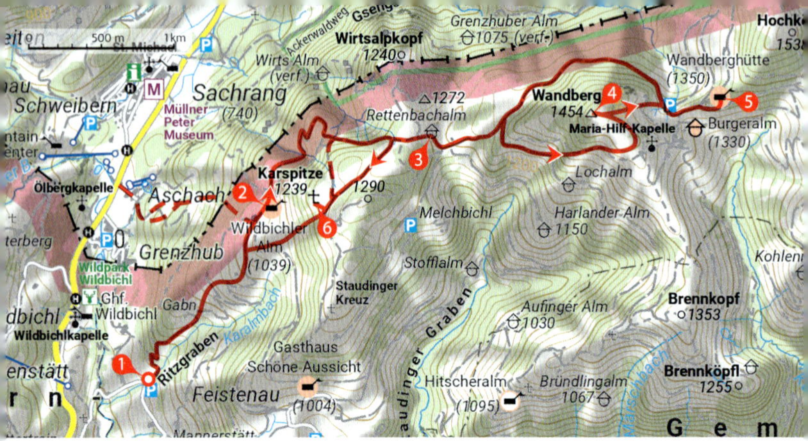

ner Verzweigung: Geradeaus zum Wandberghaus (Rückweg) – rechts zum Wandberg. Durch den Wald auf einen freien Sattel, dort links weiter, aber nicht über den freien, steilen Rücken und auch nicht über die nachfolgende Mulde, sondern auf dem leicht steigenden Wanderweg am Waldrand in einer weiten Schleife um den Berg herum zu einer ausgeprägten, südseitigen Mulde, über die man beide **Wandberggipfel** 4 gut erreichen kann. Von den Abfahrtsmöglichkeiten nach Westen, Süden und Osten ist Letztere meist am genussvollsten. Sie führt vom Sattel zwischen Nordwest- und Südostgipfel (Kreuz) über die Ostmulde zur Straße und zum gut sichtbaren **Wandberghaus** 5 hinab. Mit oder ohne Einkehrschleife gleiten wir nordseitig und mit kurzem Gegenanstieg nach **Rettenbach** hinab, ziehen dort die Felle auf und kehren zur Wegteilung »Karalm« zurück. Auf dem Sträßchen (Rodelbahn) links bis in die Nähe der Karalm, davor rechts zur bescheidenen **Karspitze** 6 (Kreuz). Die Abfahrt führt entweder über die Aufstiegsroute (»blau«) oder vom Gipfel südwärts in den Graben und auf seiner rechten Seite sowie über einen rassigen Steilhang (»schwarz«) südwestwärts zur **Wildbichlalm**. Von dort über die Aufstiegsroute ins Tal.

Auf dem Rückweg nach dem Kaiserschmarrn.

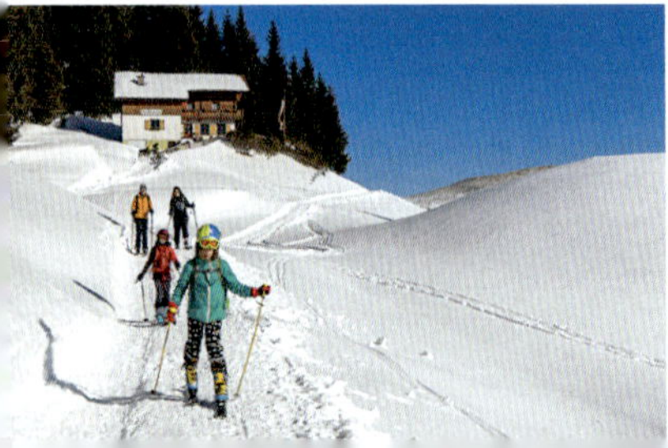

Vielfältiges Skigelände im Wandberggebiet.

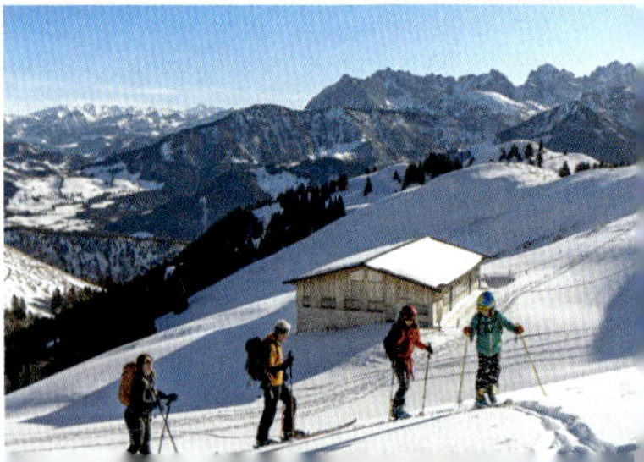

↗ 690 m | ↘ 690 m | 9.1 km

3.10 h

Brennkopf, 1353 m

9

Für kalte Wintertage mit reichlicher Schneelage bis ins Tal

Vom Geländeaufbau und von der Höhe bietet der Brennkopf eine bescheidene, auch für Einsteiger und Genießer geeignete Skitour. Gleichzeitig ist aber auch festzustellen, dass es in den meisten Jahren nur wenige Wintertage gibt, an denen man am Brennkopf wegen seiner geringen Höhe und längerer sonnseitiger, früh ausapernder Passagen günstige Schneebedingungen antrifft. Hier sind Erfahrung und Gespür für »guten Schnee« besonders wertvoll; am besten wohl bei frischem Neuschnee, ehe Sonne und nachfolgende Kälte Bruchharsch produzieren können.

Talort: Walchsee, 658 m, Erholungsort am gleichnamigen See im Norden des Kaisergebirges, Buslinie von Kufstein.
Ausgangspunkt: Gebührenpflichtiger Parkplatz für Langläufer beim Moarwirt, 670 m. Zufahrt von Walchsee-Dorfmitte bzw. vom Westende des Ortes.
Aufstiegszeiten: Moarwirt – Kitzbichel ½ Std., Kitzbichel – Hitscheralm über Almstraße 1 Std., über Wanderweg ¾ Std., Hitscheralm – Brennkopf ¾ Std.
Anforderungen: Gestufter Bergrücken, Almwiesen und Forststraße bzw. Waldweg (Variante).
Orientierung: Unschwierig, wenn bei ungespurten Verhältnissen das Almsträßchen bzw. der Wanderweg von Kitzbichel zur Hitscheralm zu erkennen ist.
Hangrichtung: Süd und West.
Lawinengefährdung: Schneebrettgefahr besteht nach starken Schneefällen und intensiver Sonneneinstrahlung allenfalls im freien Gelände unterhalb der Hitscheralm.
Günstige Zeit: Dezember mit Februar bei ausreichender Schneelage bis ins Tal.
Einkehr: Moarwirt.
Variante: Auf der Höhe von Kitzbichel rechts zum obersten freien Wieseneck, wo man auf einen Traktor- und Wanderweg trifft, die sich beim Waldeintritt verzweigen. Der Wanderweg führt links eines Grabens zuerst über eine

Der Brennkopf mit seinem welligen Almrücken.

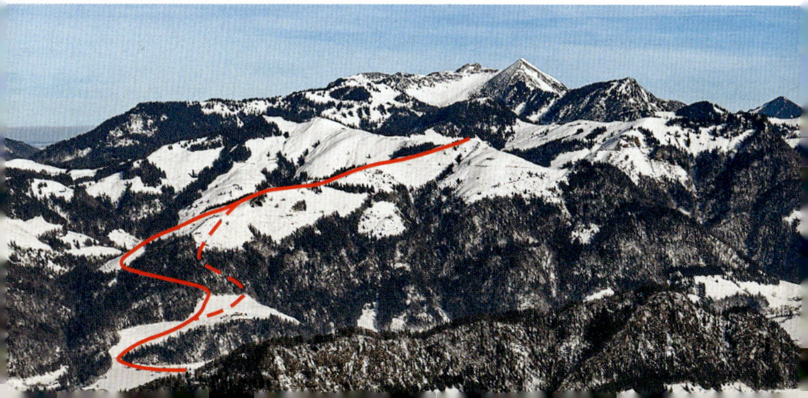

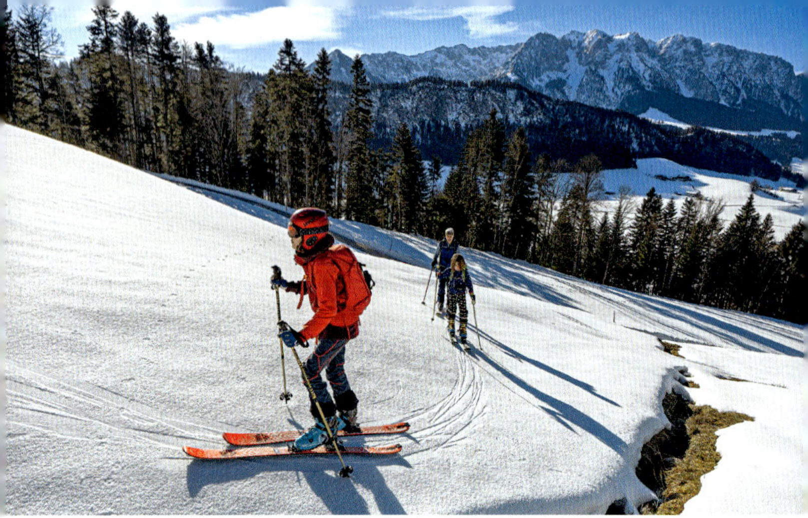

Aufstieg über die Wiesen vom Kitzbichel.

kurze Steilstufe, dann in einer weiten Links-rechts-Schleife durch den Wald auf Bergweiden hinaus. Über diese erreicht er in einer doppelten Links-rechts-Schleife die Hitscheralm und die Hauptroute.

An der Hecke beim **Moarwirt** ① bietet sich ein Durchschlupf zum Golfplatz, der in seiner ganzen Länge nach links zu durchqueren ist. Dabei umgeht man einen Waldgürtel am Bergsockel und steigt dann in der Nähe einer Straße über Wiesen zum Gehöft in **Kitzbichel** hinauf, das aber rechts liegen bleibt. Links davon führt eine Forststraße (Schranke) in Schleifen durch den Wald und dahinter über freies Gelände zur **Aufingeralm**. Diese umkurvt der Fahrweg im Uhrzeigersinn und zieht dann auf eine ausgeprägte Schulter mit der unteren **Hitscheralm** ②. Von dieser können wir auf der Straße oder direkt über den gestuften Westsüdwestrücken des Brennkopfes über die benachbarte obere Hitscheralm zur **Knollalm** hinaufsteigen. Spätestens auf dem Boden hinter dieser verlassen wir das Almsträßchen und steu-

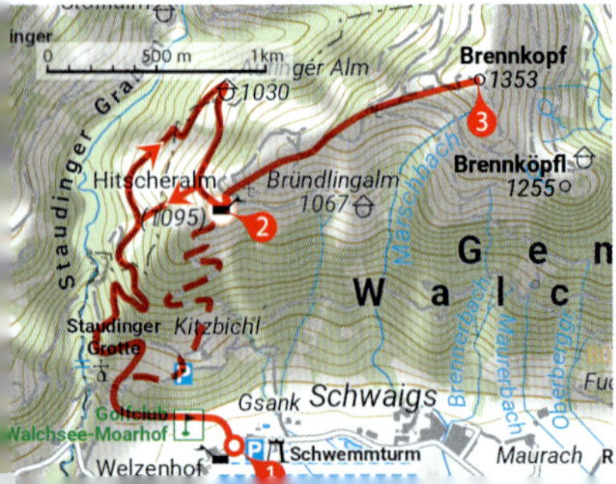

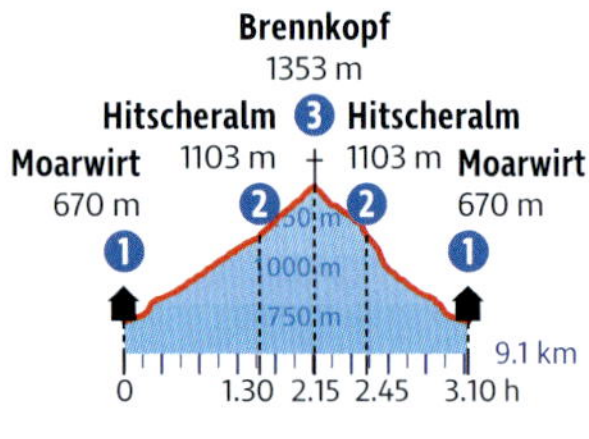

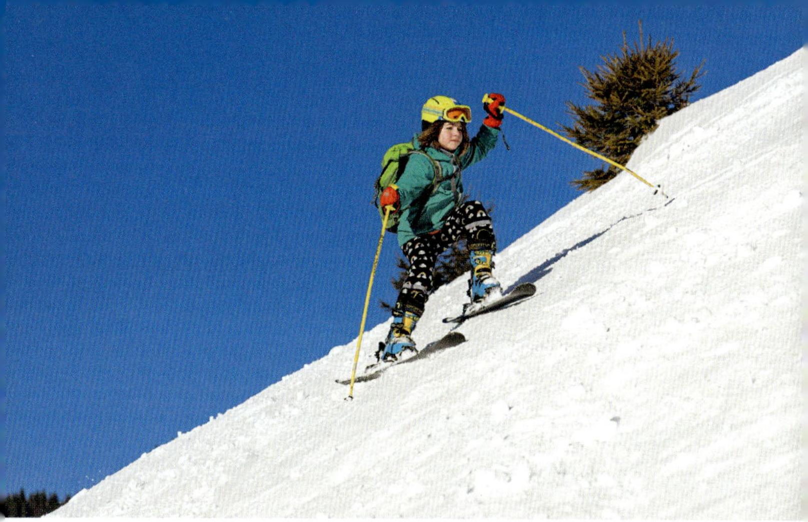

Der Firnhang unter der Hitscheralm gefällt auch dem Tourengehernachwuchs.

ern über süd- und westseitige, gestufte Bergweiden den **Brennkopf** 3 an. Die **Abfahrt** folgt bis zur unteren **Hitscheralm** dem Westsüdwestrücken des Brennkopfes. Am Geländeeck etwa 100 m hinter der Alm (Rechtskurve des Fahrweges) drehen wir links ab und schwingen über einen steilen Rücken zur Aufstiegsspur hinab, um über die Forststraße durch den Wald nach **Kitzbichel** abzufahren. Kurz hinter dem Wald geht es zuerst rechts über Wiesen hinab, dann überqueren wir die Straße und lassen es über Wiesen, einen kleinen Graben und den Golfplatz zum **Moarwirt** 1 hinablaufen.

Die Westabfahrt vom Brennkopf über die Hitscheralm zur Forststraße.

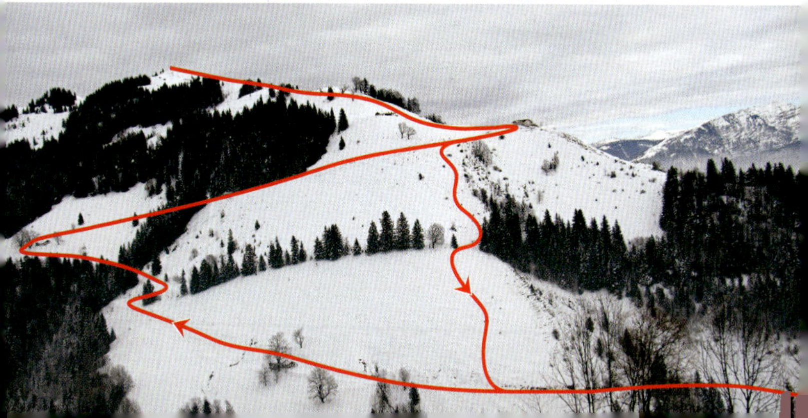

↗ 950 m | ↘ 950 m | 12.5 km

10 Mühlhornwand, 1658 m

4.00 h

Im Dreiviertelstundentakt zum Nachbarn des Geigelsteins

Die kleine Schwester Mühlhornwand, von den Einheimischen »Muiheandl« genannt, kann dem großen Bruder Geigelstein durchaus das Wasser reichen, wenn man sie sich an Tagen mit frischem Pulverschnee oder später an Firntagen aussucht. Dann versprechen die südwestseitigen Hänge bis zum Hüttenweg und zur Talalm hinab Abfahrtsgenuss pur.

Talort: Sachrang, 738 m, Chiemgauer Bergsteigerdorf an der Grenze zu Tirol.
Ausgangspunkt: Parkplatz gegenüber der Nordeinfahrt von Sachrang. RVO-Bus Nr. 9502 von Bernau – Aschau/Bhf. (nur werktags).
Aufstiegszeiten: Parkplatz – Diensthütte ¾ Std., Diensthütte – Talalm ¾ Std., Talalm – Schreckalm ¾ Std., Schreckalm – Mühlhornwand ¾ Std.
Anforderungen: Straßenbreiter Hüttenweg, Almwiesen und lichte Waldpassagen, für Einsteiger gut geeignet.
Orientierung: Bei ausreichender Sicht ziemlich problemlos; jedoch darf die Abzweigung zur Mühlhornwand oberhalb der Talalm nicht übersehen werden.
Hangrichtung: Oben Südwest und Süd, unten Nordwest.
Lawinengefährdung: Oberhalb der Schreckalm besteht in Extremsituationen Schneebrettgefahr.
Günstige Zeit: Dezember mit März, am besten bei frischem Pulverschnee oder bei Firn, ansonsten Bruchharschgefahr!
Variante: Vom Parkplatz in Huben (zwischen den km-Marken 20,5 und 21,0) ca. 200 m in Richtung Sachrang (Bushaltestelle), dann links über eine Brücke und auf breitem Waldweg zur Forstdiensthütte hinauf (½ Std.). Bei geringer Schneeauflage bzw. Vereisung abzuraten!
Wald-Wild-Schongebiete: Den von der Mühlhornwand südwest- und nordostwärts streichenden Kamm zum Schutz von Wildtieren bitte nur im Gipfelbereich befahren. Siehe Bild auf S. 57.

Vom Parkplatz in **Sachrang** ❶ auf einer breiten Forststraße mit zwischenzeitlichem kleinen Gefälle zu einer Wegteilung ❷ bei einer **Forstdiensthütte**,

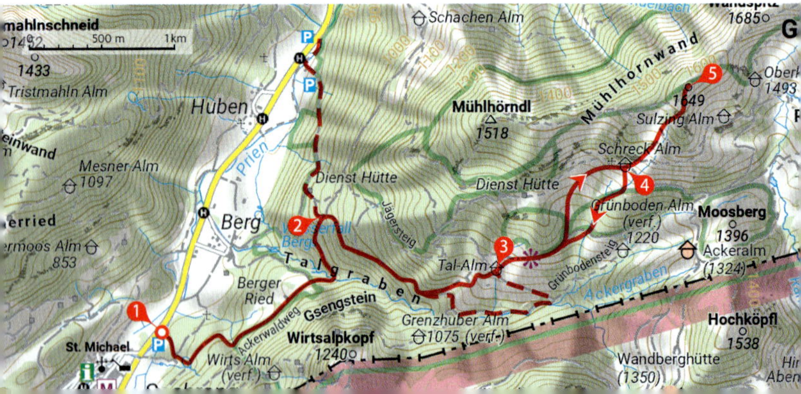

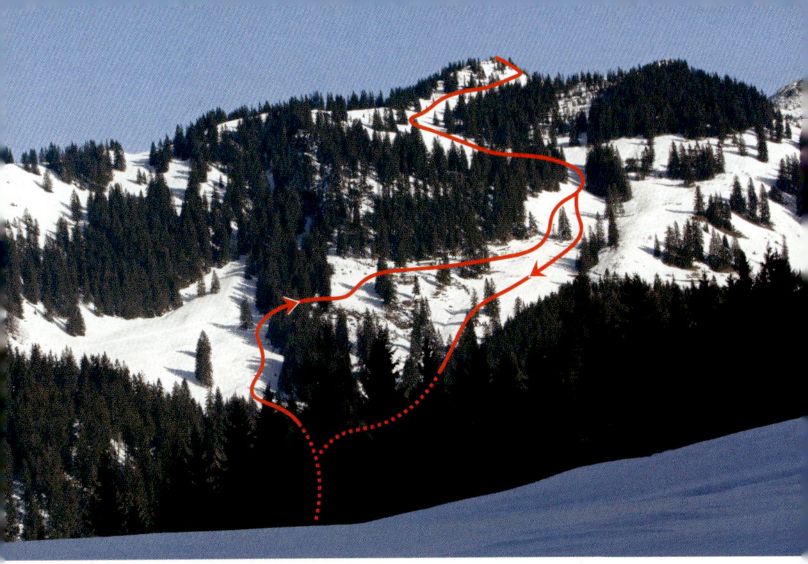

Die Skiroute über die Schreckalm (Mitte) auf die Mühlhornwand. Der vom Gipfel nach links abstreichende Kamm ist Schutzzone. Bitte nicht befahren!

an der die Variante von Huben herauf einmündet und der Fahrweg nach rechts biegt. Auf diesem noch mindestens 1 km bis zu einer Linkskurve, hinter der die Straße eben verläuft. Hier scheren wir auf einem beschilderten Wanderweg links aus und steigen über Weidehänge zur **Talalm** ❸ hinauf. Gleich dahinter queren wir den Fahrweg und ziehen unsere Spur schräg rechts über Wiesen zum Wald hinauf, wo wir erneut auf die Straße treffen. Sobald sie eben wird, folgen wir ihr noch etwa 100 m und erkennen dann zur Linken eine gut 5 m breite **Schneise**, die uns auf Bergweiden hinausleitet. Über diese spuren wir schräg rechts auf das oberste Wieseneck zu. Etwa 15 Hm oberhalb der höchstgelegenen, einzelnen Fichte gelangen wir am leichtesten rechts durch einen heckenartigen Waldstreifen zur **Schreckalm** ❹, ca. 1400 m, hinaus. Dahinter geht es in gleicher Richtung am Waldrand entlang, dann steil durch eine trichterförmige Verengung, anschließend über einen schönen Hang zu einzelnen Bäumen hinauf, von dort schräg rechts auf eine Geländekante hinüber und links zum bescheidenen Gipfel der **Mühlhornwand** ❺. **Abfahrt** wie Aufstieg.

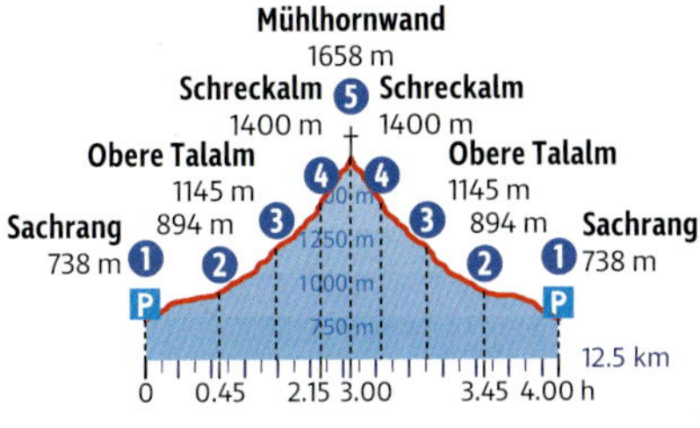

↗ 1100 m | ↘ 1100 m | 17.0 km

11 Geigelstein, 1808 m – Westroute

5.00 h

Winterwanderer, Rodler und Tourengeher zur Priener Hütte

Der Geigelstein und die ganzjährig bewirtschaftete Priener Hütte haben einen breiten Freundeskreis gewonnen. Den Fahrweg von Sachrang zur Hütte hinauf müssen sich im Winter daher Wanderer, Schlittenfahrer und Tourengeher teilen.

Talort: Sachrang, 738 m, Chiemgauer Bergsteigerdorf an der Grenze zu Tirol.
Ausgangspunkt: Parkplatz gegenüber der nördl. Dorfeinfahrt, Bus von Bernau – Aschau/Bhf. (nicht sonn- und feiertags).
Aufstiegszeiten: Parkplatz – Diensthütte ¾ Std., Diensthütte – Talalm ¾ Std., Talalm – Priener Hütte 1 Std., Priener Hütte – Geigelstein 1¼ Std.
Anforderungen: Breiter Hüttenweg und Almwiesen (»blau«), Gipfelaufbau meist »rot«. Trotzdem für Einsteiger geeignet.
Orientierung: Meist problemlos, da viel begangen.
Hangrichtung: Nordwest, vor allem Südwest, West und Süd.
Lawinengefährdung: Bis Priener Hütte gering, darüber bei geschickter Routenwahl auf Extremsituationen beschränkt.
Günstige Zeit: Dezember – März.
Einkehr: Priener Hütte (1411 m, DAV, gj. bew., 140 Schlafplätze, Tel. +49 8057 428).
Varianten: 1. Vom Parkplatz in Huben (zwischen den km-Marken 20,5 und 21,0) auf der Loipe noch ca. 200 m in Richtung Sachrang, dann links über eine Brücke (Bushaltestelle) und auf breitem Weg zur Forstdiensthütte (½ Std.). Bei geringer Schneeauflage und Vereisung abzuraten!
2. Empfehlenswerte Fleißaufgabe bei guter Schneelage: Abfahrt vom Geigel-

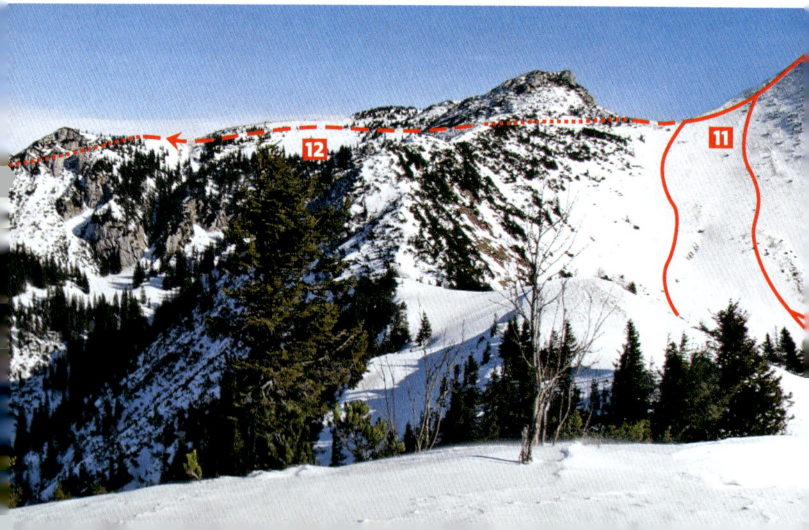

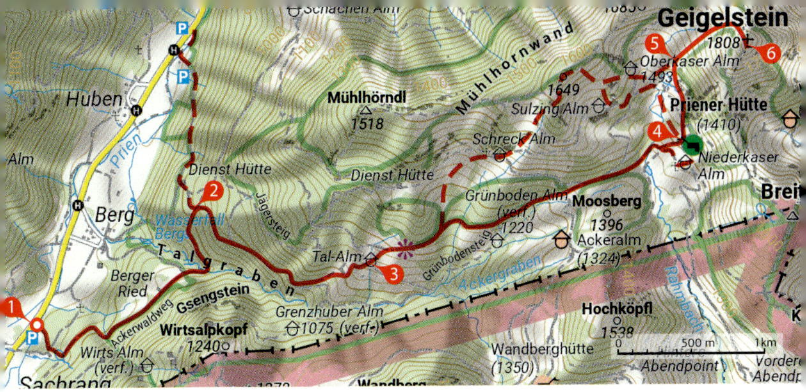

stein zur Priener Hütte (Einkehr), dann Anstieg zur Bergwachthütte, dort links zur Sulzingalm, dahinter im Rechtsbogen am Waldrand auf einen Rücken, über diesen zur Kammhöhe und links zur Mühlhornwand (ca. ¾ Std. ab Hütte). Bei stabilen Schneeverhältnissen kann man gleich hinter der Oberkaseralm über die steile Hangmulde auf den o.g. Rücken und über diesen zur Mühlhornwand ansteigen (knapp ½ Std., siehe Bild S. 24/25). Abfahrt von der Mühlhornwand über die Schreckalm nach Sachrang (wie Tour 10).

Wald-Wild-Schongebiete: Vom Sattel auf den Geigelstein mit Skiern nur, wenn die Latschen vom Schnee gut verdeckt sind (Kantenschäden!); sonst zu Fuß.

Geigelstein-Westseite mit Skiroute von der Priener Hütte (zweite Hütte von rechts unten) über die Gipfelmulde. Rechts: Westseitiger Breitenstein-Aufstieg (Tour 13, Variante 2). Links: Route übers Roßalmplateau (Tour 12, Variante).

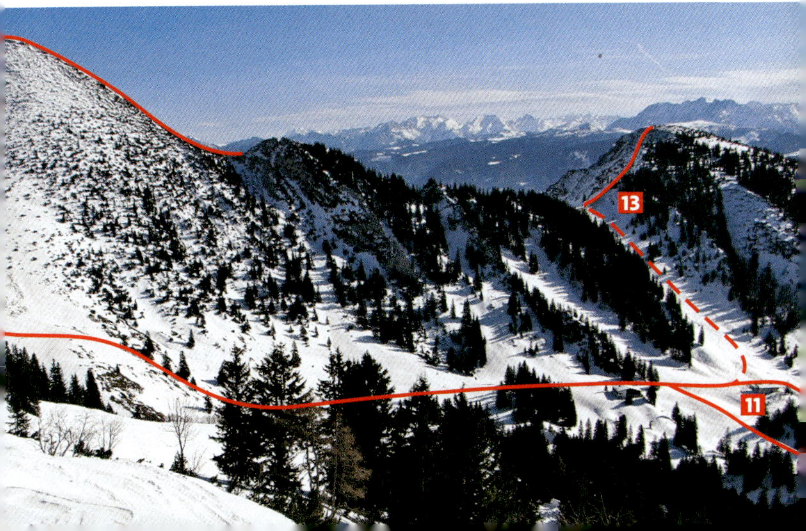

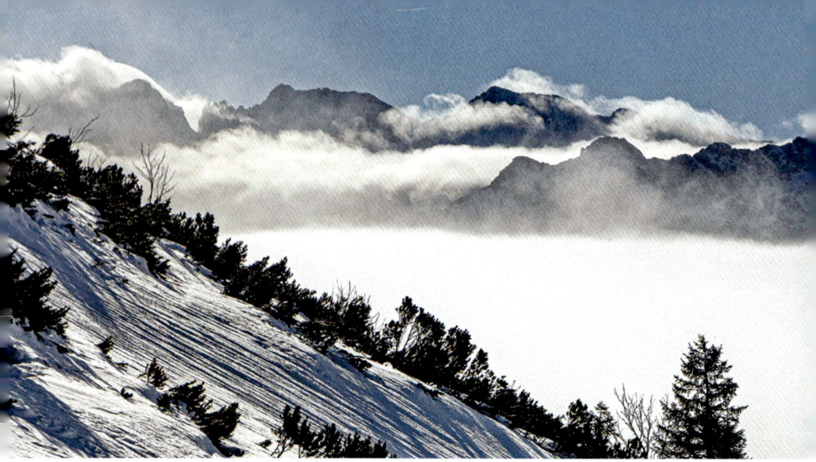

Über dem Hochnebel wird der Blick zum Wilden Kaiser frei.

Vom Parkplatz in **Sachrang** ❶ auf einer breiten Forststraße zu einer Wegteilung bei einer **Forstdiensthütte** ❷, an der auch die Variante von Huben herauf einmündet und der Fahrweg eine markante Rechtskurve beschreibt. Ca. 30 m und knapp 200 m dahinter lassen wir uns von zwei linksseitigen Abzweigungen zum Geigelstein nicht beirren, sondern folgen dem Sträßchen ab Diensthütte noch mindestens 1 km bis zu einer Linkskurve, ab der die Straße eben verläuft. Hier folgen wir dem Wegweiser nach links und steigen im Bereich eines Wanderweges und über Bergweiden zur **Talalm** ❸ hinauf. Gleich dahinter queren wir den Fahrweg und ziehen unsere Spur schräg rechts über Wiesen zum Wald hinauf. Spätestens hier gehen Wanderer und Skifahrer wieder gemeinsam auf gespurter Route zur **Priener Hütte** ❹ weiter. Dahinter geht es nordwärts in den Kessel der **Oberkaseralm** ❺ hinein, die aber links liegen bleibt. Am rechten Hang entlang erreichen wir die sogenannte Gipfelmulde, die uns ostwärts auf einen **Sattel** führt. Von dort steigen wir südwärts auf den **Geigelstein** ❻. **Abfahrt** wie Aufstieg.

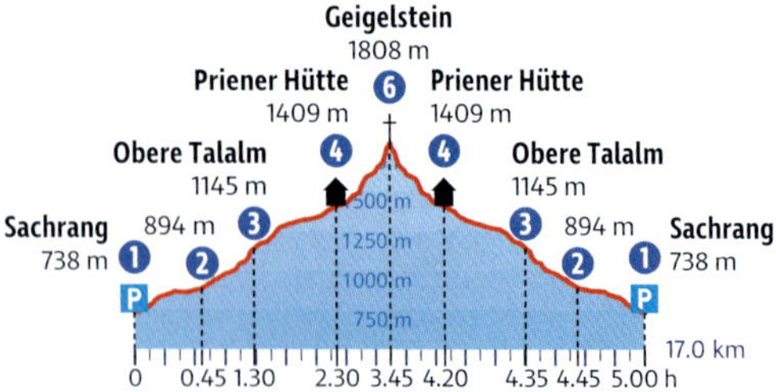

↗ 1200 m | ↘ 1200 m | 8.4 km

TOP

3.50 h

Geigelstein, 1808 m – Ostroute

12

Die Schutzzonen am Geigelstein verdienen allgemeine Akzeptanz

Nach jahrelangem Ringen verschiedener Interessensverbände und kommunaler Einrichtungen, im Naturschutzgebiet Geigelstein die Tourengeher nicht ungebührlich zu beschneiden und gleichzeitig die Ziele des Naturschutzes nicht aus dem Auge zu verlieren, konnte eine für beide Seiten akzeptable Lösung gefunden werden. Die freigegebenen Skirouten am Geigelstein sind in den Bildern der Touren 11 bis 13 umfassend dargestellt.
Von Schleching (Ettenhausen) herauf ist bei günstiger Schneelage der Gipfel des Geigelsteins das Ziel, bei ungünstigen Bedingungen bietet das Gelände drei Teilziele an. Da ist zunächst die Wuhrsteinalm, dann die Wirtsalm und etwa 170 Hm unter dem Gipfel die Skischarte. Da der Gipfelaufbau häufig verblasen, windgepresst oder unangenehm vereist ist und dann sogar gefährlich sein kann, beenden viele an der Scharte ihren Aufstieg. Der Gipfel selbst ist skifahrerisch nur lohnend, wenn bei reichlicher und stabiler Schneelage eine Abfahrt über das Platt möglich ist; diese ist auf der Ostseite zur Wirtsalm hinab – und nur dorthin! – auch erlaubt.

Steile Abfahrt über das Platt.

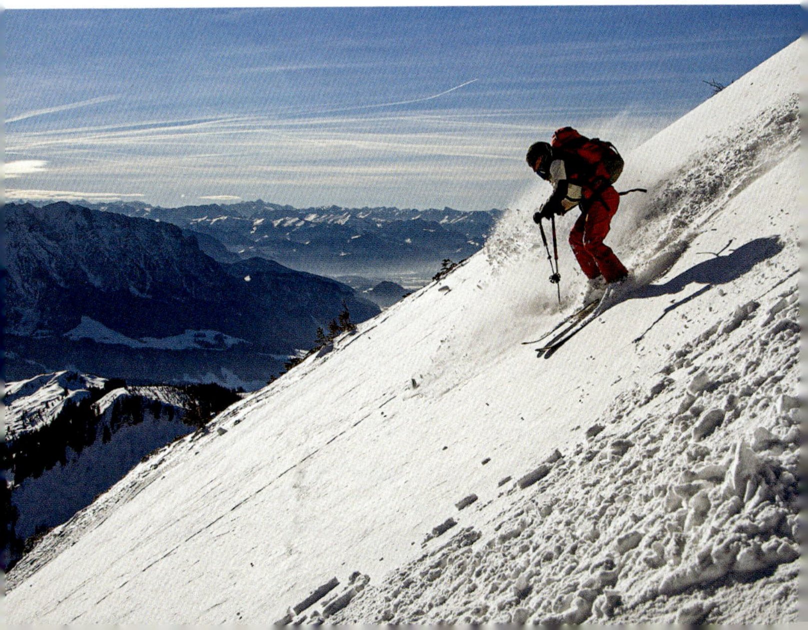

Talort: Schleching, grenznahes Chiemgauer Bergsteigerdorf im Tal der Tiroler Ache, 569 m.

Ausgangspunkt: Ortsteil Ettenhausen, gebührenpflichtiger Parkplatz an der Geigelsteinbahn, 626 m. RVO-Buslinie 9509 Traunstein – Übersee – Reit im Winkl.

Aufstiegszeiten: Talstation – Hotel Breitenstein knapp 1 Std., Hotel – Wuhrsteinalm 20 Min., Wuhrsteinalm – Wirtsalm knapp ¾ Std., Wirtsalm – Skischarte gut ½ Std., Skischarte – Geigelstein ½ Std.

Anforderungen: Ehemalige Piste bis Wirtsalm (»blau«), aufsteilendes Almgelände bis Skischarte (»rot«), Gipfelaufbau des Geigelsteins bei Vereisung »schwarz«.

Orientierung: Bis Wirtsalm problemlos, dahinter ist bei fehlender Spur ausreichende Sicht erforderlich; die Route ist jedoch meist gespurt.

Hangrichtung: Oben Südwest bis Südost, unten Südost bis Nordost.

Lawinengefährdung: Die Piste bis zur Wuhrsteinalm gilt als lawinensicher, deren weiterer Verlauf zur Wirtsalm wurde dagegen schon wiederholt von Lawinen verschüttet. Von der Wirtsalm zum Geigelstein ist eine stabile Schneeauflage erforderlich. Dies gilt in ganz besonderer Weise für die Rundtour (Variante) über die Roß- und Dalsenalm, da die Weitlahnerabfahrt öfter lawinengefährdet ist; sie erfordert zwingend sichere Verhältnisse und ein lawinenkundliches Beurteilungsvermögen!

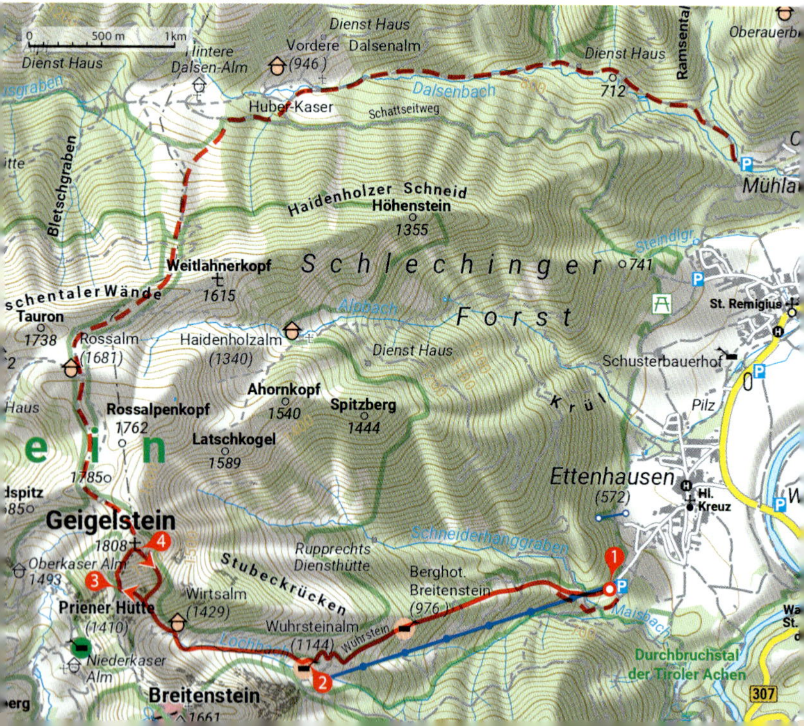

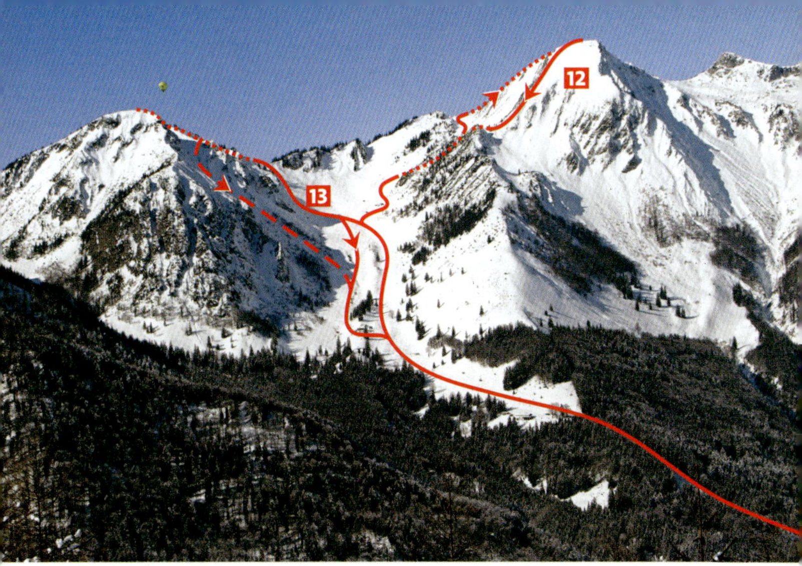

Die ostseitigen Skirouten am Geigelstein (rechts) und Breitenstein (links). Der Breitenstein-Südrücken mit dem Zugang übers »Karl« (ganz links) und der Stubeckrücken (links unterm Geigelstein) sind wichtige Schutzgebiete und deshalb gesperrt.

Günstige Zeit: Dezember mit März.
Einkehr: Berghotel Breitenstein, Tel. +49 8649 986627.
Variante: Rundtour über die Roß- und Dalsenalm: Der Übergang vom Geigelstein über das Roßalmplateau ist im Winter entlang der DAV-Skimarkierung erlaubt; vom 1. April bis 31. Mai jedoch gesperrt! Der Routenverlauf: Vom Geigelstein wie bei Tour 11 nordwärts zum Roßalmsattel hinab, dort aber geradeaus weiter und entlang der Skimarkierung westseitig um den Roßalmkopf herum. Über das dahinterliegende Plateau zur Roßalm und geradeaus zu einem weiten, flachen Sattel. Hier nach rechts (ostwärts) und auf der Nordseite eines langen, felsigen Kammes auf einer gestuften Rampe etwa ½ km zu einer sehr stark lawinenbedrohten (!) Steilrinne. Kurz auf der linken Rippe, dann in der Rinne und anschließend über schöne, freie Hänge zur Hinteren Dalsenalm. Hier erneut nach rechts und auf einer Forststraße über die Vordere Dalsenalm nach Mühlau hinab. Von hier sind es etwa 3 km zu Fuß über Schleching zum Parkplatz in Ettenhausen. Zweites Auto empfehlenswert oder Rückfahrt mit dem Bus (vorher Fahrplan erkunden!).
Wald-Wild-Schongebiete: Da der Geigelsteingipfel starken Erosionskräften ausgesetzt ist, haben die Latschen eine wichtige Schutzfunktion. Um an diesen Kantenschäden zu vermeiden, soll man entlang des Sommerweges (Latschengassen) ansteigen. Direkt vom Gipfel kann man über die Aufstiegsroute nur abfahren, wenn die Latschen vom Schnee verdeckt sind; dies ist eher selten der Fall. Der Stubeckrücken, der an der Scharte unterhalb des Platt beginnt, ist wichtiges Schongebiet. Bitte keinesfalls befahren! Dasselbe gilt auch für eine Abfahrt nach links zur Rupprechtshütte.

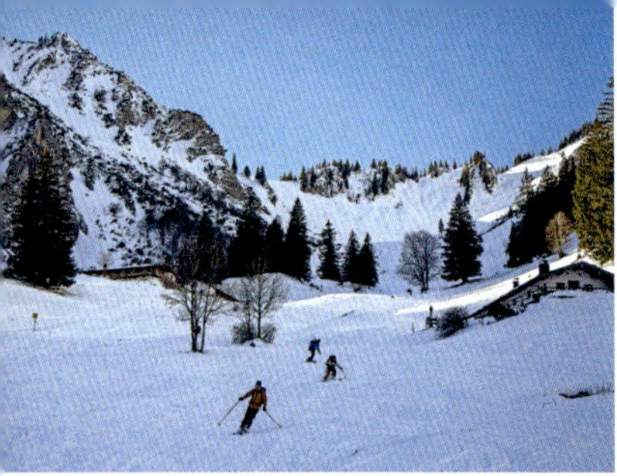

Schöne Skimulden an der Wuhrsteinalm.

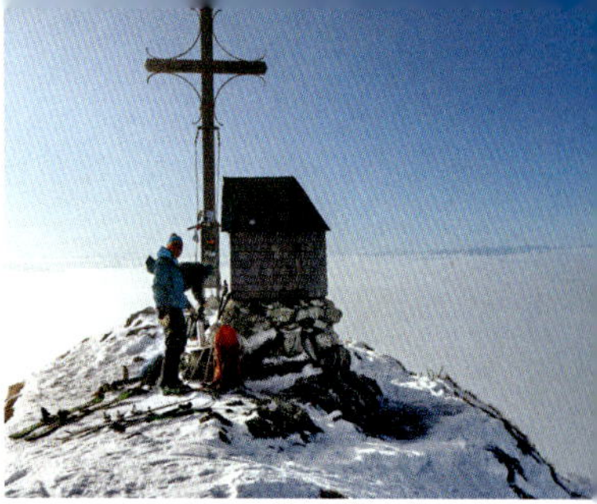

Gipfelglück über dem Hochnebel.

Vom **Parkplatz** ① der Geigelsteinbahn auf dem Zufahrtssträßchen noch etwa 200 m weiter, dann links durch eine Hecke auf die ehemalige Skipiste hinaus. Über diese erfolgt der Aufstieg zur unbewirtschafteten **Wuhrsteinalm** ②. Anschließend führt die Spur in einer schönen Mulde, wahlweise auch auf der Rippe zu ihrer Linken auf eine Geländeverflachung mit Routenteilung. Links geht es zum Breitenstein, rechts zur nahen Wirtsalm und zum Geigelstein. Etwa 100 m links von der Alm steigen wir im Rechtsbogen über einen steilen Rücken auf einen kesselartigen Absatz (»Sauerer Boden«), zu dem ein Schneebrett vom Geigelstein her abgehen kann. Hier mündet von der rechten Scharte die Abfahrt übers Platt ein. Wir aber mühen uns in einigen Spitzkehren links über eine steile Hangmulde auf die **Skischarte** ③, ca. 1630 m, wo viele generell ihren Aufstieg beenden.

Zum Gipfel geht es von der Scharte noch kurz am Grat weiter, bis sich das Gelände stark aufrichtet. Nur bei reichlicher, stabiler Schneelage kann man hier geradeaus zum Grat hinaufsteigen. Meist muss man den Steilhang entlang einer Fichtenreihe ca. 50 m nach links zu einer Geländekante queren und von dort durch die Latschengassen des Sommerweges über eine Rippe und den steilen Südrücken auf den **Geigelstein** ④ steigen; bei abgeblasener, eisiger Unterlage am sichersten und schonendsten zu Fuß.

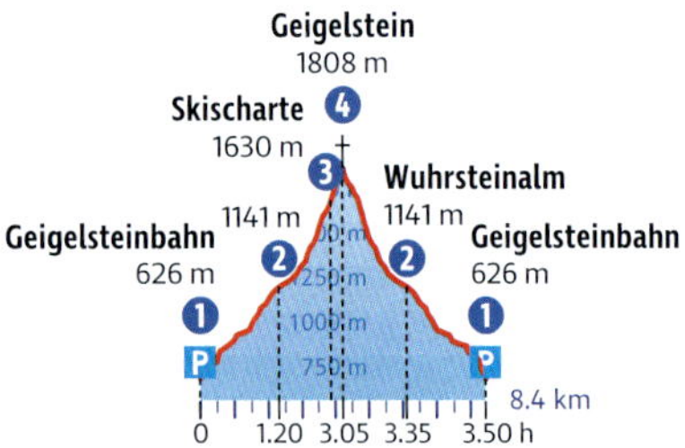

Die **Abfahrt** vom Geigelstein über die Aufstiegsroute ist nur ganz selten zu empfehlen. Aus diesem Grund beenden viele (die meisten) Tourengeher ihren Aufstieg am **Skischartl** (ca. 1630 m). Gute Skifahrer wählen nach ausreichender Setzung und Bindung des Schnees die Abfahrt vom Gipfel übers **Platt** (»schwarz«):

Rechts: Aufstieg von der Wirtsalm (rechts unten) über Skischarte (links) zum Geigelstein. Abfahrt übers Platt. In Bildmitte rechts der Stubeckrücken (Schutzgebiet!).

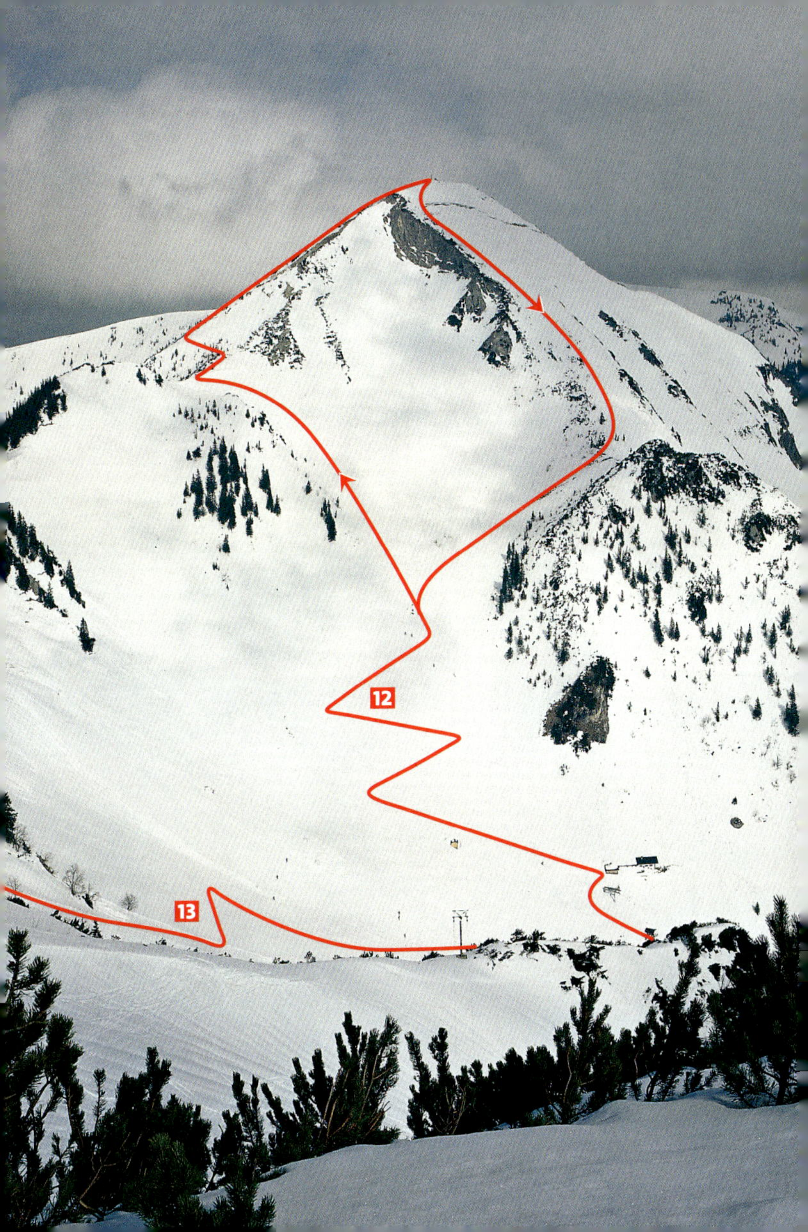
12
13

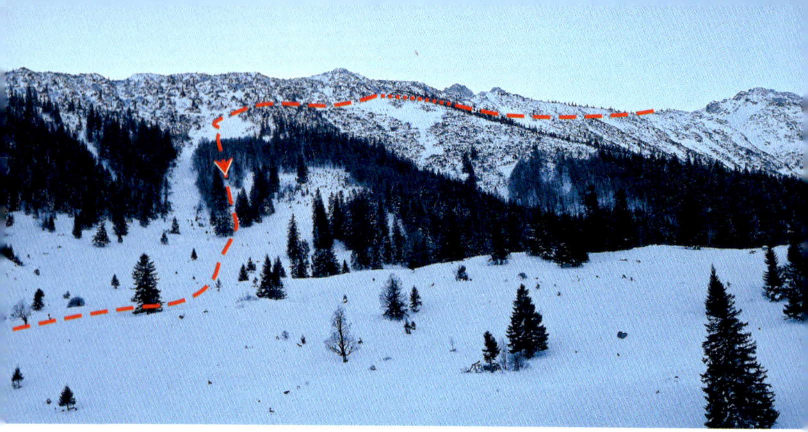

Oben: Skiroute vom Roßalmplateau zur Dalsenalm (links außerhalb des Bildes).

Auf der rechten Seite des Steilhanges nahe der Geländekante zur folgenden Scharte am Ansatz des Stubeckrückens. Hier nicht links zur Rupprechtshütte hinab und auch in keinem Fall geradeaus am Stubeckrücken entlang (sensibles Einstandsgebiet der Raufußhühner!), sondern rechts (!) zur Aufstiegsspur hinab, die auf dem Saueren Boden erreicht wird und über die Wirts- und Wuhrsteinalm ins Tal führt (siehe Bilder S. 63 und 65).

Die letzten paar Meter zur Brotzeit in der Scharte vor der Weitlahnerabfahrt.

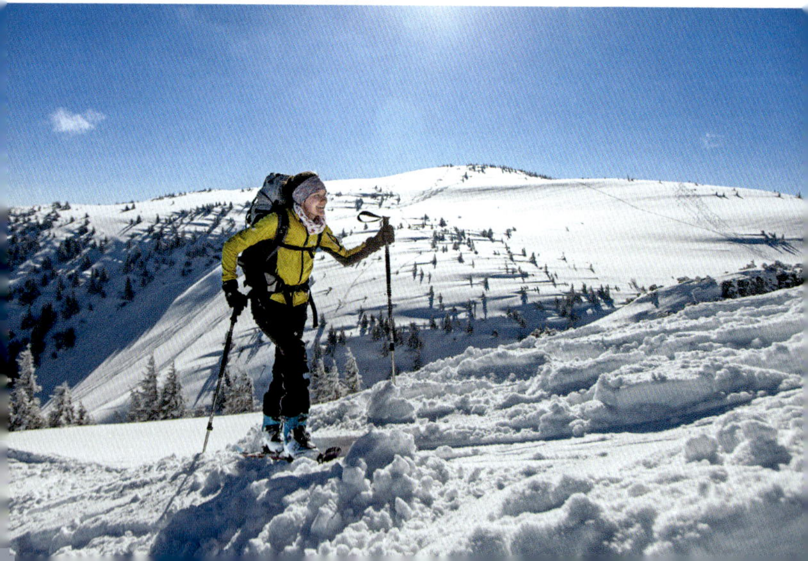

↗ 1050 m | ↘ 1050 m | 8.3 km

N W O S

3.40 h

Breitenstein, 1661 m

13

Jahrelanges Ringen um einen tragfähigen Kompromiss in einem Rückzugsgebiet für bedrohte Raufußhühner

Der Breitenstein zählt zu jenen Gipfeln der Chiemgauer Alpen, denen für den Fortbestand der Raufußhühner eine wichtige Brücken- und damit auch eine Schlüsselfunktion zukommt. Wenn er diese verliert, ist der Bestand dieser Wildtiere im Umkreis gefährdet. Am Breitenstein finden diese auf den nach Westen, Süden und Südosten abdachenden Latschen- und Waldzonen Schutz und einen Überlebensraum im Winter. Aus diesem Grund besteht in der Zeit vom 1.12. bis 31.5. am Südrücken und damit auch für den Zugang übers »Karl« Betretungsverbot. Aufstieg und Abfahrt über die Nordostflanke dagegen sind nun frei. Um diesen Kompromiss haben Fachleute, mehrere Verbände und Interessensgruppen unter Federführung des Deutschen Alpenvereins über Jahre gerungen. Er fordert von niemandem ein zu großes Opfer, wohl aber etwas guten Willen und Akzeptanz zum Wohle einer bedrohten Tierart.

Mit aller Deutlichkeit muss darauf hingewiesen werden, dass die drei Nordostrouten am Breitenstein (Hirsch, Leitl, Käferl – siehe Bild unten) ein erhebliches bis großes Gefährdungspotenzial durch Lawinen bergen. Am wenigsten gefährdet erscheint das Leitl, doch auch hier kann man immer wieder Lawinen beobachten.

Der Breitenstein mit »Karl« und Südrücken (ganz links), »Hirsch« (Steilrinne in Bildmitte rechts vom Gipfel), »Leitl« (rechts davon) und »Käferl« (überwechtete Scharte in der rechten Bildhälfte). Diagonal rechts im Bild der Stubeckrücken.

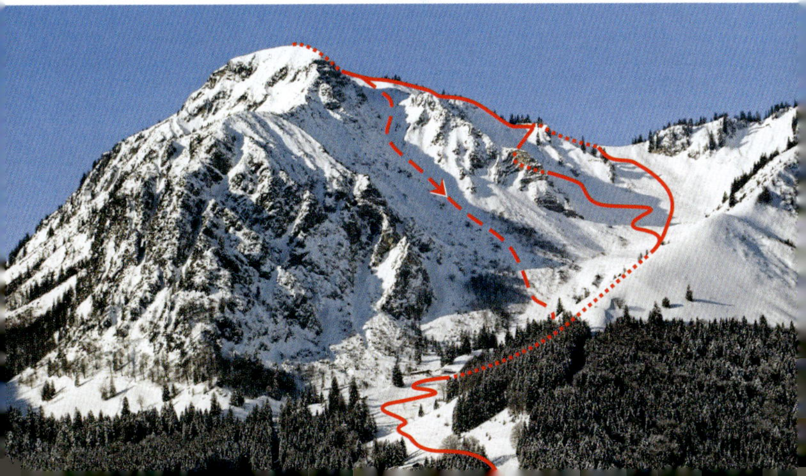

Talort: Schleching, grenznahes Chiemgauer Bergsteigerdorf im Tal der Tiroler Ache, 569 m.
Ausgangspunkt: Ortsteil Ettenhausen, gebührenpflichtiger Parkplatz an der Geigelsteinbahn, 626 m. RVO-Buslinie 9509 Traunstein – Übersee – Reit im Winkl.
Aufstiegszeiten: Talstation – Wuhrsteinalm 1¼ Std., Wuhrsteinalm – Abzweigung zum Leitl (Boden unterhalb der Wirtsalm) 40 Min., Leitl – Breitenstein 50 Min.
Anforderungen: Ehemalige Piste bis Wirtsalm (»blau«), steile Bergflanke übers Leitl (»rot«).
Orientierung: Bis Wirtsalm problemlos, die Steilmulde übers Leitl erfordert bei fehlender Spur Bergerfahrung.
Hangrichtung: Oben Nordwest und Nordost, unten Südost bis Nordost.
Lawinengefährdung: Die Piste bis zur Wuhrsteinalm gilt als lawinensicher, deren weiterer Verlauf zur Wirtsalm dagegen wurde schon wiederholt vom Stubeckrücken her von Lawinen verschüttet. Eine erhebliche Lawinengefahr birgt die steile Nordostflanke des Breitensteins, auch wenn sie immer größeren Zuspruch bei den Tourengehern findet. Eine stabile Schneeauflage und lawinenkundliches Beurteilungsvermögen sind hier unerlässlich! Ähnliches gilt auch für den Aufstieg zum Breitenstein bei der Rundtour (Variante 2) über den Geigelstein und die Priener Hütte.
Günstige Zeit: Dezember mit März.
Einkehr: Berghotel Breitenstein, Tel. +49 8649 986627, Priener Hütte (nur bei Variante 2).
Varianten: 1. Abfahrt über den »Hirsch« nur bei absolut stabiler Schneeauflage! Vom Gipfel entlang der Aufstiegsroute nur kurz zurück, dann rechts in die erste Mulde und anschließend in der Steilrinne (»schwarz«) zur Hauptabfahrt hinab; über diese zur Wuhrsteinalm.
2. Rundtour: Wuhrsteinalm – Geigelstein – Priener Hütte – Breitenstein – Wuhrsteinalm (gut 1400 Hm, 6 Std. von und bis Ettenhausen). Die Route: Wie bei Tour 12 auf den Geigelstein, von dort wie bei Tour 11 zur Priener Hütte hinab. Von dieser leicht fallend nach Süden, bis sich hinter einer Waldflanke zur Linken eine freie Steilmulde anbietet, über die der Skianstieg zum Breitenstein erfolgt. Wer nicht bis zum Gipfel aufsteigen will, sollte aber keineswegs von der Scharte ostseitig über das stark von Wechten und Lawinen bedrohte Käferl abfahren, sondern am Grat noch bis über die folgende Schulter ansteigen und dann erst links auf der Hauptroute der Tour 13 übers Leitl abfahren.
Wald-Wild-Schongebiete: Der Breitenstein hat eine wichtige Brückenfunktion für den Fortbestand der Raufußhühner und darf im Winter nur auf den beschriebenen Routen bestiegen und befahren werden, deshalb besteht im Winter vom 1.12. bis 31.5. Totalsperre für die Route von der Wuhrsteinalm über das »Karl« und den Südrücken zum Gipfel.

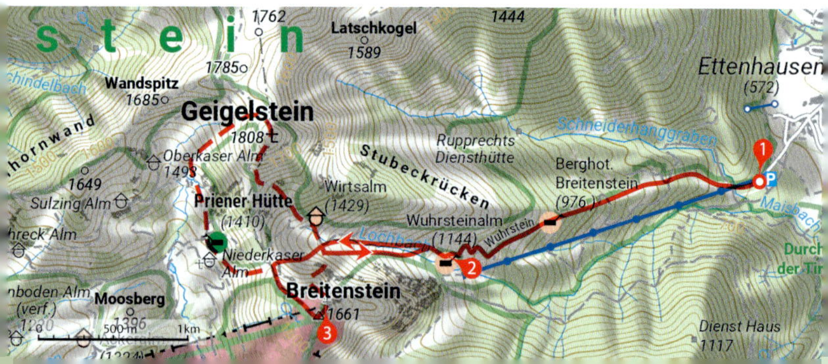

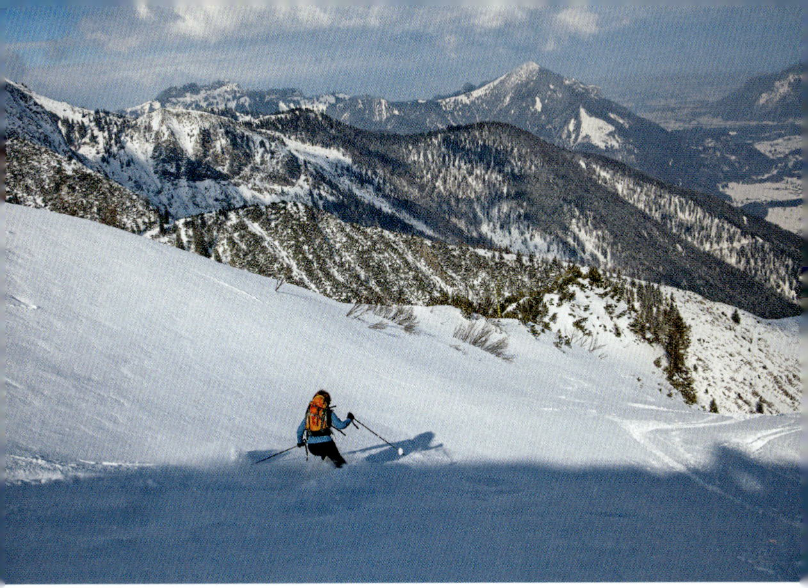

Einfahrt in die steile Direktvariante über den Hirsch.

Vom **Parkplatz** ① der Geigelsteinbahn auf dem Zufahrtssträßchen noch ca. 200 m weiter, bis man hinter einer Brücke links durch eine Hecke auf die ehemalige Skipiste hinausgehen kann. Über diese erfolgt der Aufstieg zum Hotel Breitenstein und zur unbewirtschafteten **Wuhrsteinalm** ②. Anschließend führt die Spur in einer schönen Mulde weiter, in die aber von rechts (Stubeckrücken) gelegentlich Schneebretter herabgehen. Wer diese Mulde meiden will, steigt auf der linken Begrenzungsrippe an. Auf der anschließenden, unterhalb der Wirtsalm gelegenen Geländeverflachung drehen wir links zum Breitenstein ab, um in weiten Schleifen über den konkaven Steilhang des **Leitl** auf eine Mulde und in dieser rechts auf den Nordwestgrat des **Breitensteins** ③ zu steigen. Dem gestuften und z.T. bewaldeten Grat folgen wir bis zum Gipfelplateau. Von einem Aufstieg über das Käferl wird wegen gefährlicher Wechten auf der Scharte abgeraten. **Abfahrt** wie Aufstieg, bei stabiler Schneelage für gute Fahrer auch über den »Hirsch« (Variante 1). Bis zur Wuhrsteinalm fährt man meist schöner auf der rechten Karseite als entlang der Aufstiegsspur ab.

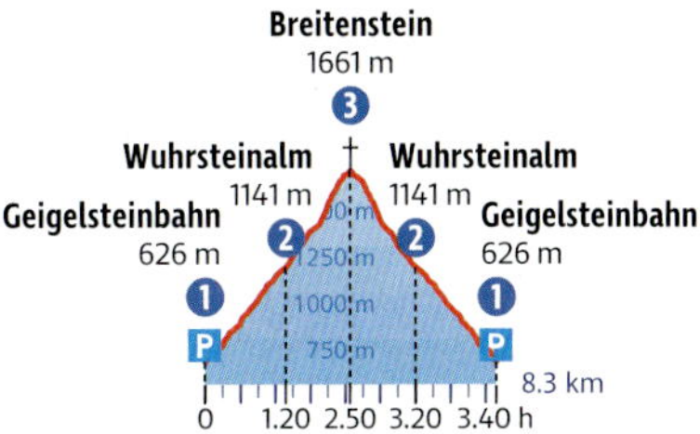

↗ 900 m | ↘ 900 m | 10.3 km

14 Karkopf (Karlspitze), 1507 m

3.15 h

Liebliches Almgelände über einer ehemaligen Skipiste

Das Tourengebiet um den Karkopf (Karlspitze) versteckt sich südlich vom Geigelstein und Breitenstein; es ist von Kössen her zugänglich und zeichnet sich als stilles, liebliches Almgelände aus, das durch eine Forststraße mit einer ehemaligen Skipiste verbunden ist.

Talort: Kössen, 589 m, Tiroler Dorf im Kaiserwinkl, RVO-Buslinie 9509 von Traunstein, Reit im Winkl, St. Johann i.T. und VVT Nr. 4030 von Kufstein.
Ausgangspunkt: Privatparkplatz beim Staffnerhof, ca. 620 m. Von Schleching kommend an der km-Marke 19,0 (überdachte Brücke) rechts nach Staffen abzweigen (1,4 km von der Hauptstraße, hierher auch zu Fuß von Kössen, Haltestelle »Schwimmbad«). Gute Parkmöglichkeit auch 300 m vor dem Staffnerhof.
Aufstiegszeiten: Staffnerhof – Edernalm ¾ Std., Edernalm – Karalm 1 Std., Karalm – Karkopf ¾ Std.
Anforderungen: Leichtes Almgelände und ehemalige Skipiste, Wanderweg (Rodelbahn) und längeres Almsträßchen; auch für Einsteiger gut geeignet.
Orientierung: Leicht, da von Almwegen und vom Gelände vorgegeben.
Hangrichtung: Um die Karalm Süd bis Ost, auf der ehemaligen Piste Nordost.
Lawinengefährdung: Das Gelände um die Karalm ist bei vernünftiger Routenwahl recht sicher, doch die Almstraße am Südwestufer des Talbaches wird von einigen Lawinenbahnen bestrichen und regelmäßig in unterschiedlichem Ausmaß verschüttet; oftmals so stark, dass eine Fortsetzung der Tour nicht mehr riskiert werden darf. Auch am Steilhang nach der Querung des Talgrabens ist nach ergiebigem Neuschnee erhöhte Vorsicht geboten und von einer Tour abzuraten!
Günstige Zeit: Dezember – März. Die sehr gegensätzlichen Hangrichtungen erfordern Erfahrung und Gespür für günstige Schneebedingungen; am problemlosesten meist bei frischem Pulverschnee.
Einkehr: Staffnerhof, Edernalm.

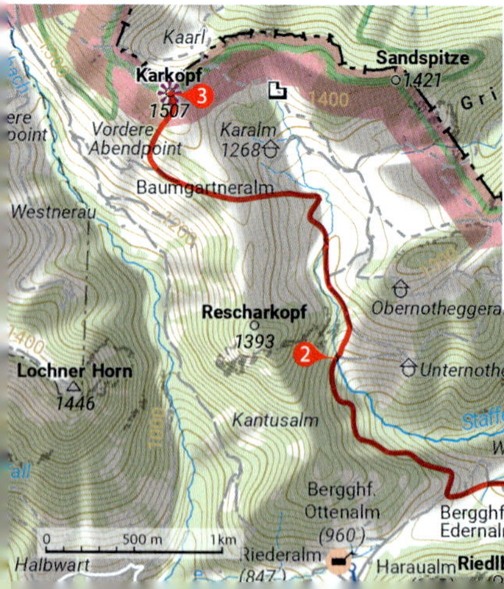
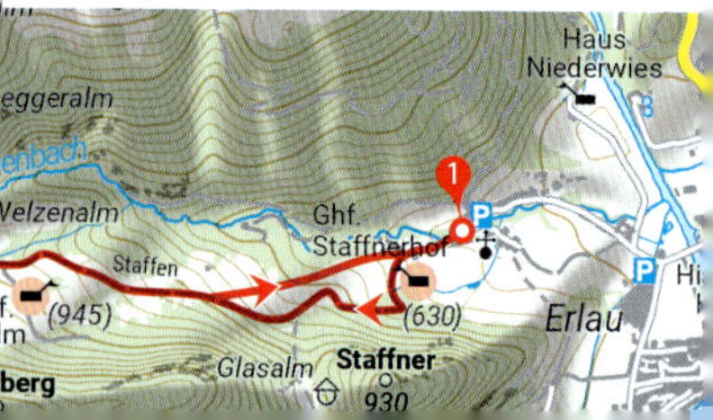

Vom **Staffnerhof** ❶ entlang der ehemaligen Skipiste oder auf dem breiten, im Winter als Rodelbahn genutzten Wanderweg (Ww. »Karalm 24«) bis zur Linkskurve kurz

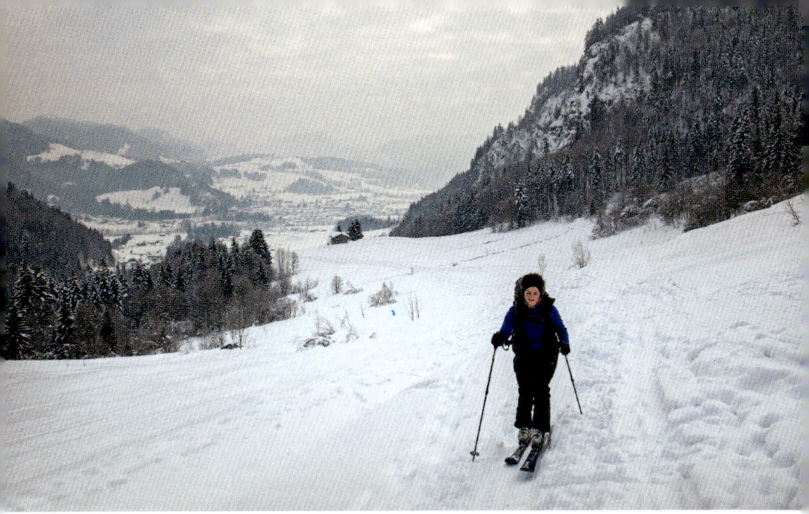

Flache Hänge im Bereich der Edernalm.

vor der **Edernalm** (knapp 900 m). Vom Scheitel der Kurve, in deutlichem Abstand zur Edernalm und zu der kurz darauf sichtbaren **Welzenalm**, geradeaus westwärts bis zur Wegteilung unter einem Sattel. Hier auf der rechts abzweigenden Forststraße in den **Talbachgraben** ❷, den man auf einer Höhe von ca. 1050 m quert. Das Sträßchen holt nun ostwärts in einer Schleife zu der schon lange sichtbaren **Unteren Notheggeralm** aus. Unsere Route führt über diese oder gleich hinter dem Graben am Waldrand über einen freien Steilhang zur Forststraße hinauf und auf dieser nordwärts in den herrlichen Kessel der **Karalm** hinein. Dort, wo er sich öffnet, gleiten wir geradewegs ca. 20 Hm in die Almmulde hinab, ziehen unsere Spur zur nächsten, gut sichtbaren Hütte (ca. 1210 m) hinauf, an der links eine schöne, freie Rippe ansetzt und uns noch vor der Karalm den sichersten und angenehmsten Weg zur Kammhöhe vorgibt. Über diese geht es recht flach nordwärts auf die waldgesäumte Gipfelglatze des **Karkopfs** ❸ zu. Über einen kleinen Absatz und am rechten Waldrand entlang sowie über einen kurzen Grat erreicht man den höchsten Punkt.

Abfahrt wie Aufstieg. Das Gelände um die Karalm – jedoch nicht die gefährliche Ostflanke des Karkopfs! – bietet herrliche Firn- und Pulverschneehänge, auf denen sich je nach Schneelage ein Skitag genießen lässt.

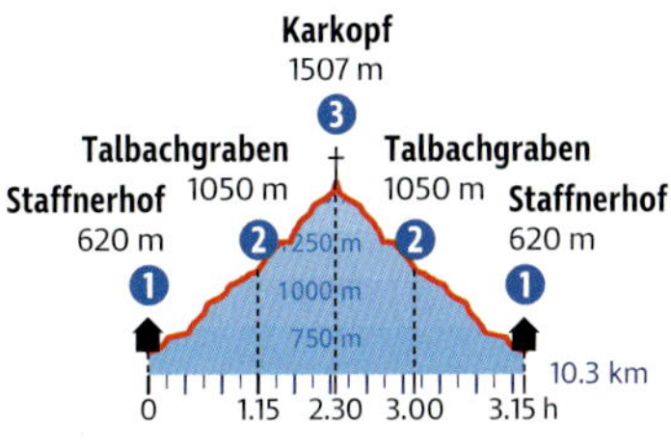

↗ 1000 m | ↘ 1000 m | 17.0 km

15 Fellhorn, 1765 m

4.30 h

Skiwandern im Dreiländereck Bayern – Salzburg – Tirol

Bei der Skitour aufs Fellhorn darf man keine rassigen Hänge erwarten. Neben sanften Abfahrten ist immer wieder Gehen und Schieben durch ausgedehnte Wälder und über weite Almböden angesagt. Hier sind streckenweise die Skilangläufer auf einer »Höhenloipe« unterwegs. Ein typisches Angebot für den eher gemächlichen Tourengeher und den Freund von Höhenwanderungen. Dieser kommt – gute Kondition und stabiles Wetter vorausgesetzt – vor allem bei einem Übergang vom Straubinger Haus zur Steinplatte (Variante) voll auf seine Kosten. Zuletzt kann er auf der Piste nach Seegatterl abfahren.

Talort: Reit im Winkl, 696 m.
Ausgangspunkt: Großparkplatz in Seegatterl, 764 m, an der RVO-Linie Nr. 9507 Ruhpolding/Bhf. – Reit im Winkl.
Aufstiegszeiten: Seegatterl – Nattersbergalm ½ Std., Nattersbergalm – Obere Hemmersuppenalm 1 Std., Hemmersuppenalm – Eggenalm (Straubinger Haus) 1 Std., Eggenalm – Fellhorn knapp ¾ Std.
Anforderungen: Fahrweg (Rodelbahn) und Loipe, ferner mäßig steiles, teils flaches Wald- und Almgelände. Für Einsteiger geeignet.
Orientierung: Häufig gespurt. Abseits der Loipe ist im Wald etwas Orientierungssinn erforderlich; im Almgelände übersichtlicher und deshalb auch einfacher.
Hangrichtung: West – Nordost – Nord.
Lawinengefährdung: Bei vernünftiger Anpassung ans Gelände gering.
Günstige Zeit: Dezember – März.
Einkehr: Nattersbergalm (896 m, privat).
Variante: Skiwanderung vom Straubinger Haus zur Steinplatte. Sie erfordert bei fehlender Spur wegen der weit auseinanderstehenden Markierungsstangen guten Orientierungssinn oder Routenkenntnis, ausreichende Sicht, ruhiges Wetter und gute Kondition. Die Skiroute führt von der Eggenalm ostwärts zu einem Ww. hinauf – die Hochtrittalm bleibt rechts liegen! – und in gleicher Richtung über Rippen und Mulden zu einem 2. Ww. im Nordwesten des Eggenalmkogels (höchster Punkt der Höhenwanderung, ca. 1610 m), dann ziemlich höhengleich quer über dessen Nordseite und dahinter ostseitig in einen Sattel hinab. In leichtem, mehrfachem Auf und Ab an den folgenden drei Kuppen etwas unter ihrem Scheitel südseitig (rechts) vorbei, um die folgende nordseitig he-

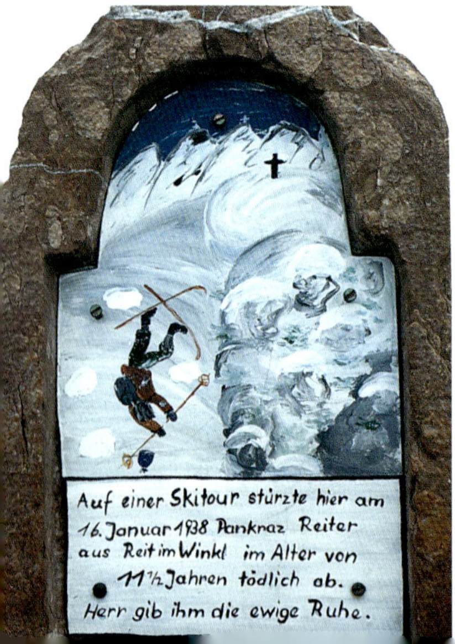

Das Reiter-Marterl am Fellhorn. Der Bub verunglückte durch Wechtenbruch.

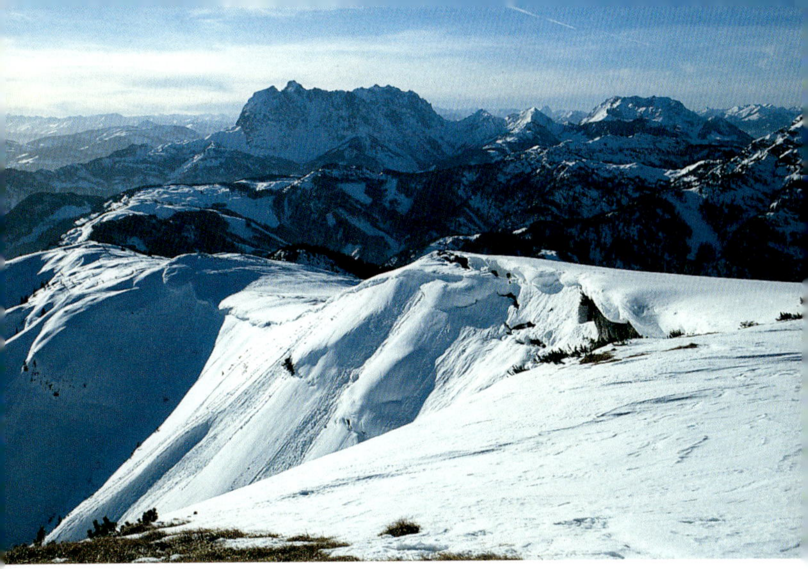

Gefährliche Wechten am Fellhorn. Im Hintergrund das Kaisergebirge.

rum, dann gleich wieder an die südliche Geländekante und kurz darauf zum »Taferlbaum« (Ww. »Straubinger Haus 1 Std.«, etwa halbe Wegstrecke). Hinter der folgenden Schulter ein längeres Stück über abdachende Plateaus, dann mit kurzem Gegenanstieg auf die Nordschulter des folgenden Mugels. Dahinter in die Mulde der nun sichtbaren Durchkaseralm hinab, im Gegenanstieg durch die Almsiedlung hindurch und auf eine südseitige, ebene Rampe. Auf einem verschneiten Sträßchen zum Parkplatz und Pistengebiet der Steinplatte hinab (wenn gespurt, ca. 2 Std. vom Straubinger Haus). Vom Parkplatz am einfachsten nach Kammerköhr hinauf (Piste bzw. Lift) oder – ohne Aufstiegshilfe, aber ca. ½ Std. länger – auf der Piste nordwärts zum Schwarzloferlift hinab, daran links vorbei zu einer Weggabelung, dort rechts weiter und am »Wanderweg Seegatterl« über eine flache Piste zu den Scheibelberg-Liften hinauf (ca. ½ Std. ab Schwarzlofer, 70 Hm und knapp 2 km). Auf der Piste nach Seegatterl hinab.

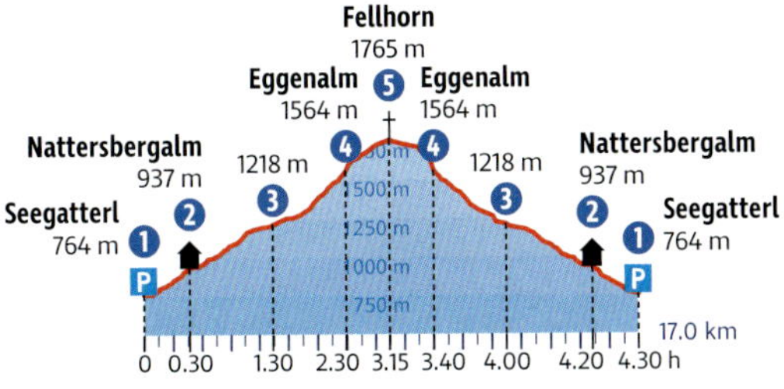

Bei der Einfahrt in den Großparkplatz von **Seegatterl** ❶ zweigt rechts ein im Winter als Rodelbahn und Loipe dienendes Sträßchen zur bewirtschafteten **Nattersbergalm** ❷ ab. Es führt gleich zu Beginn über eine Brücke und dann in einigen weiten Schleifen durch den Wald zum Gasthaus hinauf. Von dort geht es im Bereich der Loipe links zum Wald und auf breiter Forststraße bis zur zweiten Rechtsschleife hinauf. Hier zweigen wir links ab, queren kurz darauf einen Graben und gehen dahinter noch ca. 300 m weiter bis zu einer deutlichen Linkskurve. In ihrem Scheitel schert rechts (Mulde) ein Wanderweg aus, der uns im Uhrzeigersinn zu einer Forststraße hinaufführt, diese quert und nach ca. 400 m eine weitere, beschilderte Wegteilung erreicht. In und links von einer seichten, flachen Waldmulde ziehen wir hier geradeaus in südwestlicher Richtung zur Waldgrenze hinauf und dann über weite Böden zur **Hemmersuppenalm** ❸ hinaus. An den ersten vier Hütten gehen wir rechts vorbei, tangieren anschließend die Loipe, umgehen im Linksbogen ein Wäldchen und treffen bei einer versteckten Hütte auf eine Weggabelung. Links spuren wir durch ein Tälchen zum obersten Winkel hinauf, wo wir erneut in den Wald treten. Der Wanderweg zur Eggenalm führt z.T. in steiler Querung – bei viel hartem Schnee oder Lawinengefahr abzuraten! – am linken Hang entlang zu licht bewaldeten Mulden und zu einer **Wegverzweigung**. Die heikle Stelle lässt sich aber umgehen, wenn man bei der kleinen Lichtung gleich nach Eintritt in den Wald knapp 20 Hm rechts in einen Kessel hinabgleitet und dann entgegen dem Uhrzeigersinn über steiles, aber gestuftes Waldgelände zur Verzweigung hinaufsteigt. Eine schöne Mulde führt uns von dort auf den Sattel bei

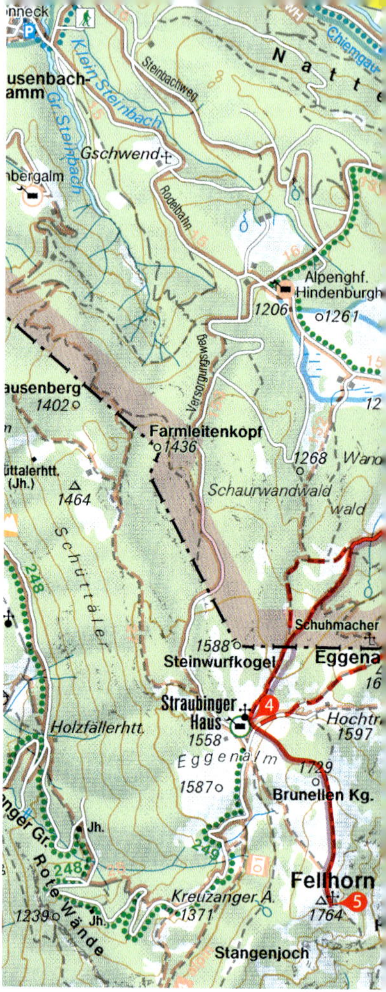

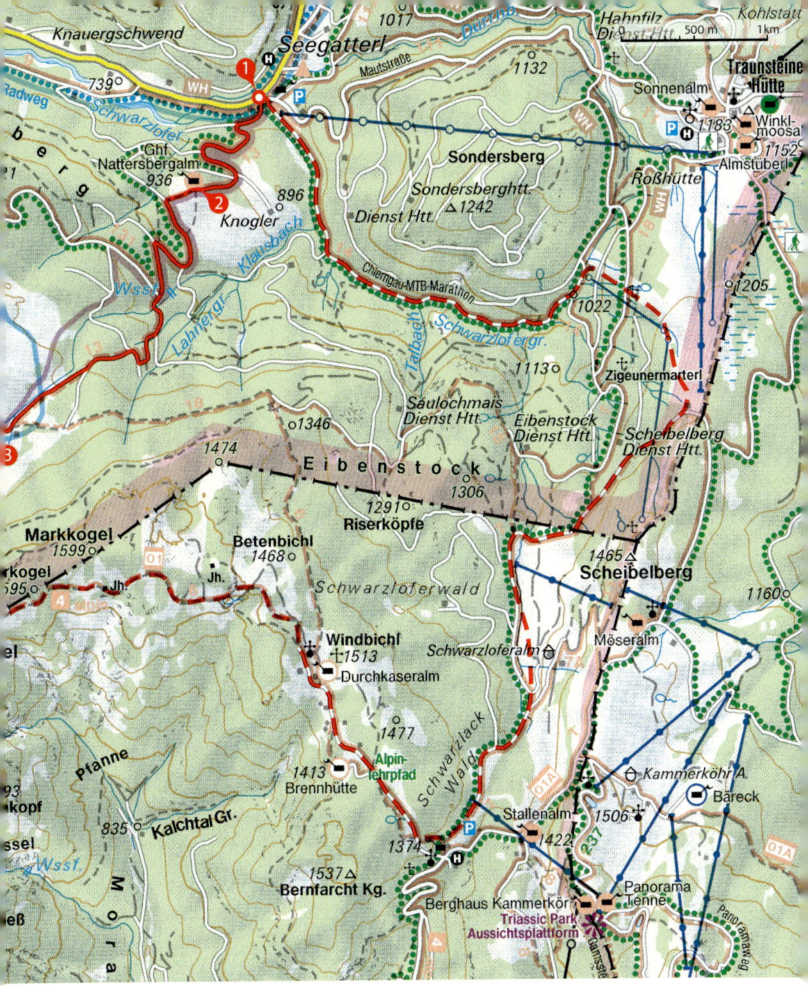

der **Eggenalm** ❹ (Kapelle) und zu dem dahinter stehenden **Straubinger Haus** (1551 m, im Winter geschlossen). Hier richten wir unsere Spur nach Südosten, steigen auf die ausladende Kuppe des **Brunellenkogels** (1729 m) und dahinter über einen Sattel und in reichlichem Sicherheitsabstand zu den gefährlichen, ostseitigen Wechten (siehe Bilder S. 72/73) aufs **Fellhorn** ❺. **Abfahrt** wie Aufstieg.

↗ 1000 m | ↘ 1000 m | 14.2 km

16 Dürrnbachhorn, 1770 m

3.50 h

An der Wiege des alpinen Skilaufs auf der Winklmoosalm

Das Gebiet um die Winklmoosalm darf als eine der Wiegen des alpinen Skilaufs in Bayern angesehen werden. Da sich das Pistengebiet vom Dürrnbachhorn zur Steinplatte verlagert hat, ist das ursprüngliche Liftterrain heute wieder für den Tourengeher interessant geworden. Dieser hegt dabei zudem die Hoffnung, dass die seit Jahren angestrebte Skischaukel von der Winklmoosalm zum Unkener Heutal nicht verwirklicht wird.

Talort: Reit im Winkl, 696 m.
Ausgangspunkt: Großparkplatz und Bushaltestelle RVO-Linie 9507 in Seegatterl, 764 m, zwischen Ruhpolding und Reit im Winkl.
Aufstiegszeiten: Seegatterl – Dürrnbachalm 1¾ Std., Dürrnbachalm – Dürrnbachhorn 1¼ Std.
Anforderungen: Auch für Einsteiger geeignete Skitour im Bereich von Forststraßen, Waldwegen und Almwiesen.
Orientierung: Die Skiroute verläuft in der Waldzone auf gut erkennbaren Wegen und ist im freien Gelände übersichtlich; sie ist zudem häufig gespurt.
Hangrichtung: West und Südwest.
Lawinengefährdung: Von Seegatterl zur Dürrnbachalm gering, am freien Hang des Dürrnbachhorns ist nach starken Schneefällen die Lawinengefahr nicht zu unterschätzen. In diesem Fall besteht Ausweichmöglichkeit zum Lemberg (Variante 2).
Günstige Zeit: Dezember mit März.
Varianten: 1. Mit der Kabinen-Umlaufbahn von Seegatterl nach Winklmoos. Von der Bergstation ostwärts und im Linksbogen über die Gasthäuser zur Talstation der Dürrnbachhorn-Sesselbahn, die rechts liegen bleibt. Auf einer beschilderten Asphaltstraße durch den

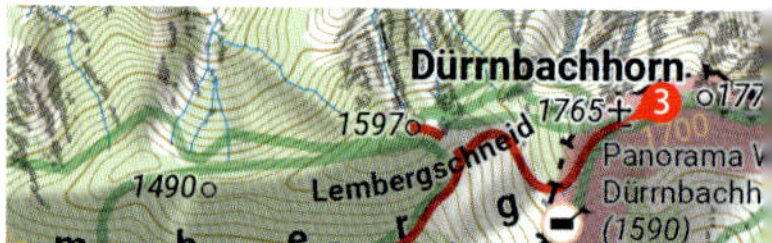
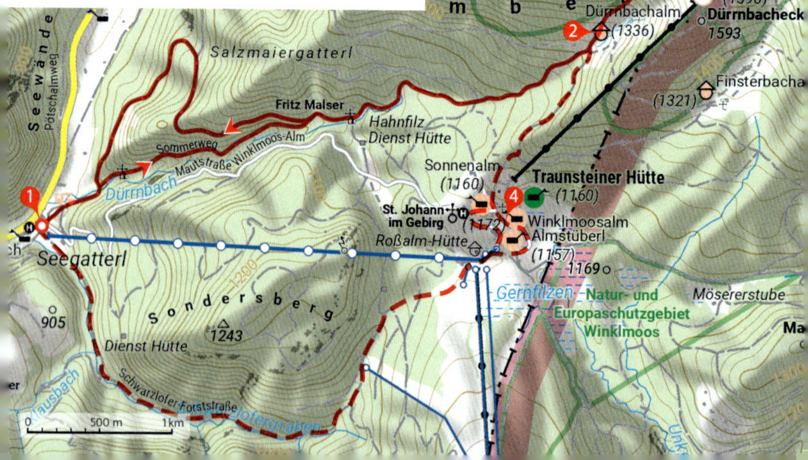

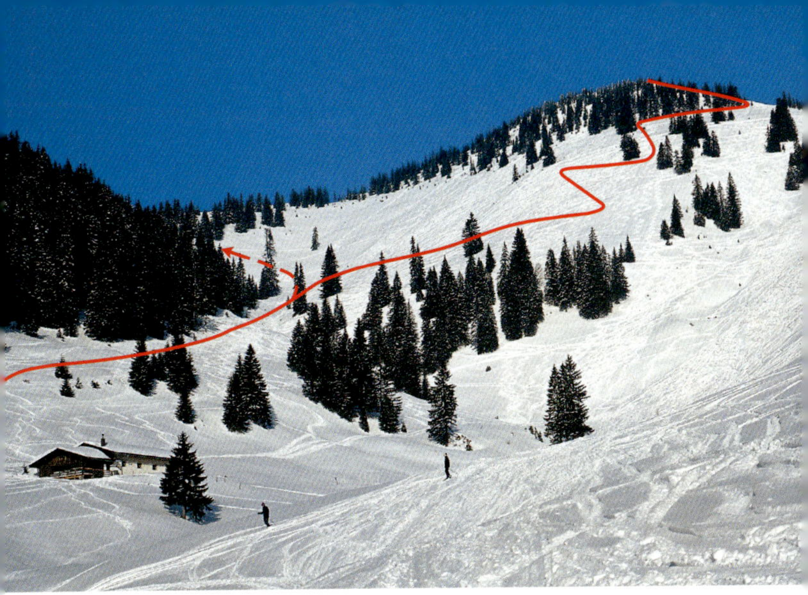

Der Skiaufstieg von der Dürrnbachalm (links) aufs Dürrnbachhorn (rechts). Die Route links hinten führt auf die Lembergschneid.

Wald zu den Dürrnbachalmen und zur Hauptroute (etwa 180 Hm, ¾ Std.). Abfahrt: Zur Bergstation zurück, dann nach Süden und im Anschub west- und südwärts um den Rücken herum zur Hauptabfahrt nach Seegatterl.
2. Oberhalb der Dürrnbachalmen in der Verlängerung des Grabens und im Bereich des freien Geländes im Linksbogen auf die Lembergschneid, 1597 m (ca. ¾ Std.).

Wald-Wild-Schongebiete: 1. Das Waldgebiet zwischen dem Dürrnbachhorn-Lift und der Finsterbachalm – das ist bei der Abfahrt links von der Bahn – bitte nicht betreten und befahren. 2. Abfahrt von der Lembergschneid bitte nicht über den bewaldeten Südhang, sondern nur entlang der beschriebenen Aufstiegsroute!

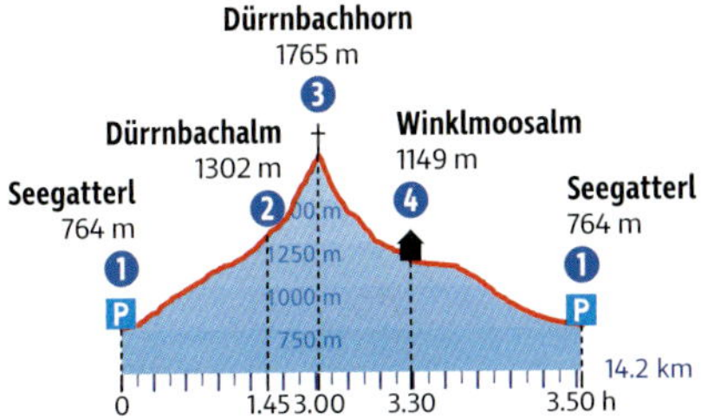

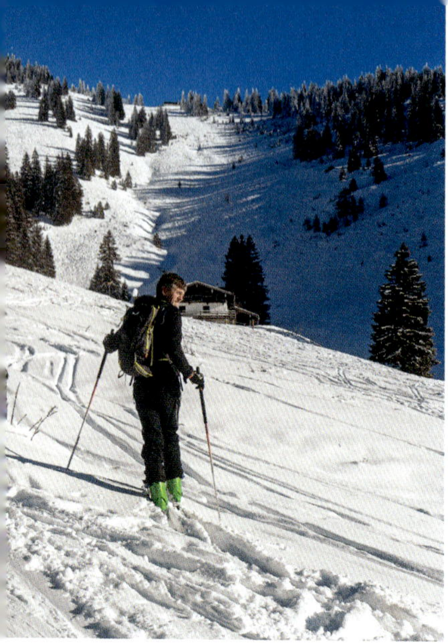

Ab der Dürrnbachalm bewegt man sich in schönem Skigelände.

Gleich bei der Einfahrt in den Großparkplatz in **Seegatterl** ❶ führt links eine Straße (Loipe) an einem Gasthaus, einem Campingplatz und einem Pfadfinderheim vorbei und quert nach 5 Minuten, beim Beginn der Steigung, den **Dürrnbach**. Hier zweigt rechts der alte **Almweg Nr. 111** zur Winklmoosalm ab. Er führt stets am Nordufer des Baches durch den Graben hinauf und mündet nach ca. 250 Hm und ca. ¾ Std. Gehzeit wieder in die Forststraße, über die man bei Schneemangel auf dem Waldweg auch aufsteigen könnte. Ihr folgen wir noch gut 200 m nach rechts bis zu einer Rechtskurve bei einem großen Felsblock. Hier zweigen wir links ab und ziehen unsere Spur auf einem Waldweg, der an einem sich verjüngenden Graben entlang zur Wegkreuzung in **Kohlstatt** und dahinter zum Kessel der **Dürrnbachalm** ❷ hinausführt (**Weg 112**). Dort mündet von rechts her die Variante 1 von Winklmoos ein.

Zum Dürrnbachhorn gehen wir an den Almen entlang und halten uns so lange links des Grabens, bis sich dieser deutlich verengt. Hinter der Engstelle überqueren wir ihn und steigen diagonal über den Hang zu lichten Baumgruppen und in ihrem Bereich zur Waldgrenze oberhalb der Bergstation des Dürrnbachhorn-Lifts (Skidepot, ca. 1640 m). Nur bei reichlicher Schneeauflage lohnt sich ein Aufstieg mit Skiern bis zum **Dürrnbachhorn** ❸, ansonsten zu Fuß über den Sommerweg (Latschengassen).

Abfahrt: Da das Gelände unterhalb der Dürrnbachalmen für die Abfahrt (Waldweg und lange Loipe mit leichtem Gegenanstieg) zu wünschen übrig lässt, wird die Route über **Winklmoos** ❹ nach Seegatterl (Variante 1) empfohlen.

In flotter Fahrt über den Westhang hinab.

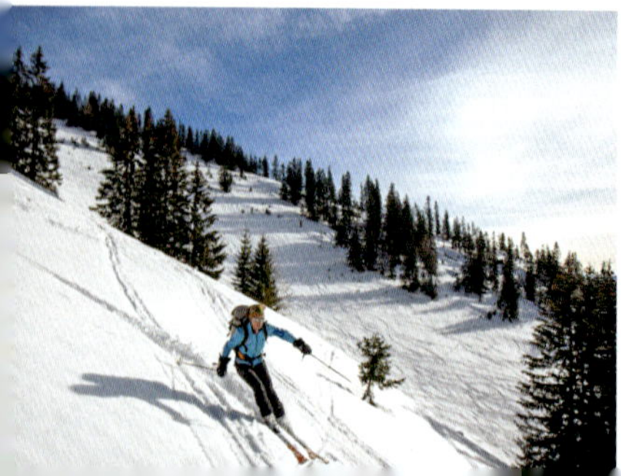

↗ 800 m | ↘ 800 m | 8.6 km

2.50 h

Dürrnbachschneid, 1720 m

17

Nicht nur für den Saisonauftakt und bei Schneemangel

Die Skitour vom Unkener Heutal auf die Dürrnbachschneid hat mittlerweile einen beachtlichen Zulauf erhalten und besonders in der schneearmen Zeit den ansonsten recht beliebten Routen zum Peitingköpfl und Sonntagshorn sogar den Rang abgelaufen, da man hier das Pistengelände des Heutallifts für die Abfahrt vorteilhaft nutzen und den Aufstieg abseits desselben ungestört durchführen kann. Manche ziehen die bei Liftbetrieb gebührenpflichtige Tour auch im Hochwinter den anderen Heutalrouten vor.

Talort: Unken, 563 m, grenznahes Pinzgauer Dorf im Saalachtal, Buslinie Salzburg – Bad Reichenhall – Lofer – Saalfelden.
Ausgangspunkt: Gebührenpflichtiger Liftparkplatz im Unkener Heutal, 960 m. Beschilderte Zufahrt von Unken.
Aufstiegszeiten: Ca. 2¼ Std.
Anforderungen: Almwiesen und eine steile Waldzone im ersten Aufstiegsdrittel, flaches Almgelände im Mittelteil, eine bei Harsch recht mühsame Steilstufe (»rot«) und lichter Bergwald mit abschließender Latschenzone im oberen Drittel.
Orientierung: Die Orientierung bereitet auf der recht beliebten und häufig schon ab Frühwinter gespurten Aufstiegsroute keine Probleme. Die Abfahrt verläuft überwiegend über die Piste.
Hangrichtung: Aufstieg: Ost bis Süd. Abfahrt: Südwest, Süd, Nordost, Ost, Südost.
Lawinengefährdung: Meist gering. Lawinenstrich westlich der 2. Hütte der Wildalm.
Günstige Zeit: Dezember – April.

Herrlicher Blick im Nachmittagslicht in die Berchtesgadener Alpen.

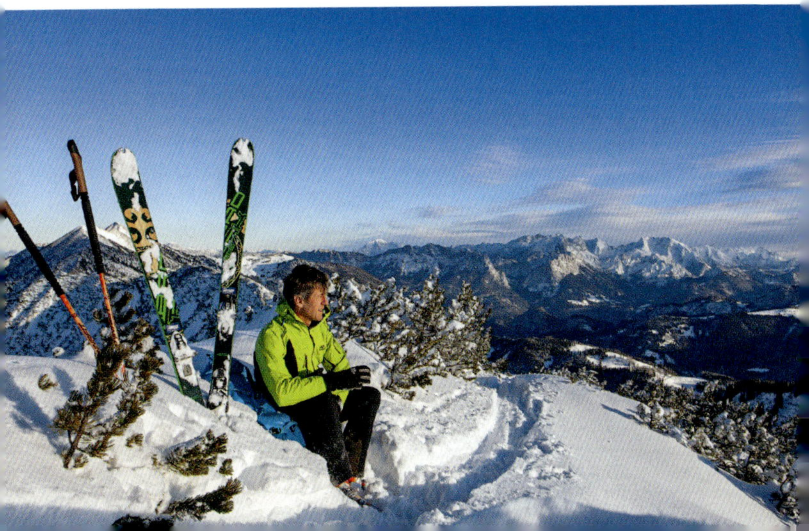

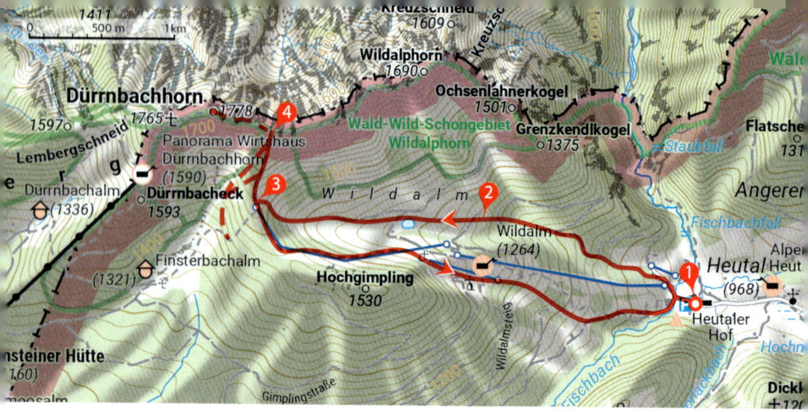

Einkehr: Jausenstation. Wildalm im Pistenbereich und drei Gasthäuser im Heutal.

Wald-Wild-Schongebiete: Die südseitigen, licht bewaldeten Hänge nördlich der Wildalm und die Südflanke des Dürrnbachhorns zur Finsterbachalm hinab sind Schutzzonen. Bitte nicht befahren, sondern die beschriebenen Routen als Aufstiegs- und Abfahrtskorridore nutzen.

Varianten: 1. Übergang auf der Dürrnbachschneid in ½ Std. zum Dürrnbachhorn. Wechtenbildung beachten!
2. Abfahrt von der Dürrnbachschneid bis zum Wald, vor diesem in einer steilen Mulde rechts bis etwa 1370 m in den Kessel der Finsterbachalm hinab. Vor dieser Umkehr und in etwa ½ Stunde auf den Gimplingsattel (1541 m) zur Piste ins Heutal.

Gleich hinterm Liftparkplatz im **Unkener Heutal** ❶ über die Brücke und rechts am Fischbachstüberl vorbei. Anschließend auf einem eben verlaufenden Sträßchen noch etwa 5 Min. zu einer zweiten Brücke. Hinter dieser (vor einem Haus) links über eine angenehm steigende Bergwiese zu einem Durchschlupf eines Waldstreifens. Dahinter über eine weitere Wiese zum Wald hinauf. Kurz nach Eintritt in denselben trifft man auf einen Forstweg, dem man ein Stück an einem Bach entlang folgt, woraufhin man anschließend etwas mühsam durch den Wald zum ersten Kaser der **Wildalm** ❷ hinaufsteigt. Kurz dahinter flacht

Über die Wildalm zum Gimplingsattel. Links gegenüber verläuft die Piste ins Heutal.

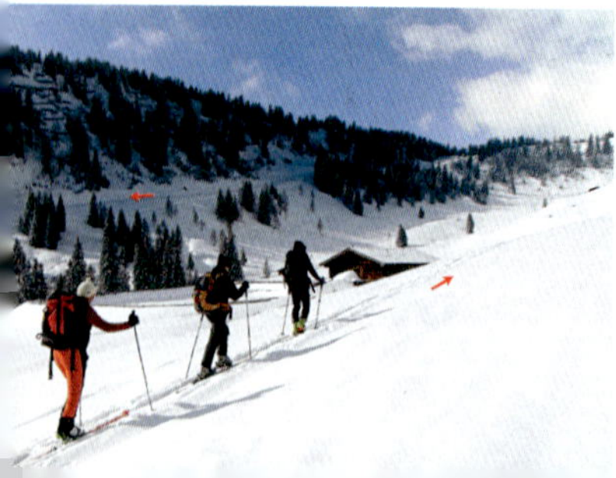

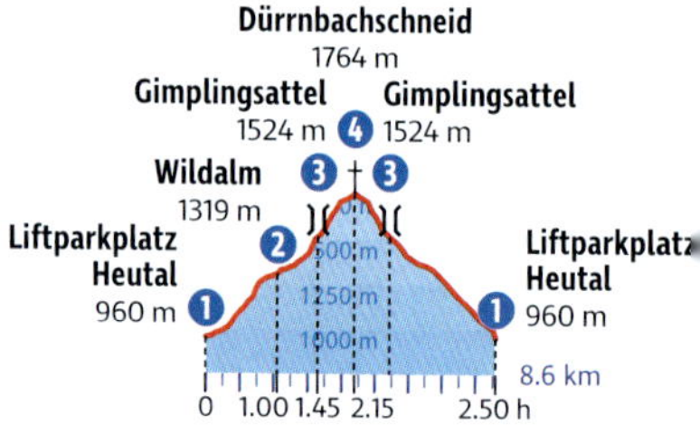

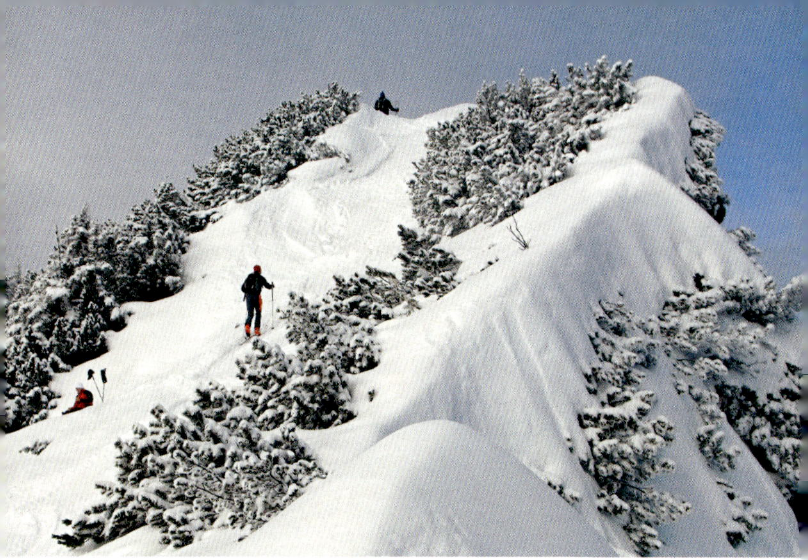

Auf der Dürrnbachschneid: Am Grat geht's links zum Dürrnbachhorn.

das Almgelände stark ab und wird ohne nennenswerte Steigung auf der Höhe von zwei weiteren Almhütten nahezu eine halbe Stunde westwärts gequert. Man beachte, dass hinter (westlich) der zweiten Hütte bei instabiler Schneelage ein Lawinenstrich bis zum Speicherteich abgleiten kann. Am Ende des Talkessels richtet sich das Gelände steil auf. Hier geht es rechts von einem Lift über eine meist präparierte Piste recht steil und mühsam auf die Kammhöhe, die man an der Bergstation des »Kurvenlifts« am **Gimplingsattel** ❸ erreicht. Zur **Dürrnbachschneid** ❹ steigen wir nun rechts über einen licht bewaldeten und zuletzt mit Latschen bewachsenen Rücken an. Ein Übergang am welligen Grat zum Dürrnbachhorn ist möglich (Variante 1). Achtung auf nordseitige Wechten!

Die **Abfahrt** hält sich nur bis zur Bergstation des **Kurvenlifts** ❸ an die Aufstiegsroute und folgt dann am besten der zuerst in einem weiten Linksbogen, dann ostwärts ins **Heutal** hinablaufenden **Skipiste**. Eine Abfahrt über die Aufstiegsroute weist im mittleren und unteren Teil skifahrerisch größere Mängel auf und wird deshalb nur selten gewählt.

Blick hinab ins Heutal vom Südrücken der Dürrnbachschneid.

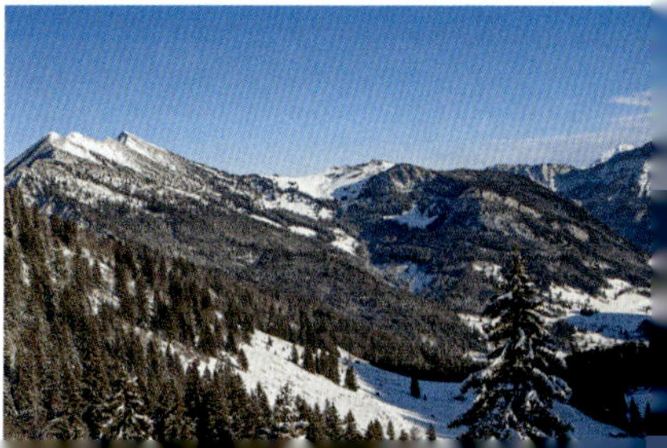

↗ 930 m | ↘ 930 m | 8.2 km

18 Hirscheck, 1882 m, und Vorderlahnerkopf, 1907 m

3.30 h

Rassige Firnhänge über der Hochalm

Der Vorderlahnerkopf – von den Einheimischen auch als Reifelberg bezeichnet – und das vorgelagerte Hirscheck sind seit Jahrzehnten ein Begriff für schneidige Firnabfahrten über dem Unkener Heutal und locken von der Hochalm – oft schon zu früh! – mit dem schönen Südrücken, vor allem aber mit der rassigen »Reifelrinne«.

Talort: Unken, 563 m, Pinzgauer Dorf im Saalachtal, Buslinie Salzburg – Bad Reichenhall – Lofer.
Ausgangspunkt: Heutalbauer im Unkener Heutal, ca. 1000 m. Beschilderte Zufahrt von Unken (Schneeketten bereithalten!). Vom Scheitelpunkt der Bergstraße (Viehrost) 1,6 km ins Heutal hinaus, dann 0,3 km rechts zum Heutalbauern hinauf (Ww. »Hochalm, Sonntagshorn, P2«, Parkautomat). Keinesfalls entlang der Heutalstraße parken (Strafgebühren!).
Aufstiegszeiten: Heutalbauer – Hochalm 1¼ Std., Hochalm – Hirscheck 1¼ Std., Hirscheck – Reifelberg 10 Min.
Anforderungen: Wanderweg mit kurzen, mühsamen Steilstufen. Steiler Gipfelaufbau (Hirscheck-Süd häufig »rot«, alles andere »schwarz«).
Orientierung: Bis Hochalm einfach, darüber ist etwas Erfahrung und Gespür fürs Gelände erforderlich.
Hangrichtung: Süd und Nordwest. Reifelrinne: Südost.
Lawinengefährdung: Nur bei stabiler Schneelage, am besten erst bei Firn!
Günstige Zeit: Februar – April, manchmal auch schon früher (nur, wenn die Latschen unter dem Hirscheck gut verschneit sind).
Einkehr: Jausenstation auf der Hochalm, Gaststätten im Heutal.

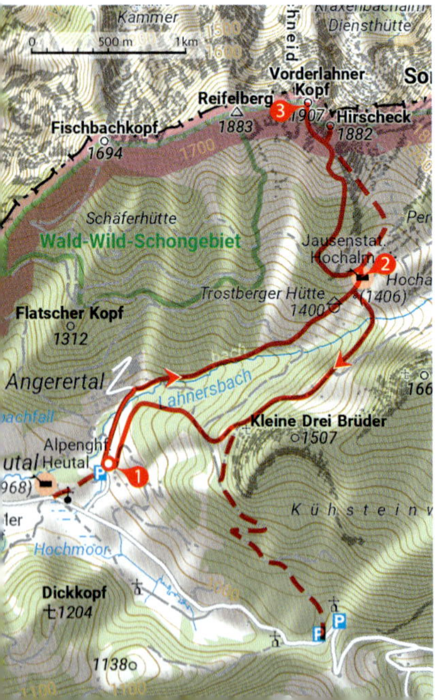

Der alte, traditionsreiche Aufstieg auf Weg Nr. 19 vom **Heutalbauer** ❶ zur Hochalm folgt dem geräumten Sträßchen zur **Reichenhaller Hütte** am Fuß einer Feriensiedlung, läuft dort im Talboden zum **Baureggerkaser** und immer links des Baches geradeaus weiter. Nach etwa einer halben Stunde (ca. 170 Hm ab Parkplatz) ist ein Seitenbach zu queren (kleiner Steg), wo die Abfahrt über die Reifelgrube einmündet.

Unsere Aufstiegsspur wird nun steiler, muss bald darauf etwas mühsam eine Forststraße queren und erreicht anschließend eine große Almlichtung. An ihrem oberen Ende geht es durch einen Waldstreifen und rechts eines kleinen Grabens zur privaten **Trostberger Hütte** (ca. 1390 m). Hierher vom Heutalbauern auch über den markierten Skiweg (Abfahrtsroute, etwas länger). Noch ca. 20 Hm gehen wir zu den darüberliegenden Hütten der **Hochalm** ❷ hinauf, dann in einem ausgeprägten, flachen Linksbogen westwärts auf den von einzelnen Wetterfichten besetzten Südrücken des Reifelbergs hinüber, um einem recht schneebrettgefährdeten Osthang auszuweichen. Dann steigen wir über den Rücken nordwärts zum Wald hinauf, durchqueren diesen im Bereich einer licht bewaldeten Zone und ziehen dahinter auf der linken Hangseite aufs **Hirscheck**. Noch vor diesem Gipfel erfolgt rechts die Einfahrt in die steile **Reifelrinne** (s. Bild oben).

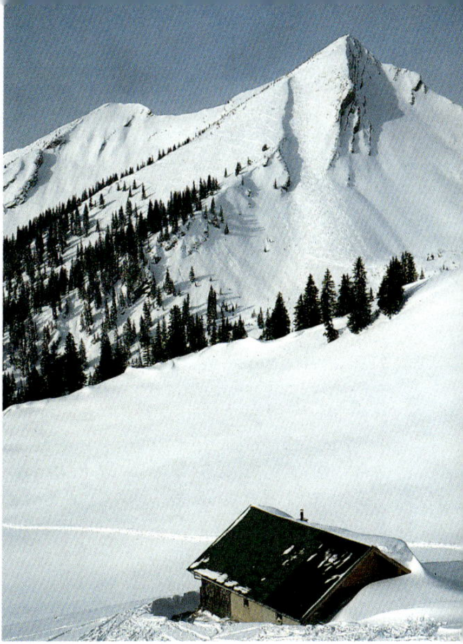

Schwarzlahner (links) und Hirscheck (rechts) mit der steilen von »Zöpferlmustern« verzierten Reifelrinne; dahinter verdeckt der Vorderlahnerkopf.

Zum **Vorderlahnerkopf** ❸ geht's etwa auf derselben Höhe links am Hirscheck vorbei zu der dahinterliegenden Scharte und steil auf den Gipfel.

Abfahrt: Am einfachsten entlang der Aufstiegsroute zur **Hochalm** hinab. Nur bei absolut sicheren Verhältnissen kann über die etwa 35° steile, südostseitige **Reifelrinne** zur Hochalm abgefahren werden (»schwarz«). Von dort nicht entlang der Aufstiegsroute, sondern über die Jausenstation und die **Hochalmstraße** nach Südwesten zur **Gschwendteralm**. Hinter dieser noch ca. 350 m durch den Wald, dann rechts in eine schneisenartige Lichtung abbiegen (WW »Skiabfahrt zum Heutalbauer«) und nach ca. 40 Hm scharf rechts durch den Wald zu einer Forststraße und Geländekante hinaus. Nun in einer breiten Schneise (markierte Skiroute) hinab und zuletzt flach nach links zum **Heutalbauer** ❶ (P2).

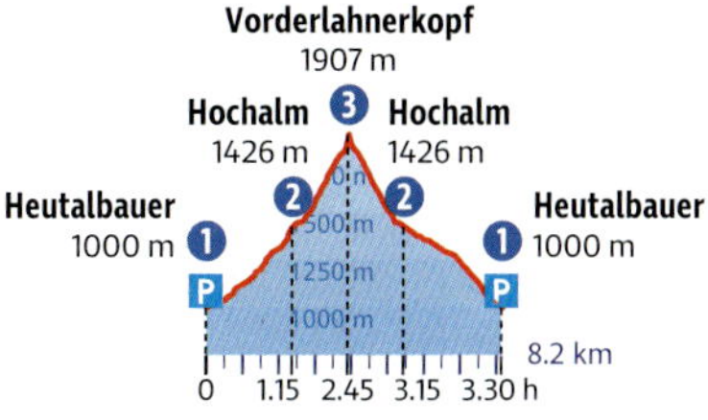

TOP 19

↗ 1150 m | ↘ 1150 m | 9.5 km

Sonntagshorn, 1961 m, und Peitingköpfl, 1720 m

4.30 h

Ein schneesicheres Hochtal mit Magnetwirkung auf Tourenskifahrer

»Wenn's Skifahren im Heutal nicht geht, dann geht's (fast) nirgends«, wissen die Chiemgauer, Berchtesgadener und Pinzgauer Tourengeher zu sagen. Hier bieten sich neben einer Piste und Langlaufloipe Tourenabfahrten in fast allen Himmelsrichtungen und Schwierigkeitskategorien an. Der erfahrene Skitourist kann genau beurteilen, auf welchem Hang er die besten Schneebedingungen vorfindet – und der Einsteiger kann es hier besser als sonstwo erlernen! Aus diesem Grund ist im schneesicheren Unkener Heutal vom Frühwinter bis ins Frühjahr viel Volk unterwegs. Auch die Liftbetreiber werfen seit Jahrzehnten ein gieriges Auge auf das Skigelände um das Sonntagshorn; eine Erschließung konnte eine Bürgerinitiative zusammen mit dem Freistaat Bayern – das Sonntagshorn gehört zu den Bayerischen Saalforsten – bisher verhindern. Hoffentlich bleibt es so!

Talort: Unken, 563 m, Pinzgauer Dorf im Saalachtal, Buslinie Salzburg – Bad Reichenhall – Lofer.
Ausgangspunkte: a) Parkplatz P2 wie bei Tour 18 b) Liftparkplatz am Talende, 980 m c) Scheitelpunkt der Heutalstraße (P1, »Hochalm«), 996 m. Zufahrt von Unken (ggf. mit Schneeketten). Keinesfalls entlang der Heutalstraße parken (Strafgebühren!).
Aufstiegszeiten: Parkplatz 2 – Hochalm 1¼ Std., Hochalm – Sonntagshorn 1½ Std., Ennsmannskaser – Peitingköpfl ½ Std.; gesamt 3¼ Std., nur Sonntagshorn 2¾ Std., nur Peitingköpfl 2 Std.
Höhenunterschied: Sonntagshorn gut

Das Peitingköpfl mit seinem schönen Pulverschneehang.

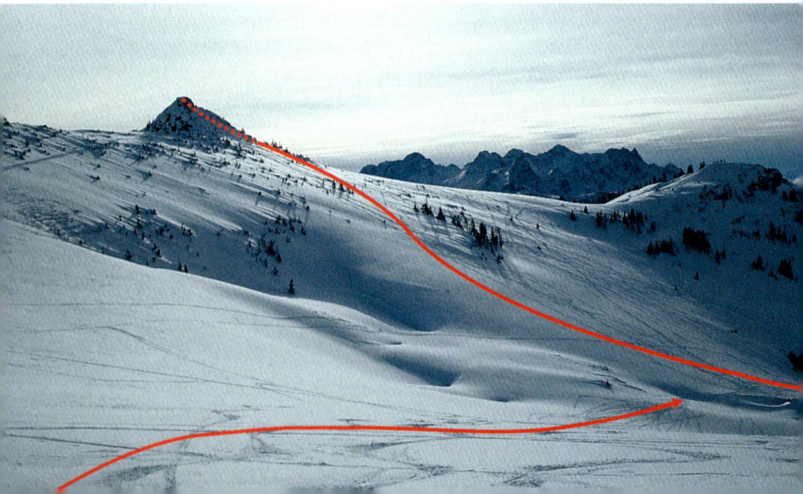

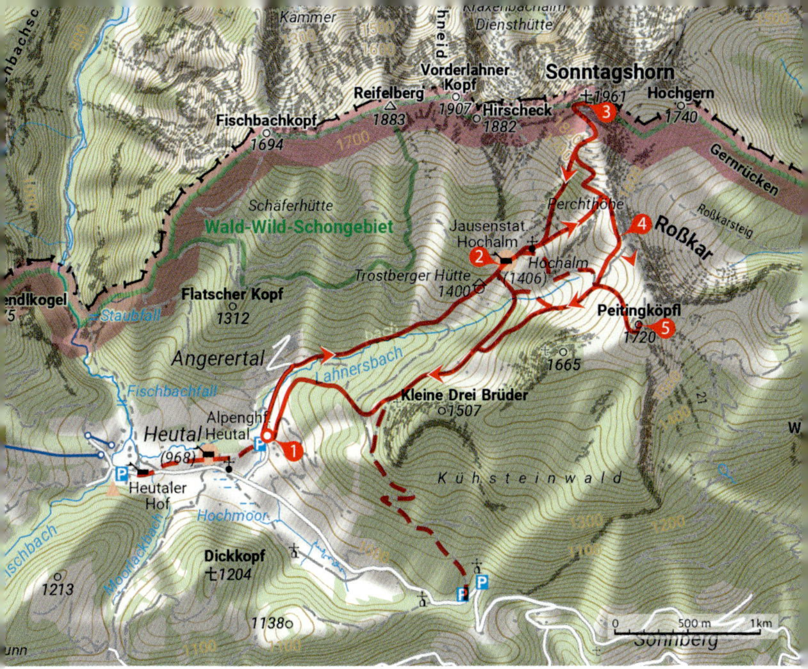

950 m, Peitingköpfl gut 700 m, beide Gipfel ca. 1100 m.
Anforderungen: Wanderweg bzw. Forststraße (Rodelbahn), dann Almgelände. Zum Sonntagshorn (»rot«) steiler als zum Peitingköpfl (»blau«). Für Einsteiger geeignet.
Orientierung: Bei ausreichender Sicht einfach, da meist gespurt.
Hangrichtung: Sonntagshorn: Süd, Südwest, Nordwest. Peitingköpfl: Nordwest.
Lawinengefährdung: Oberhalb der Hochalm in Extremsituationen stellenweise Schneebrettgefahr, ansonsten gering.
Günstige Zeit: Dezember – April. Sonntagshorn erst günstig, wenn das Latschenfeld unterm Gipfel und der schräg über den Südhang verlaufende Felsriegel vom Schnee verdeckt sind.
Einkehr: Jausenstation auf der Hochalm, Gaststätten im Heutal.

Variante: Von der Gschwendteralm zum Peitingköpfl: Vor der hintersten Hütte (großer Felsblock) rechts abzweigen und auf einer Forststraße durch lichten Bergwald zur Almmulde um den Ennsmannkaser hinaus, dort rechts hinauf und zuletzt von Süden auf das Peitingköpfl (häufig schöner Pulverschnee, 1 Std. ab Gschwendteralm).

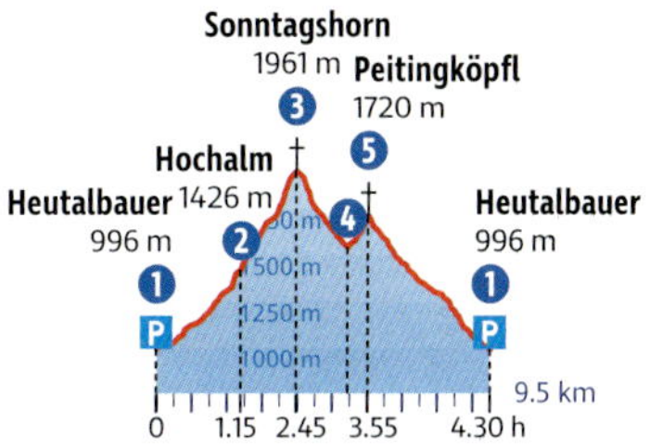

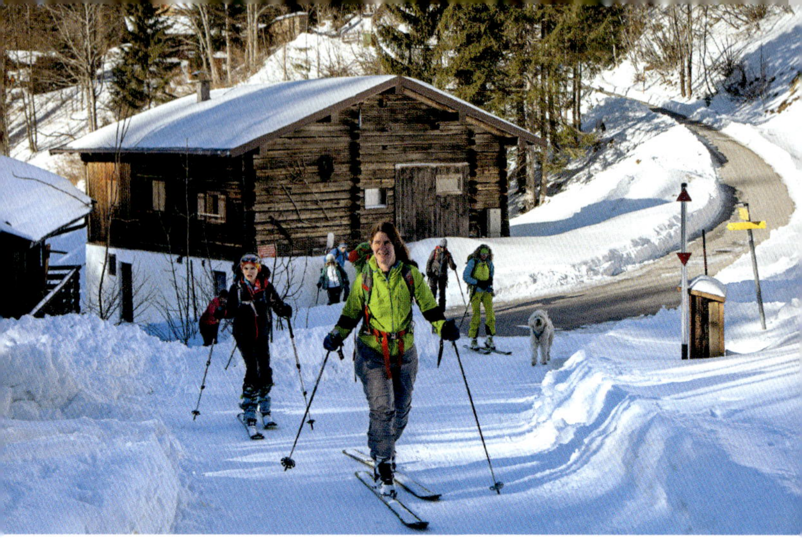

Nur kurz verläuft der Aufstieg zum Sonntagshorn im schattigen Tal.

Am besten wie bei Tour 18 vom Parkplatz 2 oder vom Liftparkplatz ❶ zur Hochalm. Doch auch vom Scheitelpunkt der **Heutalstraße** (»Talbrücke 990 m« – Parkplatz 1 »Hochalm«, Parkautomat) können wir mühelos auf der gespurten Hochalmstraße (Weg Nr. 20, Rodelbahn, Vorsicht bei Aufstieg und Abfahrt!) über die **Gschwendteralm**, 1323 m, zur **Hochalm** ❷ hinaufwandern (Jausenstation, ca. 1400 m). Diese überqueren wir nordwärts zur **Trostberger Hütte** und ziehen dann unsere Spur an Almhütten und an einer Kapelle vorbei – rechts geht es zum Peitingköpfl – ostwärts über eine steile Mulde (»Kanonenröhrl«) auf eine Scharte. Gleich dahinter geht es steil links hinauf und in weiten Schleifen über den ausladenden Südhang aufs **Sonntagshorn** ❸.

Vom Sonntagshorn zum **Peitingköpfl**: Über den Südhang zur Scharte hinab und am Kamm entlang (Weg Nr. 21) südwarts zum Roßkarsattel und zur Perchthöhe. Dann südseitige Abfahrt zum Ennsmannkaser ❹. Es folgt ein Gegenanstieg nord- und westseitig um den Gipfel herum von Süden her aufs **Peitingköpfl** ❺, 1720 m.

Abfahrten: 1. Vom **Sonntagshorn** zur »**Talbrücke 990 m**« (P1) wie Aufstieg. **Achtung:** Wer zum Heutalbauern bzw. Liftparkplatz abfährt, darf ca. 350 m hinter der Gschwendteralm die Abzweigung der markierten Skiroute ins Heutal (rechts) nicht übersehen (siehe auch Abfahrt von Tour 18)!

2. Vom **Peitingköpfl** nordwestwärts zum **Ennsmannkaser** hinab, dann nach links zum Wald. Vor diesem über einen licht bewaldeten Steilhang rechts zur Hochalmstraße hinab und auf dieser links zum Parkplatz P1.

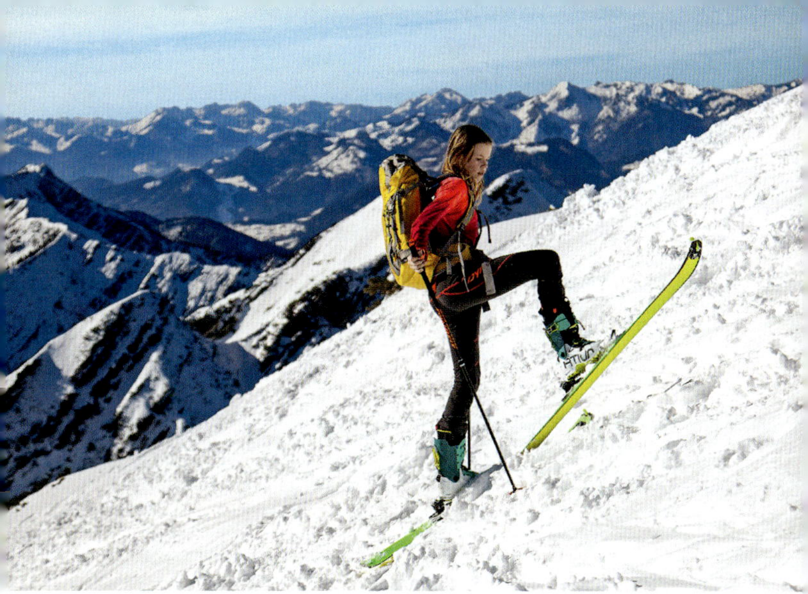

Oben: Fitte Kinder kann man auch aufs Sonntagshorn mitnehmen, eine moderate Kindertour ist das Peitingköpfl.
Unten: Anhand der Skispuren bei der Hochalm erkennt man die Popularität der Tour.

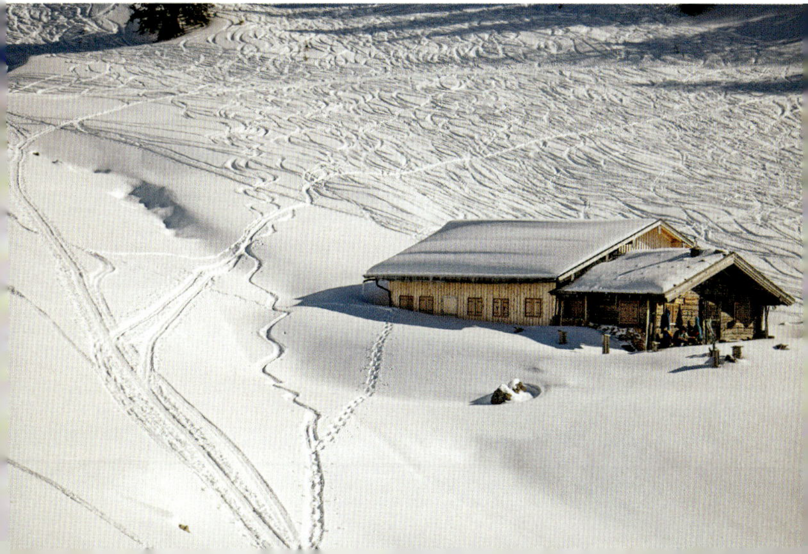

↗ 830 m | ↘ 830 m | 7.7 km

20 Haaralmschneid, 1594 m

3.10 h

Zum »Zöpferlflechten« auf die Haaralm

Die Bergweiden über der Haaralm haben schon früh die einheimischen Tourengeher zu ersten Schwüngen im frischen Pulverschnee animiert. Da sich der Schnee am südwestwärts geneigten Gelände aber nach Sonnentagen rasch zu Bruchharsch verschlechtert, sollte man dies bei der Auswahl des Tourenzieles berücksichtigen – ggf. ist es dann besser, auf Firntage zu warten. Die Haaralm liegt in einem versteckten Winkel des Ruhpoldinger Beckens und ist seit dem Ausbau des Wirtschaftsweges bis zur Alm noch besser zu erreichen als früher.

Talort: Ruhpolding, 662 m, Chiemgauer Wintersportort, Bahnlinie von Traunstein.
Ausgangspunkt: Urschlau, 767 m, ca. 7 km südwestlich von Ruhpolding gelegen. Von Ruhpolding in Richtung Brand (der Dorfbus fährt einmal am Morgen auch bis Urschlau, sonst nur bis Brand), dort links nach Urschlau.

Aufstiegszeiten: Urschlau – Haaralm 1½ Std., Haaralm – Haaralmschneid ¾ Std.
Anforderungen: Forstwege und Almwiesen; zuletzt steiler Gipfelhang (zeitweise »rot«).
Orientierung: Von Almwegen und vom Gelände vorgegeben.
Hangrichtung: Südwest und Süd.

Haaralm vor der Gurnwand (links) und den Loferer Steinbergen (hinten).

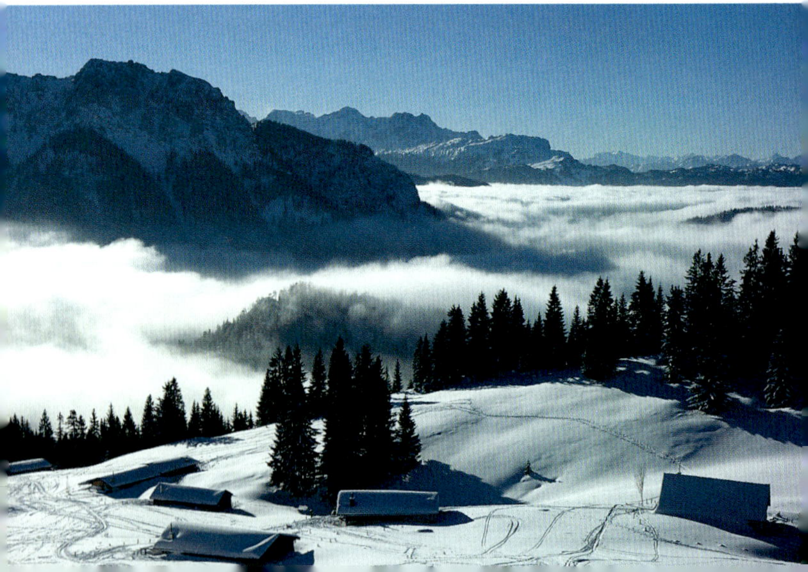

Lawinengefährdung: Am Gipfelhang sind stabile Schneeverhältnisse erforderlich, sonst gering.
Günstige Zeit: Dezember bis Anfang März.
Wald-Wild-Schongebiete: Bitte im Bereich der beschriebenen Routen bleiben!

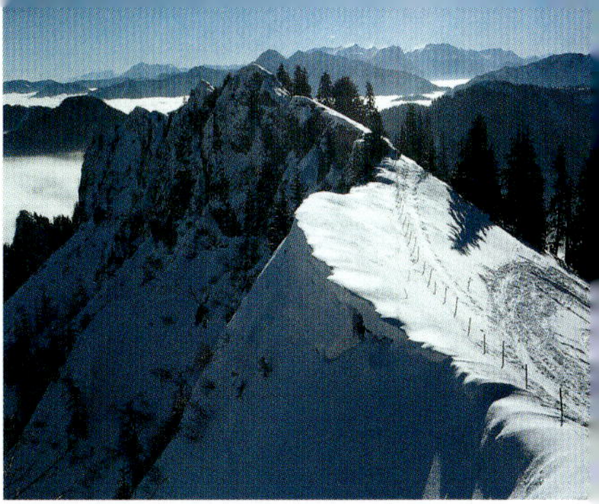

Die Haaralmschneid vor der Sonntagshorngruppe und den Berchtesgadener Alpen.

Gleich rechts oberhalb des Gehöfts in **Urschlau** ❶ führt ein Ziehweg (Nr. 53) schräg links durch den Wald (höchste Tannen, Fichten und Lärchen um Ruhpolding) zu einer Forststraße hinauf. Dieser folgen wir gut 100 m nach links auf den Sattel nördlich des **Gründbergs**. Hier schert ein Wirtschaftsweg rechts aus und zieht durch den Bergwald zur **Haaralm** ❷ hinauf. Wir gehen bis zur höchstgelegenen Hütte mit dem auffallend spitzen Giebel weiter und steigen dann im Rechtsbogen über freie und immer steilere Bergweiden zur Kammhöhe und von dort links zum Gipfelkreuz der **Haaralmschneid** ❸.

Abfahrt wie Aufstieg. Bei genussvollem Pulverschnee zieht man gerne noch ein- oder mehrmals die Felle auf, um die Abfahrt über die herrlichen Bergweiden der **Haaralm** zu genießen. Wenn der schmale Ziehweg vom Gründbergsattel nach Urschlau wegen geringer Schneeauflage für die Abfahrt nicht taugt – man kann es beim Aufstieg sehr gut beurteilen –, sollte man den **Gründberg** auf der breiten Forststraße entgegen dem Uhrzeigersinn umfahren. Die Talstraße in die **Urschlau** hinaus verläuft allerdings über ein längeres Stück nahezu eben und erfordert etwas Armarbeit.

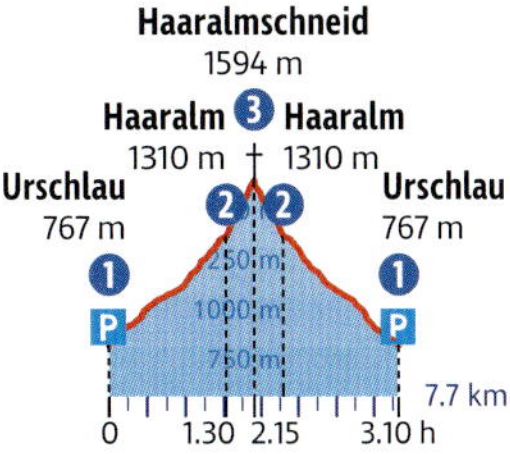

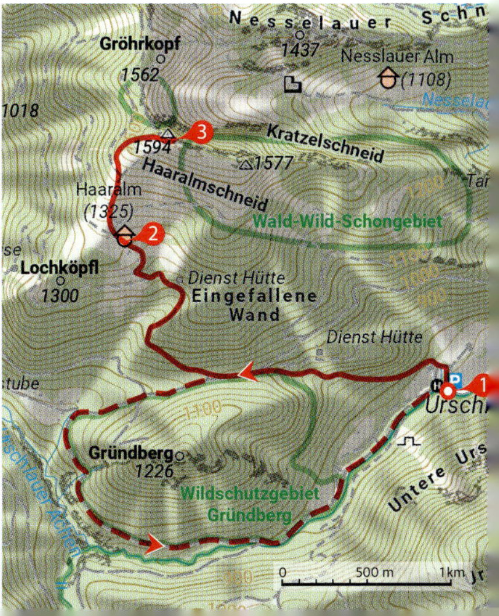

↗ 800 m | ↘ 800 m | 8.3 km

21 Eisenberg, 1490 m, und Unternberg, 1425 m

3.00 h

N W O S

Beliebtes »Trainingsgelände« der Chiemgauer Tourengeher

Am Unternberg bei Ruhpolding gibt es heute nur noch im Bereich der unteren Schlepplifte eine präparierte Piste, während die obere Region von den Rodlern und vor allem von den Chiemgauer Tourengehern in Beschlag genommen wird. Diese gehen zu Trainingszwecken schnell mal auf den Eisenberg, viele auch auf den Unternberg, wo sie eine Einkehrmöglichkeit vorfinden.

Talort: Ruhpolding, 662 m, Chiemgauer Wintersportort und Biathlonzentrum, Bahn und Bus von Traunstein.
Ausgangspunkt: Parkplatz für Tourengeher an der Unternbergstraße, 700 m. Zufahrt: In Ruhpolding hinterm Tunnel über den Kreisverkehr in Richtung »Berchtesgaden« bis zur Ampel. Dort rechts in Richtung »Brand«, nach 1,5 km links in Richtung »Unternbergbahn«, und noch gut 200 m zum Parkplatz.
Aufstiegszeiten: Parkplatz – Weingarten ½ Std., Weingarten – Schwendtbodenhütte knapp 1 Std., Schwendtbodenhütte – Unternbergsattel gut ½ Std., Sattel – Eisenberg ½ Std.
Anforderungen: Viel begangene Skiroute auf einer ehemaligen Piste, auf Forstwegen, durch lichtes Waldgelände und über Wiesen.
Orientierung: Einfach, da meist vorgegebene Route.
Hangrichtung: Am Eisenberg Südost, am Unternberg West, dann Nordost und Nord.
Lawinengefährdung: Entlang der beschriebenen Routen nur in Extremsituationen stellenweise problematisch.
Günstige Zeit: Dez. bis Anfang März.
Einkehr: Ghs. am Unternberg, Weingarten. Ferner Raffneralm und Whs. Eisenberg bei Variante.
Variante: Von Bärngeschwendt (Talstation der Schlepplifte), 710 m. Am linken Rand der freien Hänge über den Ghf. Eisenberg auf eine Geländeschwelle. Hinter dieser in eine Senke hinab und im Bereich der ehemaligen Skipiste zur Schwendtboden-Diensthütte, vor der man auf die Hauptroute trifft.
Wald-Wild-Schongebiete: Die hier beschriebenen Aufstiegs- und Abfahrtsrouten durchstreifen keine sensiblen Schutzzonen.

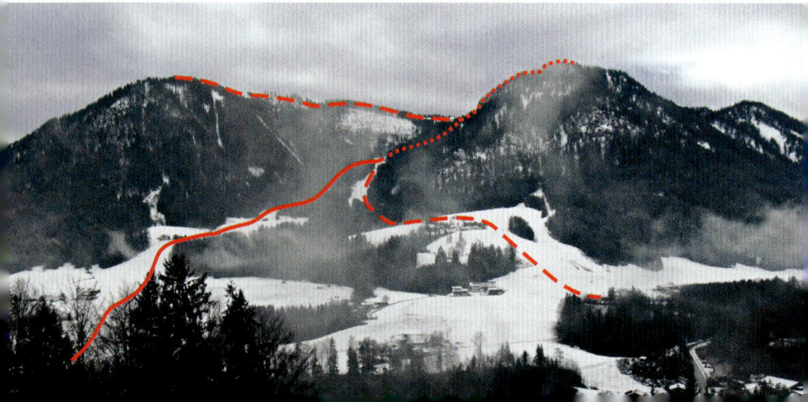

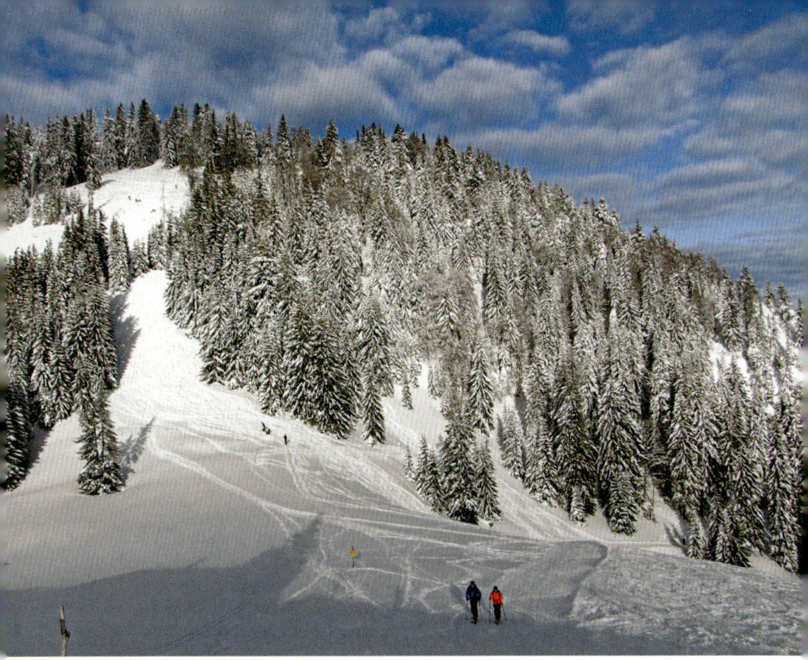

Am Unternbergsattel: Links hinauf geht es auf den Eisenberg, rechts zum Unternberg.

Am Parkplatz 1 für Tourengeher oder etwas weiter aufwärts an geeigneter Stelle links über einen Graben und durch eine Hecke auf eine Wiesenterrasse hinauf, die in südlicher Richtung (rechts) ebenso wie die Zufahrten von Stocking und Stockreit zu überqueren ist. Rechts der beiden Örtlichkeiten gelangt man an den Fuß eines freien Steilhangs, über den es zum **Ghs. Weingarten** 2 hinaufgeht. Rechts davon führt die Spur in etwa gleicher Richtung zu einer Schneise hinauf und unter dem Unternberglift

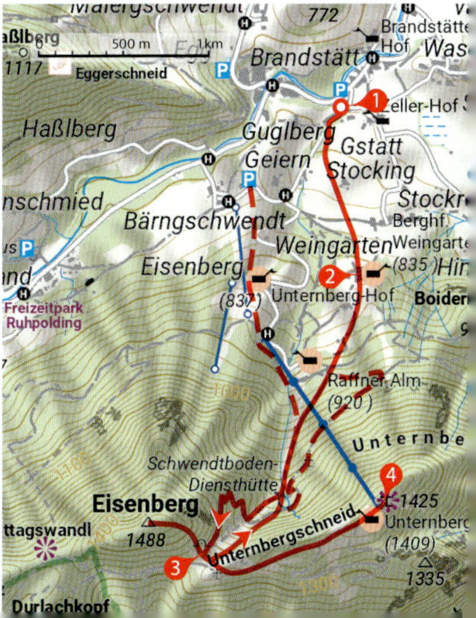

Links: Die Skiroute (links) bzw. die Variante (rechts) auf den Unternberg (links) und Eisenberg (rechts).

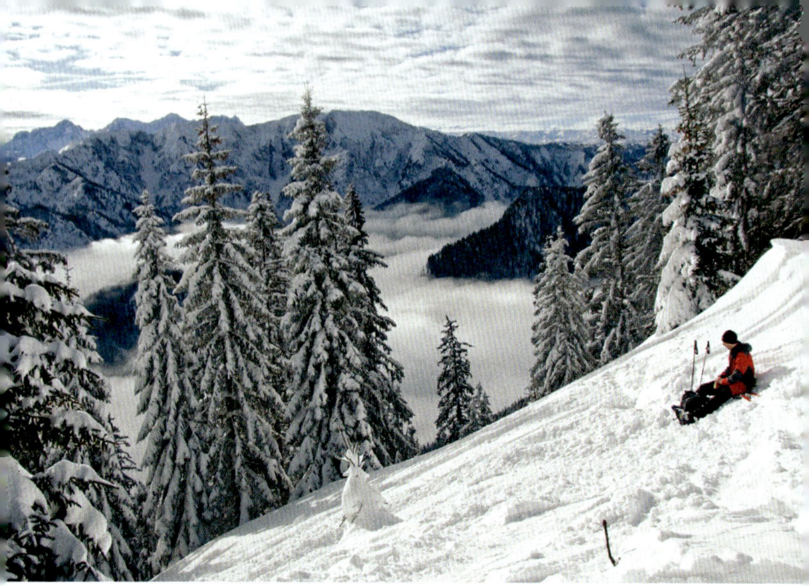

Ausblick vom Eisenberg auf Loferer Steinberge (links) und Dürrnbachhorn (Mitte).

hindurch zur ehemaligen Skipiste, die den weiteren Aufstieg vorgibt. Auf dem folgenden Absatz steht die **Schwendtboden-Diensthütte**, hinter der man noch etwa 80 Hm ansteigt und dann der Steilmulde rechts auf einer Forststraße ausweichen kann, die zuerst über fünf Kehren, dann auf einem längeren Flachstück durch den Wald zum **Unternbergsattel** ❸ (Bergwachthütte) verläuft. Am Sattel teilen sich die Routen. Im Linksbogen geht es auf der langen, flachen, schneisenartigen Schneid über den Boider Kaser auf den **Unternberg** ❹. Der bequemere und nicht nur für Einsteiger empfehlenswerte Aufstieg zum Unternberg verläuft links von der **Raffneralm** auf einem Winterwanderweg (Rodelbahn) bis zur Bergstation der Unternbergbahn (Gasthaus). Zum **Eisenberg** drehen wir noch vor der Bergwachthütte am Unternbergsattel, 1358 m, rechts ab und steigen zuerst in einer breiten Schneise an, holen dann etwas nach links aus und queren nach einigen weiten Schleifen knapp unter der Kammhöhe links zu dem von einem kleinen Kreuz besetzten Felsköpfl des Eisenbergs. Die **Abfahrt** verläuft entlang der Aufstiegsroute zum Parkplatz ❶.

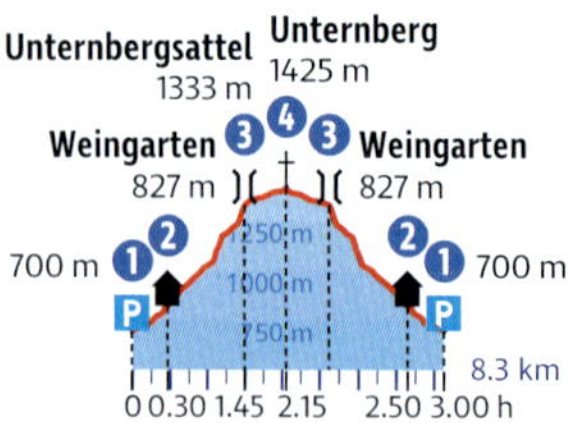

↗ 950 m | ↘ 950 m | 9.7 km

3.45 h

Hörndlwand, 1684 m

22

Über Forstwege und durch ein Hochtal aufs »Hörndl«

Auf der Anreise von Ruhpolding nach Seehaus hält die Hörndlwand dem Tourengeher die Skiroute durchs Ostertal gleichsam als Visitenkarte entgegen und verrät ihm schon frühzeitig, was ihn beim Anstieg und bei der Abfahrt über die steile Schneemulde links vom kecken Felsturm erwartet. Bis dorthin hat er aber ein von Forstwegen aufgeschlossenes Waldgebiet zu durchqueren.

Talort: Ruhpolding, 662 m, Chiemgauer Wintersportort und Biathlonzentrum, Bus- und Bahnlinie von Traunstein.
Ausgangspunkt: Seehaus, 740 m. An der B 305 zwischen Ruhpolding und Reit im Winkl, Bus Ruhpolding – Reit im Winkl.
Aufstiegszeiten: Seehaus – Boden vor der Branderalm 1¼ Std., Branderalm – Hörndlwand 1¾ Std.
Anforderungen: Forststraßen, Waldgelände und ein steiles Hochtal.
Orientierung: Auf der Forststraße bei Verzweigungen am breiteren Straßenast bleiben (AV-Markierung). Die Route über die Branderalm ist bei fehlender Spur schwieriger zu finden als die Route Ostertalgraben – Ostertal.
Hangrichtung: Nordost und Ost.
Lawinengefährdung: Ostertal und Gurnwand (Lawinenopfer) erfordern lawinenkundliches Beurteilungsvermögen. Nicht nach ergiebigem Neuschnee oder Windverfrachtung!
Günstige Zeit: Bei reichlicher Schneeauflage: Dezember – Anfang April.
Einkehr: Ghs. in Seehaus.
Variante: Landschaftlich sehr reizvoll: Hörndlalm und die Anhöhe nordöstlich davon (ca. ¾ Std. von der Branderalm).
Wald-Wild-Schongebiete: Mit Rücksicht auf Wildtiere bitte die von der Gurnwand südwärts abdachenden Hangterrassen nicht befahren; der Bereich ist wichtiges Schongebiet.

In **Seehaus** ❶ geht man im Winter hinter den Gebäuden nicht rechts über den Bach (Sommerweg Nr. 46), sondern auf der breiten **Forststraße** geradeaus weiter und folgt der AV-Markierung. Auf dem bequemen Fahrweg überwindet man in weiten Schleifen über ca. 350 Hm einen ausgedehnten Waldgürtel. Bei guter Schneelage lassen sich die Kehren im Aufstieg auch durch den Hochwald abkürzen. Hinter einem Geländeeck (Linkskurve) senkt sich der Forstweg ganz leicht zu einer ebenen Lichtung hinab. Am Ende des Bodens teilen sich zwei Skirouten:
Die wenig begangene Variante er-

Die Hörndlwand mit dem Osterkar (Mitte), ganz rechts die Gurnwand.

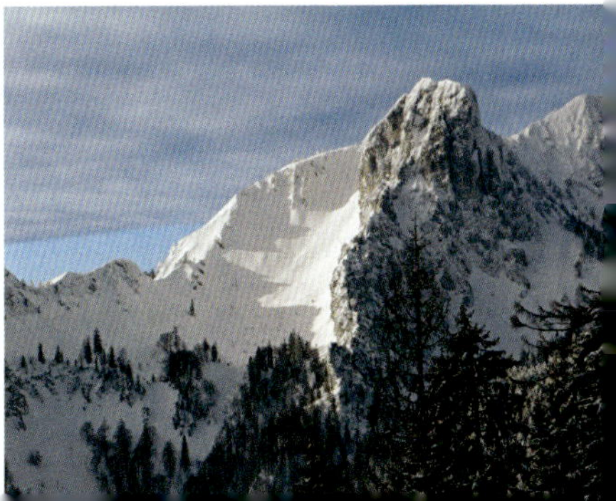

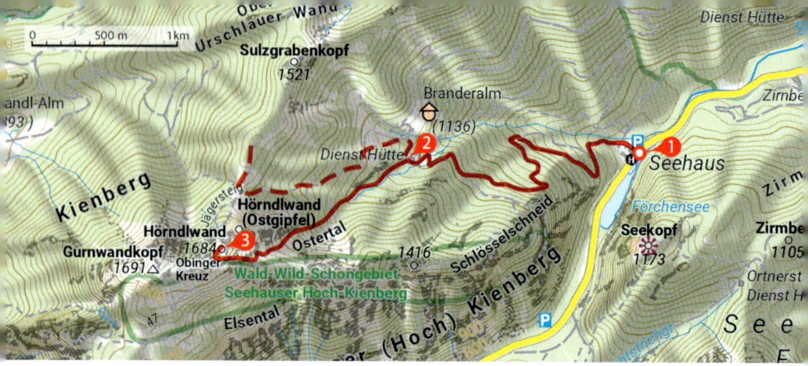

reicht in Kürze hinter einem Waldstreifen die **Branderalm** ②, 1120 m, und führt links von der Hütte am Waldrand ca. 60 Hm bergwärts, bis der bewaldete Graben zur Linken endet. Dann schwenkt man links in den Wald und folgt dem Sommerweg ca. 80 Hm zu zwei nahe beieinanderliegenden, seichten Gräben. Die Variante zu der in schneereichen Wintern im Schnee völlig zugeschneiten **Hörndlalm** (Hörndlhütte) strebt hier auf die zwischen den Bäumen zu erkennende Hörndlwand zu, dann am Waldrand auf den kleinen Sattel mit der Hütte. Von dort kann man noch rechts über einen Rücken auf eine unbenannte Anhöhe, 1479 m, steigen.

Die Hauptroute trifft auf der gegenüber liegenden Seite des o.g. Bodens, wo die Straße erneut in den Wald taucht, auf eine Skimarkierung, die an der Rechtskurve, am Nordwestufer des **Ostertalgrabens**, in den Wald weist. Der Graben weitet sich nach ca. 100 Hm zu einem Kessel und stellt sich dahinter steil auf. Die Geländestufe überwinden wir auf der rechten Seite und treten auf ca. 1400 m in das eigentliche **Osterkar**, das auf der rechten Seite von den südseitigen Felsfluchten der Hörndlwand gesäumt wird und einen imposanten Eindruck hinterlässt. Das Kargelände steilt zunehmend auf und ermöglicht beim Schartl auf der rechten Seite unter den Felsen den Ausstieg auf ein Hochplateau. Über dieses geht es im Rechtsbogen auf den nahen Westgipfel der **Hörndlwand** ③, 1684 m. Ein Übergang auf die Gurnwand ist skifahrerisch nicht lohnend, da das darunterliegende, nach Süden abdachende Gelände als Schongebiet für Rauhfußhühner nicht befahren werden soll. **Abfahrt** wie Aufstieg über das Ostertal und über die Forststraße zum Seehaus.

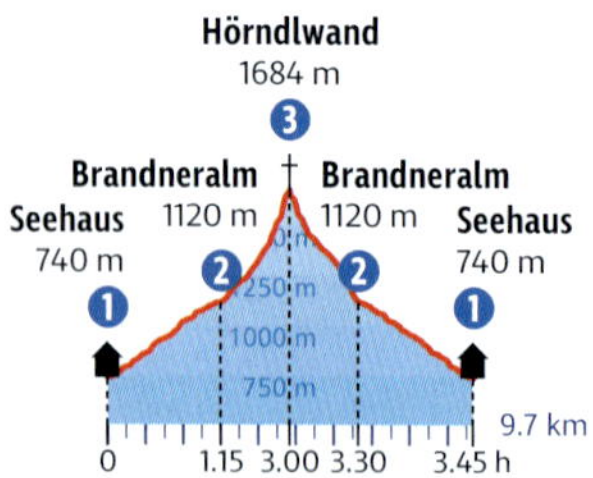

Über der Hörndlalm (Variante) – dahinter die steil aufragende Hörndlwand.

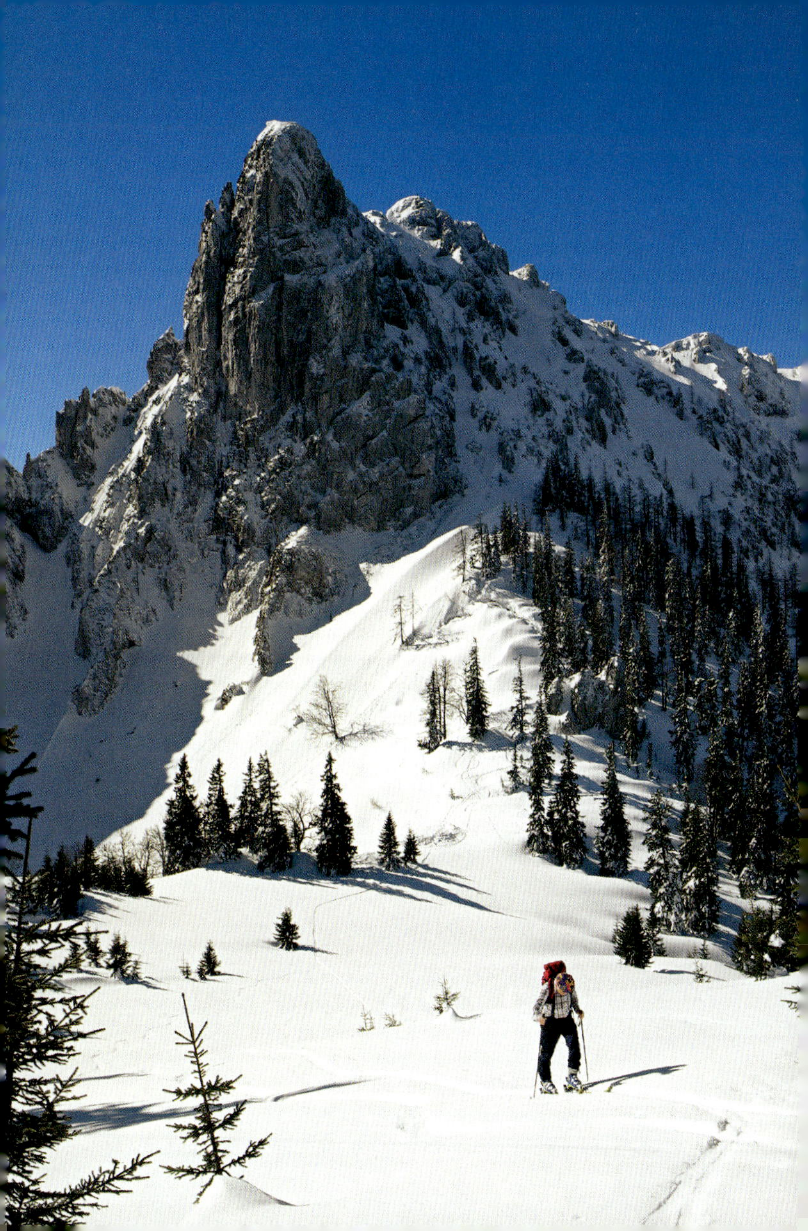

↗ 900 m | ↘ 900 m | 10.0 km

23 Rauschberg, 1645 m, und Streicher, 1594 m

3.00 h

N W O S

Kienbergabfahrt oder berühmt-berüchtigte Roßgasse

Da am Rauschberg der alpine Skilauf eingestellt wurde und im Winter mit der Bergbahn nur Gipfelbesucher in die Höhe befördert werden, sind Rauschberg und Inzeller Kienberg (Streicher) wieder schöne Ziele für den Tourengeher. Es muss allerdings auch darauf hingewiesen werden, dass in diesem Gelände keine Sicherungsmaßnahmen wie das Absprengen von Lawinen oder Pistenpräparierung mehr erfolgen. Die berühmt-berüchtigte Roßgasse, die einst ein Synonym für den Rauschberg war, hat aber ihren Reiz und Nervenkitzel und damit ihre Problematik nicht verloren; diese sind gewiss nicht kleiner geworden und verlangen richtige Einschätzung der Lawinen- und Schneesituation, Erfahrung im alpinen Steilgelände und nicht zuletzt skifahrerisches Können. Die Entscheidung über »Kienbergabfahrt« oder »Roßgasse« kann und soll man je nach Schneesituation erst vor Ort treffen.

Talorte: Ruhpolding, 662 m; Inzell, 693 m, Chiemgauer Kur- und Wintersportorte.

Ausgangspunkt: Parkplatz Aschenau/Froschsee, auf der Südseite der B 305 zwischen Ruhpolding und Inzell, ca.

Streicher (links) und Rauschberg (rechts). Zwischen den beiden führt die Skiroute auf den Kienbergsattel. Rechts vom Rauschberg-Hauptgipfel ist die Roßgasse.

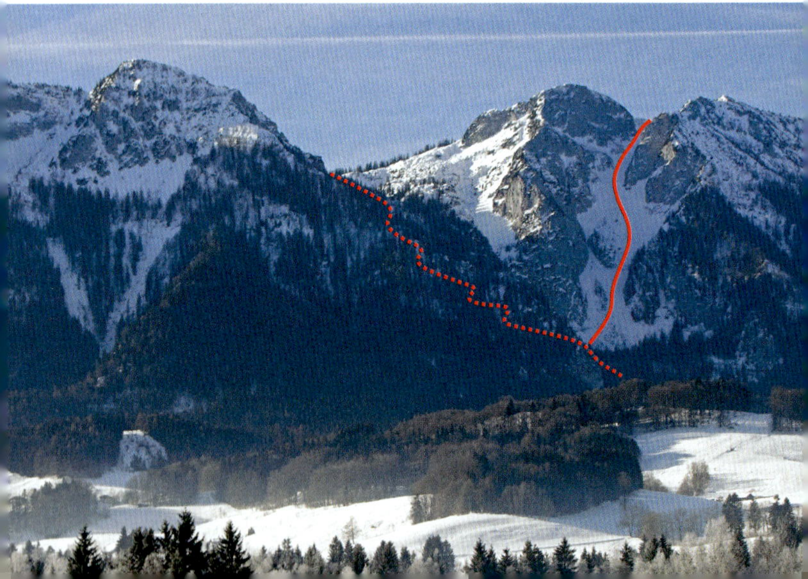

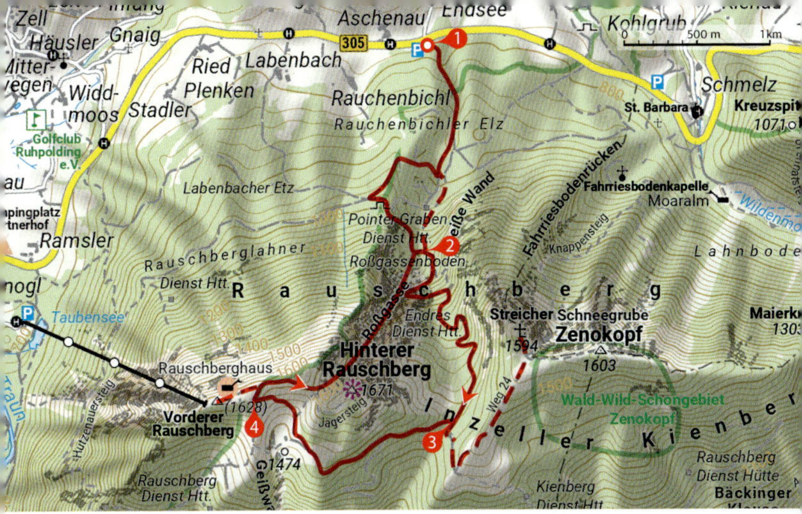

770 m; Bushaltestelle der RVO-Linie Ruhpolding/Bhf. – Inzell.
Aufstiegszeiten: Aschenau – Kienbergsattel gut 2 Std., Kienbergsattel – Streicher knapp ½ Std., Kienbergsattel – Rauschberg (Roßgasse) ¾ Std., Streicher – Rauschberg 1 Std.; gesamt 2½ – 3½ Std.
Anforderungen: Überwiegend Forstwege und eine ehemalige Skipiste (Kienbergabfahrt »blau«) für Aufstieg und Abfahrt, zum Inzeller Kienberg zuletzt mäßig steiler Rücken (»blau«). Abfahrt durch die Roßgasse (»schwarz«) nie bei Vereisung!
Orientierung: Von Forststraßen und vom Gelände weitgehend vorgegeben.
Hangrichtung: Kienberg: West und Nord. Rauschberg: Süd und Nord (alte Skipiste), Nordost und Nord (Roßgasse).
Lawinengefährdung: Nach starken Schneefällen sind die Roßgasse und stellenweise auch die Kienbergabfahrt erhöht lawinengefährdet.
Günstige Zeit: Dezember – März.
Einkehr: Rauschberghaus (nur bei Betrieb der Rauschbergbahn bewirtschaftet).
Wald-Wild-Schongebiete: Den gesamten Gipfelbereich um den Zenokopf, das ist der flache Ostgipfel des Inzeller Kienbergs, bitte im Winter nicht betreten.

Vom kleinen Parkplatz in **Aschenau** ❶ auf dem Wanderweg **Nr. 26** gut 100 Hm zu einer Verzweigung, hier rechts zu einer Forststraße (Rodelbahn, Weg Nr. 19). Auf dieser nur ca. 150 m entlang, dann links zu einer Forsthütte. Dahinter wieder auf einem Forstweg – Ortskundige kürzen hier vorteilhaft ab und steigen entlang eines Waldsteiges bis über den Roßgassenboden an – zu einer Straßengabelung hinauf. Hier links weiter und ziemlich flach zur Bergwachthütte am **Roßgassenboden** ❷. Der weitere Aufstieg zum **Kienbergsattel** ❸ ist nun durch die sogenannte »Kienbergabfahrt« klar vorgegeben. Sie tangiert die Roßgasse und führt oberhalb der Endres-Diensthütte zu einer Wegteilung kurz vor dem Sattel: links Inzeller Kienberg – rechts Rauschberg.

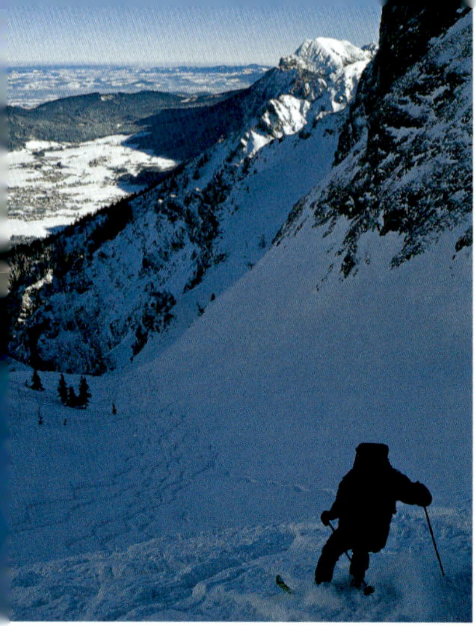

Einfahrt in die Roßgasse. Die steilen Abschnitte sind noch nicht sichtbar.

Zum **Kienberg** zieht die Route ostwärts über einen licht bewaldeten, z.T. auch freien, meist mäßig geneigten Rücken, an der **Inzeller Skihütte** vorbei und hinter einer kleinen Senke zum Gipfelkreuz am **Streicher**.

Zum **Rauschberg** ❹ führt der Weg Nr. 2 flach in den Kessel der **Rauschbergalm** und dahinter steil auf die Kammhöhe. Dort geht es links zum Gasthaus oder rechts über den »Lehrweg« und anschließend an einem Steilhang entlang zu einer Scharte, an der die Einfahrt in die **Roßgasse** erfolgt.

Abfahrt: Die Abfahrt durch die von hohen Felswänden gesäumte, landschaftlich wie skitechnisch rassige **Roßgasse** ist vom Gelände vorgegeben, von der Scharte jedoch nur im oberen, flacheren Teil einsehbar. In dieser »Höllenrinne«, aus der es bis zum Roßgassenboden kein Entrinnen gibt, hat bei Vereisung manche(r) schon Blut geschwitzt und war dem Verzweifeln nahe. Es ist auch schon zu tödlichen Unfällen gekommen. Der Gedenkstein am Roßgassenboden legt ein beredtes Zeugnis davon ab, und die Bergwachthütte in seiner Nähe erfüllte über Jahre eine wichtige Funktion. Ihre stärkste Neigung erreicht die Roßgasse im mittleren Abschnitt. Dort führt die Abfahrt links am sogenannten Großen und Kleinen Stein vorbei und zum **Roßgassenboden** hinab, wo die Steilrinne in die **Normalabfahrt** einmündet. Diese verläuft von beiden Gipfeln entlang der Aufstiegsroute ins Tal und ist zwischen Rauschbergalm und Kienbergsattel sehr flach.

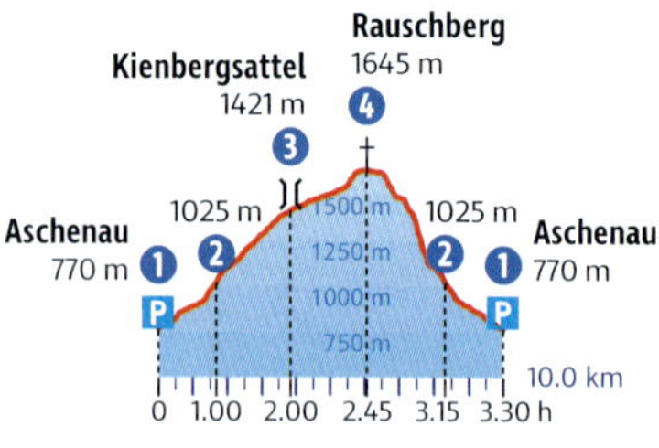

Ob man sich bei der Tour nur einen Gipfel oder zwei zum Ziel setzt, ist Geschmackssache und eine Frage der Kondition. Die Entscheidung kann man auch am Weg noch treffen und soll sie in jedem Fall von den aktuellen Schneeverhältnissen abhängig machen.

Bilderbuchwinter unter dem Streicher – im Hintergrund der Wilde Kaiser.

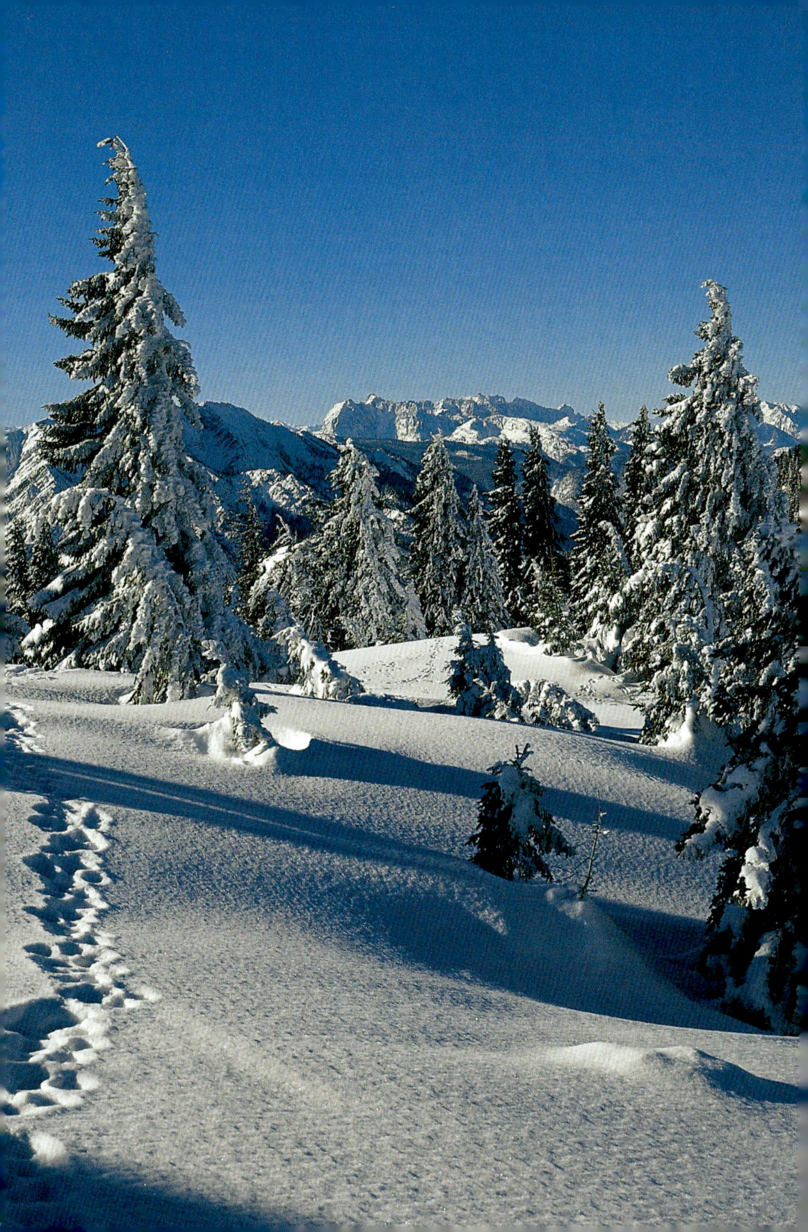

↗ 870 m | ↘ 870 m | 7.0 km

24 Gamsknogel, 1750 m

3.20 h

Ein freier, steiler Gipfelhang über einem breiten Waldsockel

Den Gamsknogel, den westlichen Trabanten des Zwiesel, charakterisieren ein hoher Waldanteil und eine südseitige Abfahrt; er war lange Zeit eine Art Geheimtipp bei reichlichem Pulverschnee. Bei Firn kann man mit Abfahrtsgenuss nur dann rechnen, wenn auch im schattigen Bergwald passable Bedingungen (ohne Bruchharsch) herrschen.

Talort: Weißbach, Dorf an der deutschen Alpenstraße, 612 m, RVO-Bus 9526 Traunstein – Inzell – Bad Reichenhall.
Ausgangspunkt: Parkplatz in Jochberg, 885 m. Beschilderte Zufahrt von Weißbach (4,2 km, Schneeketten bereithalten). Bei der Straßenverzweigung nach 2,2 km geradeaus, nach weiteren 150 m links.
Aufstiegszeiten: Jochberg – ehemalige Rinneraueralm (Scharte) 1½ Std., Scharte – Gamsknogel knapp 1 Std.
Anforderungen: Im unteren Bereich Waldweg und Forststraße, dann allmählich aufsteilendes Waldgelände und ein schneebedeckter Latschenhang (bei hartem Untergrund recht mühevoll, dann schnell »schwarz«).
Orientierung: Trotz AV-Markierung ist bei fehlender Spur etwas Gespür fürs Gelände erforderlich.
Hangrichtung: Süd bis Südwest/Südost.
Lawinengefährdung: Infolge der hochreichenden Bewaldung und des Latschenuntergrundes relativ sicher. Dem im Winter »freien« Gipfelhang in Extremsituationen nicht bedenkenlos vertrauen!
Günstige Zeit: Dezember – Mitte März. Reichliche Scheeauflage erforderlich!
Wald-Wild-Schongebiete: Im Wald bitte auf den Wander- und Forstwegen sowie im Bereich der AV-Markierung bleiben!

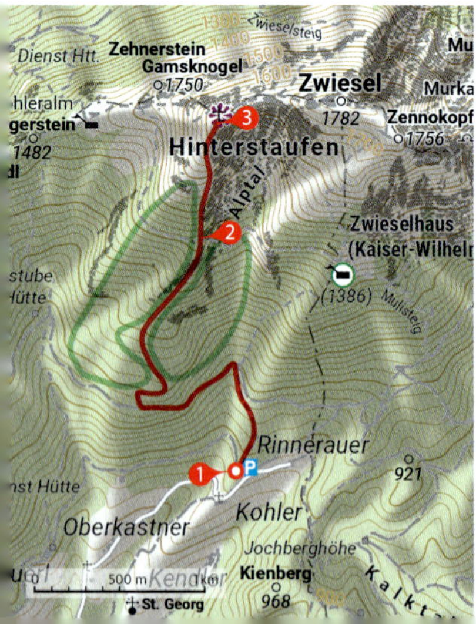

Westlich des Parkplatzes in **Jochberg** ❶ steht ein großes, etwas verstecktes Kreuz. Gleich rechts daneben zieht ein Waldweg (Ww. »Kohleralm, Gamsknogel«) über ca. 120 Hm nordwärts zu einer Forststraße hinauf, der wir etwa 700 m nach links zu einer Gabelung folgen und dort den rechten Forstweg (AV-

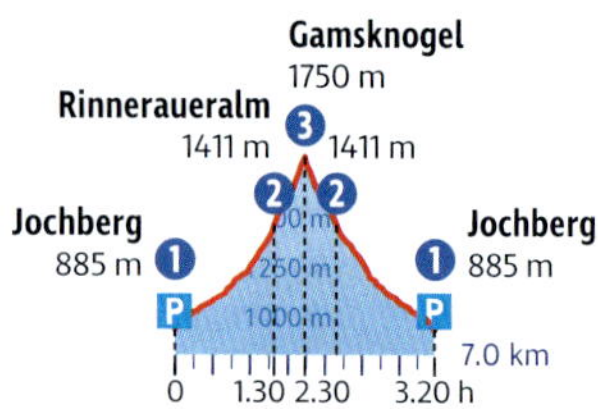

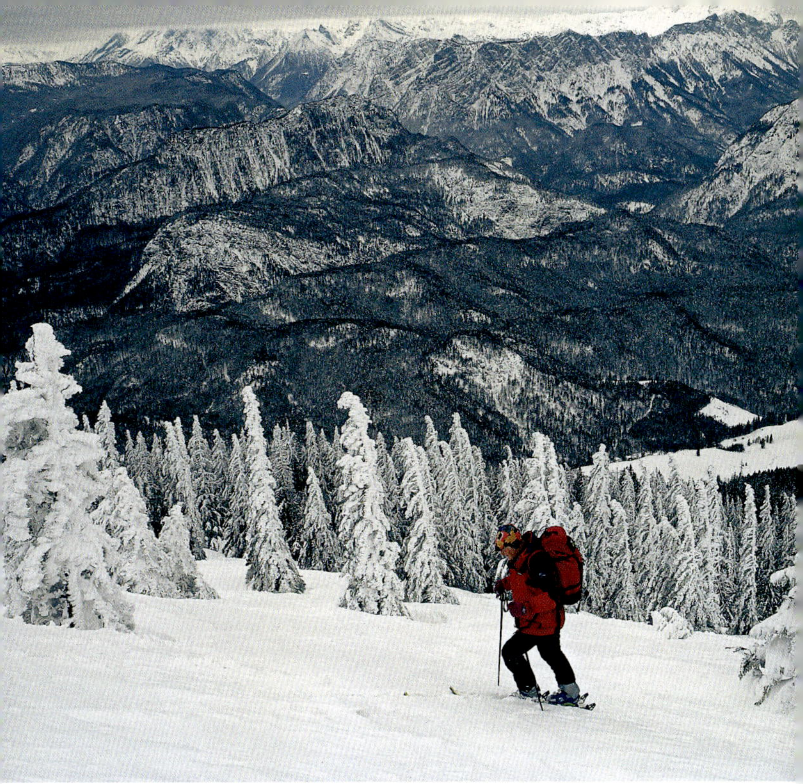

Im Aufstieg zum Gamsknogel, hier oberhalb des Waldgürtels.

Markierung, Skiroute zum Gamsknogel) nehmen. Er führt in gleichmäßiger Steigung über eine Rechts-links-Kehre gut 100 Hm zu einer Wegteilung hinauf. Hier halten wir uns rechts und treffen schon nach ca. 20 m auf ein weiteres AV-Schild, das uns nach links weist. In dieser Richtung erreichen wir in Kürze die gut erkennbare Begrenzungsrippe eines großen Grabens. Auf ihr, teils auch rechts davon, steigen wir an, bis sie sich zu einem felsdurchsetzten Grat verjüngt und merklich aufsteilt (AV-Schild, ca. 500 Hm ab Parkplatz). Wir umgehen das Hindernis auf der linken Seite und gelangen dahinter in eine Scharte, den Standort der ehemaligen **Rinneraueralm** 2. Den folgenden, licht bewaldeten Steilhang (AV-Schild) gehen wir etwas von links her an, erreichen nach ca. 120 Hm die Waldgrenze und steigen über schütteren Baumbewuchs und schließlich freies Gelände zum **Gamsknogel** 3 hinauf. Achtung: Wechten rechts! **Abfahrt** im Wesentlichen wie Aufstieg.

↗ 900 m | ↘ 900 m | 7.7 km

25 Zenokopf, 1756 m, und Zwiesel, 1782 m

3.20 h

N W O S

Winterwanderer und Tourengeher mit Sehnsucht nach Sonne und Firn

Auf dem Weg von Jochberg bzw. vom Listsee (Bad Reichenhall) zum Zwiesel ist man selten allein. Hier sind im Winter nicht nur die Tourengeher unterwegs, auf seinem südseitigen Anstieg halten schon früh im Jahr sonnenhungrige Wanderer Ausschau nach den bräunenden Strahlen.

Talort: Weißbach, Dorf an der deutschen Alpenstraße, 612 m, RVO-Bus 9526 Traunstein – Inzell – Bad Reichenhall.
Ausgangspunkt: Parkplatz in Jochberg, 885 m. Beschilderte Zufahrt von Weißbach (4,2 km, Schneeketten bereithalten). Bei der Straßenverzweigung nach 2,2 km geradeaus, nach weiteren 150 m links.
Aufstiegszeiten: Jochberg – Zwieselalm 1½ Std., Zwieselalm – Zenokopf – Zwiesel 1 Std.
Anforderungen: Wanderweg zur Alm (häufig gespurt), bewaldetes Steilgelände, freie Rücken. »Rote« Passagen kurz.
Orientierung: Entlang des beschilderten Sommerweges. Abfahrt unter der Zwieselalm auf ausgeholzter, schmaler, blau markierter Skiroute.
Hangrichtung: Südwest und Süd.
Lawinengefährdung: Der Hang östlich unterhalb der Zwieselalm ist nach starken Schneefällen und bei intensiver Sonneneinstrahlung erheblich lawinengefährdet und reißt immer wieder ab. Er ist beim Aufstieg und bei der Abfahrt an seinem unteren Rand zu queren.
Günstige Zeit: Dezember – Mitte März, bei reichlicher Schneeauflage.
Einkehr: Die Zwieselalm ist im Winter nur selten offen.
Wald-Wild-Schongebiete: Abfahrt von der Zwieselalm entlang der blauen Skimarkierung.

Vom Parkplatz in **Jochberg** ❶ auf der durch eine Schranke gesperrten Straße ostwärts zu einer großen Verzweigung, von dort ca. 5 Min. nach rechts

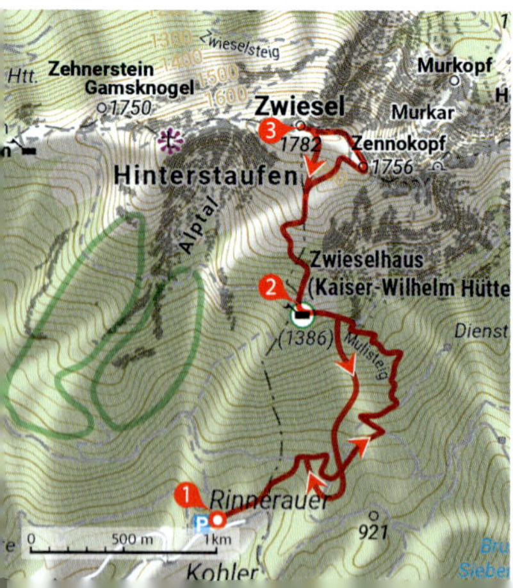

zu einer ausgeprägten Rechtskurve. An ihrem Scheitel geht man am kürzesten geradeaus weiter und gelangt rechts eines kleinen Grabens zum Wald hinauf. In diesem muss man sich bei einer Gabelung nach ca. 40 Hm links halten, erreicht bald wieder die Straße und links eine Verzweigung (Einmündung und Kreuzung der Abfahrtsroute). Nun folgen wir dem rechten Forstweg ostwärts, bis die Telefonleitung zur Zwieselalm nach Norden knickt. Hier zweigt auch der beschilderte Hüttenweg links ab und schlängelt sich in vielen Schleifen fast 350 Hm

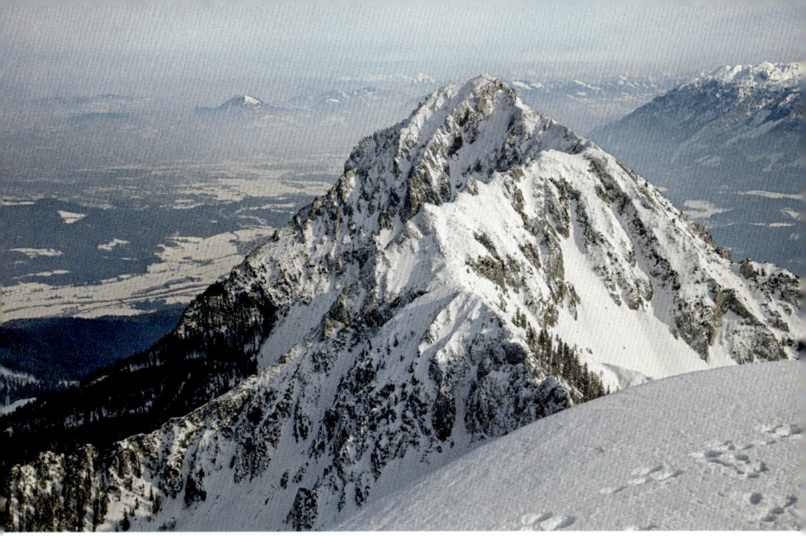

Am Zenokopf – Blick auf den Hochstaufen.

durch den Bergwald zu einer Gabelung von zwei Sommerwegen hinauf. Bis dorthin tangiert unser Weg ein paarmal die blau ausgeschilderte Abfahrtsroute, die wir uns merken sollten. An der genannten Wegteilung holen wir weit nach links aus und bekommen bald darauf die **Zwieselalm** 2 (Kaiser-Wilhelm-Haus) zu Gesicht. In der Nähe der Telefonleitung und unter einem freien, lawinengefährdeten Hang legen wir die Spur zum Wald hinüber, in dessen Schutz wir die im Winter unbewirtschaftete Hütte erreichen.

Dahinter geht's zum oberen Rand des Bergwaldes hinauf und im Bereich einer gestuften Steilmulde durch ihn hindurch. Oberhalb der geschlossenen Waldzone, im Bereich eines schütteren Baumbewuchses, holen wir zuerst links aus, bis sich das Gelände zurücklegt und wir über mäßig geneigte Hänge ostwärts den **Zenokopf** ansteuern. Von diesem kann man noch problemlos nordwärts auf die etwas höhere, abgeplattete Kuppe des **Zwiesel** 3 hinübergehen.

Abfahrt: Bis unter den lawinengefährdeten Hang bei der **Zwieselalm** wie Aufstieg, dann entlang der blauen **Skimarkierung** zu einer Straße, auf dieser links weiter und an den folgenden Gabelungen stets rechts, bis man die Aufstiegsroute wieder erreicht hat. Ihr folgt man zum **Parkplatz** 1 hinab.

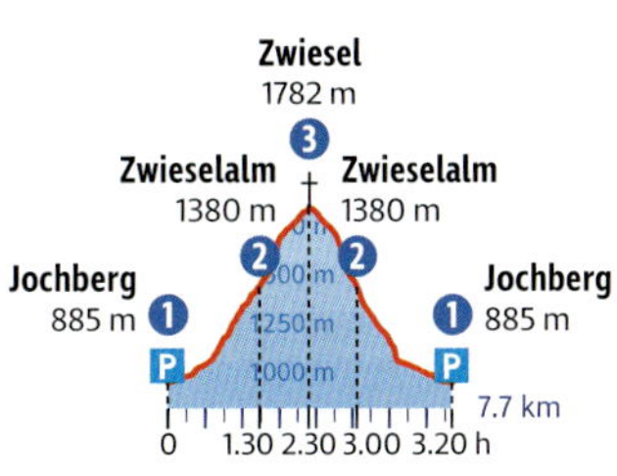

↗ 1320 m | ↘ 1320 m | 9.9 km

26 Salzburger Hochthron, 1853 m

4.30 h

»Teststrecke« für »Skitourenprofis«

Bedingt durch die tiefe Ausgangslage ist die als Piste ausgebaute Skiabfahrt vom Salzburger Hochthron in manchem Jahr nur für kurze Zeit bis ins Tal befahrbar. Das ist für die Tourengeher nicht so entscheidend, sie tragen ihre Brettl auch ein Stück und sind hier den ganzen Winter unterwegs. Ein Schild weist sie allerdings zur Vermeidung von Unfällen durch den Gegenverkehr darauf hin: »Begehen der Skiabfahrt nur am Rande der Piste.« Besonders für die »Skitourenprofis« des Rupertiwinkels ist sie Haus-, Trainings- und Teststrecke. Manche(r) von ihnen rennt noch schnell nach Dienstschluss hinauf – wenn es sein muss, mit Stirnlampe und zur speziellen Vorbereitung auf das Tourenrennen im März auch dreimal an einem Tag. Und bleiben Sie ganz ruhig und lassen Sie keine Komplexe aufkommen, wenn Sie von den Anstiegszeiten der jungen und alten Wilden hören. Die Spitzenleute powern in weniger als 1 Stunde hinauf und Pensionisten – mit weit mehr als 100 Skitouren pro Saison – in weniger als 1½ Stunden. Satte 1300 Höhenmeter wohlgemerkt!

Talort: Grödig, Ortsteil Fürstenbrunn, 459 m, Vororte von Salzburg.
Ausgangspunkt: Parkplatz bei km-Marke 5,2 an der Straße in den Naturpark Untersberg (Marmorsteinbruch Wallinger), ca. 540 m. Zufahrt: Autobahnausfahrt Salzburg-Süd – Neuanif – Grödig – Glanegg – Fürstenbrunn. Oder Bad Reichenhall – Bayerisch Gmain – Großgmain – Freilichtmuseum – davor rechts Richtung Glanegg. Mit Bus: Vom Hbf. Salzburg mit Linien 1, 3, 5 zum Makartplatz, dann mit Linie 21 nach Fürstenbrunn. Von dort bei ausreichend Schnee mit Ski auf einer Forststraße vor dem Bach rechts und ihr folgend in 15 Min. zum Parkplatz.

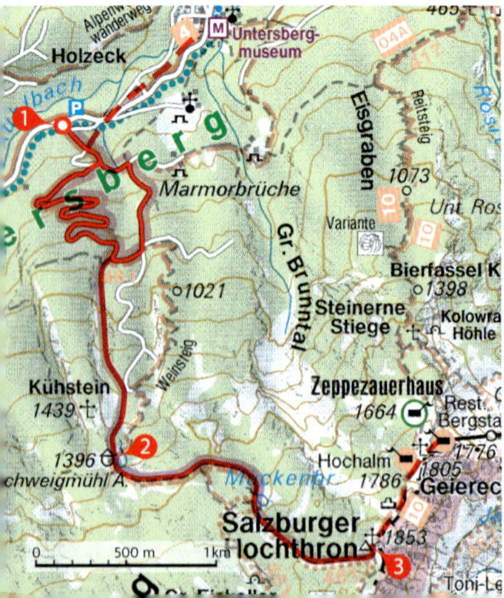

Aufstiegszeiten: Parkplatz – Schwaigmühlalm 2¼ Std., Schwaigmühlalm – Salzburger Hochthron 1¼ Std.
Anforderungen: Forststraße und steile Skiabfahrt unterhalb der Schwaigmühlalm, darüber gegliedertes Tourengelände.
Orientierung: Infolge der vorgegebenen Skiabfahrt und Markierung einfach.
Hangrichtung: Nordwest, unten Nord.
Lawinengefährdung: Im Allgemeinen gering. In Extremsituationen im mittleren Teil seitliche Lawinenabgänge möglich.
Günstige Zeit: Dezember – März, bereits nach dem ersten Schnee machbar. Angenehm bei leichter Neuschneeauflage, abzuraten bei Vereisung.

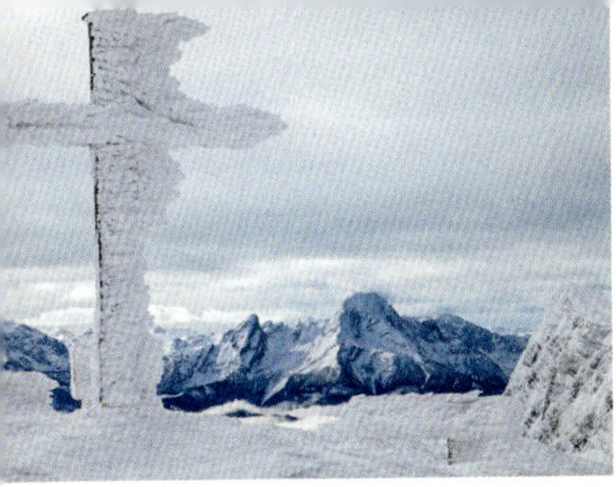

Viel Anraum am Gipfelkreuz, hinten der Watzmann.

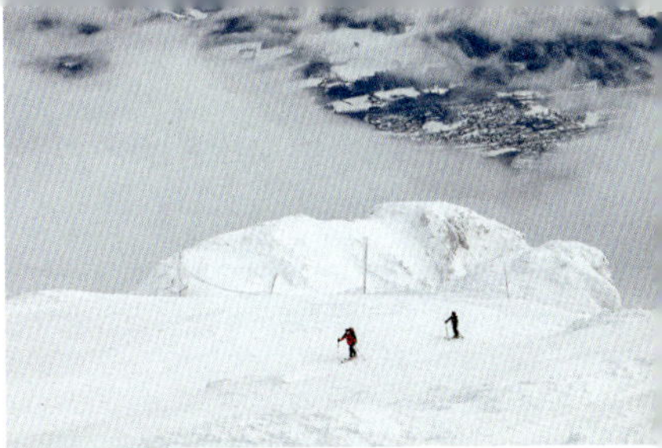

Tiefblick hinunter auf den Talkessel von Salzburg.

Einkehr: Gasthaus Hochalm am Geiereck.
Variante: Von der Untersbergbahn am Geiereck (1805 m) in ca. 20 Min. zum Salzburger Hochthron (Skiroute).
Wald-Wild-Schongebiete: Aufforstungen neben der Skiabfahrt nicht befahren!

Vom **Parkplatz** ❶ auf einer Forststraße (Schranke) südwärts über eine Lichtung hinweg und in einer Rechts-Links-Schleife zu einer Wegteilung hinauf. Die weitaus angenehmere, aber mindestens ¼ Std. längere Route zweigt hier rechts ab und folgt dem Forstweg (»Weinsteig Nr. 461«), bis er nach sieben Kehren auf knapp 850 m in die Skiabfahrt mündet. Auf diese Weise wird ein Steilstück von mehr als 200 Hm ausgeklammert. Die meisten gehen aber an der Verzweigung noch ca. 200 m geradeaus weiter und biegen dann rechts auf die Skiabfahrt ab, die sich als richtiger Wadlbeißer ca. 800 Hm über die »Richterkehre«, den »Hubschrauberlandeplatz 3« (ca. 1050 m) und neben dem »Eiskeller« zur Bergwacht-Diensthütte (**Schwaigmühlalm** ❷, 1396 m) hinaufwindet. Hier knickt die Piste nach links, führt wellig über licht bewaldetes Gelände zur Waldgrenze und dann durch das »Kanonenrohr« zum Sockel eines Felsbollwerks hinauf. Daran und am dahinterliegenden **Quajato-Loch** (gesicherte Doline, ca. 1680 m) geht es rechts vorbei und anschließend geradeaus zu Mulden weiter, die sich bis zum Skischartl (1830 m) hinaufschlängeln. Dahinter erreichen wir in einem Linksbogen bald darauf den **Salzburger Hochthron** ❸.

Abfahrt wie Aufstieg. Bei ausreichender Schneelage kann man bis Fürstenbrunn hinabfahren: Vom Parkplatz zuerst rechts der Zufahrtstraße, dann an einer Brücke unter ihr hindurch und weiter entlang des Kühbachs bis hinaus zur Bushaltestelle am südlichen Ortsende.

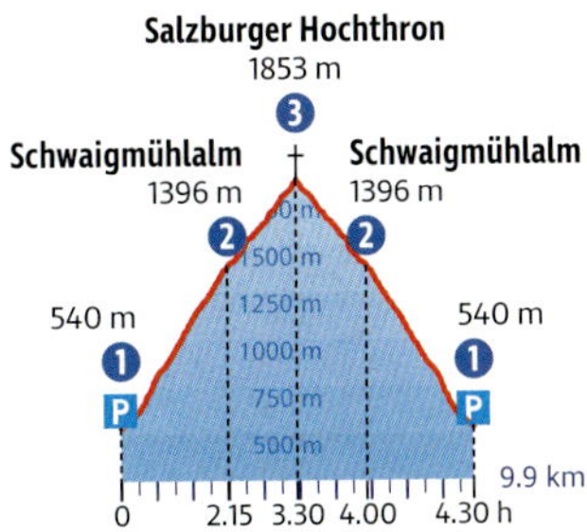

↗ 920 m | ↘ 920 m | 14.1 km

27 Kehlstein, 1837 m

3.30 h

Einstieg in den Bergwinter – erste Spuren im Pulverschnee

Da der Busverkehr von Berchtesgaden/Hintereck zum Kehlsteinhaus im Winter eingestellt ist und bis Mitte Mai ruht, stehen viele Tourengeher des Berchtesgadener Landes nach dem ersten Schneefall sofort in der Bindung, um zur aussichtsreichen Felskanzel des Kehlsteins hinaufzuspuren. Die Straße bzw. der Wanderweg zum Kehlstein wird von ihnen in eine Skipiste umfunktioniert, auf der kaum Gefahr besteht, dass die Skier gleich zu Beginn der Saison böse Schrammen abbekommen. Die relativ hohe Ausgangslage, der asphaltierte Untergrund und die schattseitigen Hänge garantieren schon zu Beginn des Bergwinters meist besten Pulverschnee.

Talort: Berchtesgaden, 571 m, bedeutender Kurort am Fuß des Watzmanns.
Ausgangspunkt: Parkplatz unterhalb Hotel Interconti, Hintereck, 940 m. Zufahrt mit Pkw von Berchtesgaden in Richtung »Obersalzberg«, nach 3 km links Abzweig zum Hotel Interconti in Hintereck. Hierher auch über Oberau in Richtung »Kehlstein« oder mit Bus von Berchtesgaden/Busbahnhof, Haltestelle Dokumentation.

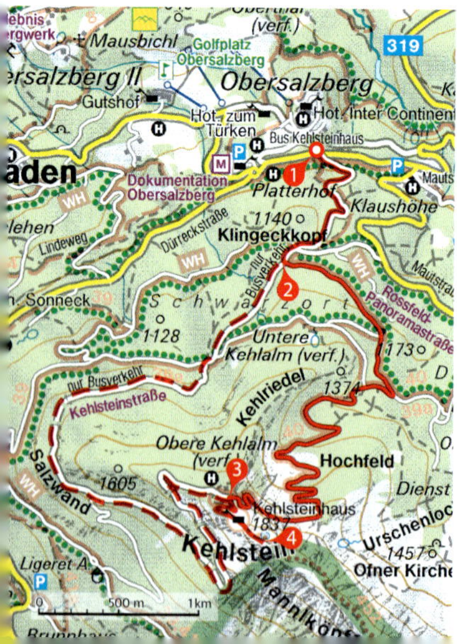

Aufstiegszeiten: Hintereck – Verzweigung Kehlsteinstraße/Wanderweg knapp ½ Std., Verzweigung Kehlsteinstraße – Buswendeplatz 2 Std., Verzweigung Wanderweg – Buswendeplatz gut 1½ Std., Buswendeplatz – Kehlsteinhaus – Kehlstein ½ Std.; gesamt gut 2½ Std. über Wanderweg, 3 Std. über Kehlsteinstraße.
Anforderungen: Im Frühwinter bei gut erkennbarer Straße leicht (»blau«), später immer schwieriger. Am Fußweg oberhalb des Parkplatzes im Gratbereich zu Fuß.
Orientierung: Solange der Verlauf der Kehlsteinstraße bzw. des Wanderweges erkennbar ist, problemlos.
Hangrichtung: Nord und Nordost.
Lawinengefährdung: Zu Winterbeginn und bei Firn gering. Im Hochwinter nur bei ganz stabilen Verhältnissen! Schneebrettgefahr unter dem felsigen Gipfelaufbau und seitlich davon (Lawinenopfer!).
Günstige Zeit: Gleich zu Winteranfang und zum Ende des Winters.
Einkehr: Gasthaus Hintereck am Ausgangspunkt.
Wald-Wild-Schongebiete: Nicht über den Kehlriedel und nicht übers Hochfeld zur Ofneralm abfahren.

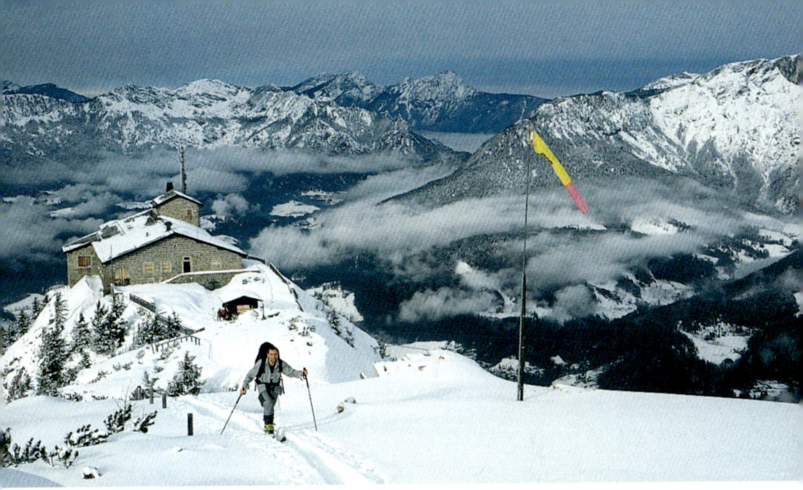

Über dem Kehlsteinhaus – im Hintergrund das Lattengebirge, die Staufengruppe und die Ausläufer des Untersbergs (von links).

Vom öffentlichen Parkplatz in **Hintereck** ❶ auf der **Kehlsteinstraße** zu einer Wegkreuzung. Über diese gerade hinweg und ca. 100 m weiter zu einer Straßengabelung ❷, ca. 1120 m: rechts Kehlsteinstraße – links Wanderweg. Der Anstieg über die **Kehlsteinstraße** führt durch einige Tunnels, von denen bei der Abfahrt zumindest der unterste zu Fuß zu durchqueren ist. Die Straße ist aussichtsreicher, aber etwa ½ Std. länger als der **Wanderweg**. Dieser hält sich auch bei der nächsten Verzweigung nach ca. 100 Hm links, führt bei einer Wegkreuzung nach weiteren ca. 50 Hm geradeaus darüber hinweg und in einen Kessel hinein. In mehreren Kehren geht es zum felsigen Gipfelbollwerk hinauf und darunter rechts zum **Buswendeplatz** ❸, knapp 1700 m, hinüber, wo beide Routen zusammentreffen. Wer über den Wanderweg heraufkam, muss an den Gebäuden vorbei in ganz leichtem Gefälle zur Straßengabelung weitergehen, wo der »**Fußweg zum Kehlsteinhaus**« abzweigt und in zahlreichen weiten, zumeist recht flachen Serpentinen das steile und z.T. felsige Gelände überwindet. Ganz zuletzt verläuft der Weg steiler auf dem Grat, führt links am **Kehlsteinhaus** vorbei und dahinter in wenigen Minuten zum Gipfelkreuz am **Kehlstein** ❹.

Abfahrt wie Aufstieg, im schmalen Gratbereich unterm Kehlsteinhaus vor allem bei geringer Schneelage besser zu Fuß.

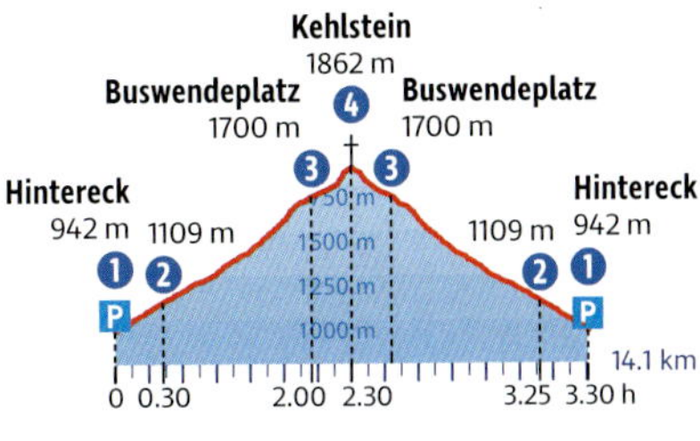

↗ 480 m | ↘ 480 m | 2.6 km

28 Purtschellerhaus, 1692 m

1.45 h

An der Eckerleiten ins Tourengehen hineinschmecken

Ob zum Skitourenauftakt oder schnell noch nach der Arbeit, ob als Ausweichtour bei Schlechtwetter oder als Test für Einsteiger – die zwei winkelversetzten, freien Hänge der Eckerleiten sind ein ideales Gelände für Tiefschneefreunde! Ein Schönheitsfehler der Tour ist die Maut auf der Zufahrtsroute (Roßfeldstraße). Dadurch reguliert sich andererseits aber der Andrang der Tourengeher auf ein erträgliches Maß.

Talort: Berchtesgaden, 571 m, bedeutender Fremdenverkehrsort am Fuß des Watzmanns.
Ausgangspunkt: Parkmöglichkeit bei der Enzianhütte an der Roßfeldstraße; ca. 1210 m. Die unmittelbare Zufahrt zur Hütte bitte nicht verstellen! Mit Pkw von Berchtesgaden auf der »Roßfeldstraße« über den Obersalzberg oder über Oberau zur Mautstelle Süd, von dieser noch ca. 3 km bis zur Enzianhütte. Mit Bus von Berchtesgaden/Busbahnhof im Winter nur bis Dokumentation bzw. Klaushöhe (Mautstelle).
Aufstiegszeiten: Enzianhütte – Eckeralm gut ½ Std., Eckeralm – Purtschellerhaus ¾ Std.
Anforderungen: Schönes, überwiegend freies Tourengelände, für Einsteiger gut geeignet.
Orientierung: Problemlos.
Hangrichtung: Nordwest und Nord.
Lawinengefährdung: Bei geschickter Routenwahl gering. An der von der Eckeralm südostwärts ziehenden Geländekante kann bei starker Windverfrachtung sogar ohne Zusatzbelastung durch Skifahrer ein Schneebrett abreißen. Es gab schon Unfälle, zum Glück mit glimpflichem Ausgang. Anstiegs- und Abfahrtsspur immer direkt an der Alm vorbeilegen!
Günstige Zeit: Dezember – April (vom ersten größeren Schneefall bis ins Frühjahr).
Wald-Wild-Schongebiete: Die Waldfläche, die sich oberhalb der Eckeralm rechts (südwestlich) der Anstiegsschneise (Eckerleiten) befindet, sollte zum Schutz von Wildtieren vom Tourengeher weder betreten noch befahren werden!

Von der **Enzianhütte** ❶ über einen breiten, freien Hang zu den drei Hütten der **Eckeralm** ❷, von denen eine bereits am Ausgangspunkt gut zu sehen ist. Diese ist immer vom rechten Waldrand und Geländeeck her anzugehen! Dahinter steigt man in südöstlicher Richtung über

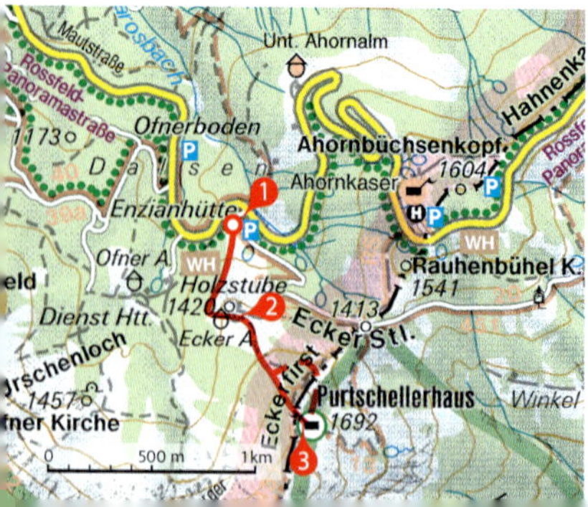

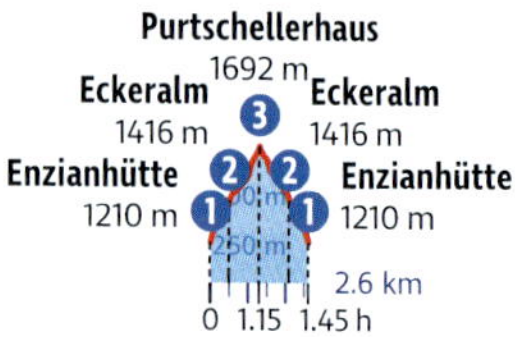

einen weiten, allmählich aufsteilenden Hang und anschließend in einer markanten Schneise zum **Purtschellerhaus** ❸ hinauf, das sich hinter einem schmalen, lichten Waldstreifen zu verstecken scheint. Gerne steigt man auch vom rechten Waldeck am Beginn der Schneise schräg links über den ganzen Hang (ca. 140 Hm oberhalb der Eckeralm) und anschließend in gleicher Richtung durch lichtes Gehölz ostwärts auf einen Rücken hinaus, der entlang des Sommerweges in kleinen Steilstufen zum Purtschellerhaus führt.

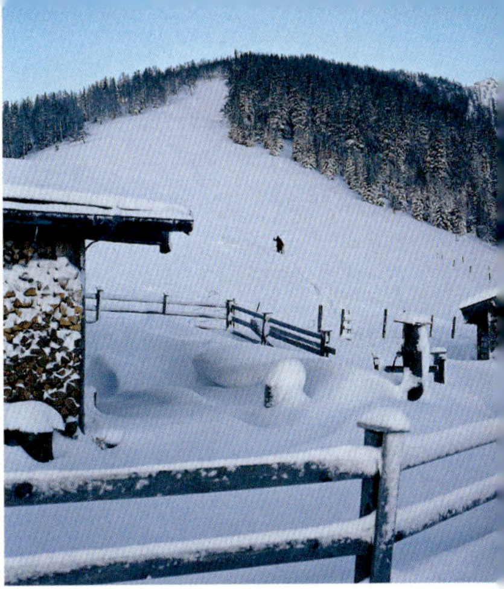

Von der Eckeralm über die Schneise zum Purtschellerhaus. Den Wald rechts bitte nicht befahren (Schongebiet).

Abfahrt: Vom **Purtschellerhaus** geradewegs in die Schneise und ganz bis zur **Eckeralm** hinab. Von dort weiter zur **Enzianhütte**. Bei geringer Schneeauflage ist es u.U. ratsamer, vom Purtschellerhaus zuerst ca. 50 Hm über den waldgesäumten Nordrücken abzufahren und dann links in die Schneise zu queren.

Nebel und Sonnenlicht beim Aufstieg zum Purtschellerhaus.

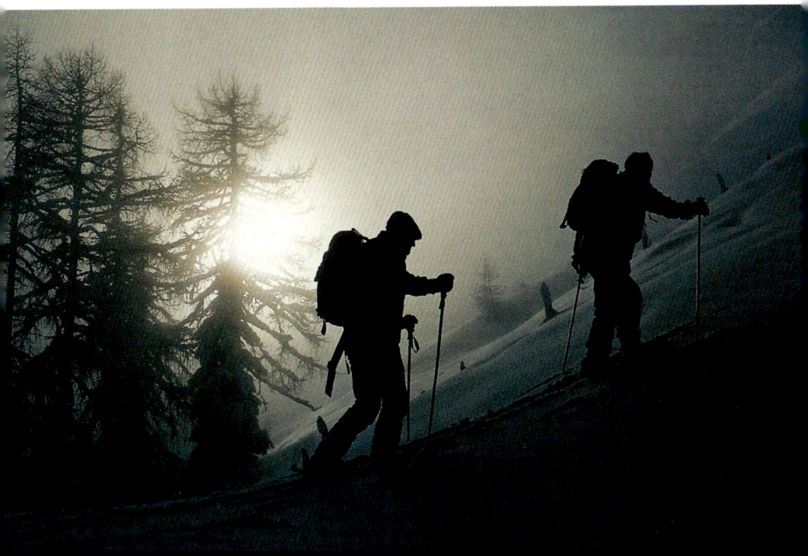

↗ 820 m | ↘ 820 m | 9.6 km

29 Roßfeld (Hennenköpfl), 1537 m

3.10 h

Tummelplatz der Berchtesgadener und Salzburger Tourengeher

Auf das im Gipfelbereich von kleinen Skiliften besetzte Roßfeld führt nicht nur eine bekannte Panoramastraße, sondern auch eine unkomplizierte, markierte und bei den Berchtesgadener sowie Salzburger Tourengehern recht beliebte Skitour. Wenn die Schneedecke vom Roßfeld noch nicht oder nicht mehr bis Oberau hinabreicht, erweist sich der Parkplatz vor der Mautstelle Nord der Roßfeldstraße als günstiger, weil höher gelegener Ausgangspunkt mit bestem Anschluss an die Skiroute.

Talort/Ausgangspunkt: Oberau, 725 m. Zufahrt: Von der B 305 (Berchtesgaden – Salzburg) nach Oberau, an der dortigen Straßengabelung rechts über einen Graben und links zum gebührenpflichtigen Parkplatz (300 m von der Straßengabelung). RVO-Linie 848 von Berchtesgaden.
Aufstiegszeiten: Oberau – Madlerlehen 1 Std., Madlerlehen – Hennenköpfl gut 1½ Std.
Höhenunterschied: 810 m ab Oberau, 370 m ab Parkplatz vor der Mautstelle Nord.
Anforderungen: Markierte, unkomplizierte Skirouten für Einsteiger und Genießer.
Orientierung: Unschwierig, da markiert und meist gespurt.
Hangrichtung: Nordwest, Nord, Nordost.
Lawinengefährdung: Gering.
Günstige Zeit: Dezember – März.
Einkehr: Roßfeld-Skihütte, Auerwirt in Oberau.
Varianten: 1. Vom Parkplatz vor der Mautstelle Nord der Roßfeldstraße (ca. 1160 m) rechts zur unübersehbaren

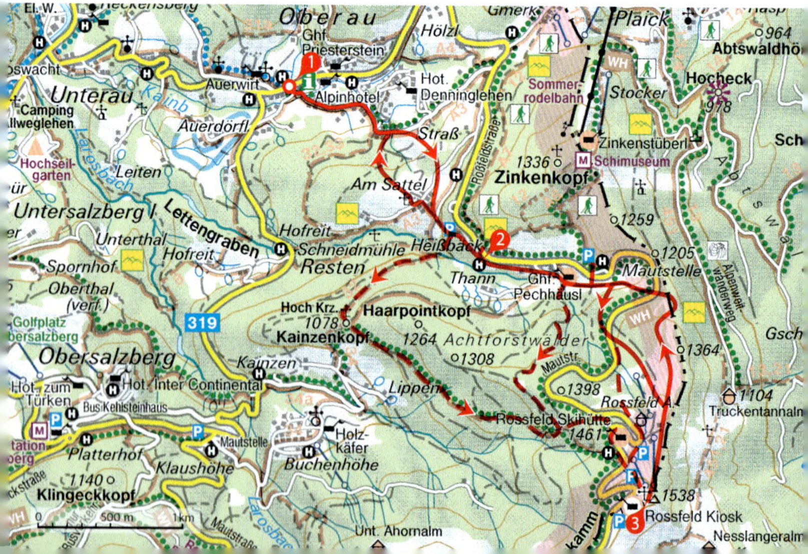

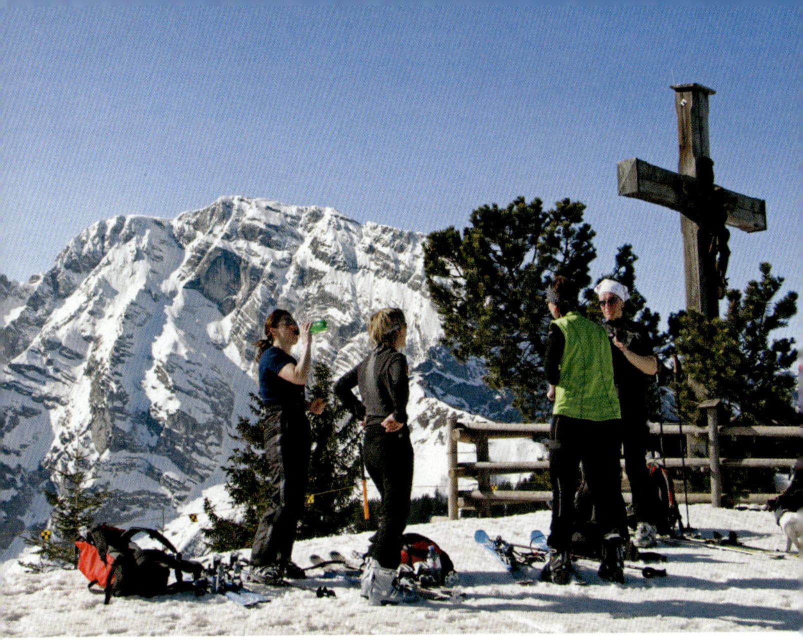

Am Roßfeld, im Hintergrund die eindrucksvolle Ostwand des Hohen Göll.

Hauptroute und auf dieser in gut 1 Std. aufs Roßfeld. 2. DAV-Skiroute aufs Roßfeld: meist gespurt und im Mittelteil über eine längere Strecke ganz flach, etwas länger als die Hauptroute. Routenverlauf: Von der beschilderten Abzweigung rechts über einen Wiesenstreifen zum Wald, dann auf einem Wanderweg und auf einer Forststraße durch einen ausgedehnten Waldgürtel zur Roßfeldstraße. Diese bei der Roßfeld-Skihütte queren und rechts vom Schlepplift aufs Hennenköpfl.

Wald-Wild-Schongebiete: Die hier beschriebenen Routen durchstreifen keine ausgewiesenen Schutzzonen.

Hinweis: Die Tourengeher sind von der Maut nicht betroffen; sie starten vorher.

Vom Parkplatz in **Oberau** ❶ führt die Skiroute über einen breiten, zwischen den Häusern und dem Wald gelegenen Wiesenstreifen zur Siedlung »**Am Sattl**« hinauf, die im Aufstieg östlich (links), bei der Abfahrt westlich umgangen wird. Dahinter geht es in einer Schneise zum **Madlerlehen** ❷ (Bushaltestelle) und anschließend zwischen der Roßfeldstraße und einem Graben noch ein kurzes Stück weiter, bis man diesen bequem nach rechts queren kann. Kurz danach zweigt rechts eine vom DAV markierte Aufstiegsroute (Variante 2) ab, die durch einen ausgedehnten Waldgürtel aufs Roßfeld führt; sie kann Wegunkundigen allerdings nur bei vorhandener Spur empfohlen werden. Etwa 40 Hm oberhalb dieser Routenteilung erreicht man die Höhe des Parkplatzes vor der **Mautstelle Nord**, zu der eine

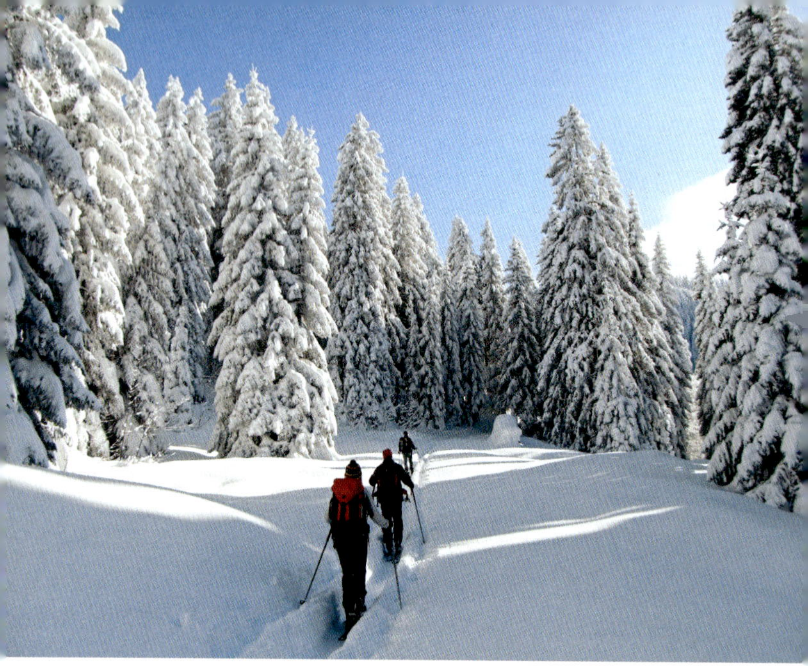

Durch tief verschneiten Winterwald führt die AV-Skiroute aufs Roßfeld.

gute Verbindung nach links besteht. Kurz darauf und gleichzeitig vor einer engen Unterführung der Roßfeldstraße, einem gefährlichen Nadelöhr, teilen sich die Aufstiegs- und die Abfahrtsroute aus Gründen der Sicherheit. Bis zum Roßfeld besteht nun eine Art Einbahnverkehr. Die markierte Aufstiegsroute dreht rechts in den Wald, unterquert die Mautstraße weiter oben und führt dahinter auf einer Forststraße rechts zu einer Routenteilung bei den Liften am **Roßfeld**. Wir können nun links von diesen dem Ww. »Grat, Gipfel, schwieriger« zum höchsten Punkt folgen oder rechts am Waldrand und zwischen zwei Häusern hindurch sowie rechts von den Liften zum kreuzgeschmückten **Hennenköpfl** ❸, 1537 m, am aussichtsreichen Roßfeldplateau steigen.

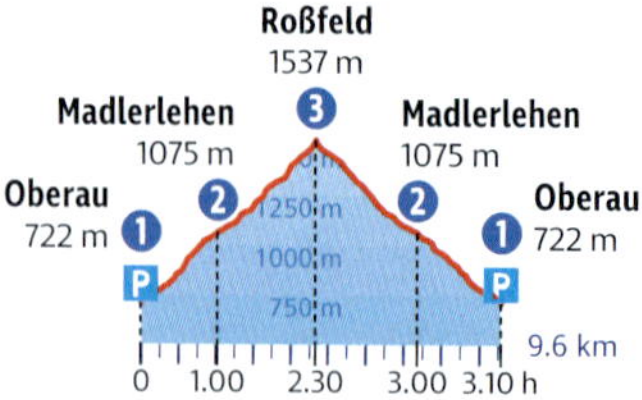

Die **Abfahrt** verläuft zuerst über die **Roßfeld-Pisten** bis zum Waldrand hinab, dort bleibt man dann rechts und erreicht über die präparierte Route den Parkplatz in **Oberau** bzw. in der Kurzversion die Mautstelle Nord.

↗ 1420 m | ↘ 1420 m | 9.5 km

N W O S

5.10 h

Hoher Göll, 2522 m

Beliebte Frühjahrstour mit kurzer Klettereinlage

Die Skitour zum Hohen Göll ist konditionell und auch technisch anspruchsvoll. Sie legt auf diese Weise das vielschichtige Spektrum des Skibergsteigens offen. Trotzdem oder gerade deshalb zählt sie zu den begehrtesten Skitouren im Berchtesgadener Land und bietet nach oben zu bis weit in das Frühjahr meist gute Schneeverhältnisse. Um diese Zeit muss man die Skier u.U. bis über die zweite Felsstufe hinauftragen.

Talort: Berchtesgaden, 571 m, bedeutender Kurort am Fuß des Watzmanns.
Ausgangspunkt: Parkplatz in Hinterbrand bzw. Abzweigung des Alpeltalsteiges, ca. 1100 m; das ist ca. 200 m nach der km-Marke 6,0 bzw. 300 m vor dem Parkplatz Hinterbrand. Zufahrt von Berchtesgaden in Richtung Obersalzberg – Scharitzkehl – Hinterbrand (10 km vom Beginn der Bergstraße), hierher auch mit Bus von Berchtesgaden/Busbahnhof.
Aufstiegszeiten: Hinterbrand – oberes Ende des Alpeltales/»Umgäng« ca. 2 Std., »Umgäng« – Hoher Göll ca. 2 Std.
Anforderungen: Neben ausreichender Sicht und stabilen Schneeverhältnissen sind gute Kondition und alpine Erfahrung nötig! Zu Fuß ist ein mit Drahtseilen gesichertes Felswandl und zu fortgeschrittener Jahreszeit auch noch eine weitere Felsstufe zu überwinden. Außerdem sind im Alpeltal und unterm Vorgipfel steile Geländestufen zu meistern. Harscheisen mitnehmen! Nicht für Einsteiger.
Orientierung: Meist gespurt, da recht beliebt. Oberhalb des Alpeltales (»Umgäng«) ist ausreichende Sicht unerlässlich.

Durch eine schneisenartige, seichte Rinne und im Wald steigen wir von der Straße ❶ ca. 130 Hm zu einer **Felsbarriere** ❷ hinauf, die vielfach als Schlüsselstelle bezeichnet wird

Hangrichtung: Im Gipfelbereich Südwest und Süd, ansonsten Nordwest und West.
Lawinengefährdung: Besonders im Alpeltal und am Gipfelaufbau lawinen- und schneebrettgefährdet.
Günstige Zeit: Spätwinter und Frühjahr bis in den Mai.
Einkehr: Keine Einkehrmöglichkeit auf der Tour.

Beim Zugang ins Alpeltal ist eine gesicherte Felsstufe zu überwinden.

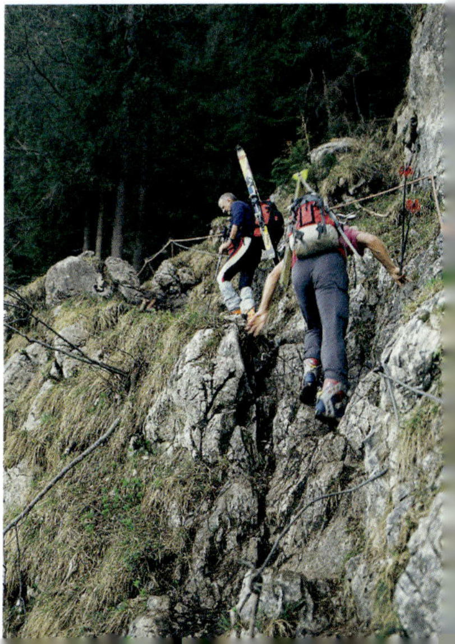

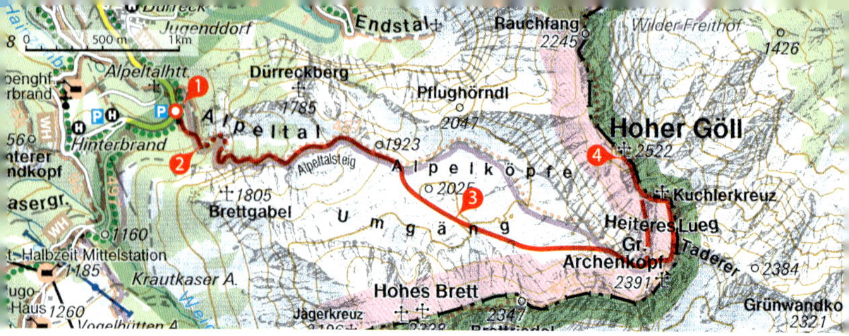

und die wir mit Hilfe eines Drahtseiles von rechts unten nach links oben zu Fuß überwinden. Dahinter geht es erneut durch eine schneisenartige Rinne und durch lichten Wald an den Sockel von Felswänden heran. Hier knickt die Route nach links. Oberhalb einer ca. 10 m hohen und etwa ab Mitte April ausgeaperten Felsstufe führt unsere Spur über einen Steilhang des **Alpeltales** auf einen Absatz, ca. 1560 m, an den sich ein kleiner Kessel anschließt. Durch diesen geht es geradeaus hindurch, dahinter über einen aufsteilenden Hang auf eine Scharte und im Rechtsbogen über eine Steilstufe – Ausstieg ganz rechts! – auf einen Absatz am oberen Ende des Alpeltales, ca. 1840 m, etwa halber Weg. Das Gelände legt sich nun zurück,

Blick durch die Steilmulde des Gipfelhangs hinab auf die »Umgäng«.

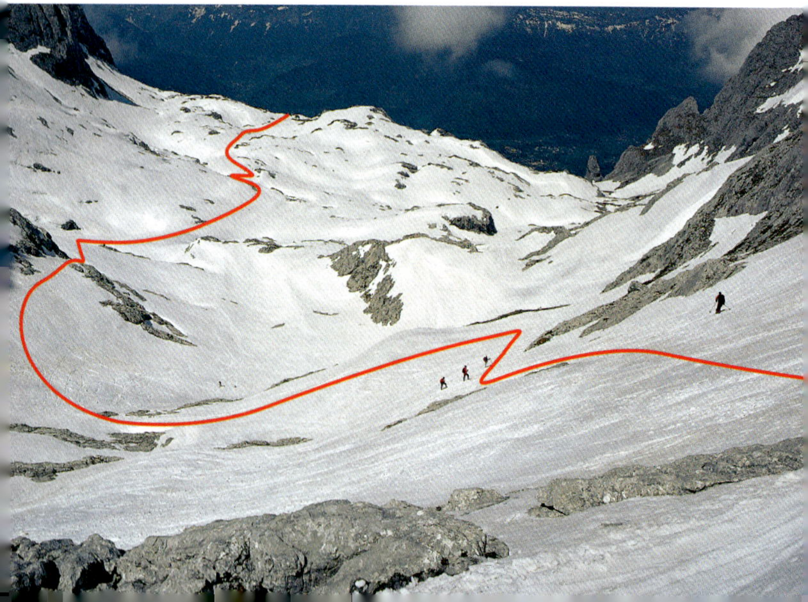

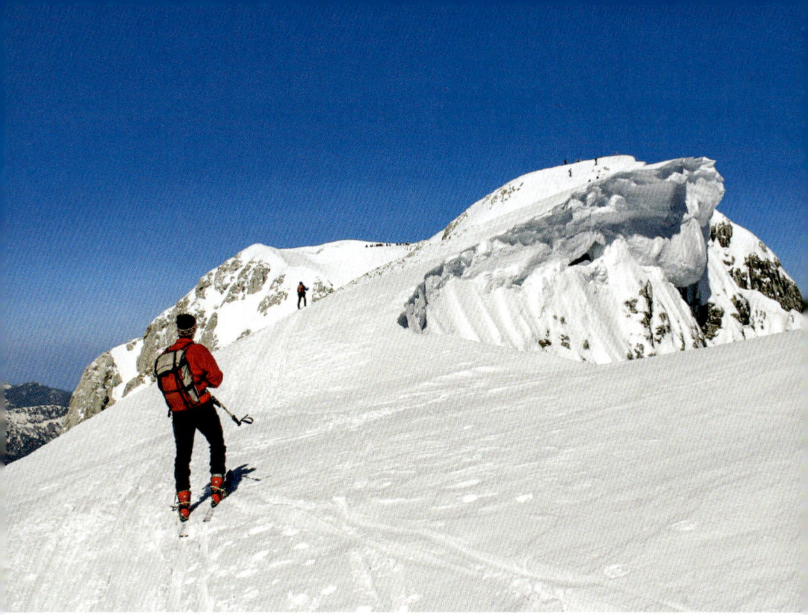

Mächtige Wechten kurz unter dem Gipfel.

ein riesiges Kar öffnet sich, und links hinten tritt der Hohe Göll auf die Bildfläche. Über einen angenehmen Rücken steuern wir südostwärts auf eine auffallende Kuppe im Kar zu, deren höchsten Punkt wir rechts umgehen. Dann gleiten wir am rechten Rand des Kares 3 (»**Umgäng**«) ziemlich eben und auch wellig bis in den hintersten Kessel, wo wir uns links halten und zuerst an der Flanke des Hohen Göll entlang, dann über einen Rücken im Linksbogen zur **Göllscharte** hinaufsteigen. Nordwärts geht es am Grat entlang auf einen **Vorgipfel** (»Kuchler Kreuz«) und weiter zum Hauptgipfel hinüber (riesige Wechten rechts!).

Meist steigt man aber schon vor der Scharte – sichere Verhältnisse vorausgesetzt! – durch die Steilmulde zur Linken bis dicht unter Felsen hinauf, dann links auf einen Rücken hinaus und über diesen zum Hauptgipfel des **Hohen Göll** 4.

Abfahrt: Wie Aufstieg. Es ist ratsam, auf den steilen, schattseitigen Hängen ausreichendes Auffirnen abzuwarten und nicht zu früh abzufahren.

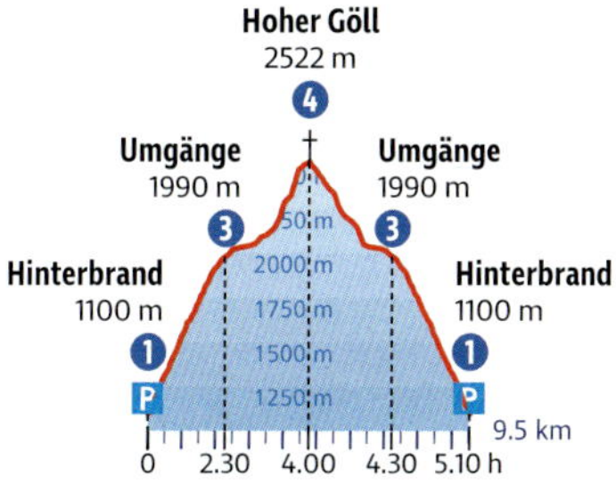

TOP 31

↗ 1350 m | ↘ 1350 m | 17.3 km

Kleine Reibn, Schneibstein, 2275 m

7.00 h

N W O S

Prachtvolle Landschaftsbilder auf einer beliebten Rundtour

Die Kleine Reibn (Reibn = Rundtour) im Berchtesgadener Land kann für sich in Anspruch nehmen, zu den meistbegangenen Skirouten der Region zu zählen. Ihr Tourenprofil ist ebenso abwechslungsreich wie die Landschaft. Viele verkürzen die Tour und fahren mit der Seilbahn auf den Jenner (Variante) und/oder nächtigen vorher am Stahlhaus.

Talort: Berchtesgaden, 571 m.
Ausgangspunkt: Parkplatz in Hinterbrand, 1120 m. Zufahrt von Berchtesgaden in Richtung Obersalzberg – Scharitzkehl – Hinterbrand (10 km vom Beginn der Bergstraße).
Zeitangaben: Hinterbrand – Mitterkaser 1¼ Std., Mitterkaser – Stahlhaus ¾ Std., Stahlhaus – Schneibstein 1¾ Std., Abfahrt vom Schneibstein zur Bergwachthütte (Fagsteinsockel) – Anstieg Hohe Roßfelder ca. 1½ Std., Abfahrt über Priesbergalm bis zur zweiten Wegteilung unter der Brennhütte – Aufstieg und Querung zur Mittelstation der Jennerbahn 1½ Std., Mittelstation – Hinterbrand ¼ Std.
Anforderungen: Anstieg zum Schneibstein zwar meist gespurt, aber häufig verblasen und recht hart, im Frühjahr oft Trampelspur. Weitere Gegenanstiege zu den Hohen Roßfeldern und zur Mittelstation. Route oft pistenartig eingefahren oder total durchwühlt. Nicht bei windigem Wetter und/oder schlechter Sicht!
Orientierung: Aufgrund der meist vorhandenen Spur nicht schwierig. Zw. Schneibstein und Roßfeldern Stangenmarkierung.
Hangrichtung: Zum Stahlhaus und Schneibstein v.a. Nordwest und West, aber auch Nordost und Süd; bei den Abfahrten: Südwest – Nordwest – Nord.
Lawinengefährdung: Durch starke Begehung zwar reduziert, doch nach ergiebigen Schneefällen bzw. Windverfrachtung besteht nicht nur beim Aufstieg zu den Roßfeldern erhöhte Schneebrettgefahr.
Günstige Zeit: Januar – April.
Einkehr: Stahlhaus am Torrener Joch (1736 m, ÖAV, fast gj. bew., über 100 Schlafplätze, Tel. +49 8652 2752).
Variante: Mit der Jennerbahn von Königssee bzw. von der Mittelstation (Zugang von Hinterbrand) ca. 6 Std. Abfahrt vom Jenner zur Hauptroute am Jennersattel.
Hinweis: Der Mitterkaserweg am Jenner ist Sa., So. und feiertags sowie in den bayerischen Weihnachts-, Faschings- und Osterferien von 9.30 bis 16.30 Uhr für aufsteigende Skifahrer gesperrt (Bußgelder!).

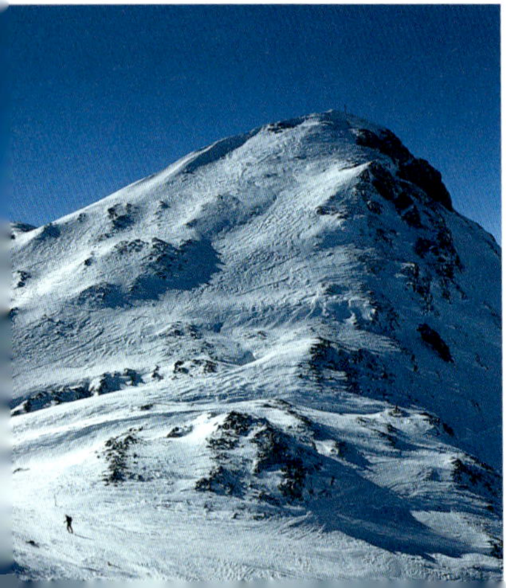

Routenteilung an der Windscharte: links »Große Reibn«, rechts »Kleine Reibn«.

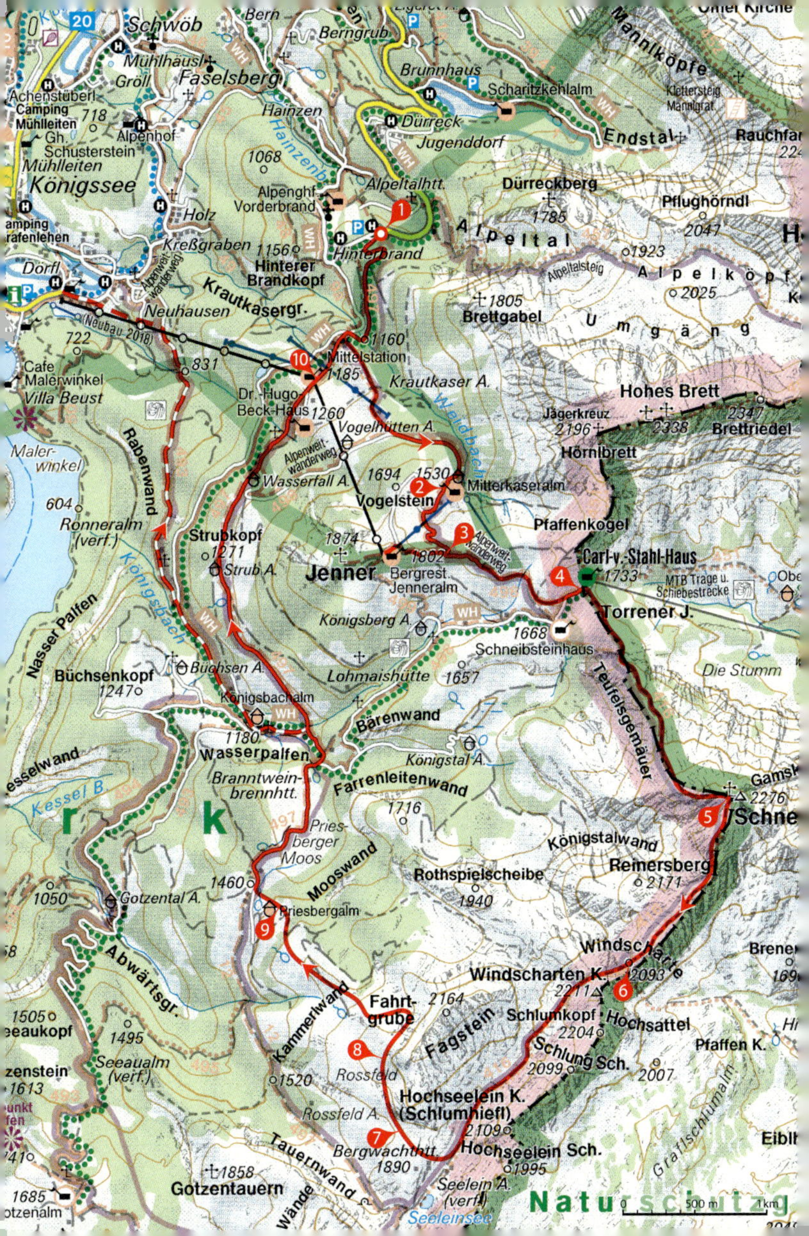

Schwöb
Bern
Berngrub
Mühlhausl
Faselsberg
Gröll
Achenstüberl
Camping Mühlleiten
718
Gh Schusterstein
Mühlleiten
Alpenhof
Hainzen
Brunnhaus
Dürreck
Charitzkehlalm
Mannlköpfe
Klettersteig Mannlgrat
Endstal
Jugenddorf
Rauchfang
Königssee
1068
Alpenghf. Vorderbrand
Alpeltalhtt.
Dürreckberg
Pflughörndl
2047
1785
Alpeltal
Holz
Camping Grafenlehen
Kreßgraben
1156
Hinterbrand
Hinterer Brandkopf
1923
Alpeltalsteig
Alpelköpf
2025
Dörfl
Neuhausen
Krautkasergr.
1805
Brettgabel
Umgäng
(Neubau 2018)
722
1160
Mittelstation
1185
Krautkaser A.
Cafe Malerwinkel
Villa Beust
831
Dr.-Hugo-Beck-Haus
1260
Vogelhütten A.
Hohes Brett
Jägerkreuz
2196
2338
2347
Brettriedel
Hörnlbrett
Malerwinkel
Rabenwand
Alpenweitwanderweg
Wasserfall A.
1694
1530
Mitterkaseralm
Vogelstein
604
Ronneralm (verf.)
Strubkopf
1271
Strub A.
1874
1802
Alpenweitwanderweg
Pfaffenkogel
Carl-v.-Stahl-Haus
1733
MTB Trage u. Schiebestrecke
Jenner
Bergrest. Jenneralm
Torrener J.
Königsbach
Nasser Palfen
Königsberg A.
1668
Schneibsteinhaus
Die Stumm
Büchsenkopf
1247
Büchsen A.
Lohmaishütte
1657
Teufelsgemäuer
Königsbachalm
Bärenwand
1180
Wasserpalfen
Königstal A.
Kesselwand
Kessel B.
Branntweinbrennhtt.
Farrenleitenwand
Gamsk
2276
Schne
1716
Priesberger Moos
Königstalwand
Reinersberg
2171
Mooswand
Rothspielscheibe
1940
1460
1050
Gotzental A.
Priesbergalm
Abwärtsgr.
Windscharte
2093
Brene
Windscharten K.
2211
Fahrtgrube
2164
Fagstein
Schlumkopf
2204
Hochsattel
1505
Seeaukopf
1495
Kammerlwand
Schlung Sch.
2099
Pfaffen K.
2007
Seeaualm (verf.)
1613
Rossfeld
1520
Hochseelein K. (Schlumhiefl)
Rossfeld A.
2109
Bergwachthtt.
1890
Hochseelein Sch.
1995
Grafschlumalm
Eiblk
Tauernwand
1858
Gotzentauern
Wände
Seelein A. (verf.)
Seeleinsee
1685
Gotzenalm
Naturschutz
0
500 m
1 km

Um vom Betrieb der Jennerbahn unabhängig zu sein bzw. bei Schneemangel in den tieferen Regionen startet man am besten am Parkplatz in **Hinterbrand** ❶. Auf der bei der Einfahrt links weiterführenden Straße oder am Wanderweg vom Parkplatzende geht man zur **Mittelstation** der Jennerbahn hinüber. Wer auf die Bahn verzichtet, biegt schon beim Austritt aus dem Wald links ab und steigt am Rande der Skipiste über die **Mitterkaseralm** ❷ zum **Jennersattel** ❸ hinauf (Einmündung der Variante). Hier geht es auf der Südseite des Kammes links weiter und leicht fallend in einen Graben hinab und links zum **Stahlhaus** ❹ am **Torrener Joch** hinauf. Von dort südwärts über gestufte Rücken zu einer Grube, dann steil rechts hinauf und zuletzt über den breiten Westrücken auf den aussichtsreichen **Schneibstein** ❺ (Kulminationspunkt).
Abfahrt: Vom Schneibstein ❺ fahren wir südwestwärts zuerst über mäßig geneigte Hänge, dann links am Kamm entlang zur **Windscharte** ❻, 2103 m, ab. Hier schert links die Große Reibn aus. Unsere Route führt mit unbedeutendem Gegenanstieg auf der Westseite (rechts) des kreuzgeschmückten **Windschartenkopfes** entlang und anschließend durch ein längeres, gestuftes Tal bis vor die **Bergwachthütte** (Telefon) oberhalb des eingeschneiten **Seeleinsees** hinab. Hier (erste Lärchen) halten wir uns rechts und fahren auf der Westseite des Fagsteins noch bis zu den sogenannten Brotzeitfelsen ab ❼, ca. 1800 m. Bei einer Rastpause können wir die Felle aufziehen, dann geht es im Rechtsbogen um den **Fagstein** herum (kritischste Stelle der Kleinen Reibn – Lawinenstrich!) und zu zwei Wegweisern auf die **Hohen Roßfelder** ❽, ca. 1910 m. Es folgt die zweite Abfahrtsetappe. Sie führt nordwestwärts über einen Steilhang, dann rechts an einem Kamm entlang, anschließend zur **Priesbergalm** ❾ hinab, dort rechts auf den Boden des **Priesbergmooses** und weiter zur **Brennhütte**. Dahinter halten wir uns bis zur übernächsten Wegteilung in einem Graben und in Sichtweite der

Perfekter Tag im Aufstieg vom Stahlhaus zum Schneibstein.

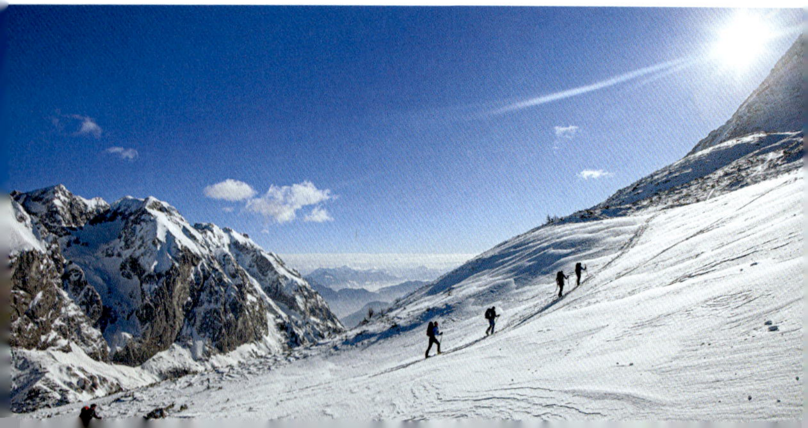

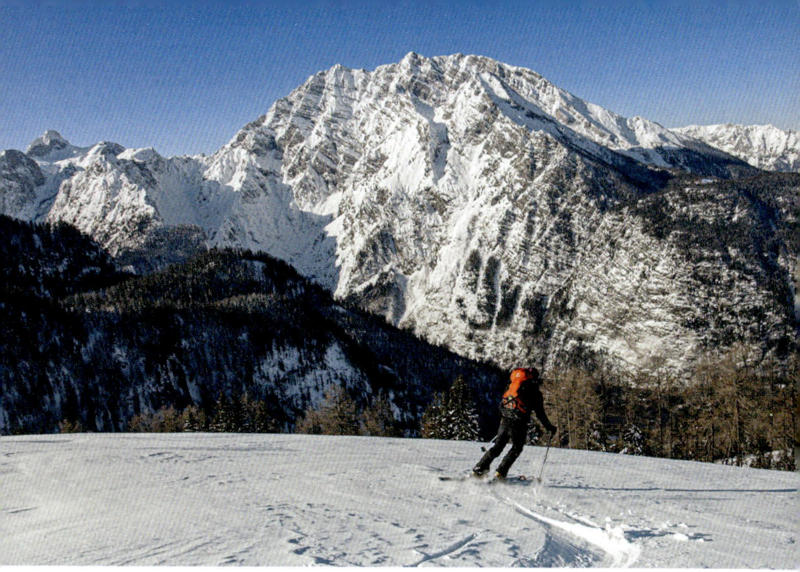

Abfahrt mit Watzmannblick an den Hohen Roßfeldern.

Königsbachalmen an einen Wanderweg. Zu den Almen fahren wir nur ab, wenn wir über die Hochbahn nach Königssee hinabwollen. Zum Parkplatz in **Hinterbrand** dagegen steigen wir auf der rechten Spur ca. 30 Hm an, umfahren dann den **Jenner** auf seiner Westseite und schieben bzw. gleiten über die **Mittelstation** ⑩ der Jennerbahn zum Ausgangspunkt ① zurück.
Tipp: Wer sich die lästige Querung sparen möchte und noch Kraft für 400 Hm Aufstieg zusätzlich hat, der fellt an der Wegteilung nach der Brennhütte nochmal auf, steigt westlich um die Bärenwand herum ins Königsbergtal und von der Königsbergalm durch eine südseitige Mulde hinauf zum Sattel zwischen Jenner und Pfaffenkegel. Hier trifft man auf die Aufstiegsspur und kann jenseits über die Piste flott zum Ausgangspunkt hinabschwingen.

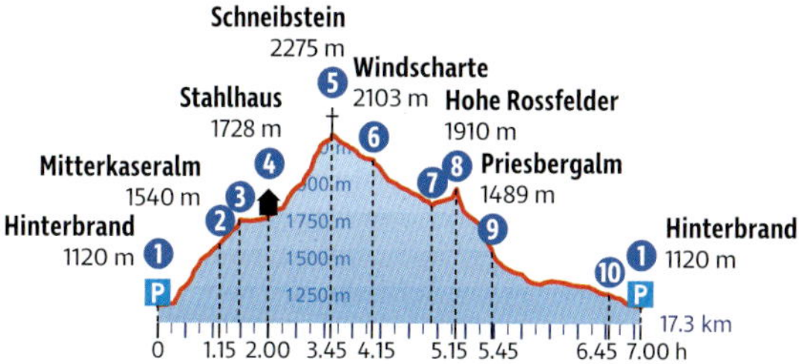

TOP 32

↗ 1400 m | ↘ 1400 m | 15.4 km

Drittes Watzmannkind, 2165 m

6.15 h

Lange Skisaison im Watzmannkar

Die in den Kessel von Berchtesgaden herableuchtenden Schneehänge des Watzmannkares locken die Tourengeher bis weit in den Frühling. Inzwischen wird die Tour aber bei sicheren Bedingungen den ganzen Winter über begangen.

Talorte: Ramsau, 670 m, Bergsteigerdorf, Berchtesgaden, 571 m.
Ausgangspunkte: 1. Wimbachbrücke, 634 m, an der B 305 östl. von Ramsau, Bushaltestelle. 2. Hammerstiel, 770 m. In Engedey von der B 305 nach Schönau abzweigen und über die Hammerstielstraße (Ww. »Hinterschönau«) zum Parkplatz.
Aufstiegszeiten: Wimbachbrücke – Benzinkurve 1¾ Std. (von Hammerstiel 1½ Std.), Benzinkurve – 3. Watzmannkind 3 Std.
Höhenunterschied: Ca. 1530 m ab Wimbachbrücke, 1400 m ab Hammerstiel.
Anforderungen: Längere Forststraße, dann lichter, steiler Bergwald und freies Tourengelände. Gute Kondition erforderlich! Vorsicht: Fahrzeuge auf der Forststraße!
Orientierung: Bis zur Benzinkurve leicht, im Waldgürtel des Watzmannkares kann man sich an einer Schneise orientieren, im freien Kargelände wieder übersichtlich. Häufig gespurt, nur bei ausreichender Sicht!
Hangrichtung: Nordost bis Nordwest.
Lawinengefährdung: Nach größeren Neuschneemengen im waldfreien Steilgelände erheblich. Sicherheitsabstand zum Kl. Watzmann und zum 4. Kind halten!
Günstige Zeit: Dezember mit April. Die Hammerstiel-Route apert früher aus.
Einkehr: Nur am Ausgangspunkt.

Großer und Kleiner Watzmann mit den Kindern und den drei Skizielen im Watzmannkar aufs 3. und 5. Kind sowie auf die Skischarte (von links).

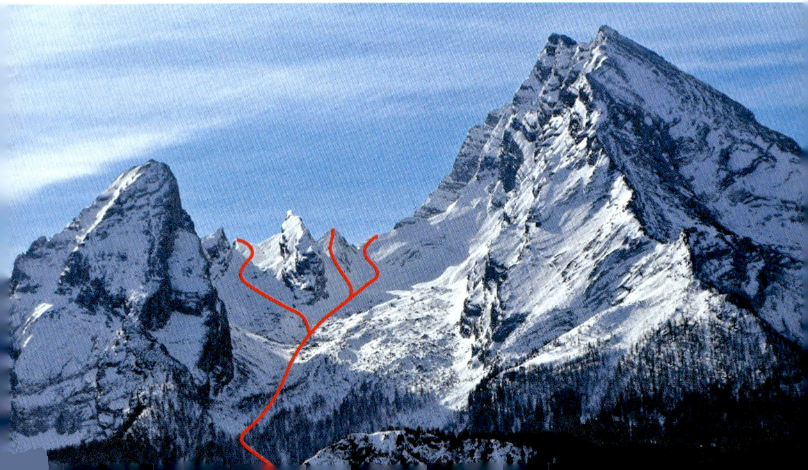

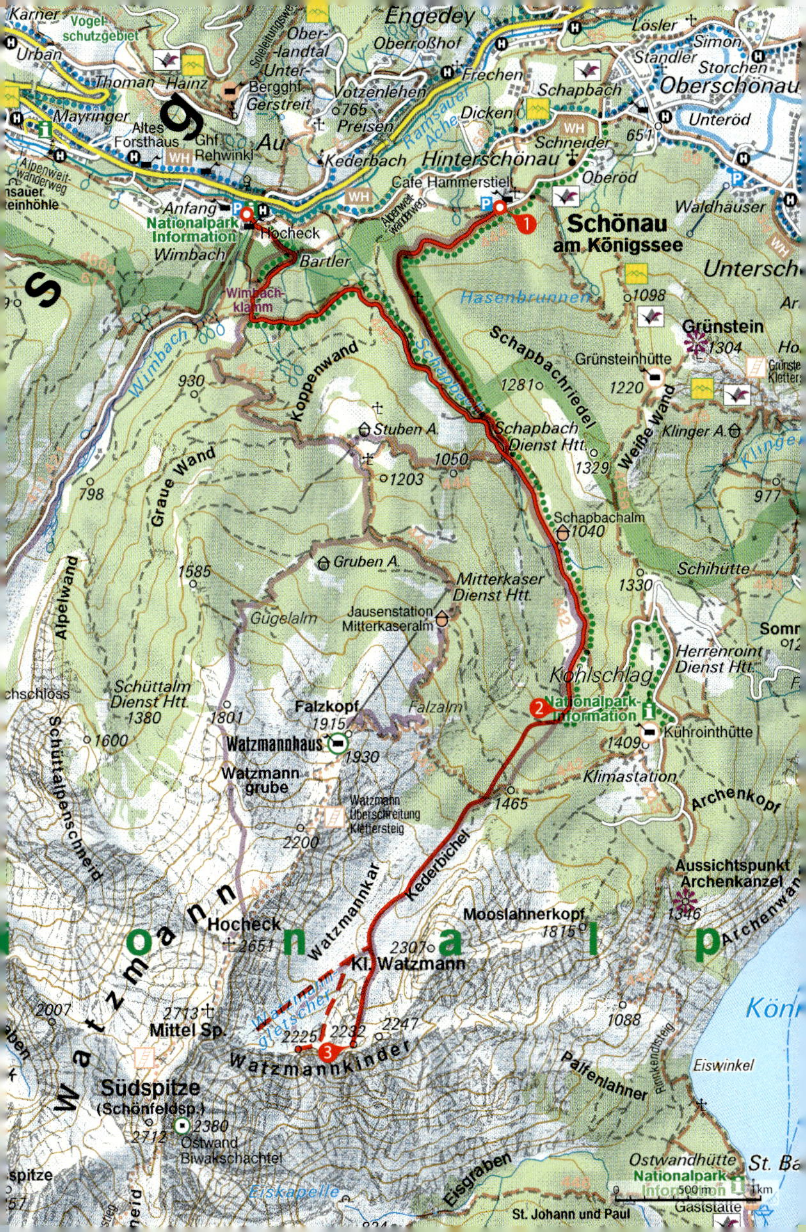

Engedey
Oberroßhof
Frechen
Schapbach
Oberschönau
Unteröd
Dicken
Hinterschönau
Cafe Hammerstiel
Schönau am Königssee
Nationalpark Information
Hocheck
Bartler
Wimbachklamm
Wimbach
Au
Kederbach
Hasenbrunnen
Schapbach
Schapbachriedel
Koppenwand
Stuben A.
Schapbach Dienst Htt.
Grünstein
1304
Grünsteinhütte
Weiße Wand
Klinger A.
Graue Wand
Schapbachalm
1040
Gruben A.
Mitterkaser Dienst Htt.
Jausenstation Mitterkaseralm
Gugelalm
Kohlschlag
Herrenroint Dienst Htt.
Nationalpark-Information
Kührointhütte
Falzkopf
1915
Watzmannhaus
1930
Watzmanngrube
Klimastation
Archenkopf
Watzmann Überschreitung Klettersteig
Kederbichel
Watzmannkar
Aussichtspunkt Archenkanzel
Mooslahnerkopf
Hocheck
2651
Kl. Watzmann
2307
Watzmanngletscher
Mittel Sp.
2713
Watzmannkinder
Südspitze (Schönfeldsp.)
Ostwand Biwakschachtel
Palfenlahner
Eiswinkel
Ostwandhütte
Eisgraben
Eiskapelle
St. Johann und Paul
Schüttalpenschneid
Alpelwand
Schüttalm Dienst Htt.
Watzmann
Königssee
500 m
1 km

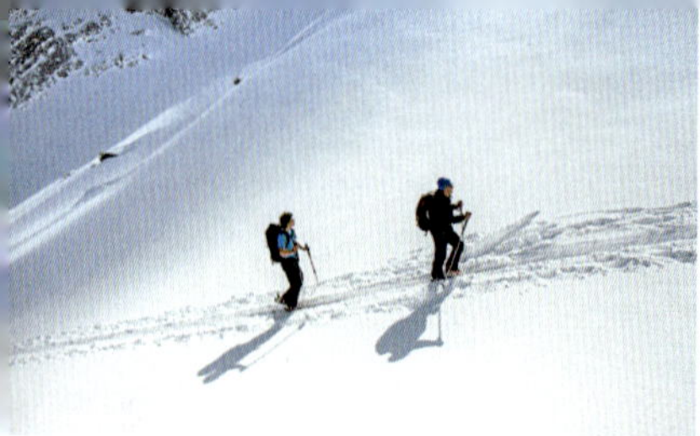

Licht und Schatten im Aufstieg durch das Watzmannkar.

Varianten: 1. Fünftes Watzmannkind, 2225 m: Am Fuß des Vierten Kindes rechts vorbei, dann steil zum Gipfel.
2. Skischarte: Rechts vom 5. Watzmannkind, die Spur aus Sicherheitsgründen nicht zu weit nach rechts legen! Beide Varianten länger und schwieriger als 3. Kind.

Wald-Wild-Schongebiete: Abfahrt im Watzmannkar bitte nicht über den Längsrücken, sondern in den Aufstiegsmulden!

Von der **Wimbachbrücke** bzw. von **Hammerstiel** ❶ auf einer Forststraße zu einer Kreuzung (ca. 990 m), dann auf gemeinsamer Route über die Schapbachalm zu einer markanten Linkskurve ❷ (**Benzinkurve**) am Eintritt in den Wald, ca. 1200 m Seehöhe. Hier folgen wir dem Ww. »Watzmannkar«, steigen zuerst ca. 10 Hm in der Falllinie an, um dann einem Weg nach rechts zu einer kleinen Lichtung (ca. 70 Hm ab Benzinkurve) zu folgen. Hier lenkt uns eine schmale Schneise auf den Kleinen Watzmanns zu. Nach ca. 100 Hm halten wir uns leicht nach rechts und erreichen durch einen reizvollen, gestuften Lärchenwald zwischen 1550 m und 1600 m die Waldgrenze. Nun weist uns die Mulde westlich des Kleinen Watzmann – Sicherheitsabstand halten wegen möglicher »Dachlawinen«! – den Weg in das **Watzmannkar** mit seinen riesigen Geländewellen. Das Kar weitet sich mit zunehmender Höhe und formt sich zu einem von gewaltigen Felsblöcken besetzten Kessel, den die Felswände des Kleinen und Großen Watzmanns im Osten bzw. Westen flankieren und die fünf Watzmannkinder nach Süden zu abschirmen. Zum **3. Watzmannkind** ❸, dem meistbegangenen Skigipfel im Kar, steilt das Gelände auf den letzten 250 Hm noch einmal deutlich auf (bei ungünstigen Bedingungen »schwarz«). Aus Sicherheitsgründen halten wir Abstand zum 4. Kind und treten am Gipfel nicht zu weit hinaus (Wechten!). Die **Abfahrt** verläuft im Bereich der Aufstiegsspur.

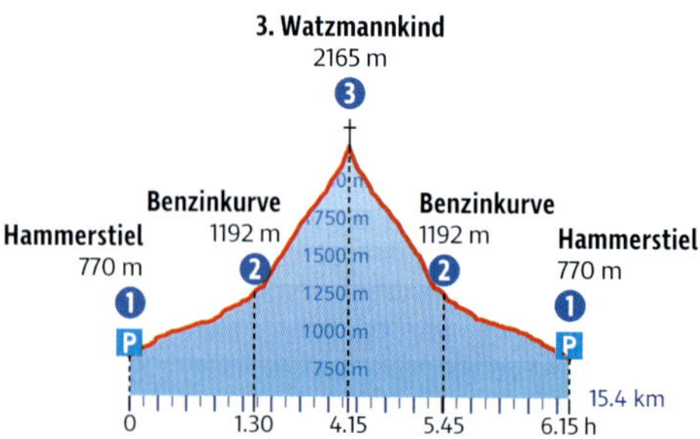

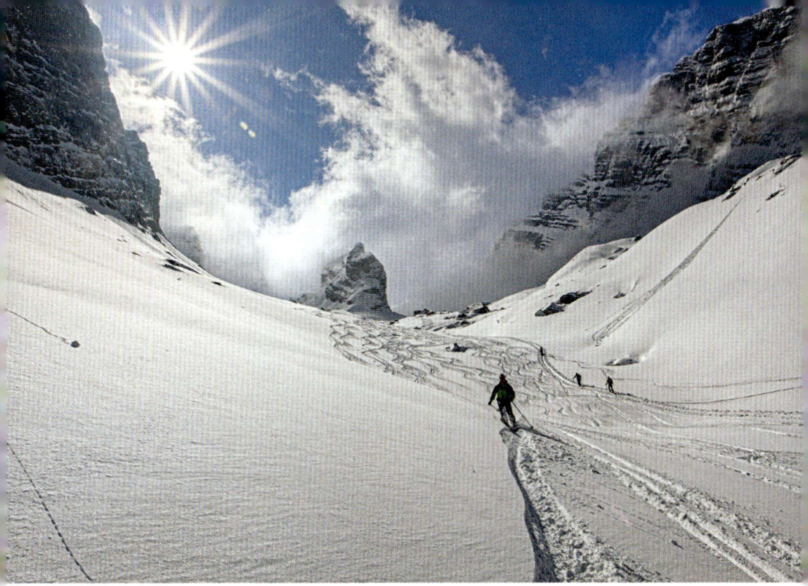

Oben: Die Abfahrt im Watzmannkar bei besten Pulverbedingungen.
Unten: Unter den Ausläufern des Kleinen Watzmanns beginnt lichter Lärchenwald.

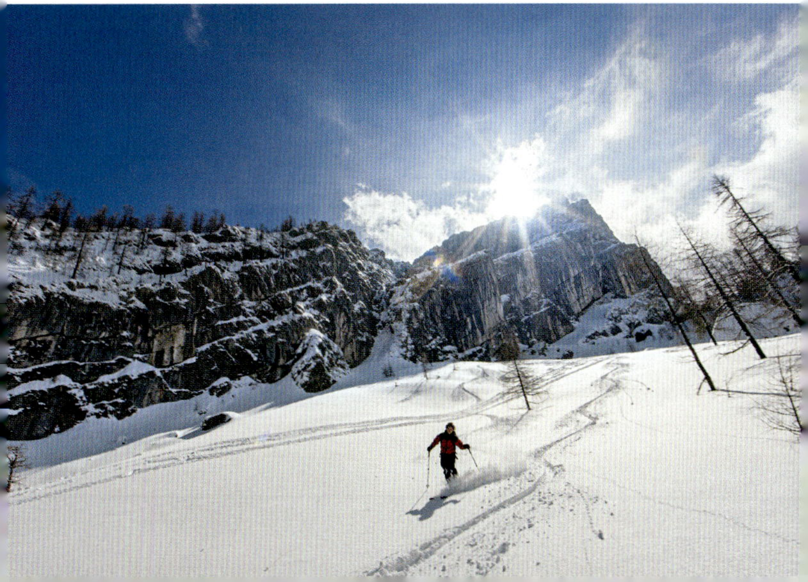

↗ 1170 m | ↘ 1170 m | 10.4 km

33 Watzmanngugel, 1801 m

3.50 h

Bei reichlichem Pulverschnee mehr als eine Verlegenheitstour

Der Große Watzmann hat auf seiner Nordseite neben dem vom Watzmannhaus gekrönten Falzköpfl noch einen weiteren, etwas niedrigeren Vorbau, die »Watzmanngugel«. Sie wird im Winter, wenn eine reichliche Schneeauflage bis in Tallagen zu verzeichnen ist, gerne aufgesucht. Der hoch reichende Waldmantel schützt die Skiroute außerdem recht gut vor Wind und hält die Lawinengefahr in Grenzen.

Talort: Ramsau, 670 m, Bergsteigerdorf am Fuß von Hochkalter und Reiteralpe.
Ausgangspunkt: Wimbachbrücke, 634 m. Gebührenpflichtiger Parkplatz und Bushaltestelle an der B 305.
Aufstiegszeiten: Wimbachbrücke – Stubenalm knapp 1½ Std., Stubenalm – Gugel knapp 1¾ Std.
Anforderungen: Gut gangbarer Hüttenweg und Waldschneisen.

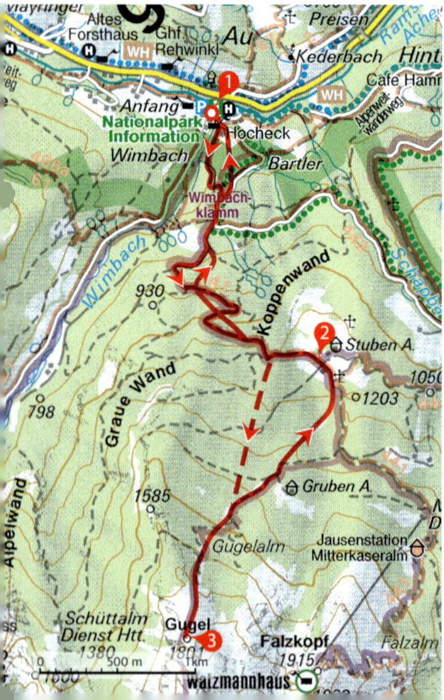

Orientierung: Entlang der Originalroute (Hüttenweg und Abfahrtsschneise) nicht schwierig. Nur die Abkürzung am Aufstiegsweg erfordert bei fehlender Spur Orientierungssinn.
Hangrichtung: Nord.
Lawinengefährdung: Im Allgemeinen gering, in Extremsituationen jedoch unterm Gipfel Vorsicht walten lassen!
Günstige Zeit: Dezember – Anfang März. Reichliche Schneeauflage bis ins Tal erforderlich, damit auch die Felsen im Schlusshang gut abgedeckt sind.
Wald-Wild-Schongebiete: Die Tour führt durch die großen Waldgebiete am Nordhang des Großen Watzmanns (zusammenhängende Lebensräume von Birk- und Auerhuhn). Bitte unterm Gipfelhang im Bereich der beschriebenen Routen der Schneisen und Beschilderung bleiben. Nicht quer durch den Wald abfahren!

Vom Parkplatz **1** links über die Brücke, dann am bewaldeten Ostufer des **Wimbaches** entlang, an einem einzelnen Haus vorbei und kurz darauf auf eine Forststraße. Auf dieser nur bis zur Linkskurve hinter einem Gatter. Dort rechts abzweigen, am breiten Hüttenweg (Ww. »**Watzmannhaus 441**«) geradeaus in einer Schneise weiter und anschließend rechts in den Wald. In weitgezogenen Schleifen (rechts – links – rechts – links) über einen

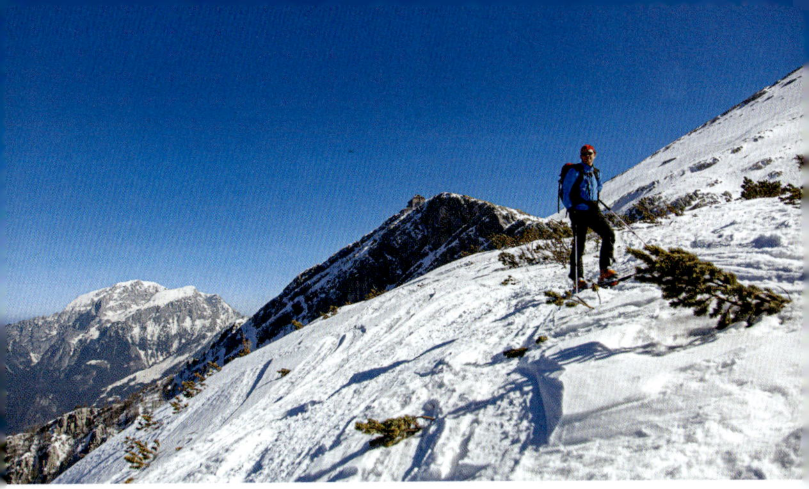

Blick von der Gugel zum Watzmannhaus und zum Hohen Göll.

bewaldeten Steilhang, in den man einst für FIS-Zwecke eine Schneise geschlagen hat, die heute als Tourenabfahrt dient. Sie wird vom Wanderweg zweimal gequert und vereinigt sich oberhalb der zweiten Linksschleife mit ihm, wo die Neigung des Weges stark abflacht. Diese Stelle müssen wir uns für die Abfahrt gut merken. Kurz darauf passiert der Weg ein überhängendes, etwa 15 m hohes **Felseneck**, und etwa 100 m dahinter quert er in einer Linkskurve einen seichten Graben. Hier scheren Ortskundige rechts aus und steigen in südlicher Richtung etwa 300 Hm an. Dann trifft man wieder auf die etwas längere und bequemere Originalroute über die **Stubenalm** ❷. Wer Letztere wählt, geht am Hüttenweg zum Watzmannhaus ca. 200 m bzw. ca. 30 Hm über die Alm hinaus und lässt sich dann von einer nach rechts abzweigenden Schneise in südwestlicher Richtung führen. Oberhalb der Vereinigung beider Routen steilt das Gelände bis zum Plateau der **Gugel** ❸ deutlich auf, die Wegfindung ist aber durch die vorgegebene Schneise kein Problem. **Abfahrt** auf der Route über die **Stubenalm**.

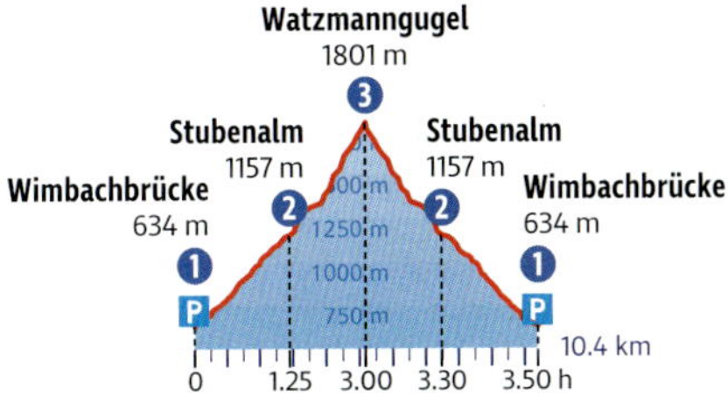

↗ 700 m | ↘ 700 m | 6.5 km

34 Hirschkaser, 1385 m

2.40 h

Konfliktfrei über Bauernwiesen und Pistengelände

Am Hirschkaser sind im Winter Wanderer, Rodler, Tourengeher und Pistenskifahrer anzutreffen. Dass diese unterschiedlichen Interessensgruppen konfliktfrei unter einen Hut gebracht werden können, beruht auf dem unterschiedlichen Routenangebot für sie. Den Tourengehern bietet sich bei reichlicher Schneelage die Ramsau als Ausgangspunkt, während sie bei Ausaperung der unteren Region immer noch am Schwarzeck starten können. Von hier wird auch Einsteigern der Winterwanderweg zum Hirschkaser als Aufstiegsroute und Teststrecke angeboten.

Talort/Ausgangspunkt: Ramsau, erstes Bergsteigerdorf Deutschlands, Parkplatz beim Hotel Rehlegg, 680 m.
Aufstiegszeiten: Rehlegg – Schwarzeck 1 Std., Schwarzeck – Hirschkaser 1 Std.
Höhenunterschied: 700 m von Ramsau, 350 m vom Schwarzeck.
Anforderungen: Unten freie Wiesenhänge mit Straßenquerungen, oben markierter Waldweg für den Aufstieg und Piste für die Abfahrt.
Orientierung: Unschwierig, meist vorhandene Spur.
Hangrichtung: Süd, West und vor allem Südwest.
Lawinengefährdung: Gering.
Günstige Zeit: Dezember mit Februar bei reichlicher Schneeauflage bis ins Tal.
Einkehr: Hotel Rehlegg, Hirschkaser.
Varianten: 1. Vom Parkplatz Schwarzeck (1025 m) auf dem Winterwanderweg (Rodelbahn) in 1 Std. zum Hirschkaser (Eingehtour für Anfänger und Ersatz bei Ausaperung der unteren Hänge).
2. Von der B 305 (Urban, sehr beschränkte Parkmöglichkeit!) in 1½ Std. auf der Hauptroute über Schwarzeck zum Hirschkaser.
Wald-Wild-Schongebiete: Auf den beschriebenen Routen und Varianten werden keine Wald-Wild-Schongebiete betreten.

Im Aufstieg von Ramsau zum Schwarzeck. Hinten die Reiteralpe.

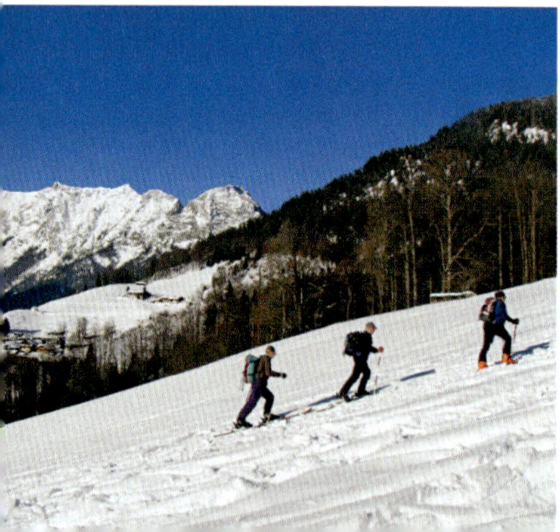

Vom Parkplatz beim Hotel **Rehlegg** ① links um den Gebäudekomplex herum und dahinter über einen freien Steilhang, der sich bald etwas zurücklegt (günstiger Ausstieg links am Waldrand). Nun über eine mäßig steigende Wiese und links an einem Haus vorbei, ein Stück dahinter ein Sträßchen queren, dann am Straßenrand und in der Nähe eines Grabens weiter, zwischen zwei Häusern und anschließend unter der **B 305** hindurch. Danach kurz über eine Wiese zu einem Baumstreifen (Einmündung der Variante 2) und zu

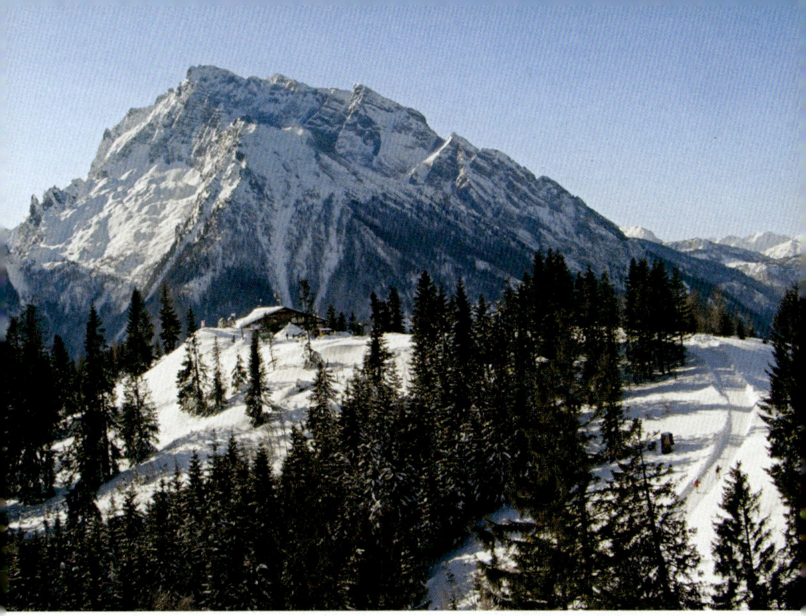

Ausblick vom Toten Mann auf das Gasthaus Hirschkaser und den Hochkalterstock.

einem Graben hinauf, diesen auf einem Steg queren und im Linksbogen auf Wiesen hinauf. An ihrem oberen linken Eck durch eine Zaunöffnung und über den Soleleitungsweg hinweg. Erneut über Wiesen und rechts von einem Haus durch eine Zaunöffnung sowie über ein Sträßchen. Rechts oberhalb von zwei Häusern teilt sich die Anstiegsroute: Geradeaus geht es nach der Querung eines weiteren Fahrweges über eine kurze Steilstufe zum Winterwanderweg (genutzt von Wanderern, Tourengehern und Rodelfahrern), der rechts in 1 Std. zum Hirschkaser führt (Variante 1) und für Skitouristen wesentlich angenehmer zu begehen ist als die beschilderte Aufstiegsroute. Diese zieht nach der Querung eines

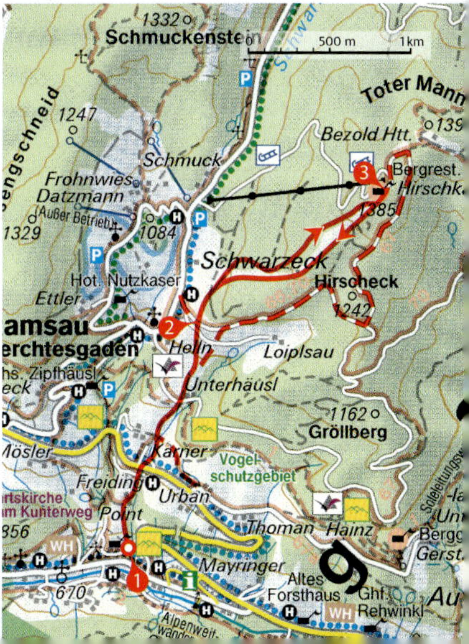

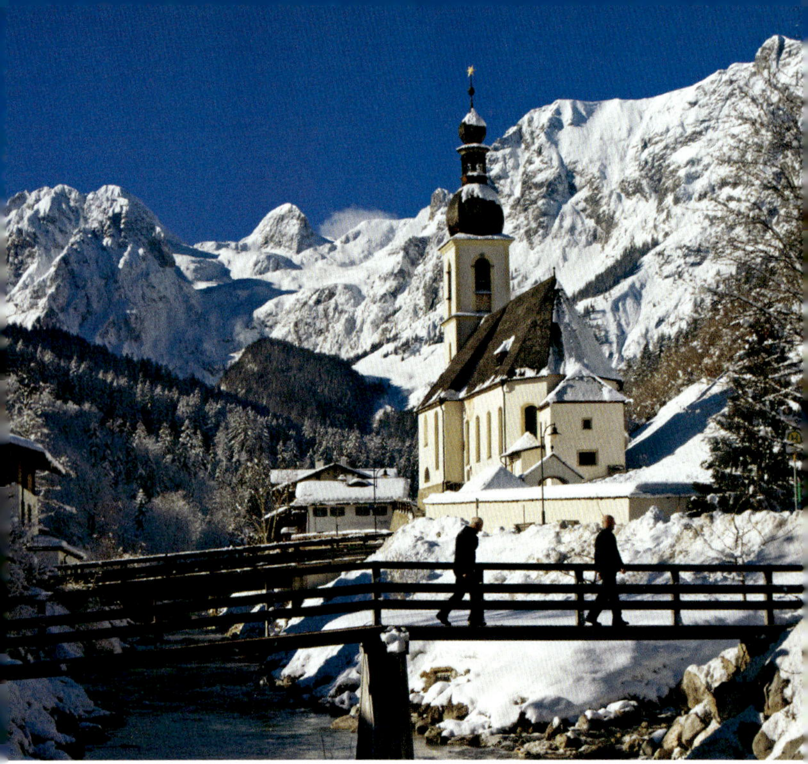

Ramsau mit der Reiteralpe ist Ausgangspunkt der Skitour zum Hirschkaser.

von **Schwarzeck** heraufführenden Sträßchens ❷ und des darüber liegenden Winterwanderweges mäßig steigend steigend zum Wald hinüber, der auf einem Weg zu durchqueren ist, ehe man auf die Skipiste trifft und auf der gegenüberliegenden Seite eine Beschilderung für Tourengeher vorfindet. Auf markierter und gespurter Route, die mit zunehmender Höhe aufsteilt, geht es durch den Wald und zuletzt am Rand der Skipiste zum **Hirschkaser** ❸.

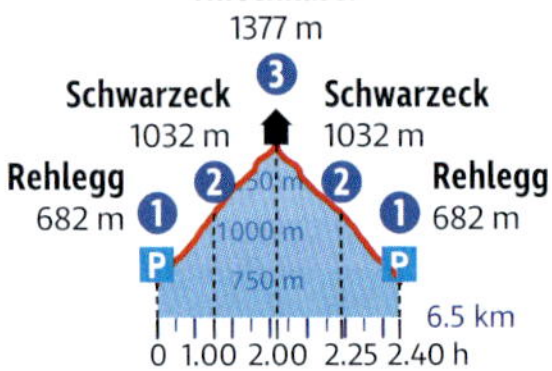

Abfahrt auf der Piste nur bis zur Querung der Aufstiegsroute, dann links durch den Wald und über die Aufstiegsroute zum Ausgangspunkt zurück.

↗ 1330 m | ↘ 1330 m | 11.8 km

N W O S

5.00 h

Hochalm, 2011 m

35

Zum Ostsockel der Blaueisspitze

Die beliebte Skitour zur Hochalm führt hoch über diese Örtlichkeit hinaus. Sie erreicht zwar keinen eigentlichen Gipfel, aber eine von den imposanten Felsmauern der Blaueisspitze abgespaltene Kuppe bzw. einen Rücken, der infolge der leeseitigen Lage reichlichen und meist auch guten Pulverschnee bietet. Um Natur und Material zu schonen, erfordert der skitechnisch eher anspruchsvolle Waldgürtel im Mittelteil wegen des z.T. felsigen Untergrunds eine hohe Schneeauflage, sonst kann er im Anstieg zur Schinderei und bei der Abfahrt zum Materialtest ausarten.

Talort/Ausgangspunkt: Bergsteigerdorf Ramsau, 670 m, Bus von Berchtesgaden, gebührenpflichtiger Parkplatz bei der Pfeiffenmacherbrücke am nördl. Ortsende.
Aufstiegszeiten: Ramsau – Eckaualm gut 1 Std., Eckaualm – Lichtung beim Mitterkaser ¾ Std., Mitterkaser – Boden an der Waldgrenze gut ½ Std., Waldgrenze – Hochalm 1¼ Std.
Anforderungen: Forststraße, dann steiler, felsdurchsetzter und strukturierter, aber unübersichtlicher Waldgürtel, steile, gestufte Latschenhänge und Schafweiden, bei ungünstigen Verhältnissen z.T. »schwarz«.
Orientierung: Im ungespurten Gelände oberhalb der Eckaualm schwierig.
Hangrichtung: Nordost und Nord.
Lawinengefährdung: Oberhalb der Waldzone Schneebrettgefahr beachten und Geländestrukturen nutzen! In Extremsituationen große Lawinenabgänge vom Steinberg und Stanglahner bis zum Straßenende hinter der Eckaualm.
Günstige Zeit: Dezember – April.

Vom Parkplatz bei der **Pfeiffenmacherbrücke** ❶ zieht eine breite Forststraße (Rodelbahn) in den Kessel der **Eckaualm** ❷ hinauf, hinter der sie endet. Die Route über das folgende steile Waldgelände im Detail: Die Skispur folgt der Straße entweder bis zu ihrem Ende und führt dann links weiter oder schert bereits beim Eintritt in den Wald von ihr links aus und zieht rechts von der vom **Stanglahner** herabstürzenden Steilrinne bergwärts. Auf einer Höhe

Beeindruckende Felswände und schöne Abfahrtsmulden zeichnen die Hochalm aus.

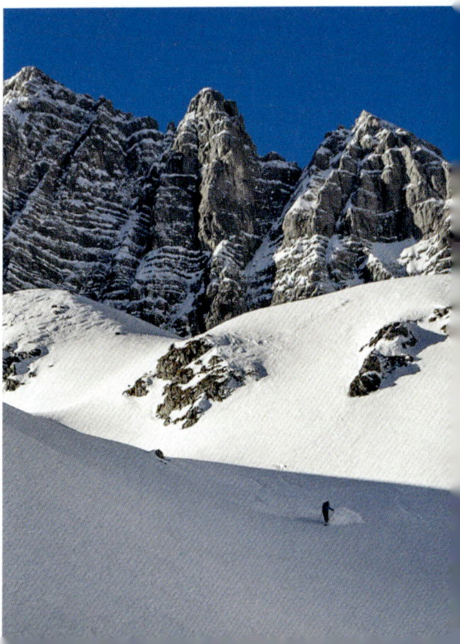

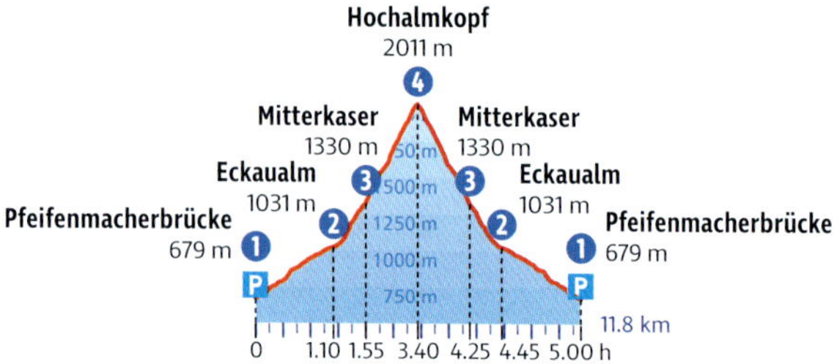

von ca. 1140 m treffen beide Spuren wieder zusammen und ziehen rechts in den Wald. Bei ca. 1170 m geht es unter einem Felsgürtel vorbei und nach einem Linksbogen wieder schräg rechts bis auf gut 1200 m hinauf. Hier schlüpfen wir links zwischen zwei Felsriegeln hindurch und steigen anschließend in der Nähe der Stanglahnerrinne bis ca. 1300 m hinauf. Danach führt uns eine Rampe rechts auf einen Boden mit einer Lichtung, in der sich die **Mitterkaserhütte** 3 am Waldrand versteckt, 1330 m. Gleich beim Eintritt in die Lichtung lassen wir uns links von einer Steilmulde wieder in Richtung Stanglahnerrinne leiten. An ihrem Rand steigen wir im Wald recht steil hinauf. Ab ca. 1500 m legt sich das Gelände allmählich zurück, der Lärchenwald lichtet sich und man erreicht die Waldgrenze und einen kleinen Boden (Hochalm). Nun geht es südwestwärts zu einer kleinen Kuppe hinüber und in einem Abstand von ca. 80 m rechts an der **Hochalmscharte** vorbei. Im Uhrzeigersinn durchqueren wir eine Mulde und steigen dann über z.T. steile Rücken und Kuppen, durch kleine Gassen und ein Schärtchen zum **höchsten Punkt** 4, 2011 m, hinauf.

Abfahrt wie Aufstieg. Man kann auch nordostwärts über den Kamm abfahren, wobei eine exponierte Steilstufe links zu meistern ist. Später geht es rechts zum Wald hinab und entlang der Aufstiegsroute nach Ramsau.

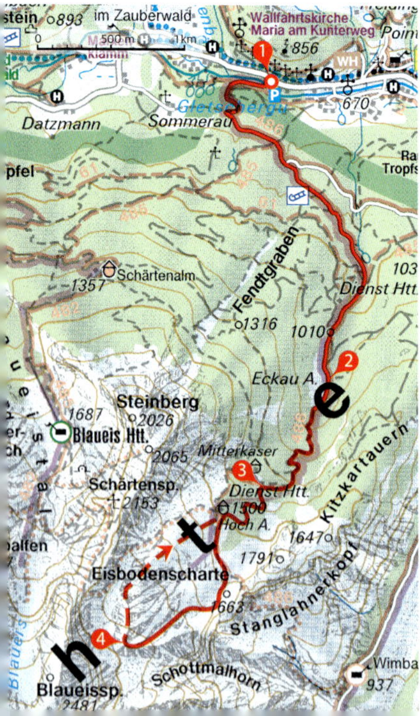

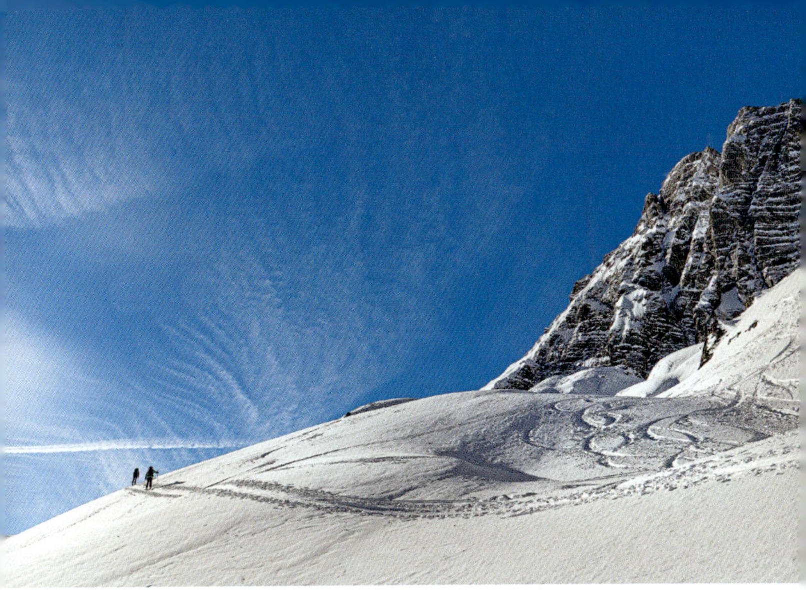

Oben: Das Ziel ist bereits in Sichtweite.
Unten: Besonders imposant ist der Blick auf den Hohen Göll.

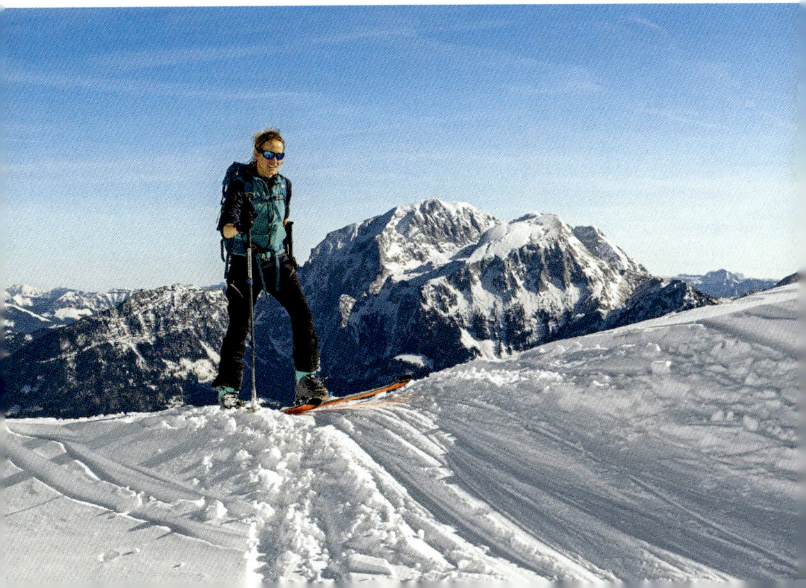

↗ 1630 m | ↘ 1630 m | 16.4 km

36 Ofentalscharte, 2450 m, Steintalscharte, 2400 m

6.15 h

Kondition und Freude am Tourengehen sind gefragt!

Ofen- und Steintal sind zwei der drei landschaftlich großartigen Hochkalter-Hochtäler. Beide haben bis in die Nähe der Taleingänge einen gemeinsamen Zustieg. Das Steintal ist schmäler und gleichmäßiger geneigt als sein nordöstlicher Nachbar. Von beiden Tälern können gute Bergsteiger bei günstigen Bedingungen auch einen Gipfel erreichen: den Hochkalter aus dem Ofental (selten möglich), den Vorgipfel des Ofentalhörnls aus dem Steintal.

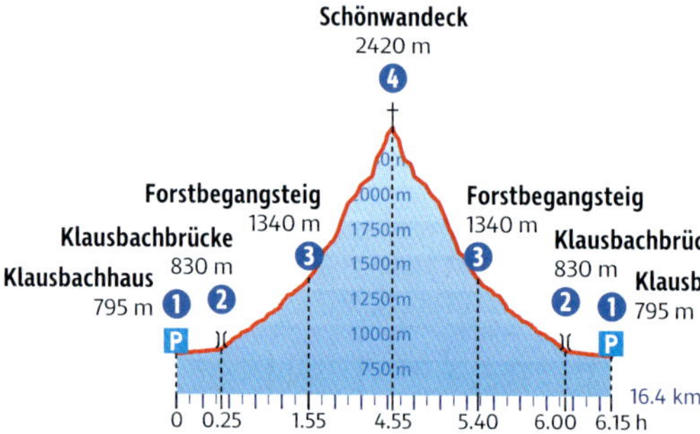

Talort: Ramsau bei Berchtesgaden, 670 m, erstes deutsches Bergsteigerdorf am Fuß von Hochkalter und Reiteralpe.
Ausgangspunkt: Gebührenpflichtiger Parkplatz an der Hirschbichlstraße, südwestlich vom Hintersee, 795 m. Zufahrt über die B 305 (Berchtesgaden – Ramsau – Hintersee) bzw. von der Schwarzbachwacht (»Wachterl«) in Richtung Ramsau – Hintersee. Bus von Berchtesgaden zum Hintersee.
Aufstiegszeiten: Parkplatz/Hirschbichlstraße – Lahnwaldbrücke knapp ½ Std., Lahnwaldbrücke – Wegteilung Ofental/Steintal ca. 1½ Std., Wegteilung – Ofental – Ofentalscharte gut 3 Std., Wegteilung – Steintal – Steintalscharte 3 Std.; gesamt je ca. 5 Std.
Höhenunterschied: Ofental, ca. 1650 m; Steintal, knapp 1600 m.
Anforderungen: Wanderweg durch einen ausgedehnten Waldgürtel (im Frühjahr ganz oder teilweise zu Fuß), dann über Geländestufen unterschiedlicher Steilheit in die Hochtäler. Ausgezeichnete Kondition erforderlich; nicht für Einsteiger.

Adlerauge sei wachsam! Klausbachtal und Reiteralm.

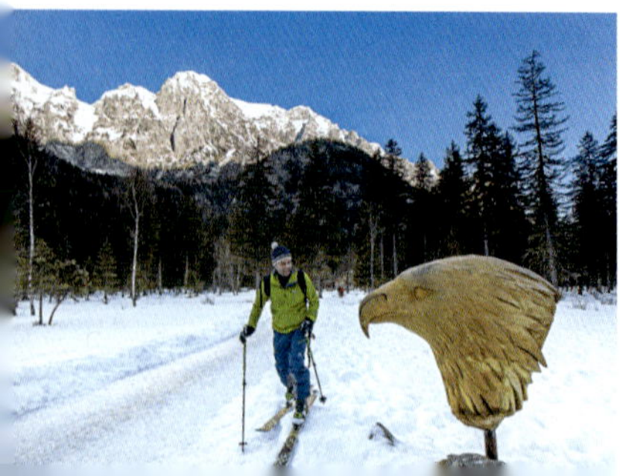

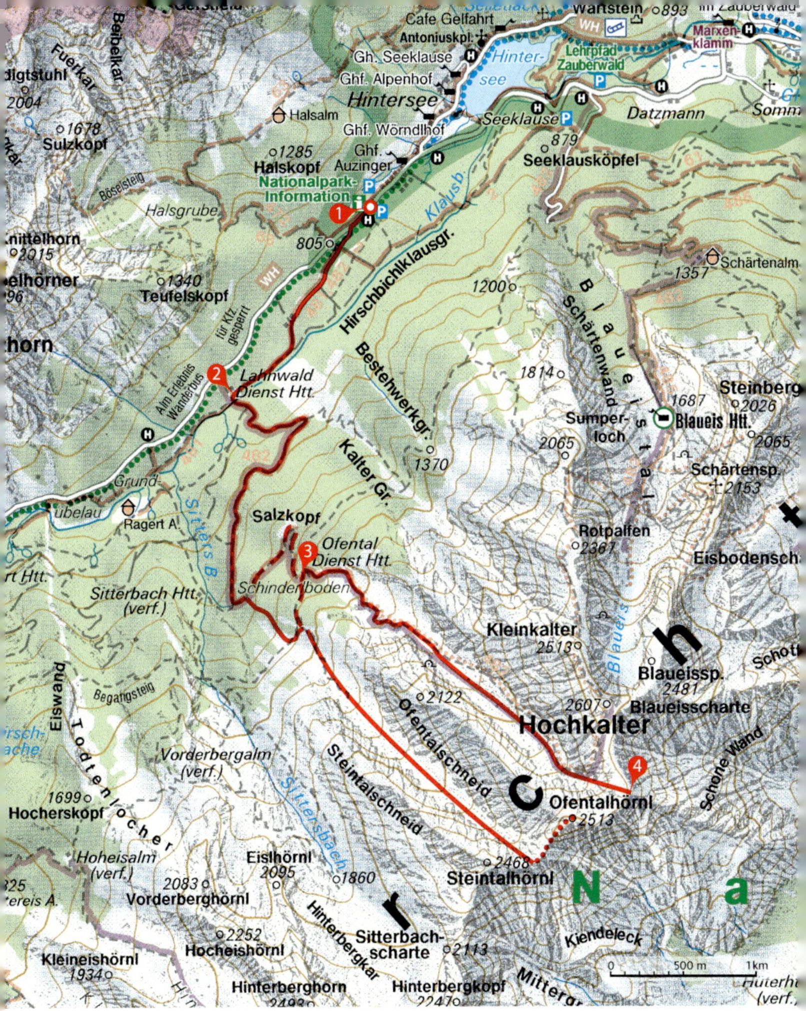

Orientierung: Der Weg durch den Waldgürtel ist je nach Schneelage, vorhandener Spur und Jahreszeit mehr oder weniger deutlich erkennbar. In den Hochtälern wird die Route vom Gelände bestimmt.

Hangrichtung: Nordwest.
Lawinengefährdung: Lawinen- und Schneebrettgefahr von den Talflanken her und in den Steilstufen. Unbedingt stabile Schneeverhältnisse abwarten!
Günstige Zeit: März – April.

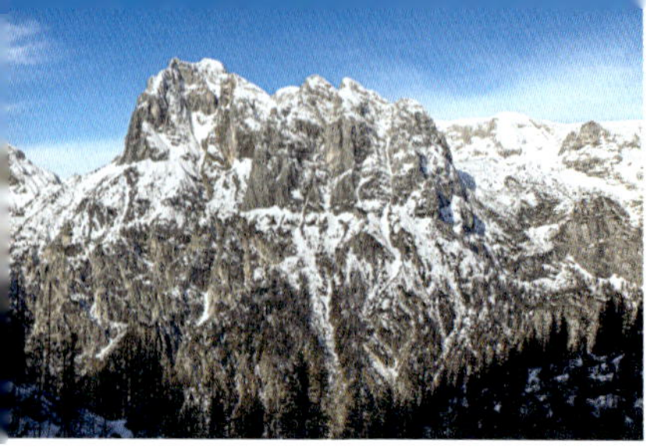

Blick zu den »Ramsauer Dolomiten«.

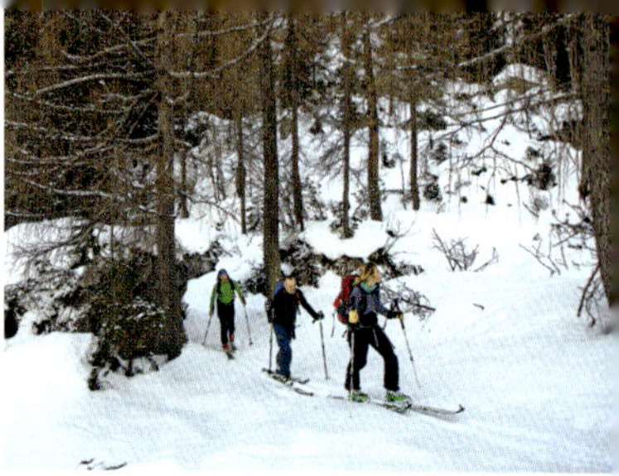

Der lange Ziehweg durch den Wald.

Vom Parkplatz an der **Hirschbichlstraße** ❶ knapp 200 m bis zum Nationalparkstein, dort links in Richtung »Hirschbichl, Bindalm« abzweigen. Der Wanderweg führt an der alten Wildfütterung und in der Nähe eines gewaltigen Lawinenstrichs (Feb. 1999) vorbei und erreicht auf Höhe der kleinen **Lahnwald-Diensthütte** die Abzweigung ins »Ofental, Hochkalter 482«. Hier überqueren wir den **Klausbach** ❷ und treffen nach ca. 100 m auf eine Verzweigung. Rechts geht es ins Sittersbachtal und zum Vorderberghörnl, geradeaus in angenehmen Schleifen durch einen weiten Waldgürtel via »Ofental« bis zur ersten markanen Linkskehre auf ca. 1150 m. Bei hoher Schneelage teilen sich hier die Routen, spät im Frühjahr hingegen folgt man dem Weg noch bis zur Kreuzung mit dem »Forstbegangsteig« ❸ auf 1340 m Höhe und muss sich erst dort für eines der beiden Ziele entscheiden.

Ins **Ofental** geht's am markierten Sommerweg noch über zwei kleinere Schleifen und ca. 120 Hm durch den Wald, ehe wir von links her die Talfurche betreten und das Gelände übersichtlicher wird. Die folgende Steilstufe überwinden wir rechts (Vorsicht, Lawinenstrich zur Linken!). Auf einer Höhe von knapp 1800 m lehnt sich das Tal zurück und gibt den Blick auf den weiteren Routenverlauf bis zur **Ofentalscharte** frei. Zuerst prägen große Steinblöcke das Bild des Tales, das sich ab etwa 2200 m nochmals deutlich aufsteilt und über eine gegliederte Steilstufe zur Scharte bzw. noch etwas weiter nach links zum höchsten Punkt des **Schönwandecks** ❹ hinaufzieht.

Ins **Steintal** wählen wir entweder den erwähnten, mit Steindauben markierten Forstbegangsteig, der auf 1350 m vom Ofentalweg rechts abzweigt. Er führt durch den Wald um den Sockel der **Ofentalschneid** herum und bei einer Gabelung führt dann der linke Pfad hinauf ins Steintal. Dessen Karboden erreicht man so auf etwa 1500 m. Oder bei guter Schneelage können wir hierher auch direkt vom Wanderweg bei Linkskehre auf 1150 m aufsteigen. Dazu folgen wir etwa 50 m nach der Kehre einer engen Waldschneise und der folgenden Rinne, zuletzt links haltend über eine Steilstufe. Der erste Steilaufschwung wird links von der Talsohle genommen, ehe diese den weiteren, sehr übersichtlichen Routenverlauf bis zur **Steintalscharte** vorgibt. **Abfahrt** jeweils wie Aufstieg.

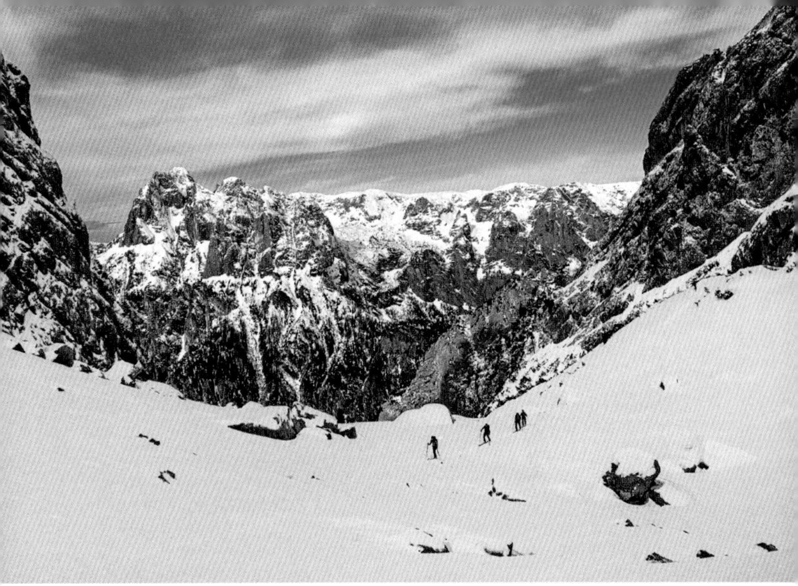

Oben: Das von Felsblöcken übersäte Ofental bei wenig Schnee.
Unten: Kurz vor dem »Gipfel« des Schönwandecks.

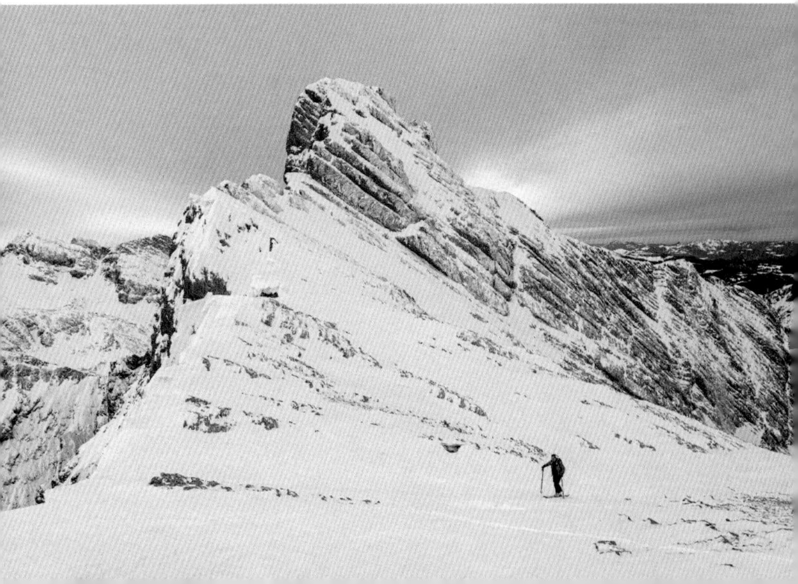

↗ 1670 m | ↘ 1670 m | 14.7 km

37 Sittersbachtal, Steintalhörnl, 2468 m

6.50 h

Mühsamer Zugang in ein Hochtal mit drei prächtigen Tourenzielen

Ein Charakteristikum der Hochkalter-Hochtäler besteht darin, dass das landschaftlich wie skifahrerisch großartige Tourengelände erst auf einer Höhe beginnt, auf der die meisten leichten und mittelschweren Skitouren bereits enden. Bis zum Eingang in diese hoch gelegenen Wannen aber ist ein breiter, meist nur mühsam zu durchquerender Waldgürtel zu überwinden, der sie seit Jahrzehnten vor einem großen Andrang abschirmt. Das gilt nicht nur für das Ofen- und Steintal (siehe Tour 36), sondern auch für das benachbarte Sittersbachtal mit dem Steintalhörnl. Sofern sein steiler Südwesthang keine optimalen Bedingungen aufweist, bieten Hinterbergkopf und Hochfeldscharte mögliche Ausweichziele.

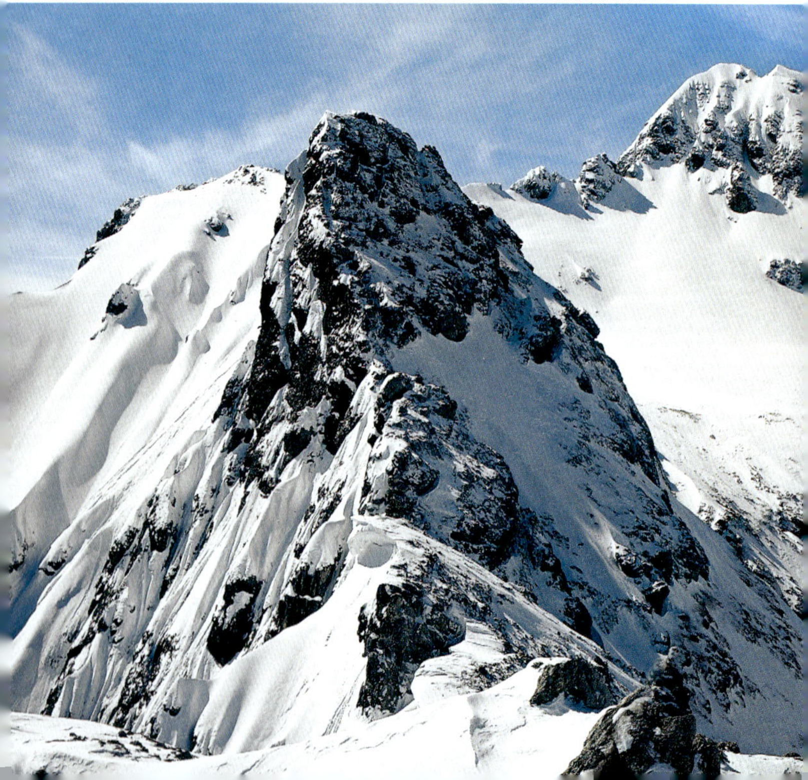

Talort: Ramsau, Bergsteigerdorf, 670 m.
Ausgangspunkt: Parkplatz an der Hirschbichlstraße südwestlich vom Hintersee, 795 m. Zufahrt über die B 305 von Schwarzbachwacht (Wachterl) oder Ramsau, RVO-Linie 846.
Aufstiegszeiten: Parkplatz – Lahnwald-Diensthütte ½ Std., Lahnwald-Diensthütte – Standort der ehemaligen Sittersbach-Holzstube gut ½ Std., Holzstube – Routenverzweigung im Sittersbachtal auf etwa 1900 m gut 2½ Std., Sittersbachtal – Steintalhörnl ca. 1¾ Std.; gesamt: 5½ Std., Hinterbergkopf und Hochfeldscharte etwa ½ bis ¾ Stunde weniger. Zum Hinterbergkopf 1450 Hm, zur Hochfeldscharte 1550 Hm, zum Steintalhörnl 1670 Hm.
Anforderungen: Physisch und auch technisch recht anspruchsvolle Tour, auf der die Durchquerung eines breiten Waldgürtels bis zum Eintritt in das Sittersbachtal erhebliche Mühe bereitet und neben guter Kondition auch viel Geduld erfordert. Harscheisen können hier und im Gipfelhang recht nützlich sein.
Orientierung: In der Waldzone unterhalb des Sittersbachtales sind bei fehlender Spur guter Orientierungssinn und

Am Hinterbergkopf: Die Wimbachschneid (links) verdeckt die Hochfeldscharte, zu der die Skiroute quer durchs Bild zieht. In Bildmitte die Hocheisspitze.

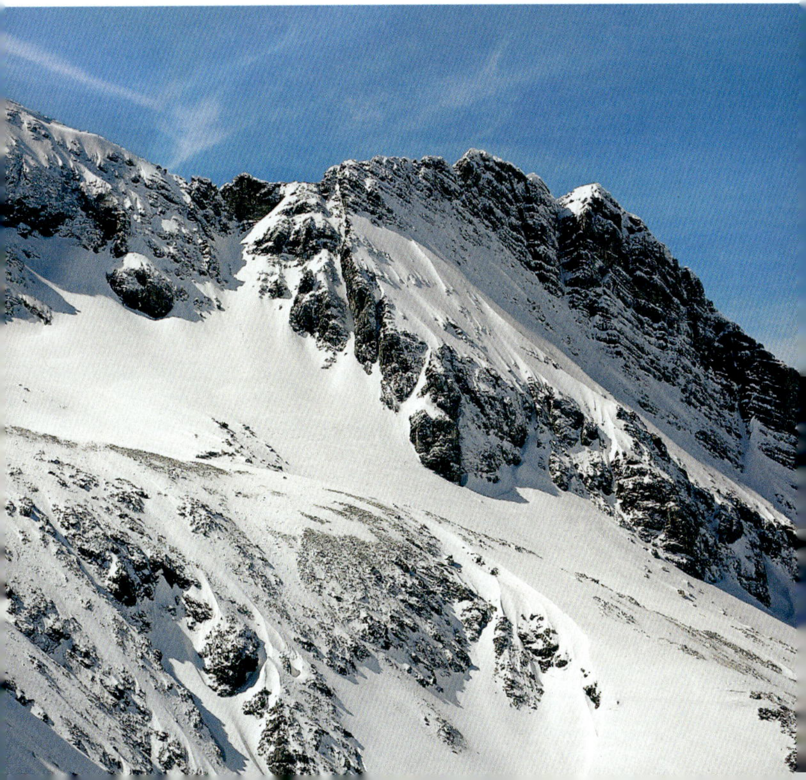

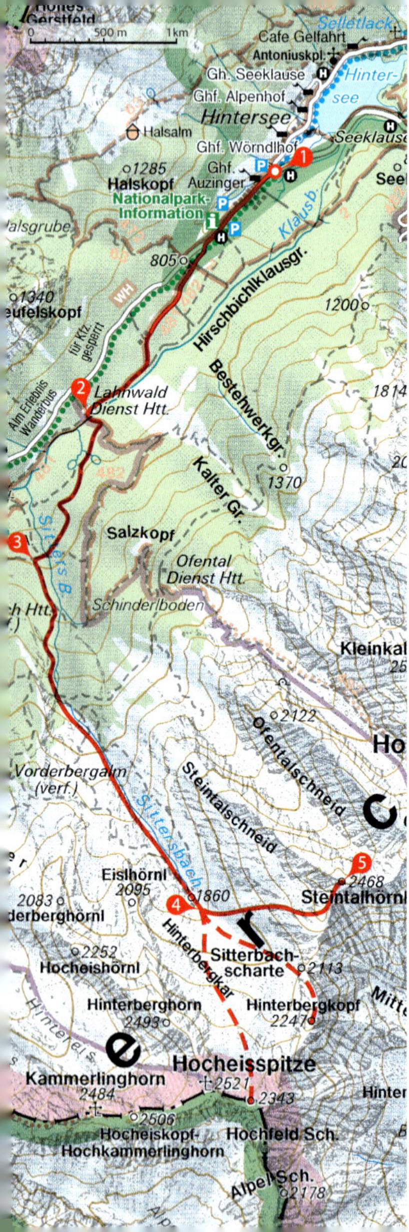

Gespür fürs Gelände unerlässlich. Oberhalb sind die Routen vom Hochtal zu den drei Zielen für das geübte Auge gut zu erkennen und vom Gelände weitgehend vorgegeben.

Hangrichtung: Sittersbachtal und Hinterbergkopf vorwiegend Nord, Hochfeldscharte oben Nordost, Steintalhörnl oben Südwest.

Lawinengefährdung: Die Tour erfordert stabile Schneeverhältnisse und lawinenkundliches Beurteilungsvermögen.

Günstige Zeit: Spätwintertour, etwa Februar – April.

Wildschutzzonen: Die Skiroute verläuft im Nationalpark Berchtesgaden.

Vom Parkplatz auf der **Hirschbichlstraße** ❶ gehen wir knapp 200 m bis zum Nationalparkstein und zweigen dort links in Richtung »Hirschbichl, Bindalm« ab. Der Wanderweg führt an der alten Wildfütterung vorbei und erreicht auf Höhe der kleinen **Lahnwald-Diensthütte** die Abzweigung zum Hochkalter und zu den Hochkalter-Hochtälern. Hier überqueren wir den Klausbach ❷ und treffen nach ca. 100 m auf eine weitere Verzweigung. Rechts geht es ins Sittersbachtal und zum Vorderberghörnl. Der Weg führt an einer Windwurflichtung vorbei und trifft kurz vor und kurz hinter dem Sittersbach (Brücke) auf eine Verzweigung, die beide unberücksichtigt bleiben. Erst der Ziehweg, der ca. 150 m nach dem Brückerl auf einer Höhe von ca. 1000 m scharf links abzweigt ❸, ist für uns maßgebend. Er führt am Standort der ehemaligen **Sittersbach-Holzstube**, 1074 m, vorbei. Dahinter geht es nicht links über den Graben, sondern rechts in einer steilen, gestuften Schneise zu einem Felsgürtel, der nach links abdrängt, ca. 1230 m. Durch lichten, z.T. felsig durchsetzten Hochwald gelangen wir über rampenartiges Gelände zu einem Steg und kurz dahinter zu einer Geländeverflachung, gut 1360 m. Dann geht es etwa 400 Hm mühsam und rechts (westlich) des Grabens über gestuftes, von großen Felsblöcken durchsetztes Stauden-, anschließend Latschen- und Lärchengelände. Oberhalb eines Schartls öffnet sich bei etwa 1770 m rechts ein Karkessel. Unter diesem und am markanten Felszapfen des Eishörnls geht es jeweils links vorbei. Das Gelände flacht nun ins **Sittersbachtal** mehr und mehr ab und weitet sich. Auf einer Höhe von etwa 1900 m 4 teilen sich die Routen: links Steintalhörnl, rechts Hochfeldscharte und geradeaus Hinterbergkopf.

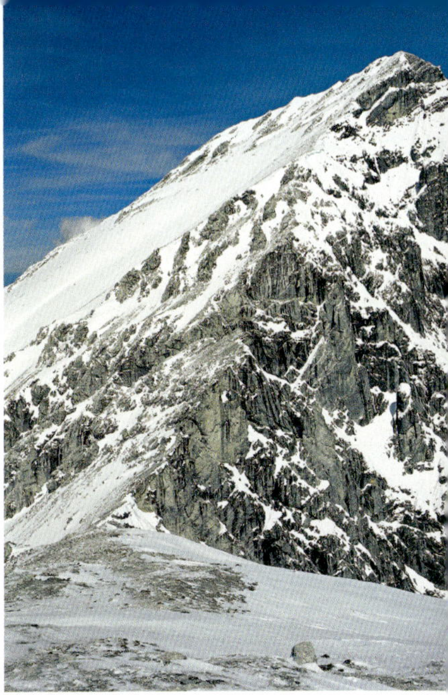

Das Steintalhörnl mit seiner Westflanke vom Hinterbergkopf.

Zum **Steintalhörnl** 5, 2468 m: Links auf den gut sichtbaren Felskopf zu, der die ausladende Westflanke des Steintalhörnls auf etwa 2100 m links begrenzt. Dort holen wir rechts gegen den Südwestgrat aus und steigen in dessen Nähe gipfelwärts, wobei wir auf den letzten 100 Hm wieder mehr in der Hangmitte über die seichte Gipfelmulde unser Ziel angehen können.

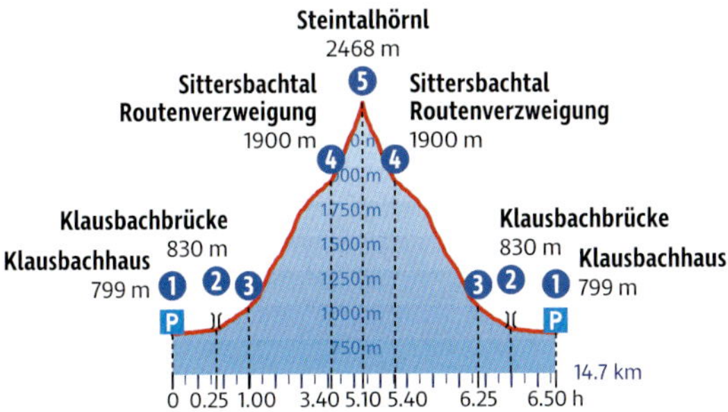

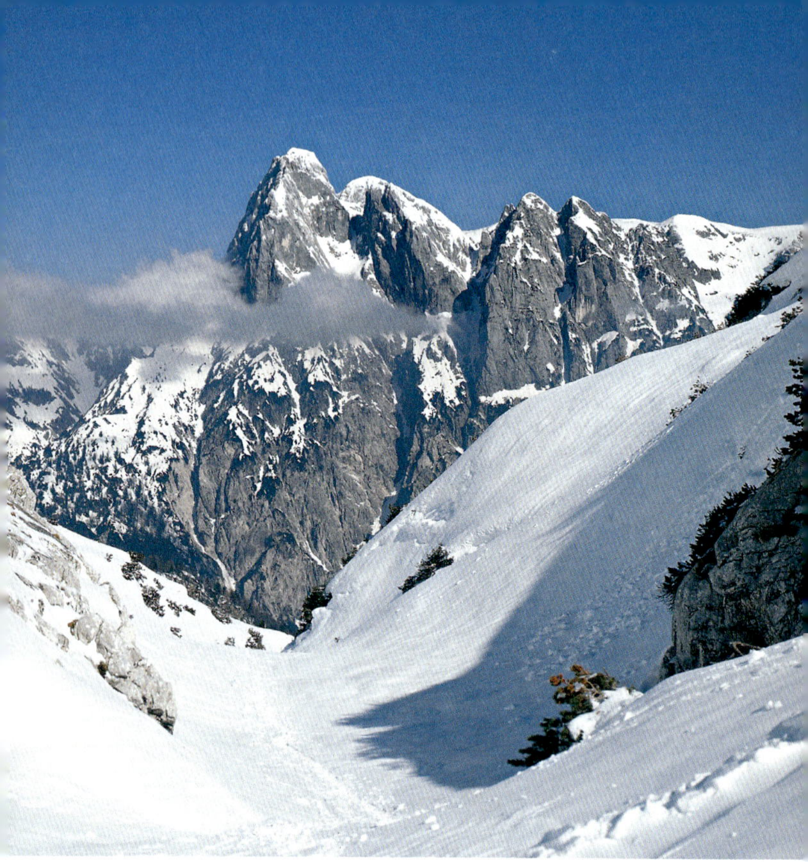

Die imposanten Felspfeiler der Reiteralpe (links das Stadelhorn) vom Sittersbachtal.

Sollte das Steintalhörndl keine sicheren oder guten Verhältnisse aufweisen, kommen zwei Ersatzziele in Frage:
a) **Hinterbergkopf**, 2247 m: In den flachen Talkessel, dann schräg rechts auf eine Schulter und links über eine Rampe zur Sittersbachscharte (2113 m). Von dieser rechts über den Nordgrat und -rücken auf den Hinterbergkopf. Vorsicht: gewaltige Wechtenbildung auf der Ostseite des Grates und am Gipfel.
b) **Hochfeldscharte**, 2342 m: Rechts über eine lang gezogene Rampe in süd- bis südöstlicher Richtung zur Wimbachschneid und zur Hochfeldscharte.
Abfahrt von allen Tourenzielen wie Aufstieg.

↗ 1600 m | ↘ 1600 m | 15.6 km

6.30 h

Hocheisspitze, 2523 m

38

Technisch und konditionell sehr anspruchsvolle Frühjahrstour

Die Hocheisspitze ist unter den Skibergen der Berchtesgadener Alpen eines der anspruchsvollsten und großartigsten Ziele. Da die Straße von der bayerischen Ramsau (Hintersee) über den Hirschbichlpass in den Pinzgau für den allgemeinen Verkehr gesperrt ist und die Postbusse gewöhnlich erst ab Mitte Mai verkehren, erweist sich bis zu diesem Zeitpunkt der Parkplatz in Hintertal als günstigster Ausgangspunkt.

Talort: Weißbach bei Lofer, 665 m, Pinzgauer Dorf im Saalachtal, an der Buslinie Salzburg – Bad Reichenhall – Saalfelden.
Ausgangspunkt: Parkplatz in Hintertal, 979 m. Zufahrt von Weißbach über die Hirschbichlstraße (4,8 km, Kettenpflicht im Winter!), Taxidienst (Tel. +43 6582 83 52).
Aufstiegszeiten: Hintertal – Hirschbichlpass ½ Std., Hirschbichl – Mittereisalm ¾ Std., Mittereisalm – Hocheis-Diensthütte ½ Std., Diensthütte – Hocheiskessel 1½ Std., Hocheiskessel – Hocheisspitze 1¼ Std.
Anforderungen: Mit Ausnahme eines Gletschers ist das gesamte Spektrum des Tourengehens geboten. Sehr steile Flanke unterm Gipfel (Harscheisen, evtl. Steigeisen!), kurze Gratkletterei zum höchsten Punkt. Nur für erfahrene Alpinisten!
Orientierung: Im Wald oberhalb der Mittereisalm bei fehlender Spur guter Orientierungssinn nötig, sonst nicht schwierig. Ausreichende Sicht erforderlich.
Hangrichtung: Nordwest.
Lawinengefährdung: Mehrere tödliche Unfälle machen die besondere Lawinengefahr deutlich. Nur bei absolut stabilen Schneeverhältnissen im Frühjahr.
Günstige Zeit: März – Mai.
Einkehr: Gasthaus Hirschbichl im Frühjahr bei günstiger Witterung ab Mittag geöffnet (Di. Ruhetag).
Varianten: Im Frühjahr mit Rad vom Hintersee zur Bindalm (gut 6 km). Ab 2. Maihälfte per Bus von Weißbach oder Hintersee zum Hirschbichl bzw. zur Bindalm; von dort in ¾ Std. zur Mittereisalm.

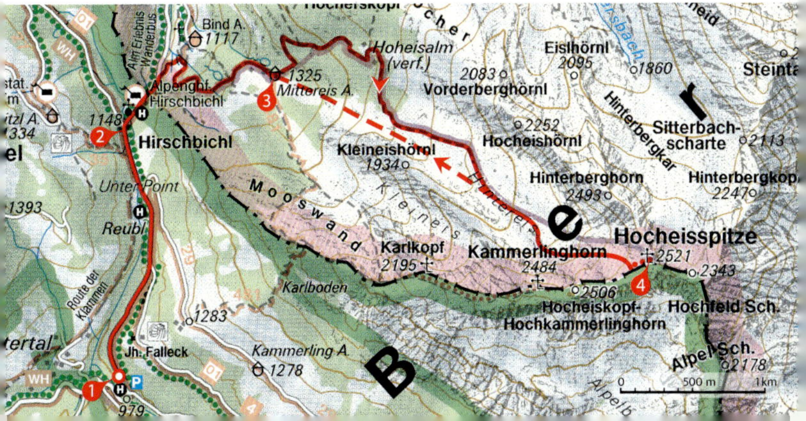

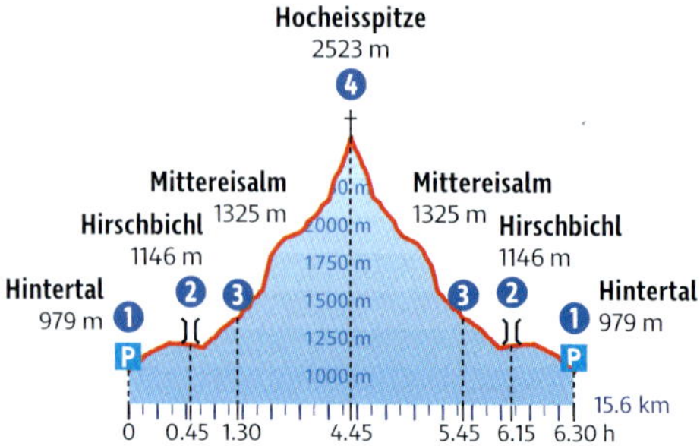

Vom Parkplatz in **Hintertal** ❶ auf steiler Straße zur Passhöhe des **Hirschbichl** ❷, dahinter über das gleichnamige Gasthaus und die ehemalige Grenzstation talwärts, bis sich zur Rechten freie Hänge anbieten. Über diese zum Wald hinauf und auf einem breiten Wanderweg in einigen Schleifen in den großen Kessel um die **Mittereisalm** ❸**,** 1325 m.
Vor dieser zweigt bei einem ebenen Waldstreifen und mehreren Wegweisern links ein unbeschilderter (!), ehemaliger Almweg über die **Mittereis-Diensthütte** in den Hocheiskessel ab. Etwa in seinem Bereich steigen wir in mehreren Schleifen durch schönen Bergwald zur Diensthütte, 1576 m, und von dort rechts über ca. 300 Hm, meist durch lichten Lärchenwald, anschließend noch ca. 120 Hm über welliges und gestuftes Kargelände in den großen **Hocheiskessel** hinauf. Links einer großen Grube geht es ziemlich eben zum Fuß einer Steilflanke in den hintersten Kessel (ca. 2030 m) weiter. Unter günstigen Bedingungen kann man hierher auch vom hinteren Ende des **Mittereiskessels** über einen schütter bewaldeten Steilhang bzw. eine seichte Rinne (ca. 400 Hm, Lawinenstrich) links des **Kleineishörnls** (Abfahrtsroute im späten Frühjahr) und anschließend durch angenehme Mulden und über Kuppen ansteigen.
Die Steilflanke im Hocheis geht man meist in einer Rinne auf der linken Seite an – auch rechts ist ein Anstieg möglich – und holt nach ca. 150 Hm, vor der Verengung der Rinne, auf einen wenig ausgeprägten Absatz nach rechts aus, um dann – dem Gelände angepasst – zuerst mehr rechts, dann in der Mitte der Flanke bis unter den Felsgürtel anzusteigen. Zuletzt geht es sehr steil in die Scharte rechts vom Gipfel (Skidepot, ca. 2480 m) und von dort in zwei Steilstufen von ca. 40 Hm auf allen Vieren über den verschneiten Grat ostwärts zum kleinen Metallkreuz auf der **Hocheisspitze** ❹.
Abfahrt wie Aufstieg.

Der steile Anstieg vom Hocheiskar zum Skidepot (Mitte rechts außerhalb des Bildes) ist oft beinhart und erfordert Erfahrung und Können. Zu Fuß geht es über den Grat von rechts zum Gipfel.

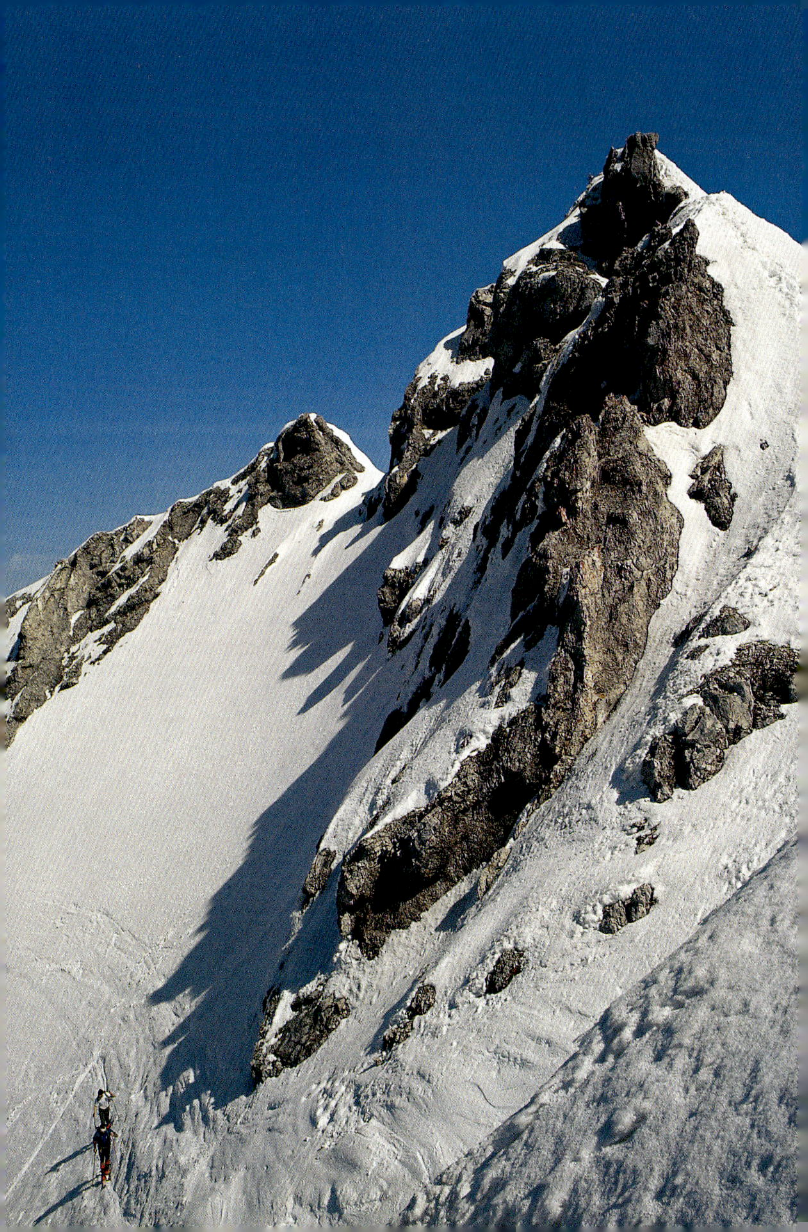

TOP

39

Seehorn, 2321 m

↗ 1350 m | ↘ 1350 m | 13.7 km

5.40 h

Weite Almböden zu Füßen – grandiose Felsburgen vor Augen

Das Seehorn, das man vom Parkplatz in Hintertal ganz im Talschluss sehen kann, liegt an der Schnittstelle von Hochkaltergebirge und Steinernem Meer und baut sich mit schönen, überwiegend freien Westhängen über der Kallbrunnalm auf. Der Berg begeistert durch eine Prachtkulisse.

Talort: Weißbach bei Lofer, 665 m, Pinzgauer Dorf im Saalachtal, Buslinie Salzburg – Bad Reichenhall – Saalfelden.
Ausgangspunkt: Parkplatz in Hintertal, 979 m. Zufahrt von Weißbach über Hirschbichlstraße (4,8 km, Kettenpflicht im Winter!), Taxidienst (Tel. +43 6582 83 52).
Aufstiegszeiten: Hintertal – Kallbrunn 1½ Std., Kallbrunn – Seehorn 2¾ Std.
Anforderungen: Zur Kallbrunnalm Forststraße. Darüber steiler, lichter Bergwald, dann freie Idealhänge bis zum Gipfel (bei hartem Untergrund unangenehm). Solide Grundkondition empfehlenswert.
Orientierung: Zur Kallbrunnalm relativ einfach, darüber nur bei ausreichender Sicht. Bei fehlender Spur Ortskenntnisse erforderlich.
Hangrichtung: West und Nord.
Lawinengefährdung: Begrenzt, oberhalb von Kallbrunn nach größeren Neuschneemengen stellenweise kritisch.
Günstige Zeit: Dezember bis April.
Einkehr: Jausenstation in Pürzlbach (Variante).
Varianten: 1. Von Pürzlbach (oberer Parkplatz ca. 1095 m) auf einer Forststraße zur Kallbrunnalm und im weiten Linksbogen über den Almboden zur Hintertalroute: ca. ¼ Std. kürzer, sonnseitig und früh aper. Zufahrt: 1,6 km oberhalb von Weißbach von der Hirschbichlstraße rechts nach Pürzlbach abzweigen und 2,6 km zum Parkplatz 2 in Pürzlbach. Schneeketten bereithalten!
2. Von der Kallbrunnalm in gut ½ Std. ca. 200 Hm nordwestwärts auf die Graskuppe des Hochfeldes (1641 m).

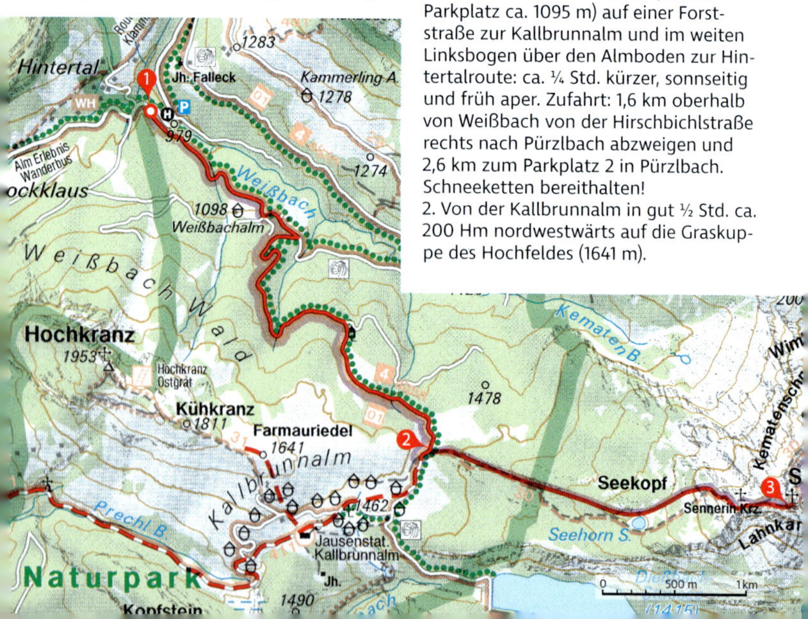

Vom Parkplatz in **Hintertal** ❶ auf der Hirschbichlstraße gut 100 m zu einem Wirtschaftsgebäude zurück, wo eine Forststraße nach »Kallbrunn/Dießbachstausee« abzweigt. Zu dieser kann man auch direkt von der Hütte beim Parkplatz durch den Wald rechts hinaufsteigen. Nach ca. 1½ km muss man an der Gabelung hinter den Hütten der **Weißbachalm** den rechten (!) Straßenast wählen und gelangt so nach **Kallbrunn**. Bereits beim Eintritt in den ebenen Almboden ❷, ca. 1460 m, noch ehe die Hütten zu sehen sind, zweigen wir links zum Seehorn ab (Einmündung der Pürzlbach-Variante), gleiten ostwärts in eine Senke hinab und ziehen unsere Spur dann über eine lang gezogene, schneisenartige Almwiese auf einen kleinen Absatz. Am steilen Nordhang zur Rechten geht es anschließend z.T. unter Felsen, vor allem aber durch lichten Fichten- und später durch Lärchenwald ostwärts hinauf. Ab der Waldgrenze, ca. 1650 m, halten wir uns noch ca. 100 Hm leicht links und ziehen unsere Spur dann über schönes, kupiertes Tourengelände auf eine unbedeutende Schulter nach rechts hinüber, ca. 1900 m. In diesem Abschnitt wird beinahe mit jedem Höhenmeter die Aussicht auf die Steinberge, Reiteralpe, Hocheisgruppe und den Hochkranz prachtvoller. Über einen weiten, konkaven Hang geht es anschließend zum linken Eck eines quer verlaufenden, sperrigen Felsgürtels hinauf, ca. 2050 m, wo wir einen passablen Übergang auf den gleichmäßig abdachenden Gipfelhang finden. Über das **Sennerinkreuz** und in der Nähe der Geländekante zur Rechten – Achtung: Wechten rechts! – erreichen wir das **Seehorn** ❸, 2321 m.
Abfahrt wie Aufstieg.

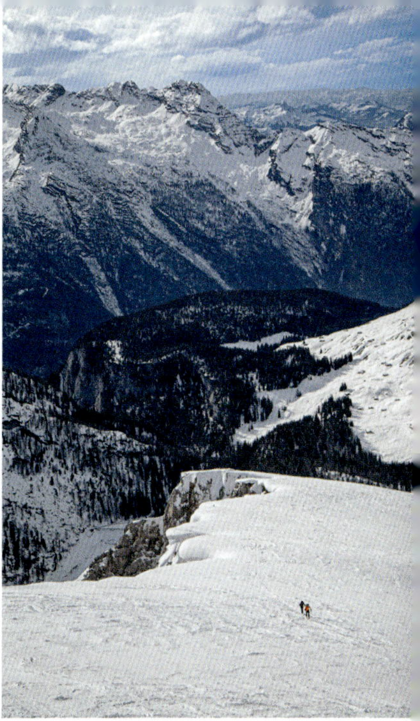

Am breiten Gipfelrücken des Seehorns.

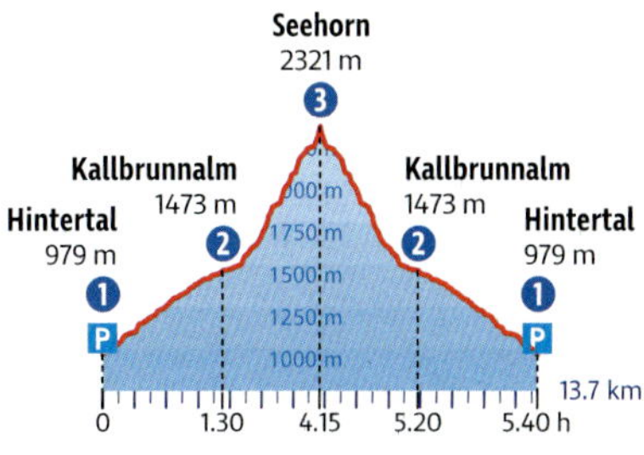

↗ 1370 m | ↘ 1370 m | 11.7 km

40 Buchauer Scharte, 2268 m

5.15 h

Steiler Firngenuss am Südrand des Steinernen Meeres

Die Skitour zur Buchauer Scharte zählt zu den anspruchsvollen, landschaftlich großartigen und klangvollsten Unternehmungen am Rande des Steinernen Meeres; sie setzt zwingend eine stabile Schneedecke voraus.

Talort: Maria Alm, am Fuß des Steinernen Meeres, 802 m. Regionalbus SVV Nr. 620 von Saalfelden.
Ausgangspunkt: Rohrmoos, 899 m. Zufahrt: An der Kirche in Maria Alm geradeaus und immer am Südostufer des Krallerbaches entlang (2,6 km bis Rohrmoos).
Aufstiegszeiten: Rohrmoos – Weggabelung vor der Kaseregg-Kapelle ½ Std., Weggabelung – Freithofalm knapp 1½ Std., Freithofalm – Buchauer Scharte knapp 2 Std.
Anforderungen: Länge und Steilheit der Tour erfordern neben einer soliden Grundkondition auch eine gute Skitechnik. Harscheisen mitnehmen.
Orientierung: Die Route über den Forstweg ist deutlicher als der Weg über die Kaseregg-Kapelle. Oberhalb der Waldzone übersichtlich, vom Gelände vorgegeben.
Hangrichtung: Süd und Südwest.
Lawinengefährdung: Stark lawinenbedroht, nur bei stabiler Schneelage.
Günstige Zeit: März mit April, bei längerer Schönwetterperiode auch früher.
Wald-Wild-Schongebiete: Den Waldrücken über der Kaseregg-Kapelle nur im Aufstieg begehen. Die darüberliegende Schonung nur am Forstweg befahren.

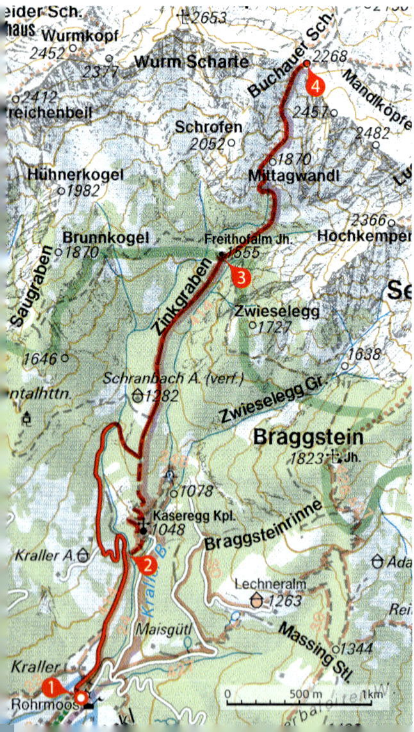

In **Rohrmoos** ❶ links über die Brücke und auf einer Almstraße rechts auf eine Geländeterrasse beim **Krallerbauer**, der links liegen bleibt.

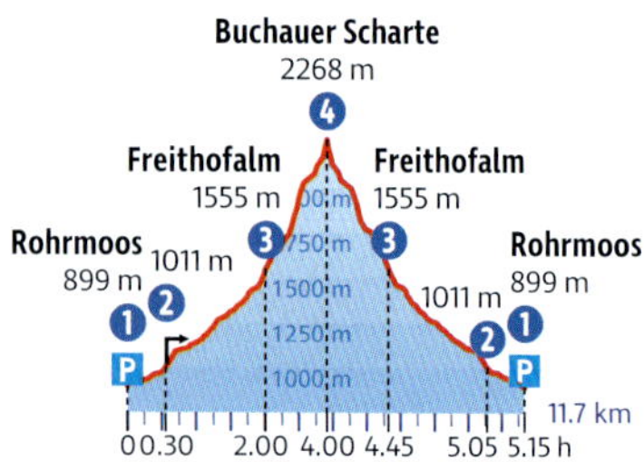

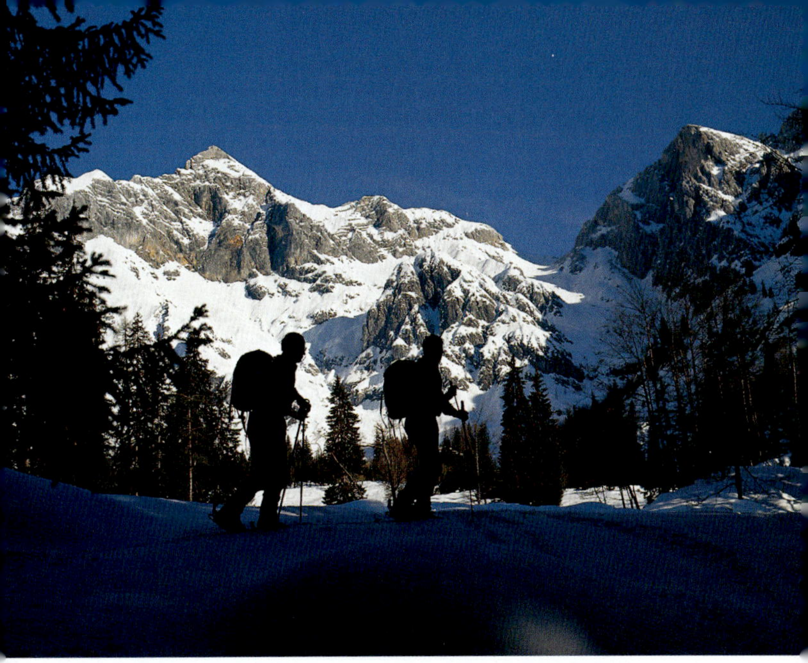

Schönfeldspitze (links) und Buchauer Scharte (rechts) über der Schonung.

Auf dem Sträßchen – bei der ersten Verzweigung rechts, bei der zweiten links – oder über die angrenzenden flachen Wiesen direkt auf die Schönfeldspitze und die Buchauer Scharte zu. Bei einem Graben laufen beide Routen zusammen und treffen kurz darauf auf eine **Weggabelung** ❷. Die Route 414 führt rechts über den Bach und im Linksbogen zur **Kaseregg-Kapelle**, 1045 m. An dieser geht's links vorbei und über einen steilen Waldrücken zu einer Lichtung und Schonung, ca. 1230 m. Hier mündet von links das Sträßchen ein, das an der Wegteilung unter der Kapelle geradeaus weiterführt. Es windet sich über Weidehänge zu einer Verzweigung hinauf (ca. 20 Hm unterhalb einer Heuhütte), läuft geradeaus in den bewaldeten **Zinkgraben**, passiert einen Lawinenstrich und zieht hinter einem **Wasserfall** zur o.g. Lichtung und Schonung hinauf. Am Forstweg geht's zu ihrem oberen rechten Eck, dann durch ein Waldstück, hinter dem die **Freithofalm** ❸, 1555 m, sichtbar wird. Hinter den beiden Almhütten führt uns ein Rücken ins Kar hinauf, wo wir unter den Felswänden der Mandlköpfe die breite Karrinne aufnehmen, der wir dem Gelände angepasst und über einige Steilstufen zur **Buchauer Scharte** ❹, 2268 m, folgen. **Abfahrt** wie Aufstieg, unten über die Forststraße und den Wasserfall.

↗ 1430 m | ↘ 1430 m | 12.5 km

41 Hohe Torscharte, 2293 m, und Marterlkopf, 2444 m

5.10 h

Auf einer Steilkurve nach oben

Die Hohe Torscharte zwischen Hochkönig und Steinernem Meer bietet ähnlich wie die Buchauer Scharte eine großartige, steile Firntour in ein südwestseitiges Kar. Die Route ist von Hinterthal bereits einzusehen und zieht wie eine Parabel zuerst ganz flach, dann immer steiler zur Höhe.

Talort/Ausgangspunkt: Hinterthal, 1016 m, Bergdorf zwischen Hochkönig und Steinernem Meer, Regionalbus SVV Nr. 620 von Saalfelden.
Ausgangspunkt: Parkmöglichkeiten vor (!) der Kirche, am Nordwestufer des Urslaubaches oder beim Lift vor dem Dorf.
Aufstiegszeiten: Hinterthal – Enzenalm gut ½ Std., Enzenalm – Toreben gut 2 Std., Toreben – Hohe Torscharte knapp 1 Std., Torscharte – Marterlkopf ½ Std; gesamt: Hohe Torscharte 3¾ Std., Marterlkopf 4¼ Std., Torkopf 4 Std.
Höhenunterschied: Hohe Torscharte knapp 1300 m, Marterlkopf gut 1400 m, Torkopf gut 1300 m.
Anforderungen: Ausdauer und technisches Rüstzeug im alpinen Steilgelände für Aufstieg und Abfahrt erforderlich. Harscheisen mitnehmen!
Orientierung: Fast ausschließlich freies, übersichtliches Gelände. Eine Hochspannungsleitung dient als Wegweiser.
Hangrichtung: Südwest.

Das Ziel ist fast von Anfang an im Blick.

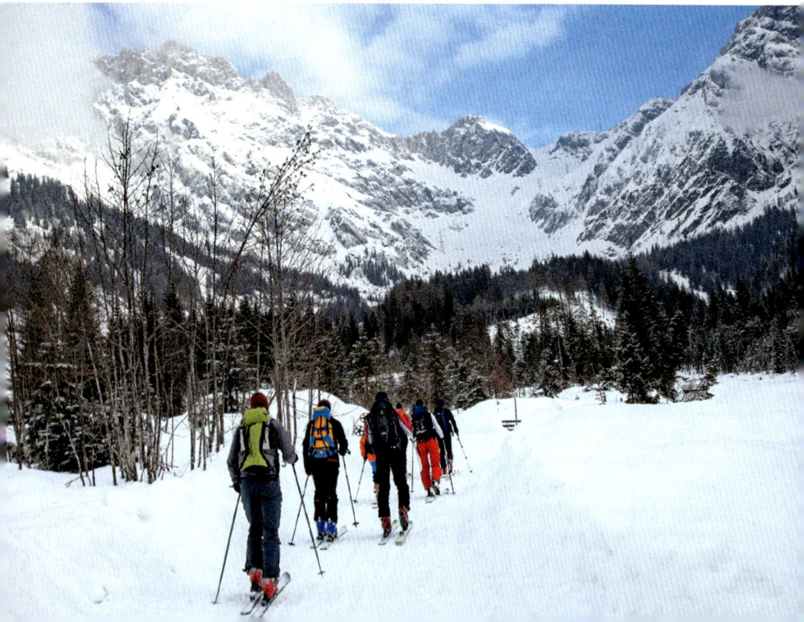

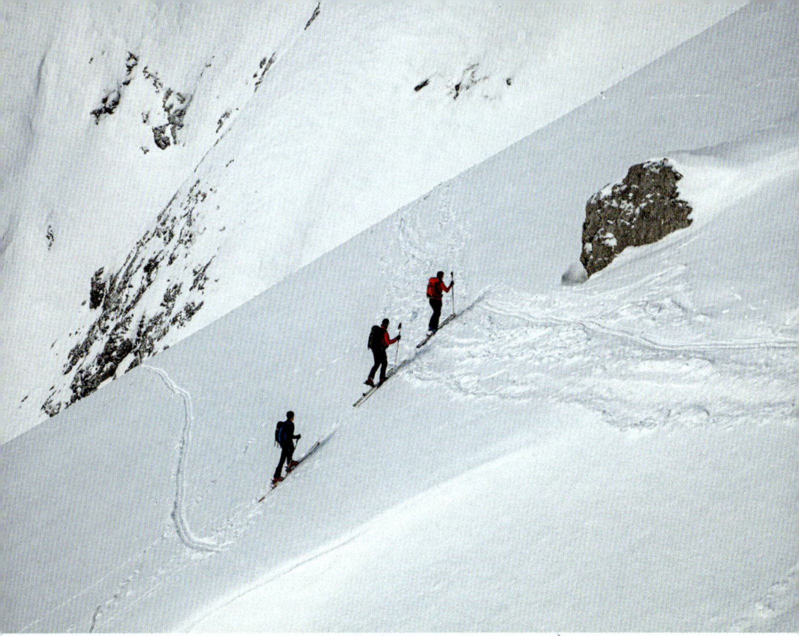

Im großen, steilen Hang unter der Scharte.

Lawinengefährdung: Stark lawinengefährdet, deshalb nur bei stabiler Schneelage (Harsch/Firn).
Günstige Zeit: März – Anfang Mai, nach längerer Schönwetterperiode auch früher.
Variante: Entlang der Hochspannungsleitung auf die Niedere Torscharte, 2247 m, und links auf den Torkopf (2333 m).

Kurz vor oder etwa 300 m hinter der Kirche von **Hinterthal** ❶ gehen wir links über eine Brücke, dann gleich wieder nach rechts und folgen auf einer Forststraße bzw. Loipe dem **Ww. »Torscharte 415«** am Nordwestufer des Urslaubaches rund eine halbe Stunde talaufwärts, bis ein Schild links auf das freie Gelände der **Enzenalm** ❷ hinausweist. Diese lassen wir links liegen und ziehen unsere Spur über schütter bewaldete Bergweiden zu einer markanten Rinne, hinter der wir einen weiten, mäßig geneigten Karboden erreichen. Bis etwa 1600 m steigen wir rechts einer zur Torscharte ziehenden Hoch-

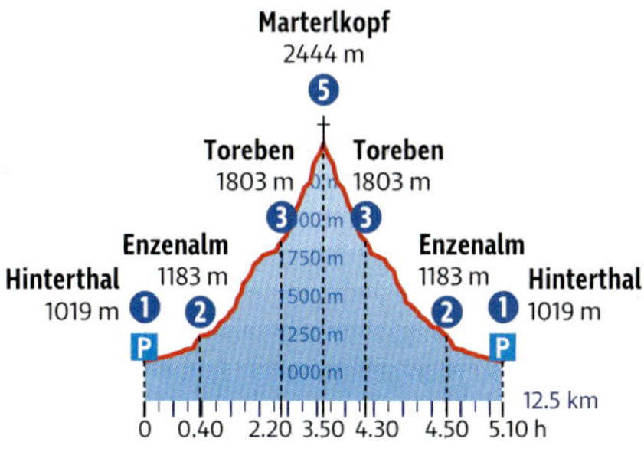

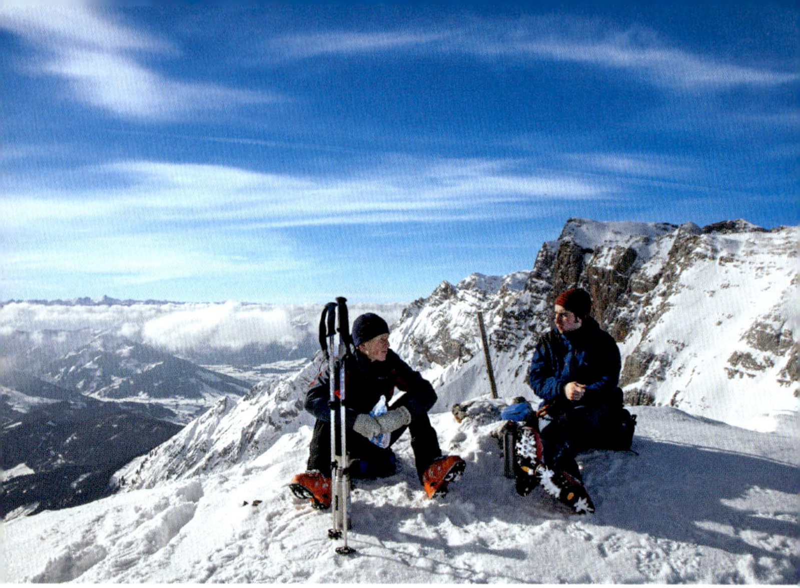

Oben: Gipfelbrotzeit an der Abbruchkante des Steinernen Meeres.
Unten: Abfahrt von der Torscharte.

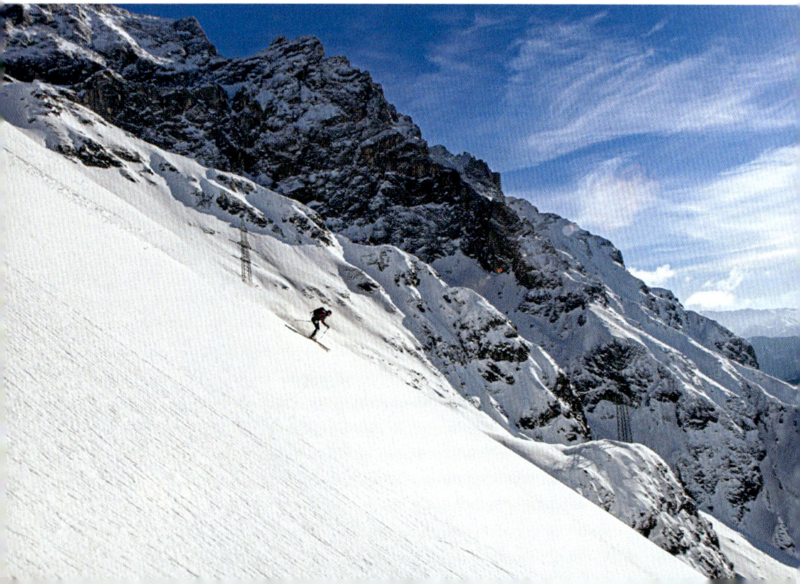

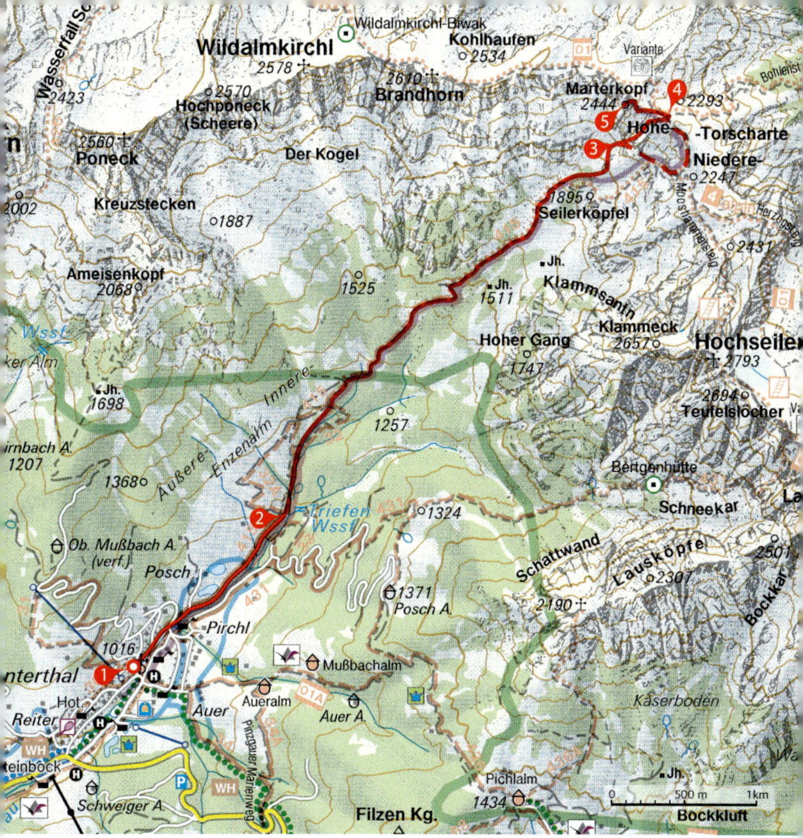

spannungsleitung an. Dann halten wir links davon auf eine ab ca. 1700 m stark aufsteilende Rippe zu und mühen uns dann links davon ca. 200 Hm zur Höhe, bis sie sich verliert. Nun steuern wir rechts in einen Kessel 3 (**»Toreben«**), wo wir uns entscheiden müssen: Der Hochspannungsleitung folgend, gelangt man rechts auf die **Niedere Torscharte**, 2247 m, Variante; die meisten ziehen aber nach links auf die **Hohe Torscharte** 4, 2293 m. Dort kann man entweder rechts auf den **Torkopf** (2333 m) steigen oder links dem anspruchsvolleren **Marterlkopf** 5 den Vorzug geben. Letzterer kann bei günstigen Bedingungen auch mit den Skiern bestiegen werden. Die Route führt über eine aufsteilende Mulde, die auf eine Schulter nach rechts abdrängt, und dann links zum Gipfel zieht.

Abfahrt wie Aufstieg.

↗ 1000 m | ↘ 1000 m | 7.4 km

42 Lauskopf, 2190 m

4.00 h

Unscheinbarer, aber anspruchsvoller Gipfel vor imposanter Kulisse

Der vom Hochkönigstock (Lamkopf) südwestwärts abstreichende Grat wirft mit den Lausköpfen mehrere kleine Felsgipfel auf. Auf der vorletzten Graterhebung wurde von der Sektion Lend-Dienten anlässlich ihres 100-jährigen Bestehens 1993 ein Gipfelkreuz errichtet. Zu diesem führt eine rassige Frühjahrsskitour, die bei erfahrenen Tourengehern schon seit vielen Jahren Zuspruch findet. Während beim Aufstieg das Große Wiesbachhorn immer deutlicher ins Blickfeld tritt, gesellt sich am Gipfel die Felskulisse vom Hochseiler übers Steinerne Meer bis zu den Leoganger Steinbergen dazu.

Talort: Dienten am Hochkönig, 1078 m.
Ausgangspunkt: Filzenkapelle, 1195 m, nahe der km-Marke 21,0 an der Straße von Dienten über den Filzensattel nach Saalfelden.
Aufstiegszeiten: Filzenkapelle – Mitteregg – Onemosalm 1 Std., Onemosalm – Lauskopf 2 Std.
Anforderungen: Kurze Waldzone, dann freies Alm-, Latschen- und Schrofengelände, das beachtlich aufsteilt und perfekte Aufstiegs- und Abfahrtstechnik erfordert. Zeitig aufbrechen und Harscheisen mitnehmen. Nur für erfahrene Tourengeher!
Orientierung: Bei fehlender Aufstiegsspur ist sowohl im Almbereich als auch auf den freien Hängen darüber etwas Gespür für die günstigste Routenwahl von Vorteil.
Hangrichtung: Südost bis Südwest.
Lawinengefährdung: Das Gelände ist erheblich von Lawinen bedroht. Nur bei stabiler Schneeauflage (Firntour)!

Die Skiroute auf den Lauskopf (2. Graterhebung von links).

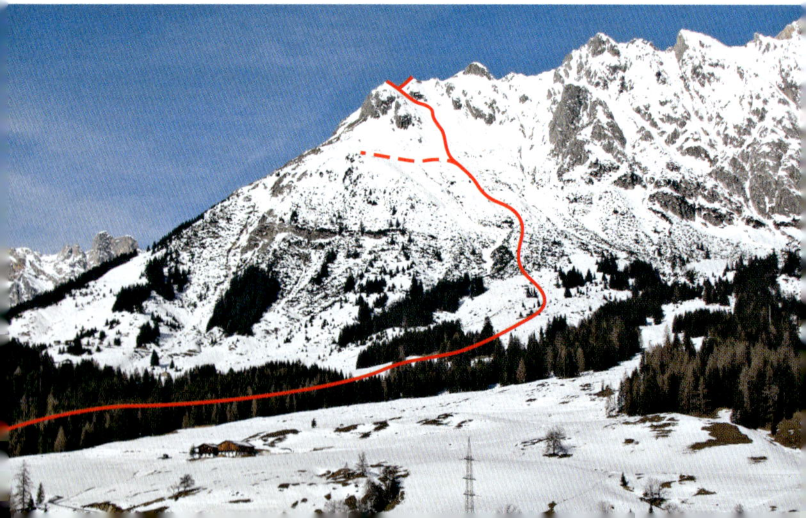

Günstige Zeit: Meist Ende Februar bis Anfang April, in manchen Jahren auch früher.
Einkehr: Keine!
Varianten: 1. Auf dem etwa 100 m unterhalb der Filzenkapelle abzweigenden Güterweg nach Rohrmoos und links vom Gehöft über Wiesen oder auf dem Almweg über Mitteregg zur Hauptroute.
2. Bei Hartschnee und für weniger Geübte ist es sinnvoll, den Aufstieg auf der wenig ausgeprägten Geländeverflachung links unterhalb der Felsen zu beenden (ca. 1870 m).

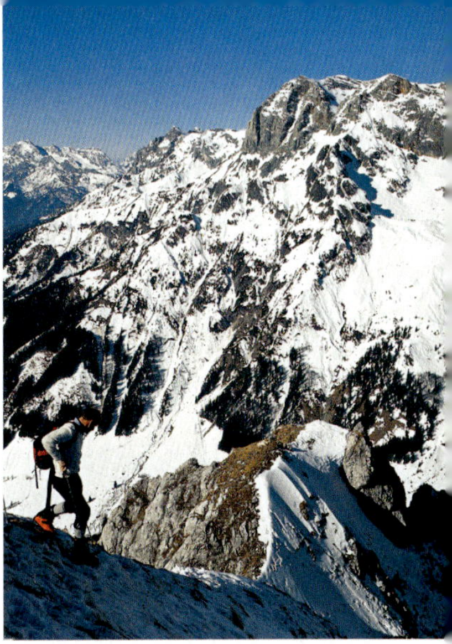

Der steile Gipfelbereich des Lauskopfes erfordert reichliche Bergerfahrung.

An der **Filzenkapelle** ❶ zweigen nahe beieinander zwei Forstwege ostwärts ab. Auf dem oberen ziehen wir durch den Wald und über einen Graben zu einer Lichtung auf einem flachen Rücken. Diesem folgen wir in mäßiger Steigung durch lichtes Gehölz zur **Mittereggalm** ❷, 1354 m, und steigen von dort rechts oder links von einem Waldstück über Bergweiden nordostwärts zur **Onemosalm** ❸, 1463 m, an. Der folgende Rücken steilt mit zunehmender Höhe beachtlich auf und weitet sich zu einer riesigen Flanke. Hier zieht die Variante 2 links hinaus, die Hauptroute müht sich aber über einen sehr steilen, keilförmigen, konkaven Hang und dreht dann links auf eine **Schulter** ❹, ca. 2060 m, Skidepot. Von dieser steigt man meist zu Fuß über kleine Kuppen zum Kreuz am **Lauskopf** ❺, 2190 m. **Abfahrt** wie Aufstieg.

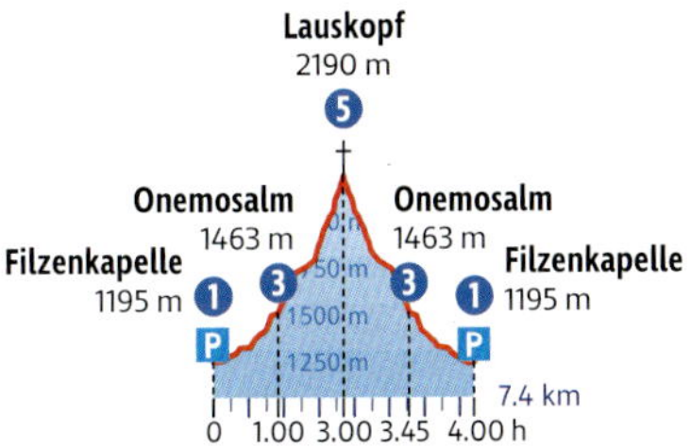

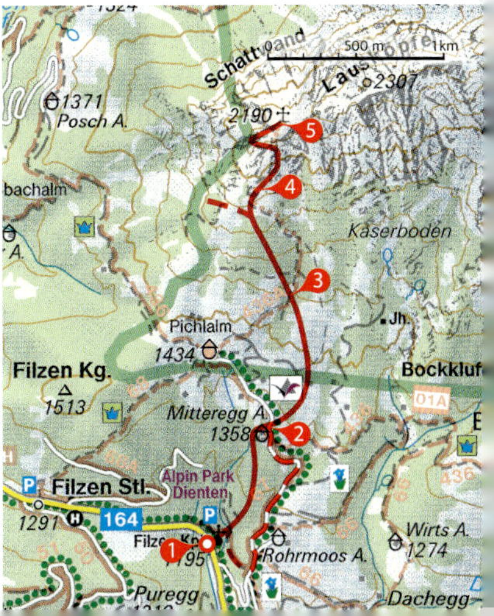

↗ 800 m | ↘ 800 m | 6.1 km

43 Taghaubenscharte, 2136 m

3.00 h

Flotte Firntour über dem Dientner Sattel mit freier Abfahrt

Schon auf der Anreise von Dienten zum Dientner Sattel wird der Tourengeher auf die verlockenden freien Hänge unter der Taghaubenscharte aufmerksam. Das weitläufige, kupierte Gelände drängt sich förmlich für eine Skitour auf und wird sowohl bei stabilen Pulverschneebedingungen als auch im Spätwinter bei Firnverhältnissen häufig aufgesucht.

Talorte: Mühlbach am Hochkönig, 859 m, Bus von Bischofshofen. Dienten am Hochkönig, 1078 m, Regionalbus SVV Nr. 620 von Saalfelden.
Ausgangspunkt: Parkplatz 0,7 km westlich des Dientner Sattels, 1342 m, erreichbar mit Regionalbus Nr. 593 von Dienten/Mühlbach.
Aufstiegszeiten: Dientner Sattel – Erichhütte gut ½ Std., Erichhütte – Taghaubenscharte gut 1½ Std.
Anforderungen: Sträßchen und freies Almgelände, das oben deutlich aufsteilt; Harscheisen daher vielfach von Vorteil.
Orientierung: Bei ausreichender Sicht ohne Probleme, da vom Gelände weitgehend vorgegeben und häufig gespurt.
Hangrichtung: Südwest.
Lawinengefährdung: Stabile Schneelage abwarten und das Einzugsgebiet aus den Flanken beachten.
Günstige Zeit: Januar bis April.
Einkehr: Mittereggalm am Dientner Sattel (1370 m, privat, gj. bew., www.mittereggalm.com, +43 699 17055764). Erichhütte (1546 m, bei gutem Wetter von Feb. bis Ende der Skisaison bew., keine Übernachtungsmöglichkeit).

Vom Parkplatz westlich des **Dientner Sattels** ❶ bietet ein Sträßchen den bequemsten Aufstieg zur **Erichhütte** ❷. Von dort steuern wir in nordöstlicher Richtung zuerst über mäßig geneigte, dann zunehmend steilere Hänge auf die **Taghaubenscharte** ❸ zu, wobei wir uns im mittleren Abschnitt links des zur Scharte hinaufziehenden Grabens halten und dem Gelände anpassen. Dieses ist im Bereich eines auffallenden Felskopfes, den

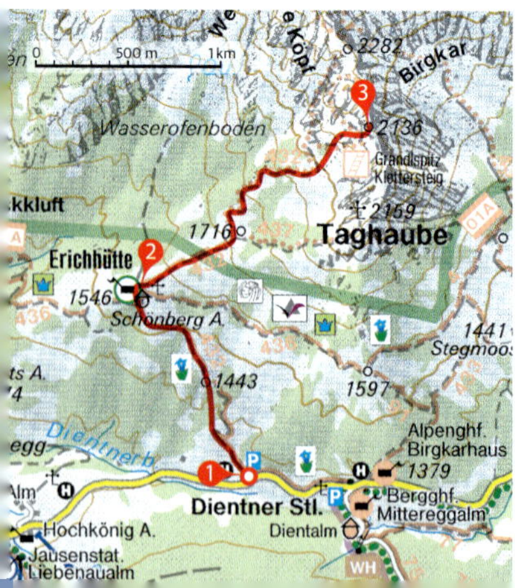

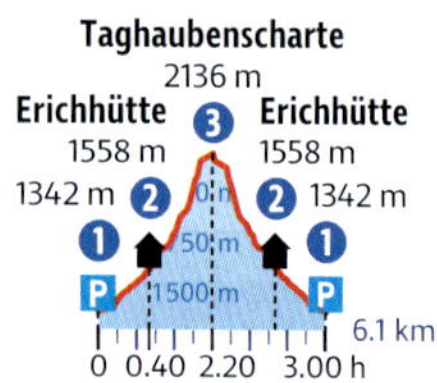

Rechts: Oberhalb der Erichhütte zur Taghaubenscharte (in Bildmitte) unterwegs.

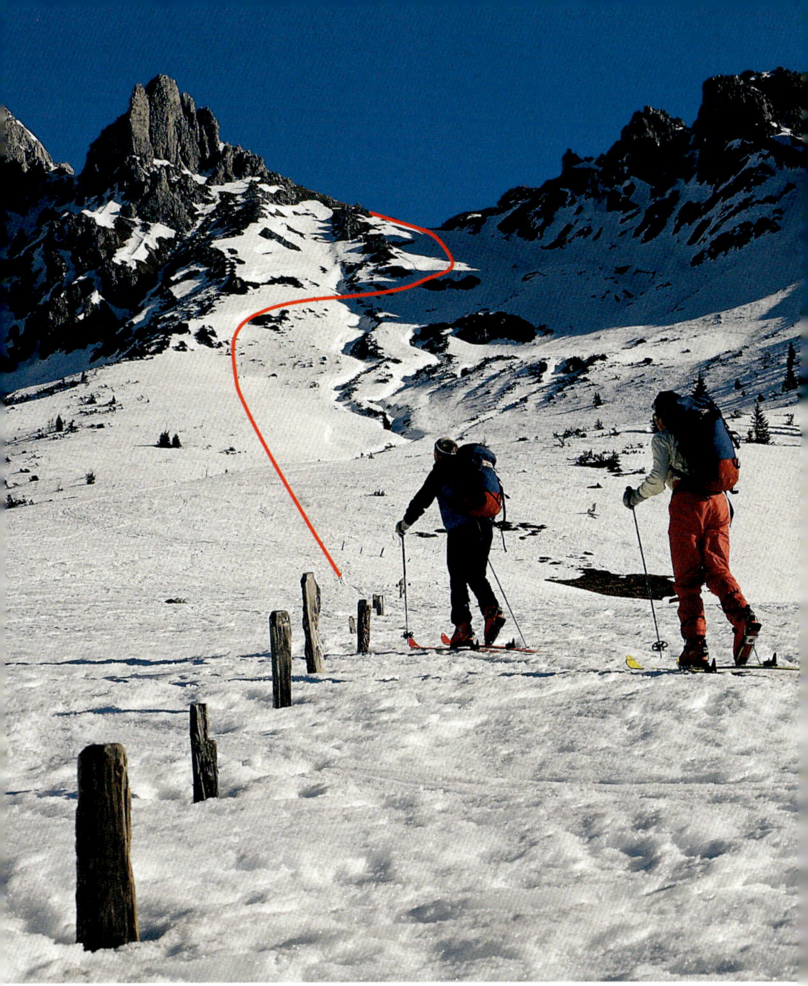

man gewöhnlich rechts umgeht, über rund 100 Hm am steilsten. Je nach Schneelage und individuellem Können steigen manche von der Scharte noch ein Stück nach links hinauf, soweit es das Gelände zulässt (Granlspitz zu Fuß).

Abfahrt wie Aufstieg, etwa ab der Erichhütte auch über das Almgelände abseits der Straße.

↗ 1550 m | ↘ 1550 m | 18.2 km

44 Hochkönig, 2941 m

7.30 h

Zum höchsten Gipfel der Berchtesgadener Alpen

Man möchte es kaum für möglich halten, dass eine so anspruchsvolle Tour wie die vom Arthurhaus zum Hochkönig schon zum Ende des 19. Jahrhunderts mit Skiern durchgeführt wurde (Pfannl, 1898). Der Weg auf den Hochkönig ist heute nicht kürzer; er ist bei vorhandener Spur – vor allem aber durch verbesserte Ausrüstung – leichter geworden, bleibt aber trotzdem eine ernste Unternehmung.

Talort: Mühlbach, 859 m, Bergdorf am Hochkönig, Buslinie von Bischofshofen.
Ausgangspunkt: Arthurhaus, 1502 m. Zufahrt mit Pkw oder Regionalbus Nr. 593 von Dienten über Mühlbach, Bus Nr. 590 von Bischofshofen bis Mühlbach.
Aufstiegszeiten: Arthurhaus – Mitterfeldalm ¾ Std., Mitterfeldalm – Fuß der Torsäule 2 Std., Torsäule – Schoberschartl 1 Std., Schoberschartl – Hochkönig 1½ Std.
Anforderungen: Lange, hochalpine Tour, die sehr gute Kondition voraussetzt. Felspassage hinter der Mitterfeldalm u.U. zu Fuß!
Orientierung: Bis zum Schoberschartl weitgehend vom Gelände vorgegeben, auf der welligen Hochfläche der Übergossenen Alm durch Stangenmarkierung erleichtert. Sichere Wetterlage mit guten Sichtverhältnissen unerlässlich; bei ungünstigen Bedingungen »schwarz«!
Hangrichtung: Ost, Nord- und Südost.
Lawinengefährdung: Besonders bei der Querung am Fuß der Mandlwand besteht erhebliche Lawinengefahr! Die Tour nur bei stabiler Schneelage durchführen.
Günstige Zeit: März bis Ende Mai.
Einkehr: Arthurhaus (40 B., 24 L., bew. Dez. mit April, Tel. +43 6467 7202).

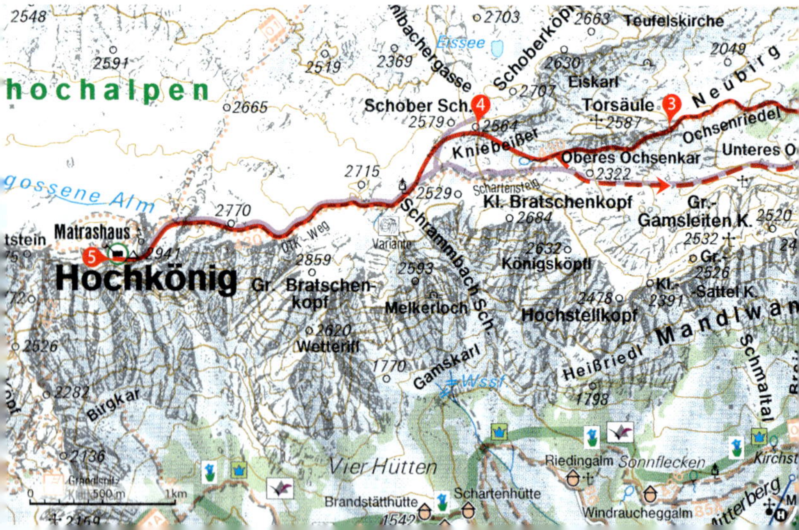

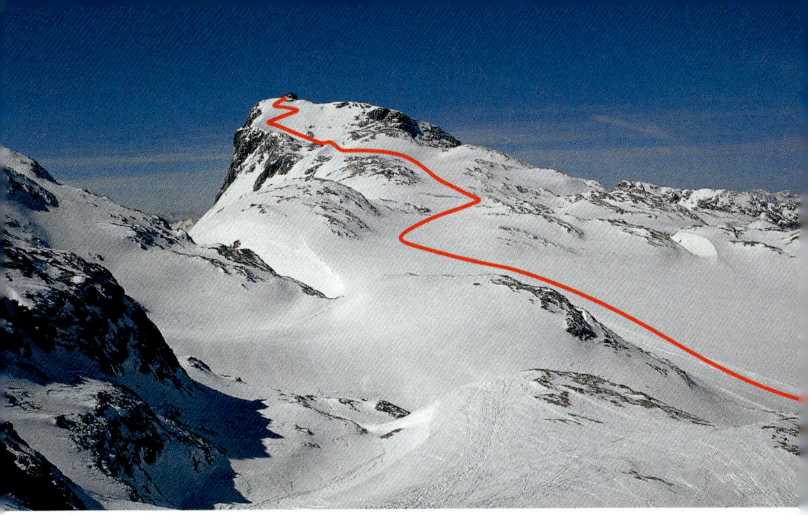

Übergossene Alm (rechts) und Hochkönig mit Matrashaus (Mitte).

Vom **Arthurhaus** ❶, 1502 m, nordostwärts über den **Mitterbergsattel** (Querung eines Schlepplifts) und anschließend am Sommerweg in angenehmer Steigung die Hänge zur **Mitterfeldalm** ❷ queren. Von hier höhengleich nordwestwärts weiter, dann gut 20 Hm zu einem Felseneck (**Kleine Gaißnase**) hinab, dahinter steile Lawinenhänge der **Mandlwand** ansteigend queren und in die Mulde des **Unteren Ochsenkares**. Rechts davon über die gut gestuften Rücken und Mulden des **Ochsenriedel** an den Fuß der **Torsäule** ❸ (halber Anstiegsweg), daran links vorbei und in den Kessel des **Oberen Ochsenkares**. Zuerst leicht steigend an seiner linken Seite entlang, dann in steilerem Rechtsbogen über den »Kniebeißer« aufs

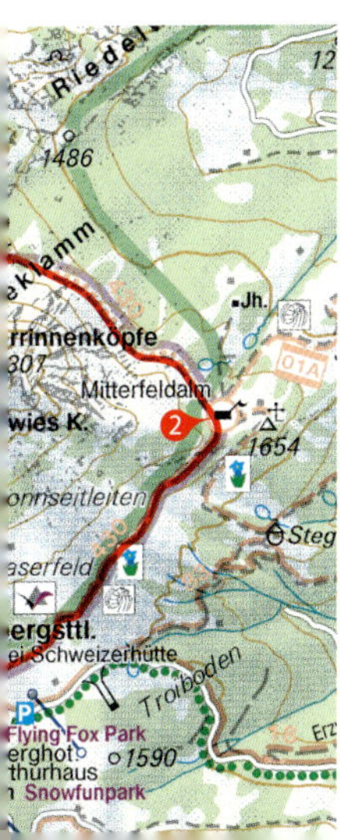

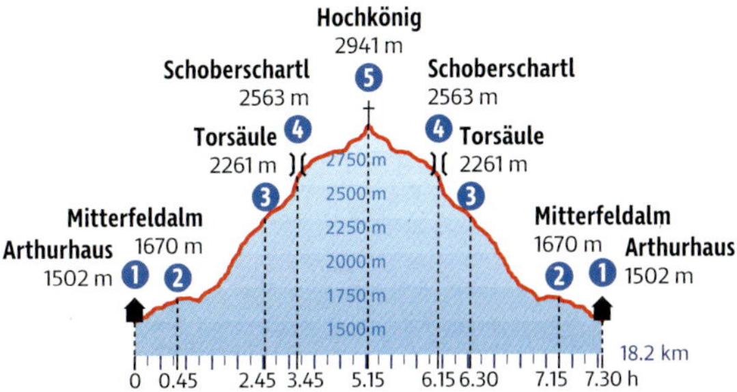

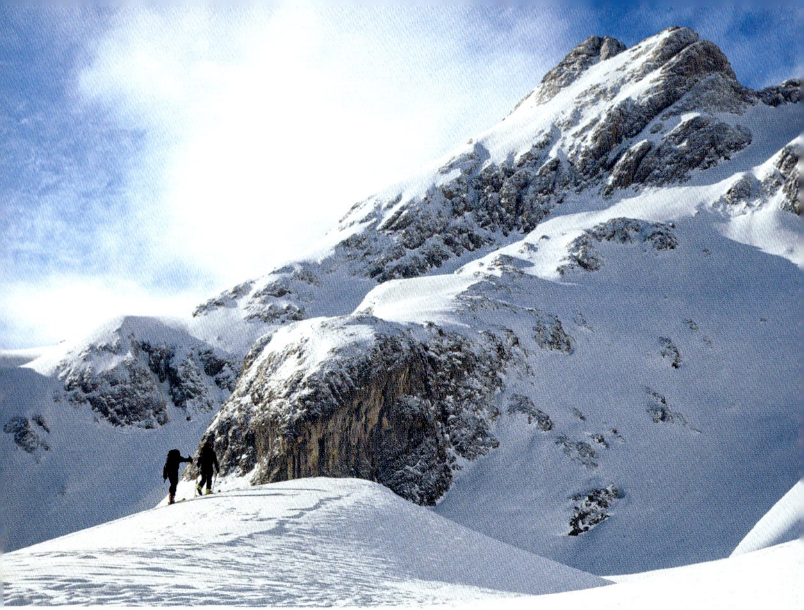

Hochalpine Szenerie im Ochsenkar.

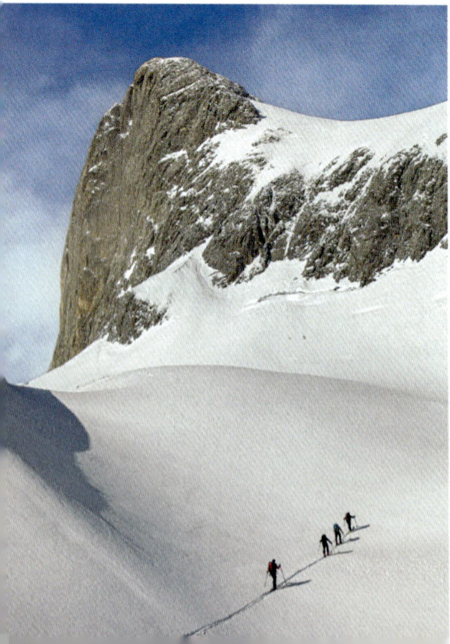

Schoberschartl ❹, Markierungsstange. Dahinter links in hintereinander liegenden Mulden und über einige Kuppen bis auf Höhe 2740 m. Nun rechts ca. 20 Hm auf die Hochfläche der **Übergossenen Alm** hinabgleiten und über diese westwärts – zuerst ziemlich eben, dann über kleine Geländestufen und Kuppen – auf das **Matrashaus** ❺, 2941 m, zu, das man durch eine steile Hangmulde erreicht.

Abfahrt wie Aufstieg. Da sich in der von zwei Steilstufen gegliederten Mulde entlang der Mandlwand lange der Schnee hält, kann hier vom Oberen Ochsenkar meist bis in den Mai hinein abgefahren werden.

Spurarbeit unter der Torsäule.

↗ 1050 m | ↘ 1050 m | 11.7 km

3.45 h

Hochkeil, 1782 m

Einsteigertour mit sonnseitigem Aufstieg und schattseitiger Abfahrt

Der fast bis zum Gipfel bewaldete Hochkeil erscheint auf den ersten Blick für eine Skitour wenig geeignet, doch der ehemalige Knappensteig zwischen dem Arthurhaus und Bischofshofen ist heute straßenbreit ausgebaut und im Winter als Abfahrtsroute präpariert. Wegen der höheren Ausgangslage und der damit verbundenen größeren Schneesicherheit schlagen wir vor, nicht im Salzachtal, sonden eine Etage höher, am Gasthaus Bürglhöhe zu starten. Da der Knappensteig weitestgehend schattseitig verläuft, wählt man für den Aufstieg besser eine sonnseitige Route, die auch überwiegend durch Bergwald zum Gipfel führt. Für die Abfahrt bietet der Knappensteig lange eine pulverige Unterlage. Die Anstiegsmühe wird am Hochkeil von einer begeisternden Aussicht auf die Felstürme der Mandlwand, auf die Niederen und Hohen Tauern sowie auf das Tennengebirge und den Dachstein belohnt.

Talort: Bischofshofen, 556 m.
Ausgangspunkt: Bürglhöhe, 750 m, Privatparkplatz. Zufahrt: Autobahnausfahrt Bischofshofen, auf der B164 in Richtung Mühlbach, nach 2 km rechts abzweigen, (Ww. »Haidberg, Laideregg«), nach 1,3 km erneut rechts und noch 0,5 km bis Ghs. »Bürglhöhe«.
Aufstiegszeiten: Bürglhöhe – Routenteilung ¾ Std., Routenteilung – Vorderkeil-Ostschulter 1½ Std., Vorderkeil – Hochkeil gut ½ Std.
Anforderungen: Nach einer Steilpassage folgt weitgehend mäßig geneigtes, gespurtes Waldgelände für den Aufstieg und eine pistenartig präparierte Abfahrtsroute. Für Einsteiger gut geeignet.
Orientierung: Die Orientierung bereitet am Knappensteig trotz einer ausgedehnten Waldzone keine Probleme. Eine auch in der Waldregion, aber mehr auf der Sonnenseite verlaufende Aufstiegsroute ist meist vorhanden und dann auch von Ortsfremden gut zu begehen. Bei fehlender Spur ist der Knappensteig vorzuziehen.
Hangrichtung: Aufstieg: Ost, Nord, Süd, Abfahrt: Nord und Ost.

Rechts: Lichtspiele beim Aufstieg über den Vorderkeil zum Hochkeil.

Lawinengefährdung: Meist gering.
Günstige Zeit: Dezember – März.
Einkehr: Ghs. Bürglhöhe, Arthurhaus.
Variante: Bei genügend Schnee kann man auch direkt in Bischofshofen starten, was ideal für die Anreise mit der Bahn ist: Vom Bahnhof 10 Min. Fußmarsch zum Friedhof. Jenseits der Wiese führt südwestlich ein präparierter Skiweg hinauf zur Bürglhöhe.

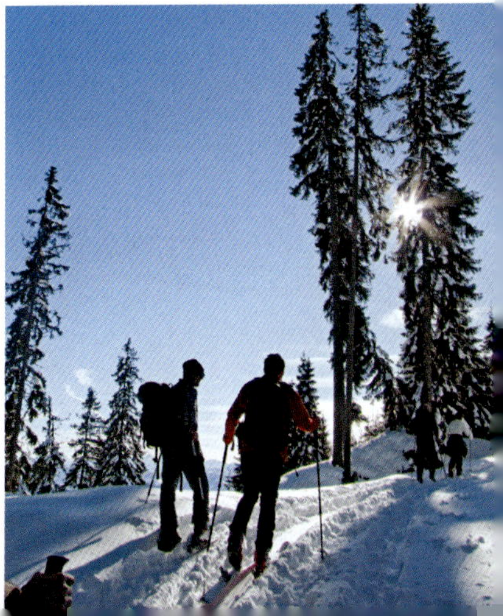

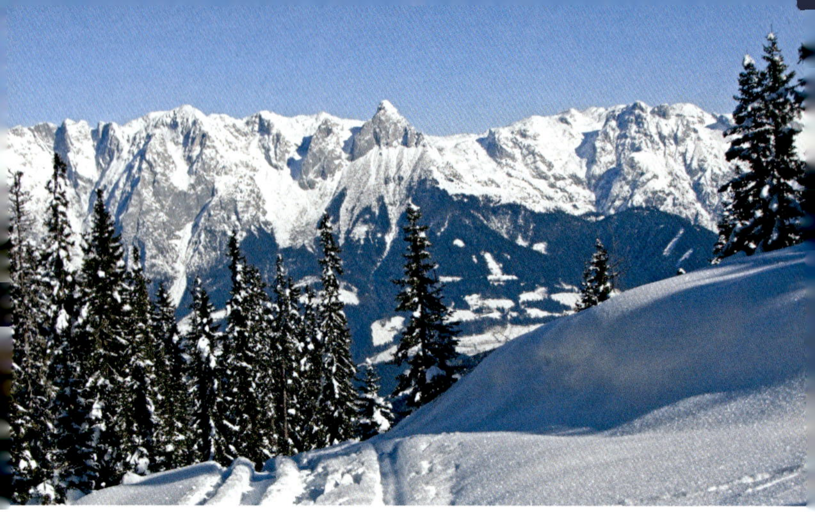

Im Aufstieg zum Hochkeil – Ausblick auf das Tennengebirge.

Links vom Gasthaus **Bürglhöhe** ❶ ganz kurz auf der Straße weiter, dann links über einen aufsteilenden Wiesenhang zu einem Waldgürtel hinauf und diesen auf einer breiten Schneise durchqueren. Anschließend über einen zweiten Wiesenhang und durch einen schmalen Waldstreifen zu einer **Routenteilung** ❷, 1060 m. Eine Aufstiegsspur läuft hier kurz geradeaus weiter und steigt dann steil und mühsam rechts durch den Wald zu einer Lichtung mit Jagdhütte und dahinter zu einer Forststraße an, die sich gleich darauf teilt, 1150 m. Hierher kommt man bequemer, aber länger, wenn man an der Routenteilung der präparierten Spur kurz nach rechts folgt und dann erst links abzweigt. An der Straßengabelung gehen wir auf der rechten, nur mäßig steigenden Forststraße (Rodelbahn) gut 10 Minuten und knapp 70 Hm in Richtung »Arthurhaus über Kalteggbründl« weiter und zweigen dann rechts ab. Nach einem Hohlweg und hinter einem Holz-

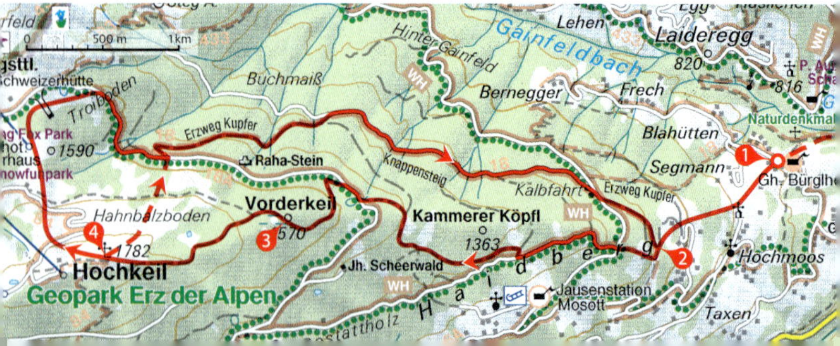

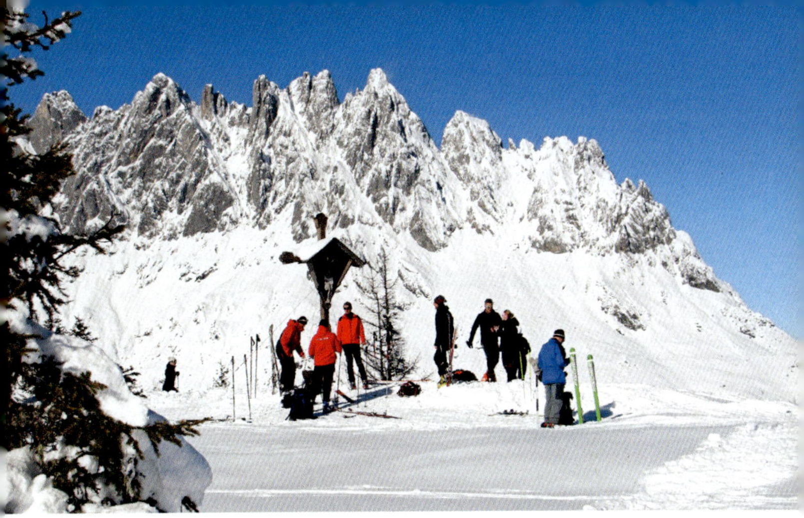

Am Hochkeil – hinten die Prachtkulisse der Mandlwand.

schlag vollführt die Aufstiegsspur einen Rechtsknick (ca. 1330 m), und zieht am Westrand eines licht bewaldeten Bodens auf eine Schulter. Von dieser geht es am Kammscheitel zu einer x-förmigen Wegkreuzung (ca. 1450 m) weiter, an der sich ein Ausblick auf den östlichen Teil der Mandlwand auftut. Hier verlassen wir die zum Arthurhaus führende Route und steigen links davon an, bis der Weg nach links knickt. Er führt nun auf die Ostschulter des **Vorderkeil** ❸ und dann ohne nennenswerte Steigung auf der Sonnenseite des bewaldeten Kammes entlang. Zuletzt erreichen wir rechts davon über leicht gestuftes Waldgelände und einen kurzen freien Hang das großartige Aussichtsplateau des **Hochkeil** ❹, 1784 m.
Die **Abfahrt** führt vom Gipfel west- und nordwestwärts zu den Liften beim Arthurhaus und zum »Knappensteig« hinab. Dabei kann man auch bei einer Hütte (Viehunterstand) rechts zur präparierten Spur am **Knappensteig** abzweigen und dieser bis zur Bürglhöhe folgen. Bei stabiler Schneelage führen viele Spuren direkt vom Gipfel halb rechts (nordostwärts) über licht bewaldete Hänge zur Doppelschleife des Knappensteiges hinab und münden dort in die präparierte Route.

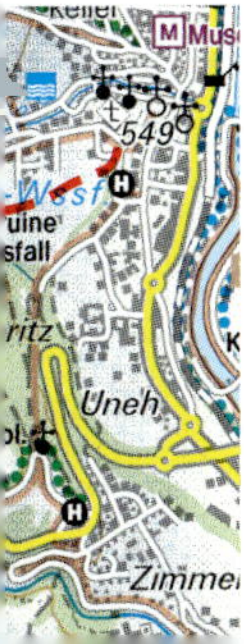

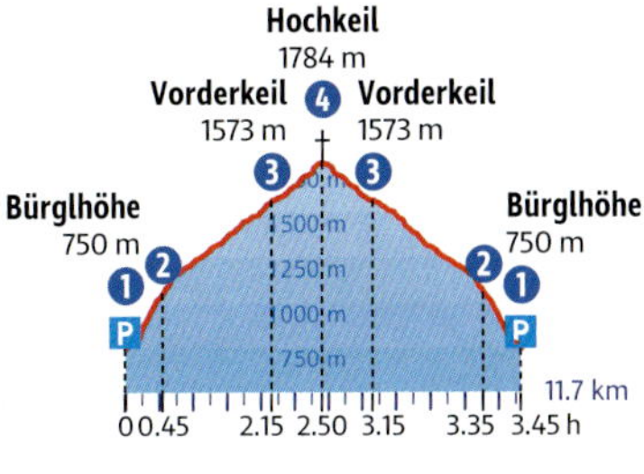

46 Marbachhöhe, 1814 m

3.30 h

Abwechslungsreiches Tourengelände und eine Prachtkulisse

Die Tour auf die Marbachhöhe besticht durch großartige Landschaftsbilder, die vom Birnhorn, den südlichen Randbergen des Steinernen Meeres und vom Hochkönigstock beherrscht werden und oberhalb einer ausgedehnten Waldzone voll zur Entfaltung kommen.

Talort: Maria Alm, 802 m, schönes Dorf auf der Südseite des Steinernen Meeres.
Ausgangspunkt: Parkplatz in Bachwinkl/Hintermoos, 886 m; 4,3 km von der Ortseinfahrt nach Maria Alm, Skibus von Saalfelden – Maria Alm.
Aufstiegszeiten: Bachwinkl – Bundessportschule ¼ Std., Bundessportschule – Neualm knapp ¾ Std., Neualm – Marbachhöhe gut 1½ Std.
Anforderungen: Beliebte und deshalb häufig gespurte Tour mit einer längeren Waldpassage; für Einsteiger geeignet.
Orientierung: Die Durchquerung einer Waldzone (ca. 300 Hm) erfordert bei fehlender Spur etwas Gespür für die günstigste Route, sonst nicht schwierig.
Hangrichtung: West – Südwest – West – Nordwest.
Lawinengefährdung: Die Schneebrettgefahr bleibt bei geschickter Routenwahl auf Extremsituationen (Gipfelbereich und Abfahrtsroute zur Geralm) beschränkt.
Günstige Zeit: Dezember – März.
Variante: Von der Marbachhöhe über einen breiten Rücken südwärts in einen Sattel, dann steil auf die Klingspitze (1988 m, ¾ Std.) und in ¼ Std. flach weiter zum Hochkasern (2015 m, »rot«, reichliche und zugleich stabile Schneeauflage erforderlich). Abfahrt vom Hochkasern: Unter Umgehung der lawinengefährdeten Nordhänge vom Gipfelplateau zuerst west-, dann nordwestwärts auf ein Plateau hinab, dann

Marbachhöhe (links) und Hochkasern (rechts) mit Skirouten von Bachwinkl.

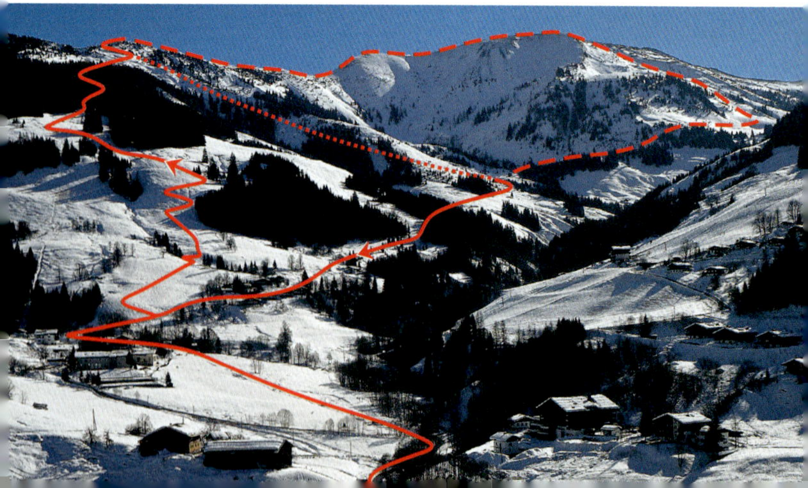

erst nach Norden und über einen steilen, licht bewachsenen Rücken hinab, über einen Graben hinweg zur Abfahrtsroute von der Marbachhöhe.

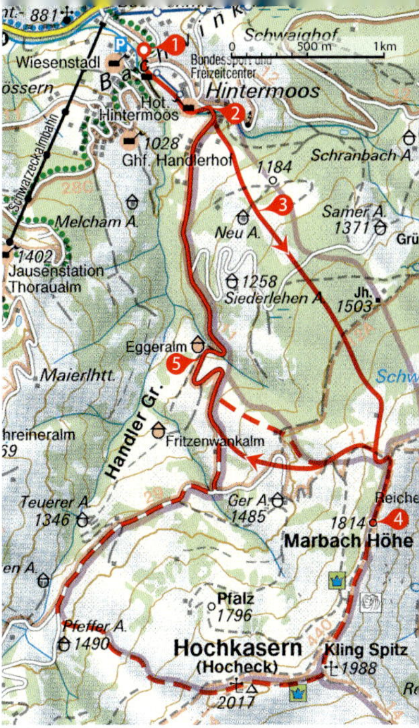

Vom Parkplatz in **Bachwinkl** ❶ entlang der Straße zu einer Gabelung, dort links abbiegen und am Fahrweg oder entlang eines Schlepplifts zur Bundessportschule in **Hintermoos** ❷. Ca. 250 m dahinter rechts über eine Brücke (Ww. »Marbachhöhe, Eggeralm«), nach weiteren 50 m links über Bergweiden zu der gut sichtbaren **Neualm** ❸ und dahinter bis zum obersten freien Winkel. Rechts von einer Laubbaumgruppe in den Fichtenwald, gleich darauf über eine Forststraße, anschließend etwa 300 Hm in ziemlich gleicher Richtung (halb links, Südost) weiter und in gut gangbaren Baumgassen durch den Wald. Dabei dacht das Gelände auf den ersten 180 Hm nach links und dann allmählich nach rechts ab. Hinter dem Waldgürtel steuern wir rechts auf ein zauberhaftes **Jagdhütterl**, ca. 1665 m) und in gleicher Richtung auf eine Rippe zu. Auf dieser schwenken wir links, steigen über eine kleine, licht bewaldete Steilstufe auf einen Sattel und über den Grat südwärts (rechts) auf die **Marbachhöhe** ❹, 1814 m.

Abfahrt: Entlang der Aufstiegsspur zur Geländerippe zurück und an geeigneter Stelle links über schöne Hänge zur **Geralm**, 1485 m, hinab, die links liegen bleibt. Über die folgenden, allmählich flacheren Hänge halten wir uns rechts und erreichen zuerst eine Heuhütte, dann die **Eggeralm** ❺, 1200 m. Spätestens hier nehmen wir eine Almstraße auf, queren auf ihr einen Graben und gleiten nach **Hintermoos** ❶ hinaus. Bei günstigen Schneeverhältnissen im Wald ist auch eine Abfahrt von der Marbachhöhe entlang der Aufstiegsspur möglich, bei verblasenem Schnee im freien Gelände unter Umständen sogar günstiger.

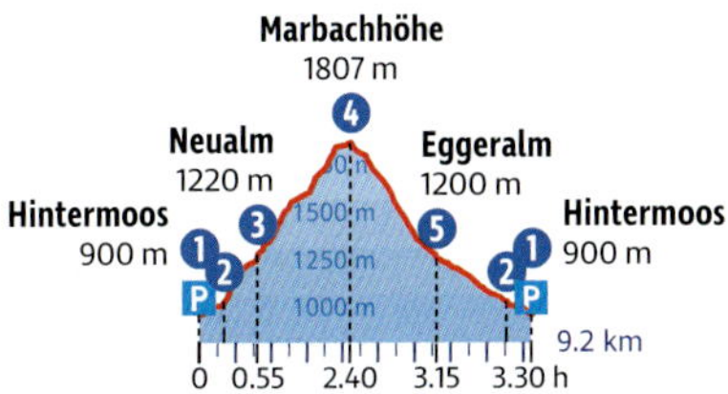

↗ 500 m | ↘ 1520 m | 13.9 km

47 Über den Hundstein, 2111 m, zur Schwalbenwand, 2011 m

4.20 h

N W O S

Genussreiche Rundtour für windstille Schönwettertage

Wer einmal in die Eigenart des Tourengehens hineinschnüffeln will, der findet im Verbindungskamm vom Langeck zum Hundstein gute Gelegenheit, erste Schritte auf Tourenskiern zu wagen, ohne sich dabei zu überfordern. Der Weiterweg über den Ochsen- und Schönwieskopf bis zur Schwalbenwand ist um mehr als eine Nummer größer, aber bei ruhigem Winterwetter ein landschaftliches Schmankerl.

Talort: Maria Alm, 802 m, Bergdorf im Süden des Steinernen Meeres.

Ausgangspunkt: Unterberg, 820 m, 1,6 km von Maria Alm Richtung Dienten, Skibus von Saalfelden. Mit der Abergbahn in zwei Sektionen aufs Langeck, 1899 m.

Aufstiegszeiten: Langeck – Hundstein 1 Std., Hundstein – Ochsenkopf (Ochsinger) ½ Std., Ochsenkopf – Schönwieskopf – Schwalbenwand 1½ Std.

Anforderungen: Im mehrfachen Auf und Ab über einen langen Kamm in rund 2000 m Seehöhe. Auf gute Sicht, windarmes Wetter und erträgliche Temperaturen achten. Über längere Strecken ostseitige Wechten beachten; gut haftende Felle verwenden, da diese mehrfach aufgezogen werden müssen! Technische Schwierigkeit meist »blau«, nur stellenweise »rot«.

Orientierung: Bei ausreichender Sicht nicht schwierig, da vom Gelände meist eindeutig vorgegeben.

Hangrichtung: Alle Himmelsrichtungen.

Lawinengefährdung: Besonders der Hundstein erfordert stabile Schneeverhältnisse. Das gilt nicht nur für die Abfahrt in die Ochsenkopfscharte. Den Ochsenkopf keinesfalls in der Nordostflanke queren, sondern direkt über den Gipfel!

Günstige Zeit: Januar – Anfang April.

Variante: Langeck – Hundstein und zurück ca. 1½ Std.

Hinweis: Verbilligte »Tourenkarte« an der Abergbahn erhältlich.

Vom Langeck (rechts) führt die Route am Kamm entlang zum Hundstein (links).

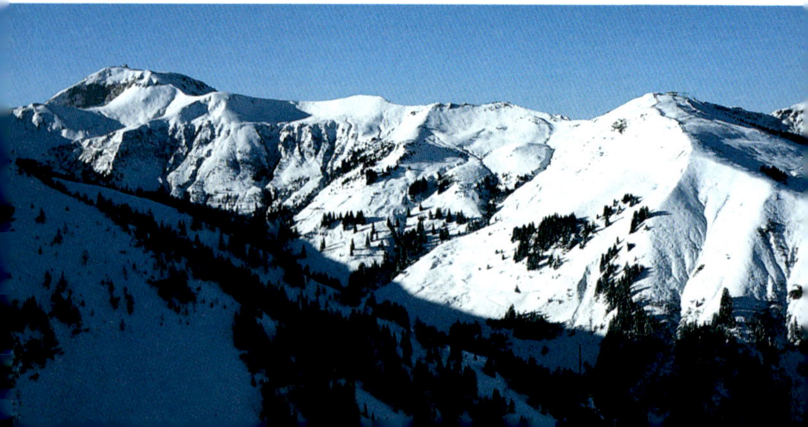

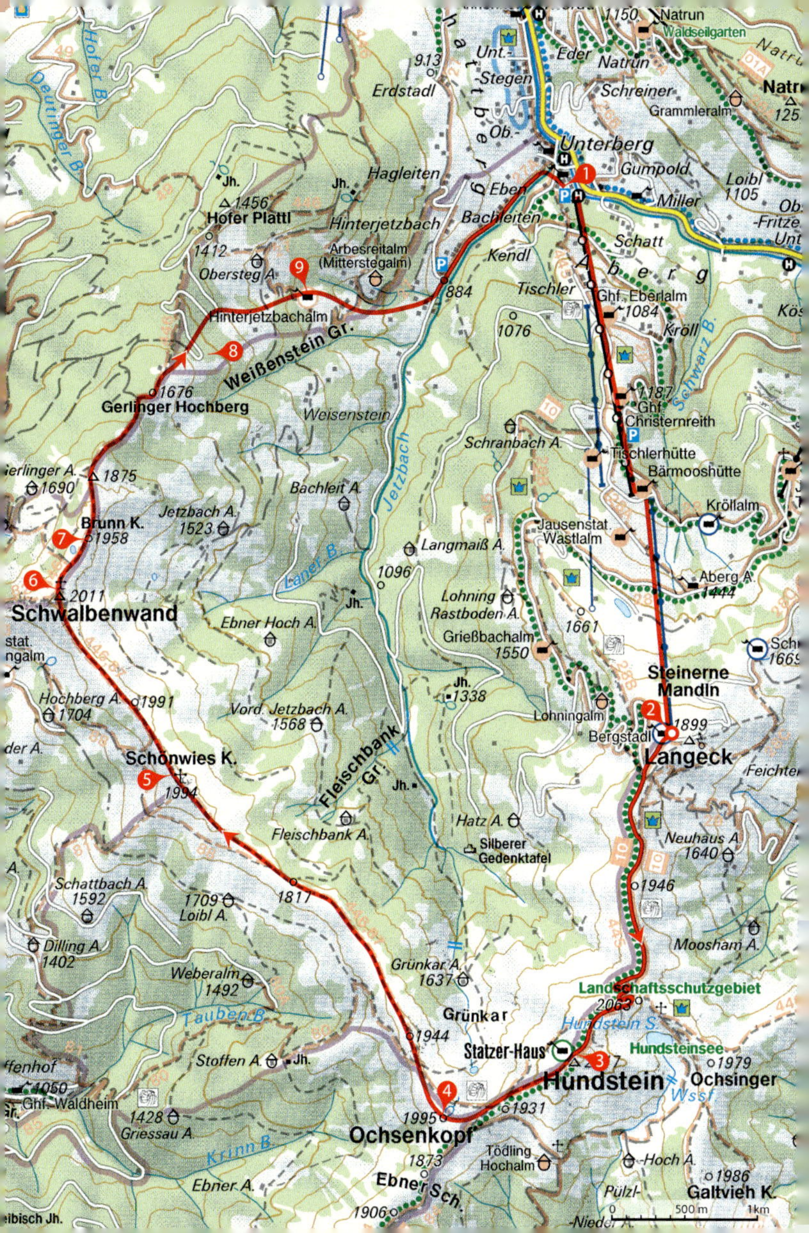

Unterberg
Natrun
Waldseilgarten
Unt.-Stegen
Ob.-Stegen
Erdstadl
Eder
Schreiner
Grammleralm
Gumpold
Miller
Loibl
1105
Eben
Hagleiten
Bachleiten
Hinterjetzbach
Hofer Plattl
1456
1412
Obersteg A.
Arbesreitalm (Mitterstegalm)
884
Kendl
Tischler
Schatt
Aberg
Ghf. Eberlalm
1084
Kröll
1076
Hinterjetzbachalm
Weißenstein Gr.
1676
Gerlinger Hochberg
Weisenstein
Jetzbach
1187
Ghf. Christernreith
Schranbach A.
Tischlerhütte
Bärmooshütte
Kröllalm
Gerlinger A.
1690
1875
Bachleit A.
Jetzbach A.
1523
Brunn K.
1958
Langmaiß A.
Jausenstat. Wastlalm
Aberg A.
1444
Laner B.
1096
Lohning Rastboden A.
2011
Schwalbenwand
Ebner Hoch A.
1661
Grießbachalm
1550
Hochberg A.
1704
1991
Vord. Jetzbach A.
1568
Jh.
1338
Lohningalm
Steinerne Mandln
1899
Bergstadl
Langeck
Feichten
Schönwies K.
1994
Fleischbank Gr.
Fleischbank A.
Hatz A.
Silberer Gedenktafel
Neuhaus A.
1640
1946
Schattbach A.
1592
1709
Loibl A.
1817
Moosham A.
Dilling A.
1402
Weberalm
1492
Grünkar A.
1637
Landschaftsschutzgebiet
2063
Hundstein S.
Tauben B.
Grünkar
1944
Statzer-Haus
Hundsteinsee
1979
Stoffen A.
Hundstein
Ochsinger
1050
Ghf. Waldheim
1428
Griessau A.
1995
1931
Ochsenkopf
Krinn B.
Tödling Hochalm
Hoch A.
1873
1986
Ebner A.
Ebner Sch.
Galtvieh K.
1906
0 500 m 1 km

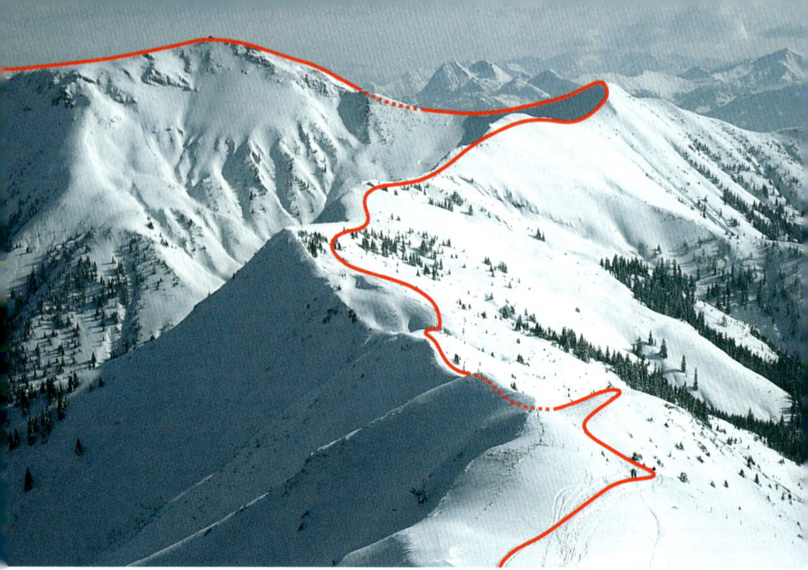

Oben: Am Schönwieskopf – Blick zurück zum Hundstein (links) und Ochsenkopf (rechts).
Rechts: Im Aufstieg zum Schönwieskopf.

Vom **Langeck** ❷ südwärts in den Sattel hinab, dann erst die Felle aufziehen und über den zumeist breiten, übersichtlichen Rücken zu dem im Winter unbewirtschafteten Statzerhaus am **Hundstein** ❸, 2117 m.
Der Weiterweg zur Schwalbenwand führt über den Gipfel rechts hinweg und hart am Grat entlang – nicht in den Flanken! – ca. 200 Hm südwestwärts in die Scharte vor dem **Ochsenkopf** hinab. Nun folgt die zweite Anstiegsetappe. Sie führt über ca. 70 Hm direkt auf den Gipfel ❹, 1995 m, und keinesfalls durch dessen rechte Flanke! Anschließend gleiten wir in einer lang gezogenen Abfahrt über ca. 180 Hm am Kamm entlang – Wechten rechts! – nordwestwärts in die folgende Scharte hinab. Darauf folgt der

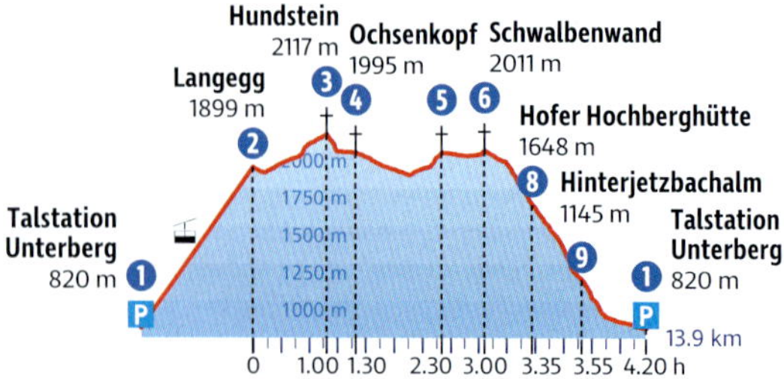

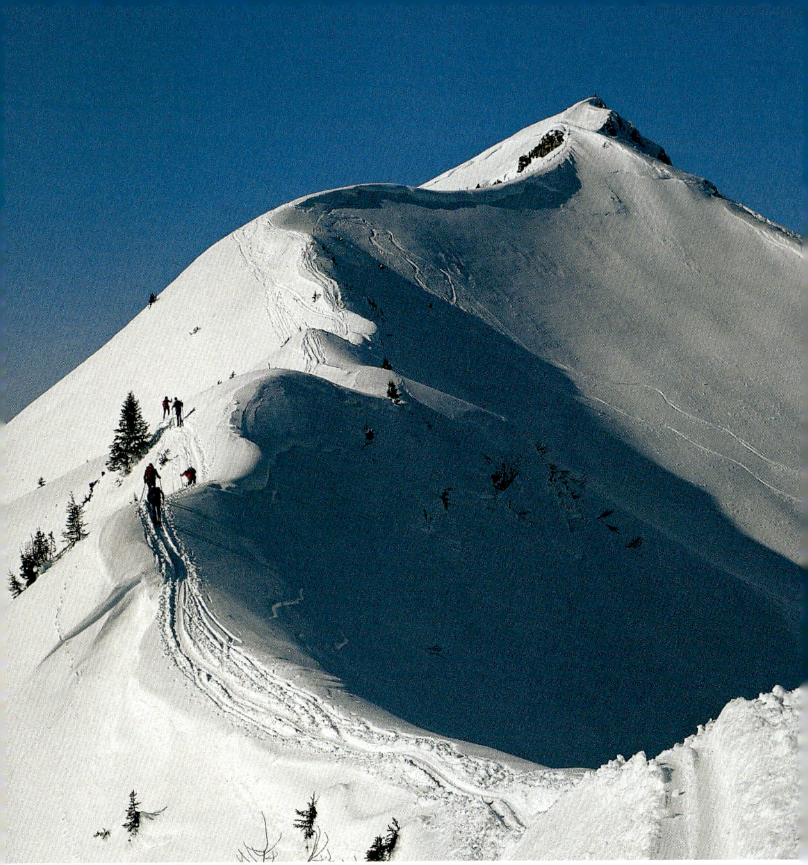

längere Anstieg über den **Schönwieskopf** 5, 1994 m, und über eine weitere Kuppe, 1991 m, hinweg zur **Schwalbenwand** 6, 2011 m.

Die **Abfahrt** verläuft auf der Skiroute von Unterberg herauf (siehe **Tour 48**). Von der Schwalbenwand nordostwärts in einen Sattel hinab, nach einem kleinen Gegenanstieg über zwei Kuppen hinweg (Brunnkopf 7) und zur **Hofer Hochberghütte** 8 hinab. Leicht steigend zur **Skihütte** weiter, dann im Rechtsbogen ca. 150 Hm zum Wald hinab und auf enger Spur ca. 100 m links hindurch. Anschließend über schöne Hänge nordostwärts zur **Hinterjetzbachhütte** 9, dann ostwärts über die Hütten von **Arbesreit** ins Tal. Auf einem Sträßchen ca. 1 km nach **Unterberg** 1 hinaus und rechts zur Talstation.

TOP

48

↗ 1150 m | ↘ 1150 m | 10.0 km

Schwalbenwand, 2011 m – Unterberg-Route

4.45 h

Die meistbegangene Route auf einen modellhaften Skiberg

Es gibt nicht sehr viele Berge, die für Skitouren so prädestiniert sind wie die Schwalbenwand. Der einzige Schönheitsfehler auf der hier vorgestellten Route ist ein kleiner Gegenanstieg bei der Abfahrt. Wen dies stört, der kann die Tour am davorliegenden Brunnkopf beenden und sich mit dieser bescheidenen Kuppe begnügen. Der Abfahrtsgenuss ist dadurch nicht geschmälert; bei windigen Verhältnissen ist der Brunnkopf sogar das bessere Ziel.

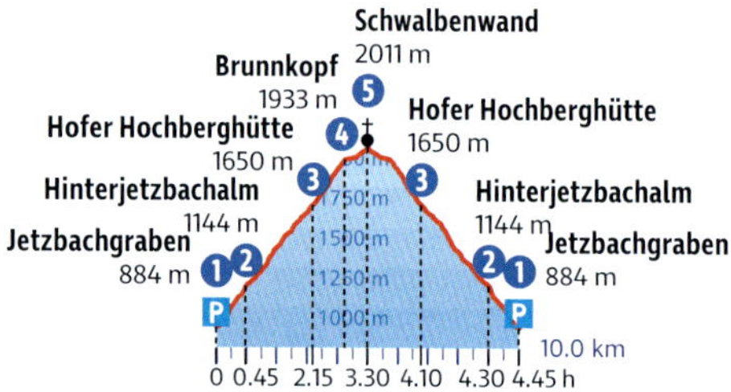

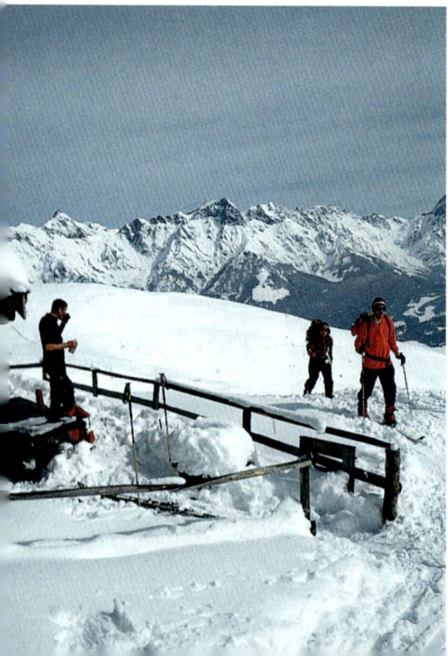

Talort: Maria Alm, 802 m, reizvolles Dorf auf der Südseite des Steinernen Meeres.
Ausgangspunkt: Unterberg, 820 m (1,6 km von Maria Alm, Skibus Saalfelden – Maria Alm, Haltestelle »Aberglift«). Nach der Einfahrt in Unterberg rechts und noch 1 km bis zu einem Parkplatz, 884 m.
Aufstiegszeiten: Parkplatz – Hinterjetzbachhütte ¾ Std., Hinterjetzbachhütte – Hofer Hochberghütte 1½ Std., Hofer Hochberghütte – Brunnkopf gut ¾ Std., Brunnkopf – Schwalbenwand ca. 20 Min.
Anforderungen: Weitgehend freies Tourengelände, nur stellenweise »rot«.
Orientierung: Infolge des breiten Interesses an der Schwalbenwand ist die Route fast immer gespurt; ansonsten ist Orientierungssinn erforderlich.
Hangrichtung: Nordost und Ost.

Rast an der Hochberghütte. Im Hintergrund die Schönfeldspitze (links), das Selbhorn (Mitte) und die Torscharte (rechts).

Lawinengefährdung: An einzelnen, vom geschulten Auge gut erkennbaren Stellen in Extremsituationen Schneebrettgefahr.
Günstige Zeit: Dezember – April.

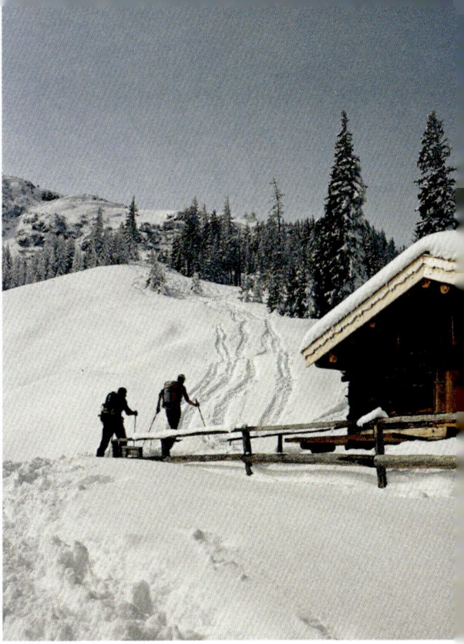

An der Hochberghütte – Blick in Richtung Brunnkopf.

Vom Parkplatz im **Jetzbachgraben** ❶ gehen wir auf dem Sträßchen noch knapp 200 m taleinwärts und drehen hinter einer Baumhecke rechts ab. Dann steigen wir über Almwiesen westwärts hinauf, wobei wir uns immer links eines Grabens halten. Nach gut 200 Hm erreichen wir zwei kleine Hütten und auf 1144 m die **Hinterjetzbachhütte** ❷. Etwa 400 Hm ab Parkplatz passieren wir eine weitere Alm. 80 Hm oberhalb derselben schwenken wir hinter einem kleinen Waldstück nach links und ziehen unsere Spur bis zum obersten Wieseneck hinauf. Hier müssen wir einen etwa 100 m breiten Waldstreifen durchqueren, hinter dem sich wieder schönes Tourengelände anbietet. Über dieses steigen wir ca. 150 Hm südwestwärts hinauf und queren unterhalb der Skihütte (1660 m) leicht fallend nach links zur **Hofer Hochberghütte** ❸, 1650 m. Dahinter geht es in Kammnähe weiter, dann über zwei Kuppen hinweg (**Brunnkopf** ❹) und anschließend in eine Senke hinab. Über einen zeitweise harten und verblasenen Steilhang – Wechten links! – erreichen wir die **Schwalbenwand** ❺, 2011 m. **Abfahrt** wie Aufstieg.

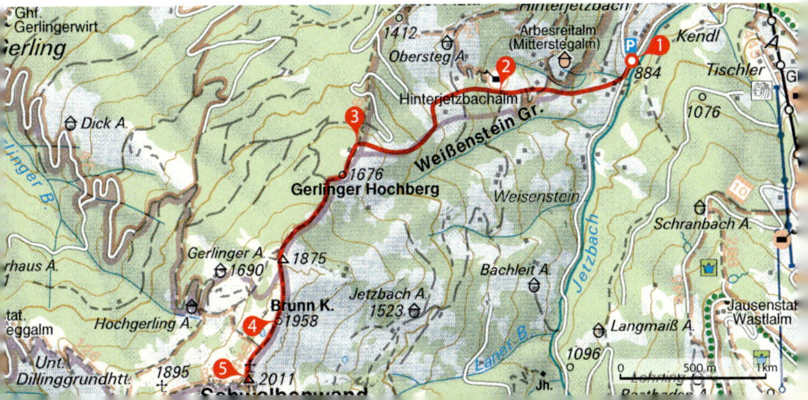

↗ 1250 m | ↘ 1250 m | 10.4 km

49 Schwalbenwand, 2011 m – Kammer-Route

4.45 h

Skifreundliches Almgelände und prächtige Landschaftsbilder

Die Schwalbenwand hat für den Skitouristen sicherlich etwas Modellhaftes an sich. Dies zeigt sich u.a. auch daran, dass hier im Winter von mindestens fünf verschiedenen Ausgangspunkten Tourengeher unterwegs sind. Die hier beschriebene Route von Kammer herauf zeichnet sich über weite Strecken durch skifreundliches Almgelände aus. Die Leoganger Steinberge (Birnhorn) und die Randgipfel des Steinernen Meeres bilden einen großartigen Rahmen.

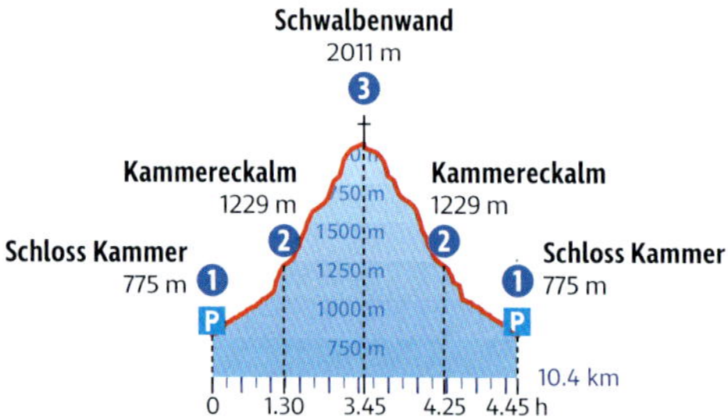

Talort: Maishofen, 765 m. Fremdenverkehrsort im Mitterpinzgau an der Einfahrt ins Glemmtal, an der Buslinie Saalfelden – Zell am See, Haltestelle »Abzw. Maishofen«.
Ausgangspunkt: Schloss Kammer, 775 m. Zufahrt: In Maishofen an der Kirche rechts vorbei, ca. 200 m dahinter dann links nach Kammer abbiegen (Kammererstraße, 1 km).
Aufstiegszeiten: Schloss Kammer – Kammereckalm 1½ Std., Kammereckalm – Schwalbenwand-Vorgipfel knapp 2 Std., Vorgipfel – Hauptgipfel 20 Min.
Anforderungen: Auf einem Almsträßchen über den Bergsockel, dann Almgelände und kurze Waldpassagen.
Orientierung: Auf einem Wirtschaftsweg problemlos nach Kammereck. Darüber ist auf dem meist gespurten Almgelände und durch Waldstreifen nur bei fehlender Spur Gespür für die ideale

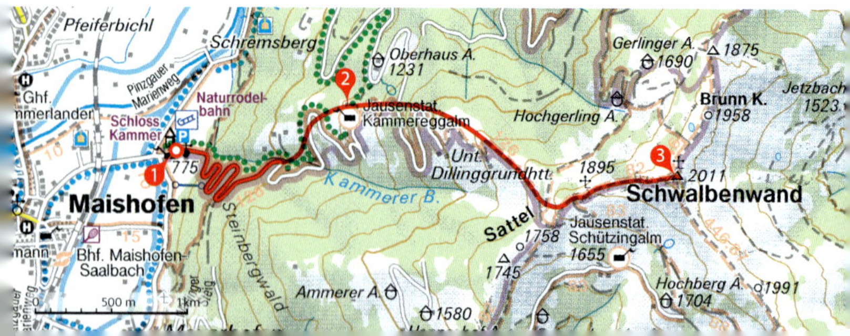

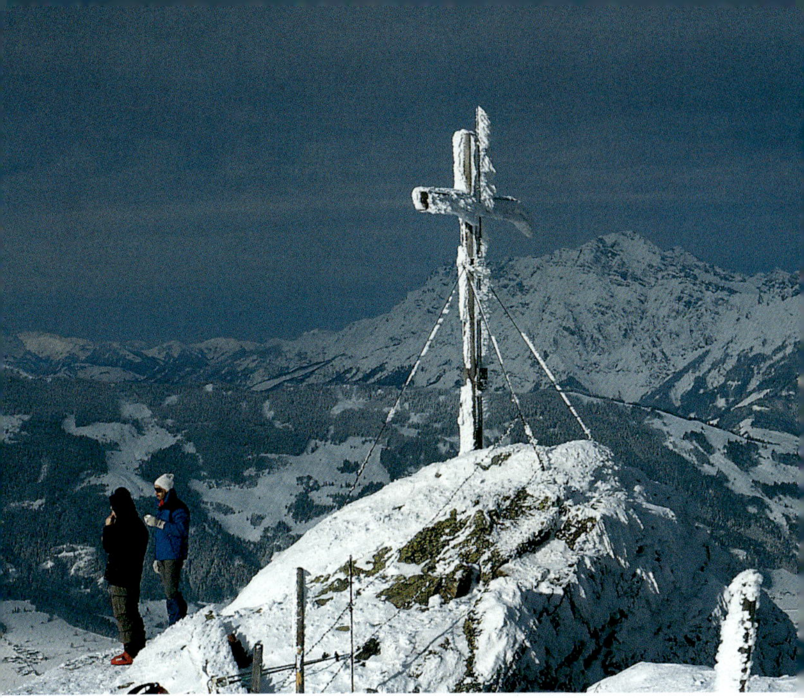

Am Vorgipfel der Schwalbenwand – im Hintergrund rechts das Birnhorn.

Routenführung erforderlich.
Hangrichtung: West.
Lawinengefährdung: Nach Neuschnee bzw. Windverfrachtung darf vor allem die Steilpassage oberhalb des geschlossenen Waldgürtels nicht unterschätzt werden.
Günstige Zeit: Dezember – März.
Einkehr: Gasthof Schloss Kammer.

Rechts vom **Schloss Kammer** ❶ an einem Minischlepplift entlang und zu einem bewaldeten Graben hinauf. Rechts davon auf einem Almsträßchen über den bewaldeten Bergsockel nach **Kammereck**, 1076 m. Von dort gut 100 Hm geradewegs über Almgelände zu einem lichten Waldstreifen hinauf, dahinter links über eine schwach ausgeprägte Geländekante hinweg zur **Kammereckalm** ❷. Anschließend geht man über freie Hänge zum obersten Wieseneck und dort schräg links über ca. 30 Hm durch einen Waldgürtel zu einer Forststraße. Entweder auf dieser in einer Schleife über die etwas versteckte **Unterdilling-Grundalm** oder – kürzer – die Forststraße queren, dann durch den Wald zu einer sich nach oben öffnenden Lichtung und durch diese zum oberen linken Waldeck. Nun über einen breiten Rücken zum kreuzgeschmückten Vorgipfel und ostwärts auf den Hauptgipfel der **Schwalbenwand** ❸, 2011 m. **Abfahrt** wie Aufstieg.

↗ 1970 m | ↘ 1970 m | 12.9 km

50 Birnhorn, 2634 m

7.45 h

Das riesige Ebersbergkar – ideal für Konditionsstarke

Mit dem Ebersbergkar verbindet der erfahrene Tourengeher eine physisch sehr anspruchsvolle und landschaftlich großartige Skitour, die mit einer Besteigung des Birnhorns eine absolute Krönung erfährt (berühmter Aussichtsberg). Die Tour bleibt dem Konditionsstarken vorbehalten, der zudem mit einer Portion alpiner Erfahrung ausgestattet ist. Sie eignet sich deshalb auch als Vorbereitung für große Unternehmungen. Ein Gelände von so gewaltigen Dimensionen wie dem Ebersbergkar stellt natürlich mehrere Ziele zur Wahl (siehe Varianten). Daran ist besonders zu denken, wenn einem/einer auf der Tour entweder »der Dampf ausgeht« oder man einen Härtetest machen will und gleich mehrere Ziele anpeilt.

Talort: Weißbach bei Lofer, 665 m, Pinzgauer Gebirgsdorf im Saalachtal.
Ausgangspunkt: Hackerbauer, 670 m. In Frohnwies bei Weißbach zweigt gegenüber vom Frohnwirt bei der Bushaltestelle (Linie Salzburg – Bad Reichenhall – Lofer – Saalfelden) ein Sträßchen zum Hackerbauer ab.
Aufstiegszeiten: Hackerbauer – Ebersberg-Jagdhütte 2 Std., Jagdhütte – Kuchelnieder knapp 3 Std., Kuchelnieder – Birnhorn ½ Std. (Abstieg etwa gleiche Zeit).

Spitzkehren über den letzten Hang zur Kuchelnieder, dahinter der Gipfelaufbau.

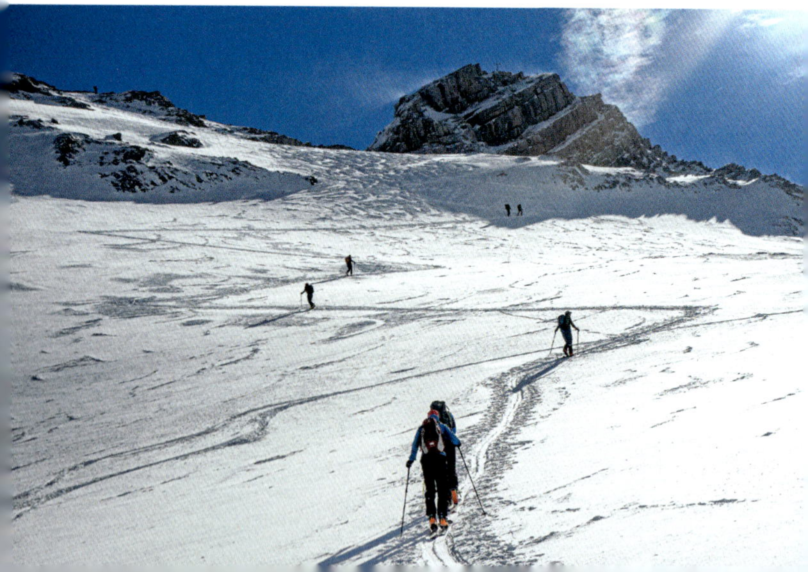

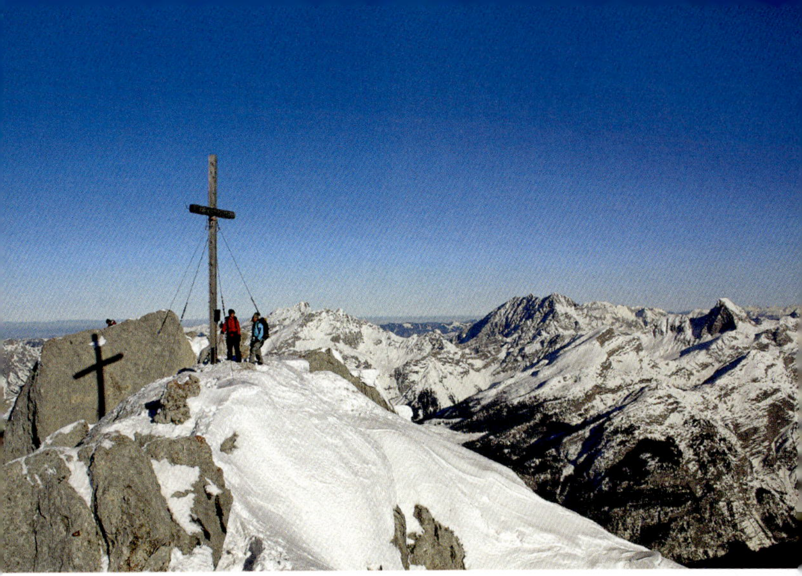

Gewaltige Aussicht vom höchsten Gipfel der Steinberge.

Höhenunterschied: Birnhorn knapp 2000 m, Kuchelhorn ca. 1830 m, Jauzkopf ca. 1820 m, Kuppe im Ebersbergkar ca. 1550 m.
Anforderungen: Konditionell sehr anspruchsvolle, bei günstigen Bedingungen schon ab Hochwinter durchführbare Tour. Ein mühsamer Waldgürtel, ein riesiges Kar und leichte Kletterei, die mit einigen Eisenbügeln präpariert ist (soweit schneefrei), erfordern alpine Erfahrung. Die Mitnahme von Harscheisen kann im Frühjahr von Nutzen sein (Ski meist »rot« – Fels »schwarz«).
Orientierung: Bei fehlender Spur ist die Orientierung im Waldgürtel unterhalb der Ebersberg-Jagdhütte recht schwierig und nur mit sehr gutem Orientierungssinn Erfolg versprechend. Ausreichende Sicht ist unerlässlich!
Hangrichtung: Nordwest – Nord – Nordost.
Lawinengefährdung: Stabile Schneelage auf allen Tourenzielen unbedingt erforderlich!
Günstige Zeit: Vor allem Spätwinter und zeitiges Frühjahr, bei günstigen Bedingungen auch schon im Januar und auch noch im Mai (im unteren Teil im Frühjahr zunehmend zu Fuß).
Varianten: Alle »rot«: 1. Unbenannte Kuppe im Ebersbergkar: Von einem kleinen Plateau (Höhe gut 1800 m) knapp 200 Hm schräg rechts auf eine unbedeutende Kuppe inmitten des Kares, dann in gleicher Richtung durch eine Senke und um einen Steilrücken herum,

Ein langer Waldaufstieg ist der Eintritt ins riesige Ebersbergkar.

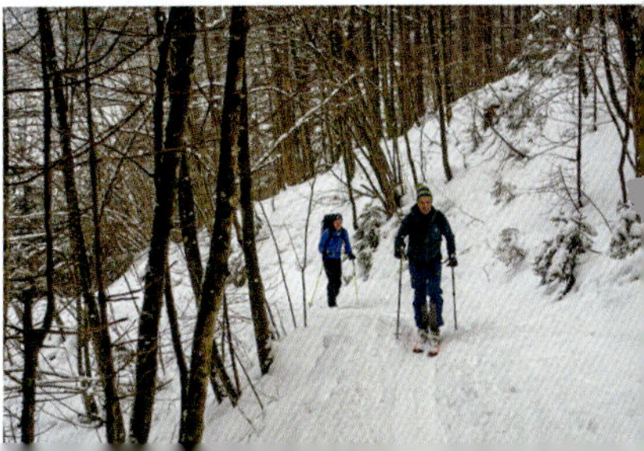

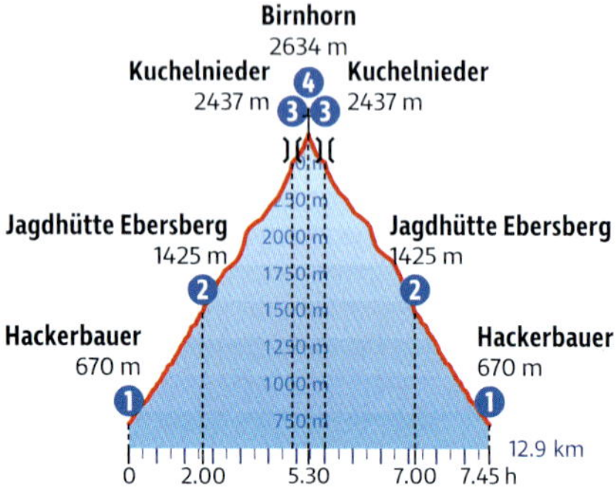

gleich dahinter links über steile Mulden auf die Karkuppe (P. 2224, Steinmann). Hierher auch – weiter ausholend – über eine Rinne und gestuftes Gelände am Westrand (rechts) des Kares (ca. 4 Std. vom Hackerbauer).
2. Von der Kuchelnieder zu Fuß nach links (nordwärts) über den Grat in gut ¼ Std. auf das Kuchelhorn.
3. Bereits unter der Kuchelnieder am Westsockel des Birnhorns entlang und dem Gelände angepasst in ca. ¾ Std. zum Jauzkopf am Südende des Kares.
Wald-Wild-Schongebiete: Im Waldgürtel bitte im Bereich des Sommerweges (Anstiegsroute) bleiben.

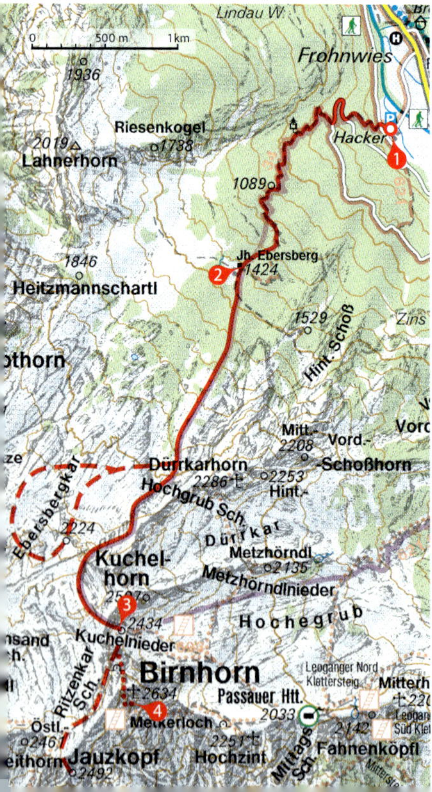

Vom **Hackerbauer** 1 am kürzesten dem Ww. »Abk. Ebersberg« ca. 120 Hm durch den Wald folgen und dadurch eine weite Schleife der Forststraße abkürzen. Auf dieser rechts weiter und ca. 150 m nach der folgenden Linkskehre beim Ww. »Ebersberg« rechts abzweigen. Entlang des Sommerweges ziehen wir in mehreren Schleifen durch den Wald, halten uns auch bei der nächsten Gabelung – etwa 250 Hm ab Tal – rechts und ziehen in weiteren Schleifen schräg rechts hinauf, bis wir nach weiteren ca. 75 Hm nahe an die rechte Begrenzungsflanke herangekommen sind. Nun lichtet sich das Strauchwerk, und die bisherige Anstiegsrichtung wechselt von rechts nach links. Zunächst geht es durch lichtes Gehölz, dann müssen wir sperrige Felsbarrieren links umgehen und erreichen schließlich die Höhe der **Ebersberg-Jagdhütte** 2, 1425 m, die sich rechts von unserer Spur etwas versteckt. Schräg nach links finden wir in Rinnen und

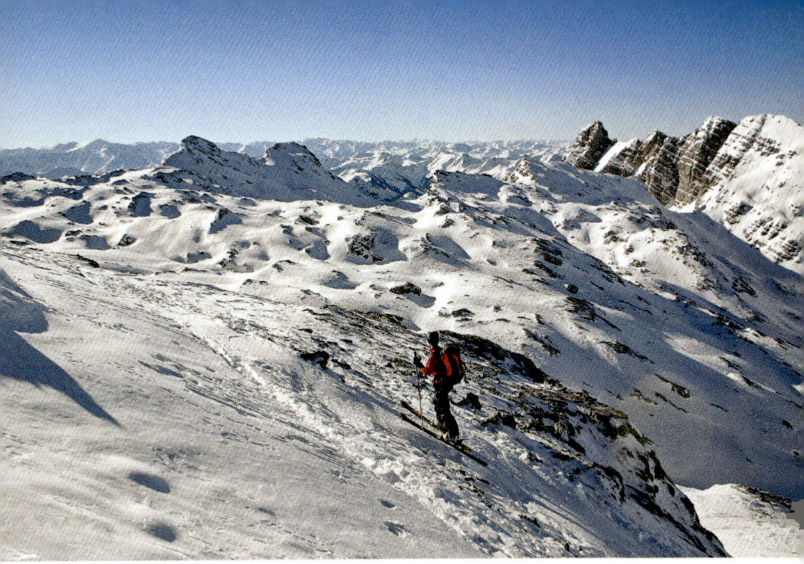

Gleich ist das Skidepot erreicht.

über gut gestuftes Gelände eine günstige Anstiegsmöglichkeit durch lichten Lärchenwald. Dahinter erreichen wir die linke Seite des freien Kares, in dem schöne Mulden zur Höhe ziehen und in der Folge von zwei übereinanderliegenden, quer verlaufenden **Steilstufen** unterbrochen sind. Beide überwinden wir auf der linken Seite und steuern oberhalb der zweiten im Linksbogen über einen schönen Hang auf die **Kuchelnieder** 3, 2437 m (Skidepot). Von dort klettern wir bei günstigen Bedingungen entlang des Sommerweges über die schräg nach rechts oben verlaufenden Felsbänder der Nordwestflanke aufs **Birnhorn** 4, 2634 m. Als schwierigste Passagen erweisen sich dabei im Winter gewöhnlich die Felsstufen zwischen den Bändern. **Abfahrt** wie Aufstieg.

Das Birnhorn vom Kuchelhorn. Der Aufstieg erfolgt von rechts.

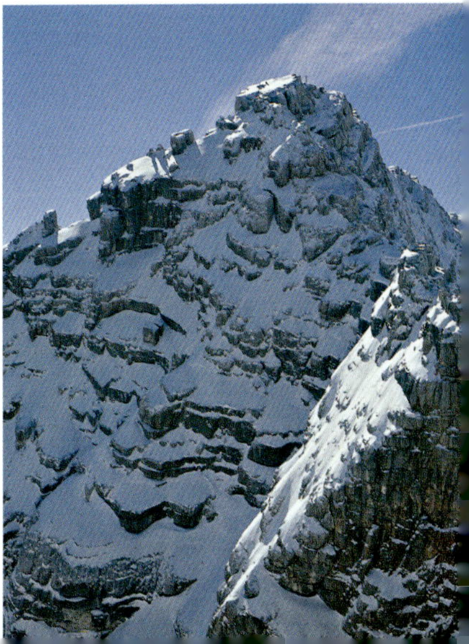

TOP

↗ 1500 m | ↘ 1500 m | 8.9 km

51 Loferer Skihörndl, 2286 m

5.40 h

N W O S

Traditionsreiche Frühjahrsskitour mit ernstem Charakter

Auf der Strecke von Bayern (Schneizlreuth) über Unken nach Lofer freut man sich immer wieder über die großartige Kulisse der Loferer Steinberge, in die ein großes, schattseitiges Kar eingebettet ist. Dieses konserviert den Schnee wie in einem Eiskeller bis in den Sommer. Tourengeher nutzen die unübersehbare Steilrinne auf der linken Seite des Kares bis ins späte Frühjahr als Abfahrt vom Skihörndl, das sich zwischen seinen mächtigen Nachbarn (links Ochsenhorn – rechts Reifhörner) eher bescheiden ausnimmt.

Talort: Lofer, 626 m, Pinzgauer Fremdenverkehrsort, Buslinien von Salzburg/Bad Reichenhall, Saalfelden, St. Johann i.T.
Ausgangspunkt: Loferer Hochtal, gut 800 m. Vom Kreisverkehr in Lofer 1,3 km in Richtung Innsbruck. Bei der Bushaltestelle »Loferer Hochtal« links abzweigen und an der folgenden Gabelung erneut links (2,1 km ab Bushaltestelle).
Aufstiegszeiten: Loferer Hochtal – Waldgrenze/Schwarzwand 1¼ Std., Schwarzwand – Oberes Trett 1¼ Std., Oberes Trett – Skihörndl 1½ Std.
Anforderungen: Konditionell, bei hartem Untergrund auch technisch anspruchsvolle Skitour über einen Waldsockel, rinnenartige Steilmulden und eine stellenweise steile Gipfelflanke. Harscheisen!
Orientierung: In der Waldzone im Bereich des Sommerweges bleiben. Ab Oberem Trett ist ausreichende Sicht erforderlich.
Hangrichtung: Nordost.
Lawinengefährdung: Erhebliche Gefährdung durch Lawinen, deshalb nur bei stabiler Schneelage (Frühjahrsskitour).
Günstige Zeit: Ende März – Mai.
Variante: Schmidt-Zabierow-Hütte und Große Wehrgrube (ca. 3½ Std.).

Am Eingang in die Kleine Wehrgrube. In Bildmitte das Skihörndl.

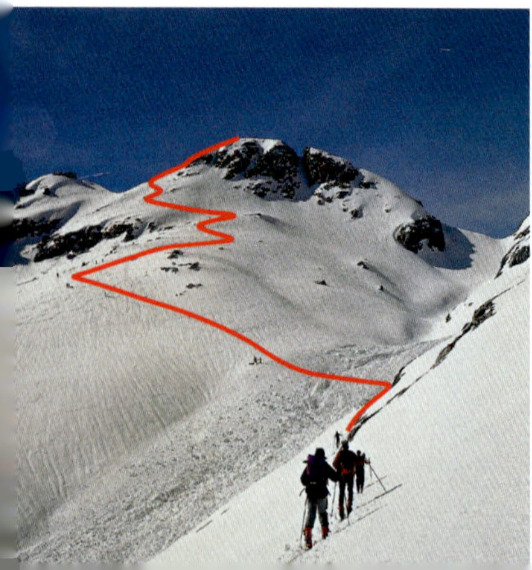

Vom Straßenende (großer Felsblock und Marterl) gut 10 Min. in den meist von Lawinenschnee gefüllten Kessel des **Loferer Hochtales** hinauf ❶, Jägerstand. Dort links (!) in den Wald und auf AV-Route 601 dem Ww. »Schmidt-Zabierow-Hütte« folgen. Entlang des Hüttenweges überwinden wir den steilen Waldsockel im Aufstieg und bei der Abfahrt ab Frühjahr meist zu Fuß. Bei einem Felseneck (Höhe ca. 1070 m) oberhalb einer kleinen Höhle werden wir durch Gedenktafeln daran erinnert, dass diese Passage innerhalb weniger Jahre zwei Todesopfer gefordert hat. Oberhalb des Waldes erreichen

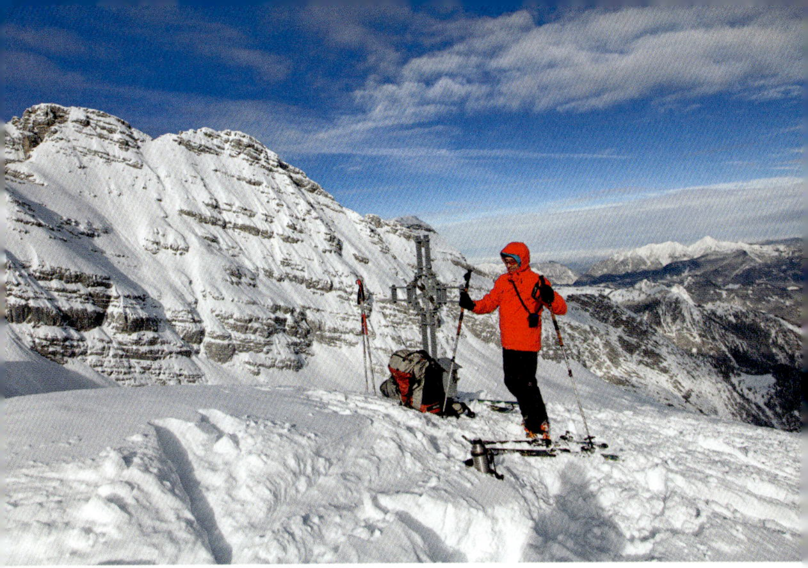

Mit Ski steigt man bis zum Gipfelkreuz.

wir den Felssockel der **Schwarzwand** ❷, auf deren rechter Seite eine rinnenartige Steilmulde zur Höhe zieht und sich in der Verlängerung in mehreren Stufen bis zur Kleinen Wehrgrube fortsetzt. Am zweckmäßigsten verfolgen wir die Steilmulde im Aufstieg nur bis zu einem Absatz vor einer gut erkenn-

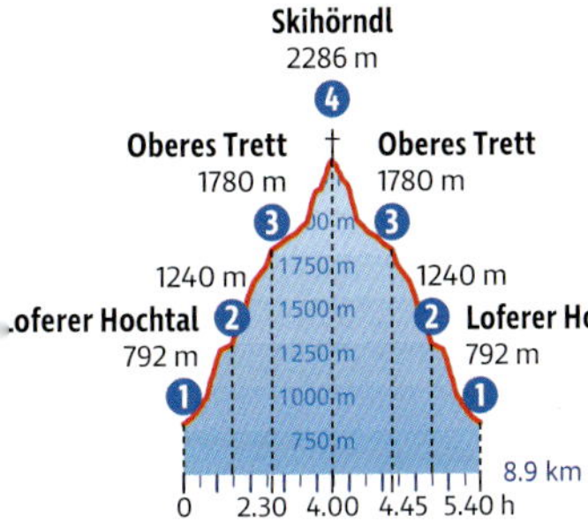

Auf den letzten Metern zum Skihörndl.

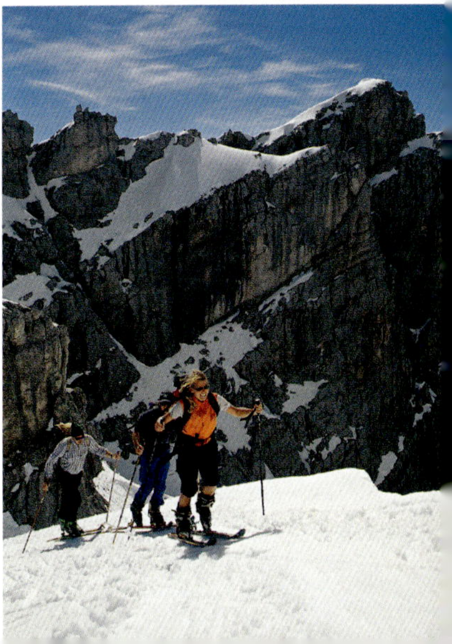

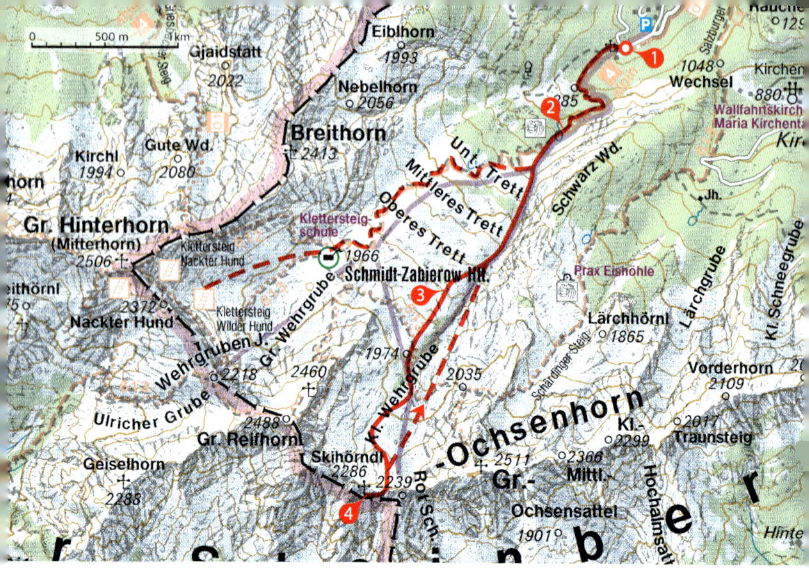

baren Grube (Höhe ca. 1700 m). Vor dieser können wir bequem nach rechts auf das **Obere Trett** 3 hinausqueren.

Anschließend steigen wir über drei sich aneinanderreihende, angenehme Mulden zu einer Schulter am **Nordostsporn der Reifhörner** hinauf (Höhe ca. 1990 m) und stehen nun am Eingang in die **Kleine Wehrgrube**. Das Skihörndl tritt erstmals auf die Bildfläche und stellt uns das letzte Viertel des Routenverlaufs vor. Die Spur führt meist ziemlich höhengleich am Ostsockel der Reifhörner entlang zu einer Rinne (Lawinenstrich!) und quert dort links auf einen schönen Rücken, der aus der Wehrgrube zu einem kleinen Absatz unterm felsigen Gipfelaufbau hinaufzieht. Diesen Absatz erreichen wir sicherer direkt durch die Kleine Wehrgrube. Anschließend werden wir nach links auf eine Scharte abgedrängt und müssen dabei (v.a. bei hartem Untergrund) eine heikle Stelle meistern, ehe wir über den rückenartigen Ostgrat das **Loferer Skihörndl** 4, 2286 m, erreichen.

Abfahrt entlang der Aufstiegsroute (nicht zu hoch an den Reifhörnern queren – Dolinensturz in den 90er-Jahren) oder vom Gipfelhang direkt durch die Kleine Wehrgrube und das anschließende Rinnensystem.

Die rustikale Waldpassage im unteren Teil.

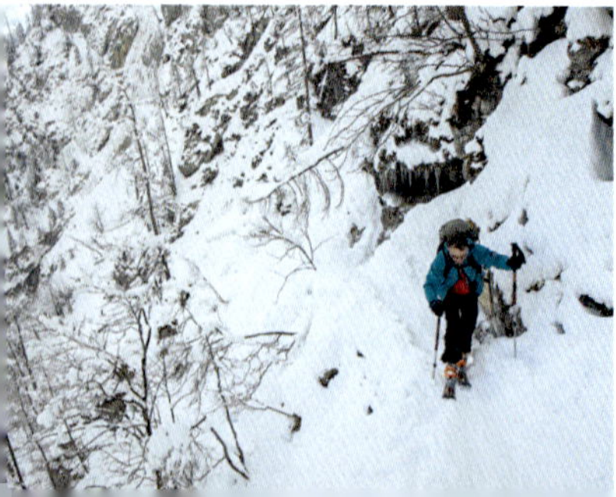

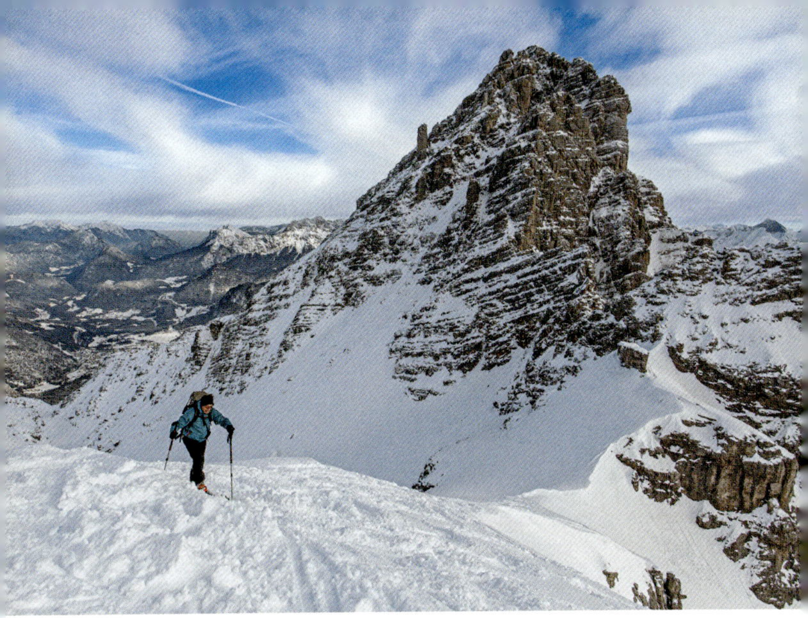

Oben: Das Große Ochsenhorn im Hintergrund ist der höchste Gipfel der Loferer Steinberge.
Unten: Bei absolut sicherer Lawinenlage auch im Hochwinter lohnend.

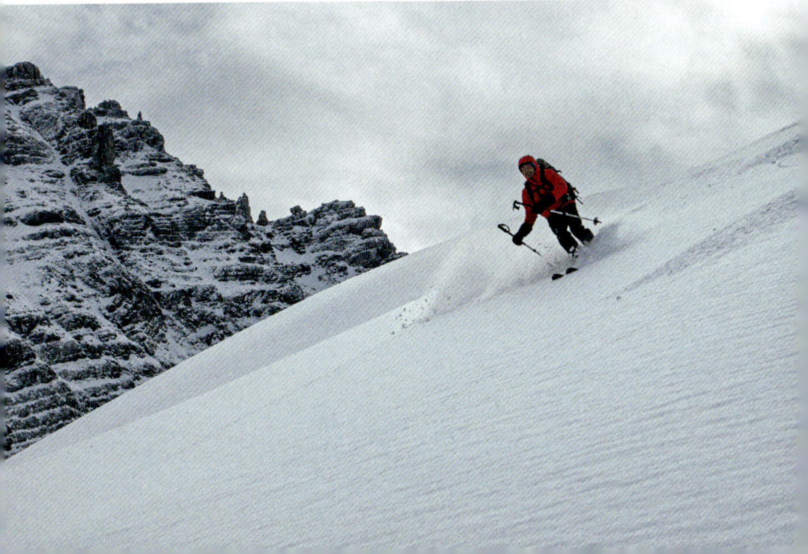

↗ 930 m | ↘ 930 m | 13.1 km

52 Schafelberg, 1593 m, und Kirchberg, 1678 m

4.15 h

Forststraßen, genussvolle Almwiesen und die Steinbergkulisse

Ein abwechslungsreiches Gelände mit prächtigem Ausblick auf die Loferer Steinberge und schöne, nordseitige Almwiesen hat die Rundtour über den Schafelberg und Kirchberg zu bieten. Schwachpunkt ist eine nahezu 2 km lange, ebene Forststraße auf der Abfahrtsroute über den Kirchberg.

Talort: Waidring, 778 m, südlich der Steinplatte, Bus VVT 4012 St. Johann i.T. – Lofer, bzw. Linie 8302, Waidring –St. Ulrich.
Ausgangspunkt: Rodler-Parkplatz in Zassbühel (Winkl), ca. 785 m (Abzweigung nach Weißbach, 1,3 km von Waidring in Richtung St. Ulrich). Die Bergstraße nach Weißbach ist meist nur mit Ketten befahrbar.
Aufstiegszeiten: Rodlerparkplatz – Weißbach ½ Std., Weißbach – Rechensaualm 1¼ Std., Rechensaualm – Schafelberg gut ¾ Std., Schafelberg – Kirchberg ½ Std.
Anforderungen: Wald- und Weidegelände, ein welliger Kamm, eine Rodelbahn und längere Almsträßchen.
Orientierung: Orientierungssinn und Ortskenntnisse von Nutzen. Nicht bei Nebel!
Hangrichtung: Aufstieg: Nordost bis Ost, Abfahrt: Nordwest bis Nordost.
Lawinengefährdung: Bei geschickter Routenwahl gering.
Günstige Zeit: Januar – März.

Einkehr: Ghs. Oberweißbach, Ghs. St. Adolari (Variante).
Variante: Von St. Adolari, 853 m, (3,6 km von Waidring). Auf steiler Forststraße hinauf zu den Wiesen von Rechensau. Am Waldrand links über die Wiese aufwärts zur Forststraße und über diese in einer weiten Kehre auf den Waldrücken mit der beschriebenen Aufstiegsroute.
Wald-Wild-Schongebiete: Wegen der Latschenfelder im Kammbereich ist dort reichliche Schneeauflage erforderlich!

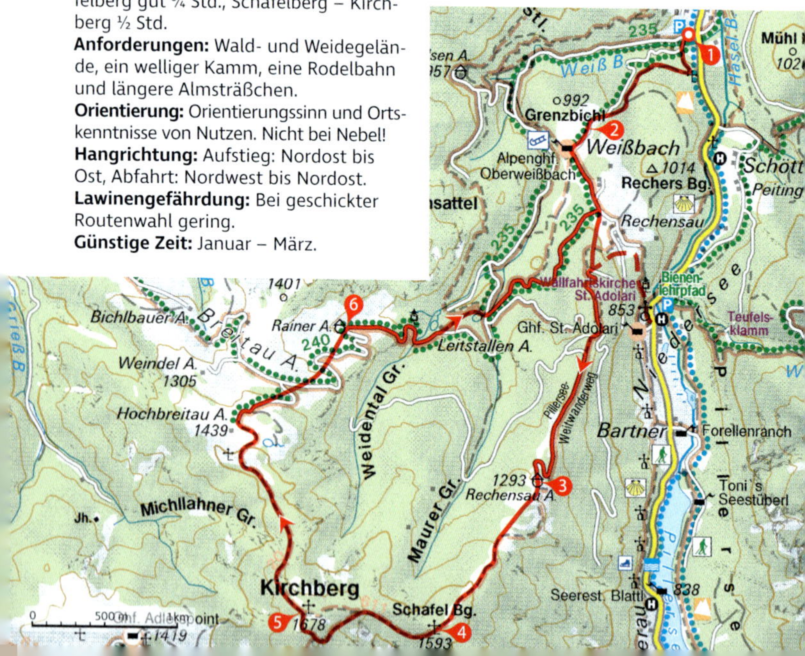

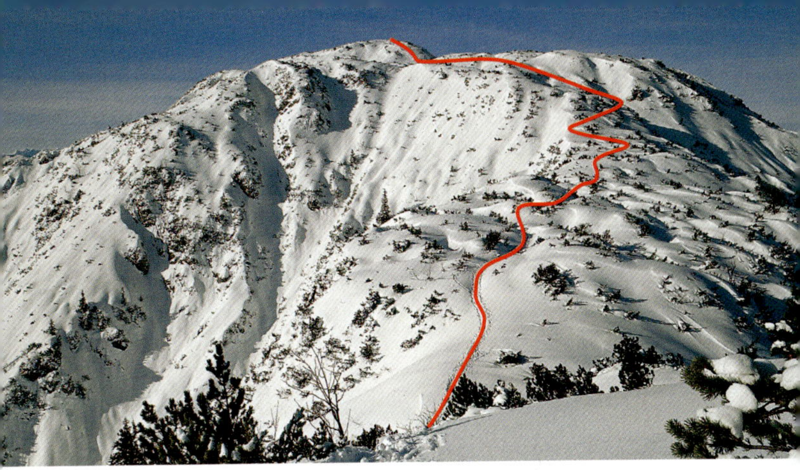

Die Skiroute vom Schafelberg auf den Kirchberg.

Vom **Parkplatz ❶** auf einem Steg über den Weißbach und auf einer Rodelbahn nach **Weißbach ❷**, ca. 960 m. Auf der Straße weiter zu einer **Kapelle** auf einem Sattel. Hier auf der einmündenden Forststraße einige Meter nach rechts, dann links abbiegen auf den breiten flachen Waldrücken. Über diesen aufsteigend erreicht man bald den Wanderweg, der links von den Rechensauhöfen heraufkommt. Der Weg folgt nun meist dem Rücken oder verläuft etwas links davon und kreuzt mehrere Forststraßen bis zur **Rechensaualm ❸**, 1293 m. Gut 50 m dahinter rechts in einer schönen Mulde auf die Kammhöhe. Kurz darauf in eine Senke hinab, hinter dieser eine Steilstufe für gut 50 Hm rechts umgehen und wieder auf den gestuften Waldrücken zurück. Das Gelände weitet sich nun und zieht buckelig auf den **Schafelberg ❹**, 1593 m, wo manche umkehren. Zum **Kirchberg ❺**, 1678 m, ca. 20 Hm westwärts in einen Sattel hinab und über einen Rücken auf den Gipfel.

Abfahrt: Vom Kirchberg am Kamm nordwestwärts (»rot«) weiter, mit kleinen Gegenanstiegen über Kuppen hinweg zu einem Plateau und über schöne Almwiesen zur Hochbreitaualm, 1439 m, hinab. Dahinter rechts um ein Geländeeck herum, dann durch lichte Waldstreifen und über weite, reich gegliederte Almwiesen rechts haltend zur **Raineralm ❻**, ca. 1170 m, hinab. Auf einem Sträßchen – bei Gabelungen rechts – zuletzt mit viel Armkraft zur o.g. Kapelle hinaus und auf bekannter Route über **Weißbach ❷** ins Tal.

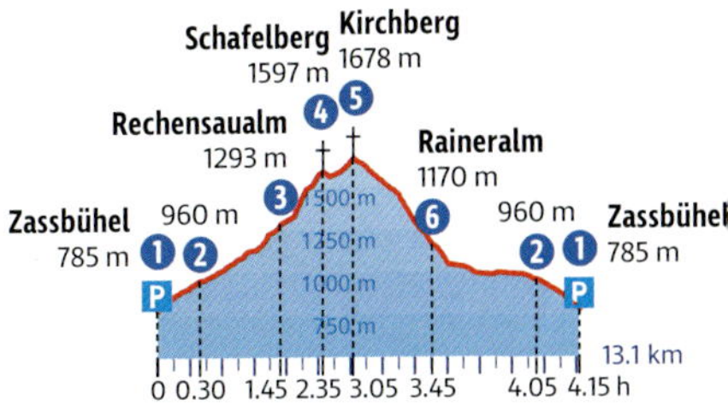

↗ 950 m | ↘ 950 m | 10.7 km

53 Gamskögerl, 1586 m, und Maukeck, ca. 1700 m

4.00 h

Ein aussichtsreicher Kamm bis an den Felssockel der Kaiserwände

Der Niederkaiser zählt zu den stillen Wander- und Skizielen im Wilden Kaiser. Er reicht hautnah an den Felssockel der berühmten Kaiserwände heran und kann auf recht pfiffige Weise auch im Winter über Forststraßen und Bergweiden erstiegen werden. Die Route wartet im Kammbereich fortwährend mit landschaftlichen Überraschungen auf.

Talort: Kirchdorf, 641 m, Dorf im Osten des Kaisergebirges.
Ausgangspunkt: Gasteig, Hotel Kramerhof, 760 m. Zufahrt von Kössen über Griesenau oder von St. Johann. An der Buslinie VVT 4000 – Kössen – St. Johann.
Aufstiegszeiten: Kramerhof – Hackeralm gut 1 Std., Hackeralm – Einödalm ½ Std., Einödalm – Kaiser-Hochalm ½ Std., Hochalm – Gamskögerl ½ Std., Gamskögerl – Maukeck knapp ½ Std.
Anforderungen: Forststraßen, Almgelände und ein längerer, welliger Kamm, meist »blau«, mit kurzen »roten« Steilpassagen.
Orientierung: Vom Gelände und durch Forststraßen weitgehend vorgegeben. Oberhalb der Kaiser-Niederalm ist ausreichende Sicht erforderlich!
Hangrichtung: Hauptrichtung Ost, vielfach auch Süd und Nord.
Lawinengefährdung: In erster Linie nach größeren Neuschneemengen, Windverfrachtung und bei intensiver Erwärmung Schneebrettgefahr seitlich der Hackeralm, am licht bewaldeten (!) Hang vor der Einödalm, auf der steilen Kammpassage und am Südhang oberhalb der Kaiser-Niederalm sowie am Gamskögerl. Am Mauksockel evtl. Gefahr durch Lawinen von der Maukspitze.
Günstige Zeit: Januar mit März.
Einkehr: Kramerhof und Mitterjager am Ausgangspunkt.
Variante: Abfahrtsvariante (nur bei stabiler Schneelage): Vom Niederkaiser nordostwärts zur teilweise sichtbaren Maukalm hinab, dann ca. 140 Hm Gegenanstieg durch eine Wiesenmulde südostwärts auf einen Sattel, von dort rechts eines Grabens ca. 200 Hm abfahren, dann links hinüber und über einen weiteren Graben zur Hackeralm hinab.
Wald-Wild-Schongebiete: Zum Schutz der Latschenzone oberhalb der Almen (ab 1400 m) bitte eine reichliche Schneeauflage abwarten.

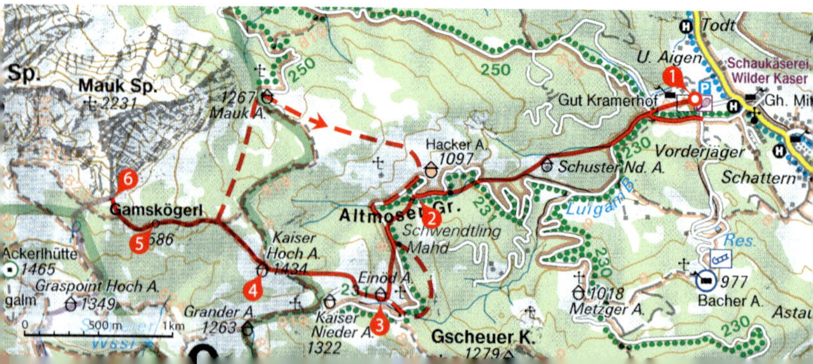

Vom **Kramerhof** ❶ wahlweise rechts oder links des Luigambaches ca. 300 m bachaufwärts zu einer Brücke und zu einer Loipenteilung. Auf der linken Loipe – Ww. »Gamskögerl, Kaiseralmen« – ca. 200 m am Nordufer entlang zu einer Linkskurve, an der ein unbeschilderter Weg rechts abzweigt und einem Seitengraben folgt; diesen verlässt man nach knapp 100 Hm nach links und steigt zur **Schuster-Niederalm** auf. Über die zuerst mäßig geneigten, dann steileren Weiderücken westwärts zu einer Forststraße. Diese führt über die **Hackeralm** ❷, 1097 m, bis zur Einödalm hinauf. Man kann jedoch schon an der Rechtskehre vor der Hackeralm links über den Graben und auf der Gegenseite über einen keilförmigen, freien Hang zum Wald hinauf (Abfahrtsroute). Dabei kommt man an einer kleinen Jagdhütte vorbei und erreicht dahinter wieder das von der Hacker- zur Einödalm führende Sträßchen. Darauf ca. 100 m links zu einer Wegteilung in einer Lichtung. Nun entweder geradeaus bis zu einer Mulde und durch diese rechts zur Einödalm (etwas länger) oder an der Verzweigung rechts, nach einer Rechts-links-Schleife einen licht bewaldeten Lawinenhang queren und dahinter zur **Einödalm** ❸ hinaus. Hier zieht nun eine Mulde westwärts zur versteckt gelegenen **Kaiser-Niederalm**. Vor dieser schwenken wir rechts auf den Kamm und ziehen über eine kleine Kuppe hinweg auf einen sehr steilen Kopf, den wir am sichersten an der linken Geländekante überwinden. Dann läuft die Spur auf flache, wellige Mulden hinaus und erreicht kurz hinter einer kleinen **Jagdhütte** die versteckte **Kaiser-Hochalm** ❹, 1434 m. Dahinter geht es über harmlose Buckel weiter, die sich erst am **Kirchdorfer Gamskögerl** wieder sehr steil aufrichten. Es lohnt sich, über die dahinterliegende Scharte am gestuften Kamm entlang zum **Goinger Gamskögerl** ❺, 1586 m, und dort rechts bis zum Felssockel der Maukspitze (**Maukeck**, ❻, ca. 1700 m) hinaufzusteigen. **Abfahrt** wie Aufstieg.

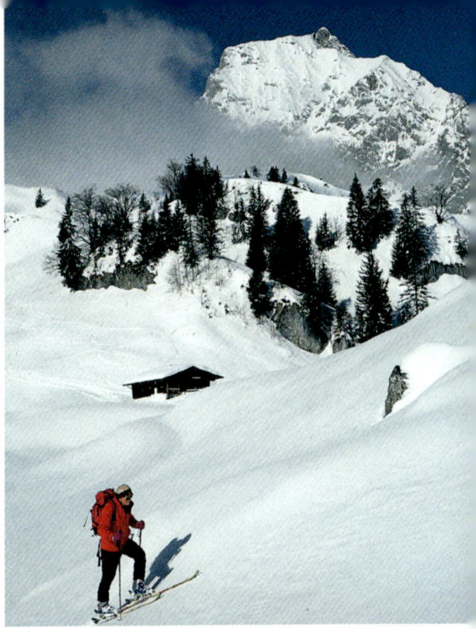

Auf einem Abstecher von der Einödalm (Mitte) zum Einödköpfl. Hinten die Maukspitze.

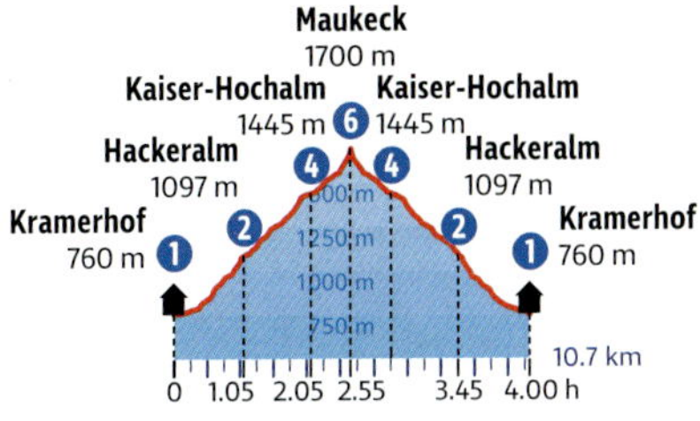

↗ 900 m | ↘ 900 m | 8.4 km

54 Ackerlsporn, 1702 m, Goinger Gamskögerl, Maukeck, 1700 m

4.00 h

Oben Firn – unten Pulver

Die sonnigen Südhänge unter den Felsfluchten des Ostkaisers locken vor allem bei Firnlage zu einer Skitour. Wer ein gutes Gespür für die Schneequalität hat, findet durch die vielfältigen Expositionen meistens einen Bereich mit optimalem Schnee. In nachhaltiger Erinnerung bleiben von der Tour auch großartige Landschaftsbilder vom Wilden Kaiser.

Talort: Going, 773 m, auf der Kaiser-Südseite, Buslinie Kufstein – St. Johann.

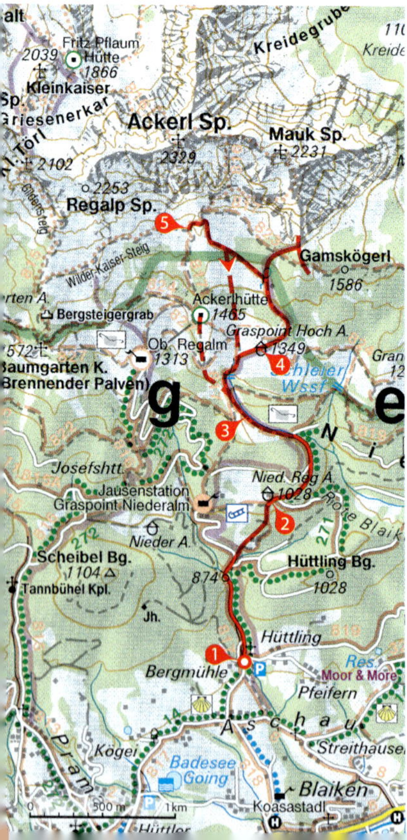

Ausgangspunkt: Aschau, Parkplatz Hüttling-Graspoint, 816 m. Zufahrt: Vom Stanglwirt (Bushaltestelle) in Richtung »Prama«, nach 300 m rechts und 2,0 km am Aschauerweg zum Parkplatz.
Aufstiegszeiten: Parkplatz – Untere Regalm ½ Std., Untere Regalm – Breitau ½ Std., Breitau – Graspoint Hochalm gut ¾ Std., Graspoint Hochalm – Ackerlsporn bzw. Maukeck je knapp 1 Std.
Höhenunterschied: Knapp 900 m.
Anforderungen: Forststraßen (Rodelbahn), Almgelände unterschiedlicher Neigung und Strauch- bzw. Latschengürtel. Eine Felsstufe zu Fuß.
Orientierung: Von Forststraßen und vom Gelände weitgehend vorgegeben.
Hangrichtung: Hauptsächlich Süd und Südwest, im Mittelteil Nordost.
Lawinengefährdung: Besonders oberhalb der Waldzone können einige Stellen kritisch sein, daher stabile Schneelage abwarten.
Günstige Zeit: Januar bis März.
Einkehr: Graspoint Niederalm.
Variante: Vom Boden oberhalb der Felsstufe beim Stiegenbachwasserfall links auf den freien Rücken, dem man ohne Schwierigkeiten zu der im Winter unbewirtschafteten Ackerlhütte (1445 m) folgt. Knapp ½ Std. von der Abzweigung.

Vom Parkplatz **Hüttling** ❶ durch den im Winter oft als Rodelbahn genutzten und entsprechend geräumten Fahrweg aufwärts. An der ersten markanten Gabelung hält man sich rechts, an der zweiten links. Zwanzig Meter danach zweigt bei einem Gatter rechts ein breiter Almweg ab. Nach einem kurzen Waldstück kann man über die Wiese gerade hinauf abkürzen. In zwei weiten Kehren leitet der Weg an der Unteren Regalm ❷ vorbei wieder zu einer breiten Forststraße. Auf dieser nordwärts weiter, bis die Straße eben verläuft und eine ausgeprägte Rechtskurve beschreibt. Hier öffnen sich zur Linken die freien Hänge der **Breitau** ❸. Über diese bis zu ihrem obersten Rand, dann zu Fuß über ein Felsband nach rechts auf den Boden oberhalb des kleinen Stiegenbachwasserfalls. Am rechten Hang zur **Graspoint Hochalm** ❹ und auf den Sattel im Osten, dann über den zunächst freien Rücken nordwärts, bis das Gelände in einem Staudengürtel deutlich aufsteilt und nach links abdrängt. Dahinter zu einem **Scherm** (Viehunterstand) und anschließend – dem Gelände angepasst – zur großen **Grube unterm Niedersessel**. Von hier ab lässt man sich am besten von den Schneeverhältnissen leiten, d.h. entweder nordwestwärts (links) über schöne Rücken zum Standort der ehemaligen Ackerlhütte am **Ackerlsporn** ❺ oder nordostwärts (rechts) zum Sockel der Maukspitze (**Maukeck**) bzw. zur vorgelagerten Kuppe des **Goinger Gamskögerl**.

Abfahrt: Den besten Schneeverhältnissen angepasst in die **Breitau** und am Aufstiegsweg zum Parkplatz zurück, wobei häufig schon vor der Jausenstation zur Linken Abkürzungen (Abfahrtsspuren) über Bergweiden zu erkennen sind.

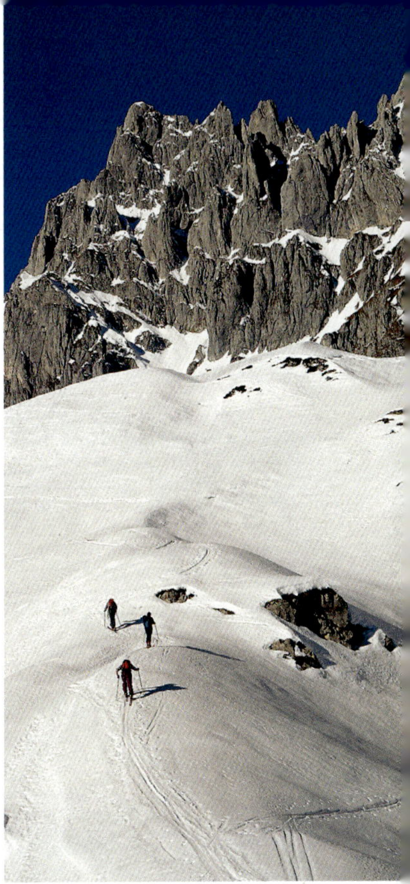

Kurz vor dem höchsten Punkt des Ackerlsporns; darüber die Regalpspitze.

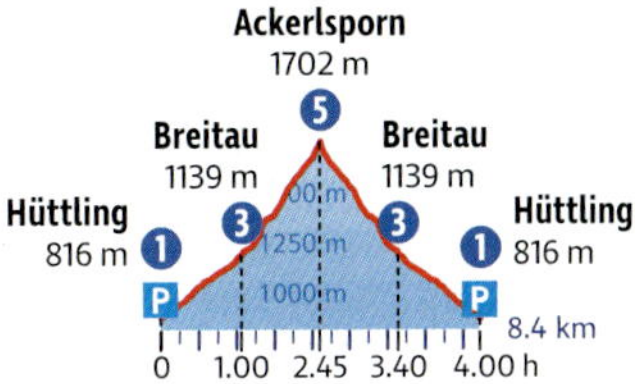

↗ 1050 m | ↘ 1050 m | 9.7 km

55 Herrenstein, ca. 1850 m

3.50 h

Ein Firnrücken wie mit dem Lineal gezogen

Die Skitour zum Herrenstein – vor Ort auch »Hechenfeld« genannt – hat in den letzten Jahrzehnten einen erheblichen Zuspruch erfahren und rangiert nach der Skitour aufs Ellmauer Tor heute an zweiter Stelle auf der Südseite des Wilden Kaisers; sie begeistert die Steilhangfreunde durch einen makellosen, freien Firnrücken, der wie mit dem Lineal gezogen in die Höhe schießt. Gewaltige Lawinenreste sowohl im Rehplaik- als auch im Sinnersbachgraben zeugen in manchem Jahr von der tödlichen Gefahr, welche die Tour birgt, wenn sie zur unrechten Zeit durchgeführt wird.

Talort: Going am Wilden Kaiser, 773 m, Buslinie Kufstein – St. Johann in Tirol.
Ausgangspunkt: Parkplatz Hüttling, 816 m. Zufahrt: Beim Stanglwirt östlich von Going nach »Prama« abzweigen, an der Gabelung nach 300 m rechts und am Aschauerweg 2 km zum Parkplatz.
Aufstiegszeiten: Parkplatz Hüttling – Obere Regalm 1½ Std., Regalm – Herrenstein 1½ Std.

Anforderungen: Forststraße und Wanderwege bzw. ein steiler Graben in der Waldzone, darüber ein freier, stark aufsteilender Rücken. Harscheisen bereithalten.
Orientierung: In der Waldzone abseits der Forststraßen ist Gespür für die günstigste Routenwahl erforderlich, deshalb Routenbeschreibung beachten. Länger, aber einfacher über die Forststraße.

Auf dem riesigen »Hechenfeld« hoch über dem Talkessel von St. Johann.

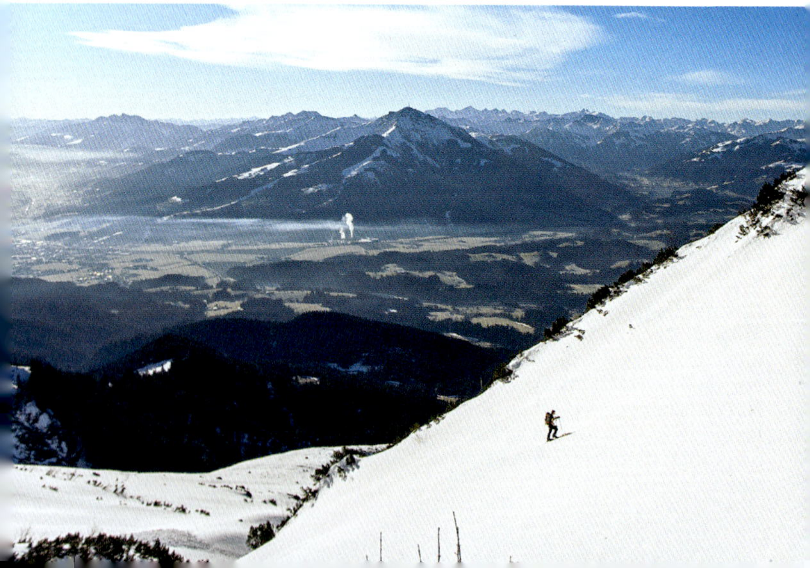

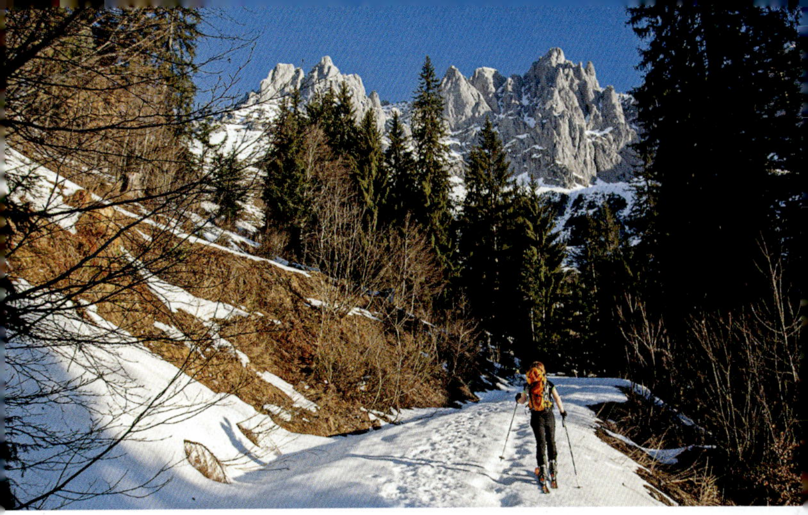

Imposante Ausblicke versüßen die anfänglichen Forststraßenhatscher.

Hangrichtung: Süd und Südost.
Lawinengefährdung: Typische Firntour, nur bei stabiler Schneeauflage ratsam.
Günstige Zeit: Februar, März, manchmal auch schon früher.
Variante: Tannbichl-Route zum Herrenstein: Zufahrt vom Stanglwirt in Richtung Prama, nach 300 m links und 1,2 km zum Parkplatz Tannbichl (873 m). Skiroute: Auf dem anfangs nur mäßig steigenden Forststräßchen weiter. An der Weggabelung oberhalb der Tannbichlkapelle halten wir uns rechts und folgen dem Fahrweg zu einer weiteren Gabelung. Bis hierher ist das Sträßchen häufig geräumt und dient als Rodelbahn. An der Wegteilung gehen wir auf einem Wanderweg in Waldrandnähe rechts weiter, wo wir beim Geländepunkt »Rehplaikgraben – Langern, 1046 m« wieder auf die Forststraße treffen. Von hier weiter wie Hauptroute (AV-Weg 816).
Wald-Wild-Schongebiete: Beim Geländepunkt »Fütterung Forstweg Wagneralm, 1054 m« liegt wenige Hm über der Regalm-Forststraße eine Wildfütterung,

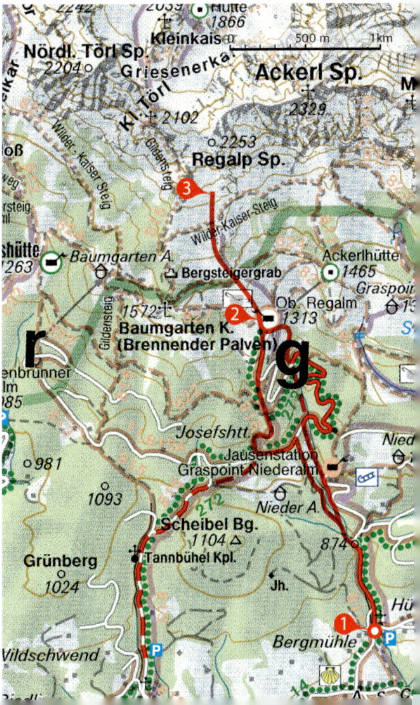

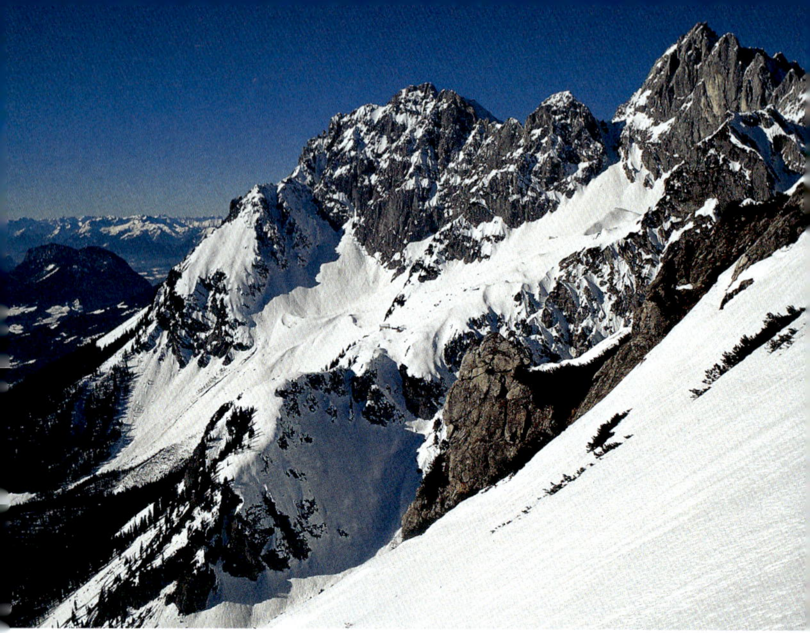

Am Herrenstein – Ausblick auf den Treffauer (Mitte) und die Ellmauer Halt (rechts). Genau in Bildmitte die Gruttenhütte, schräg rechts darüber das weiße Gruttenköpfl, senkrecht über diesem die Rote-Rinn-Scharte (Tour 57).

die man beim Aufstieg und bei der Abfahrt unbedingt umgehen soll. Deshalb bitte auf der Straße bleiben. Die Umgehung der Futterstelle über den unteren Rehplaikgraben beansprucht beim Aufstieg höchstens 5 Minuten.

Vom Parkplatz **Hüttling** ❶ auf einer Forststraße kurz rechts, dann links des Baches bis zur **Sinnersbachbrücke**, 886 m. Diese aber nicht überqueren, sondern stets am Westufer (links) des Baches auf einem Forstweg zu einer Hütte, ca. 980 m (Routenteilung). Hier entweder am Westufer des Sinnersbaches geradeaus weiter zur **Regalmstraße** und auf dieser rechts etwa 10 Hm zum Sinnersbach hinab (!). Bei günstigen Bedingungen können wir am Westufer des Grabens und in diesem bis zur **Regalm** ansteigen, ansonsten über die windungsreiche Straße östlich des Grabens. Auf 1250 m Höhe führt diese wieder aufs Westufer zurück und

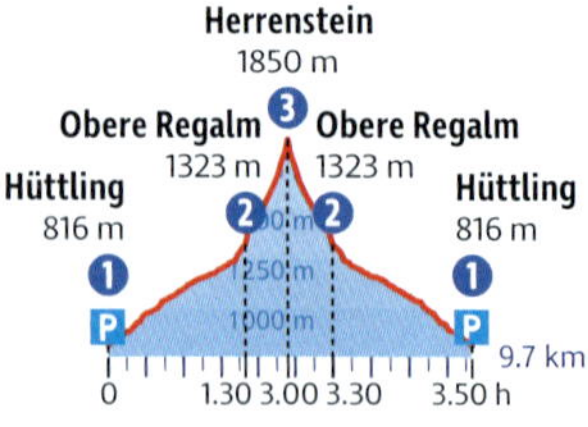

über drei Straßenkehren zur Regalm. Zusammen mit dieser steigen wir am »Regalmweg 816« etwa 30 Hm am westlichen (linken) Rand des Rehplaikgrabens an, überqueren ihn dann und steigen durch den Wald rechts zum Punkt »Fütterung Regalm Fußweg 1089 m« auf einen für die Abfahrt eher unangenehmen Waldrücken, dem die Skiroute etwa 180 Hm folgt. Dabei kreuzt sie bei 1159 m den Mittleren Höhenweg und dreht gut 40 Hm darüber rechts zur Regalm-Forststraße hinaus, 1227 m, auf der es links zu einer Rechtskehre und zur Oberen Regalm geht. Diese Kehre erreicht man auch, wenn man den lichter werdenden Waldrücken abseits des Weges weiter verfolgt. Auf der Forststraße gehen wir von der Kehre noch etwa 150 m bis zur Waldgrenze und drehen hier oder bei der erst später sichtbaren **Regalm** ❷ links auf den langen, freien Rücken, der ab etwa 1430 m stärker aufsteilt. Diesem folgen wir im vielfachen Zickzack zuerst mehr links, in der oberen Hälfte mehr auf der rechten Seite bis zum Felskeil des **Herrensteins** ❸, ca. 1850 m.

Abfahrt: Wie Aufstieg, da der Rehplaikgraben nur selten befahrbar ist. Unterhalb der Oberen Regalm am einfachsten über die im Frühjahr am längsten befahrbare Forststraße mit zweifacher Querung des Sinnersbaches. Auch zum Parkplatz Tannbichl kann man über die Forststraße abfahren. Dabei muss man allerdings nach der zweiten Querung des Sinnersbaches etwa 20 Hm Gegenanstieg über den Waldrücken mit dem Geländepunkt »Fütterung Forstweg Wagneralm, 1054 m« zum Rehplaikgraben in Kauf nehmen.

Ein Firnhang wie aus dem Bilderbuch!

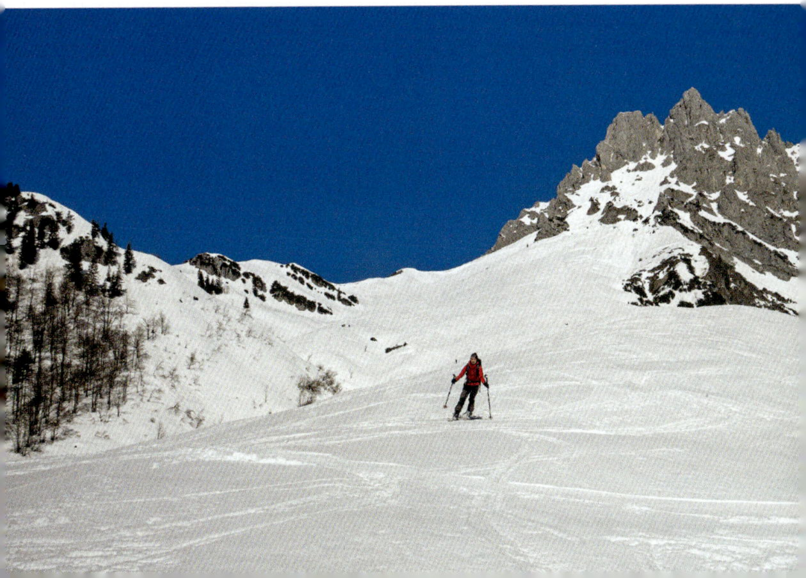

TOP

56

Ellmauer Tor, 2006 m

↗ 920 m | ↘ 920 m | 6.6 km

3.30 h

Ins Herz des Wilden Kaisers

Das Ellmauer Tor, die markante Einkerbung inmitten des Wilden Kaisers, teilt die Gebirgskette in eine Ost- und eine Westhälfte und stellt den gesamten Winter über ein viel begangenes Ziel dar – die besten Bedingungen finden sich hier meistens im Frühjahr bei Firn.

Talort: Ellmau, 804 m, am Wilden Kaiser, Buslinie Kufstein – St. Johann i.T.
Ausgangspunkt: Wochenbrunneralm, 1085 m. Mautsträßchen von Ellmau.
Aufstiegszeiten: Wochenbrunneralm – Gaudeamushütte ½ Std., Gaudeamushütte – Ellmauer Tor 2 Std., (Ellmauer Tor – Hintere Goinger Halt und zurück ca. 1 Std.; gesamt 2½–3½ Std.)
Höhenunterschied: Ellmauer Tor gut 900 m, Hintere Goinger Halt gut 1100 m.
Anforderungen: Drei unterschiedlich hohe Steilstufen im Kübelkar. Da das Kübelkar am Morgen im Schatten liegt, kann die Aufstiegsspur eisig sein (Harscheisen!). Vom Tor zur Hinteren Goinger Halt nur zu Fuß, zeitweise stark vereist (Steigeisen, Bergerfahrung). Von einer Abfahrt wird dringend abgeraten (Unfälle)!
Orientierung: Vom Gelände vorgegeben.
Hangrichtung: Süd.
Lawinengefährdung: Häufig aus den Flanken lawinengefährdet, daher besondere Vorsicht nach Neuschnee und bei Erwärmung.
Günstige Zeit: Bei Firn: Februar – April, manchmal auch schon früher.
Einkehr: Wochenbrunneralm.

Von der **Wochenbrunneralm** ❶ auf dem breiten Hüttenweg über waldgesäumte Almwiesen zur **Gaudeamushütte** ❷, 1263 m, von der die Aufstiegsroute durchs **Kübelkar** zum Ellmauer Tor gut zu überblicken ist. Die erste und gleichzeitig größte Steilstufe geht man meist von rechts her an. Mit dieser hat man genau die Hälfte des Aufstiegs geschafft. Die beiden anderen Absätze überwindet man mehr über die Mitte, ehe es durch eine abschließende Mulde aufs **Ellmauer Tor** ❸, 2006 m, geht. Dort ist für die meisten der Aufstieg beendet. Bei günstigen Bedingungen kann man von

Blick zur Föhnwalze am Alpenhauptkamm.

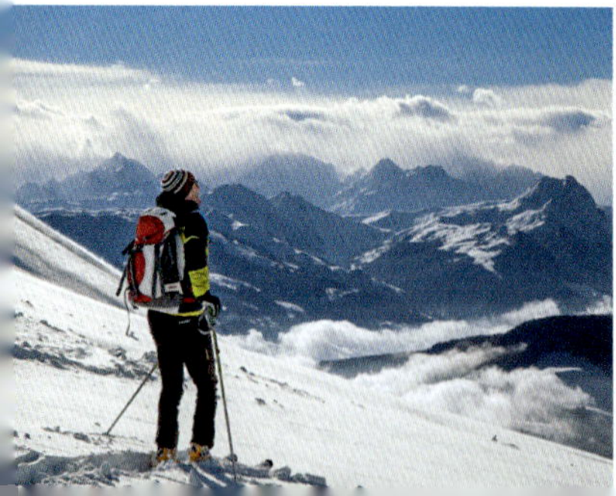

Steiler, oft heikler Weiterweg zum Gipfel.

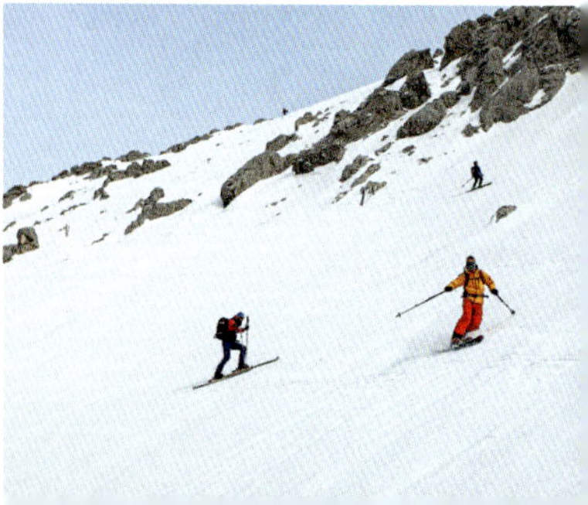

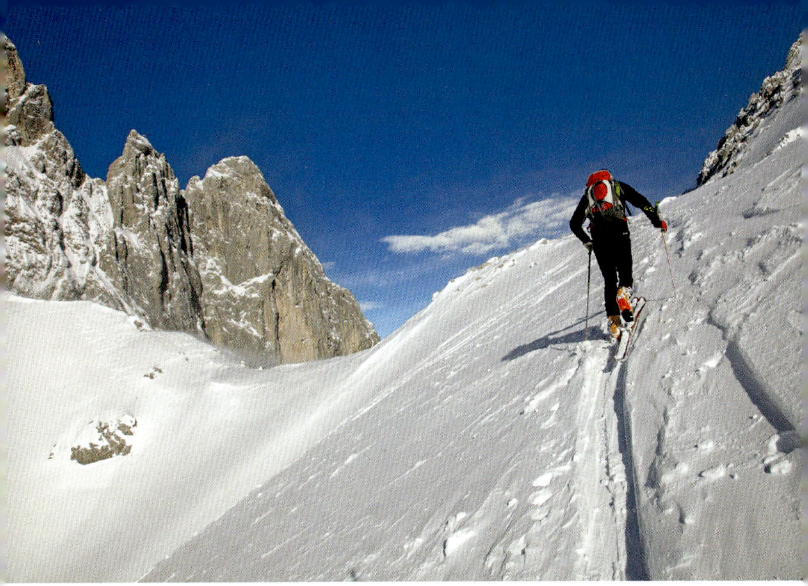

Über dem Ellmauer Tor taucht die Fleischbank auf.

hier noch ostwärts zur **Hinteren Goinger Halt** (2192 m) hinaufsteigen. Dafür sind Steigeisen kein Luxus, da der Westhang lange Zeit im Schatten liegt und deshalb recht eisig sein kann. Die Route: Vom Tor etwa in Falllinie ostwärts hinauf, Felsen links ausweichen, etwas unterhalb des Grates nach links ausholen und zuletzt über einige unschwierige Felsen zum Gipfel. **Abfahrt** wie Aufstieg zur Wochenbrunneralm.

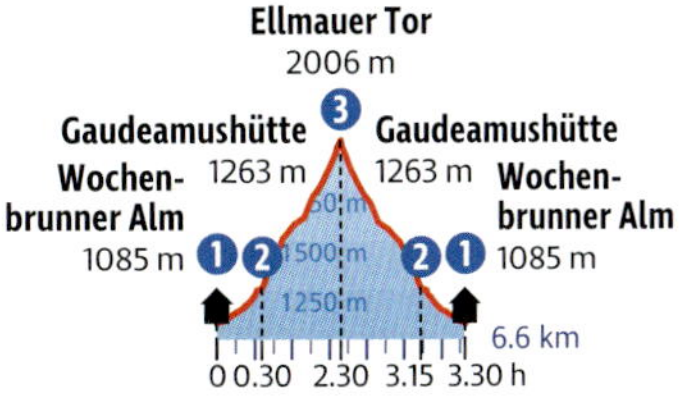

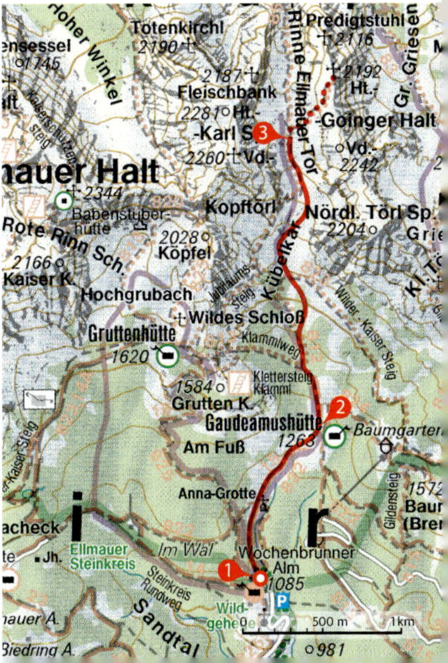

↗ 780 m | ↘ 780 m | 6.1 km

57 Gruttenköpfl, 1849 m

3.00 h

Sonnige Karkuppe über der Gruttenhütte

Welche(r) Tourengeher(in) hat auf der Fahrt über den Ellmauer Sattel die blendend weißen Firnhänge auf der Südseite des Wilden Kaisers noch nicht bewundert und zu ihnen sehnsuchtsvoll hinaufgeblickt?! Hier findet man ein Angebot, das weit über das bekannte Kübelkar und das Ellmauer Tor hinausreicht. Die bescheidene, unbenannte Kuppe im Karkessel Hochgrubach, zwischen Ellmauer Halt und der Gruttenhütte gelegen und von den Einheimischen als »Gruttenköpfl« bezeichnet – nicht zu verwechseln mit dem Gruttenkopf (1584 m) östlich der Hütte –, zählt zu diesen reizvollen Firntouren auf der sonnigen Schauseite des Wilden Kaisers. Wer es anspruchsvoller haben will, steigt über oder um das Gruttenköpfl herum auf die westlich gelegene Rote-Rinn-Scharte (Variante).

Talort: Ellmau, 804 m, reizvolles Bergdorf auf der Südseite des Wilden Kaiser, Buslinie 4024 Kufstein – St. Johann i.T.
Ausgangspunkt: Wochenbrunneralm, 1085 m. Mautsträßchen von Ellmau.
Aufstiegszeiten: Wochenbrunneralm – Gruttenhütte 1½ Std., Gruttenhütte – Gruttenköpfl gut ½ Std.
Anforderungen: Der steile Aufstieg zur Gruttenhütte kann bei hartem Untergrund oberhalb der Waldgrenze heikel und mühsam sein (dann »schwarz«, Harscheisen!). Hier sind zeitweise Trampelspuren vorhanden. Nicht zu spät abfahren.
Orientierung: Im Wald oberhalb der Wochenbrunneralm sind bei fehlender Spur Ortskenntnisse und Gespür fürs Gelände erforderlich, ansonsten übersichtlich.
Hangrichtung: Süd (Südwest – Südost).
Lawinengefährdung: Erhöhte Lawinengefahr, deshalb nur bei sicheren Bedingungen.
Günstige Zeit: Bei Firnlage etwa von Februar – April, manchmal auch schon früher.
Einkehr: Wochenbrunneralm.
Variante: Rote-Rinn-Scharte (»schwarz«, ca. ½ Std. länger).

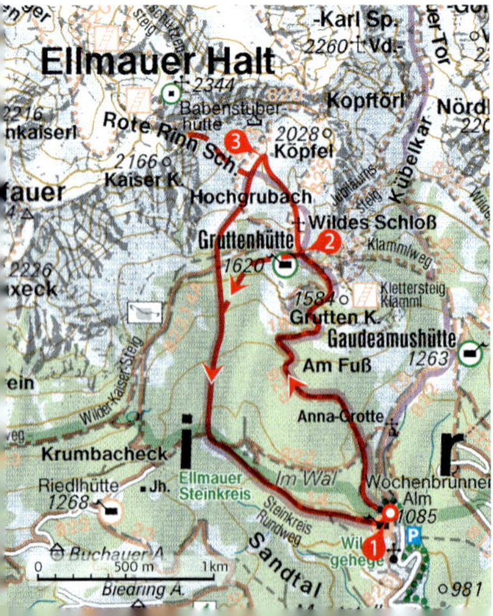

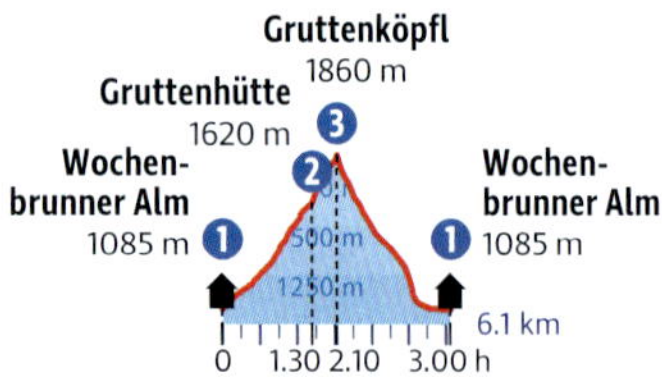

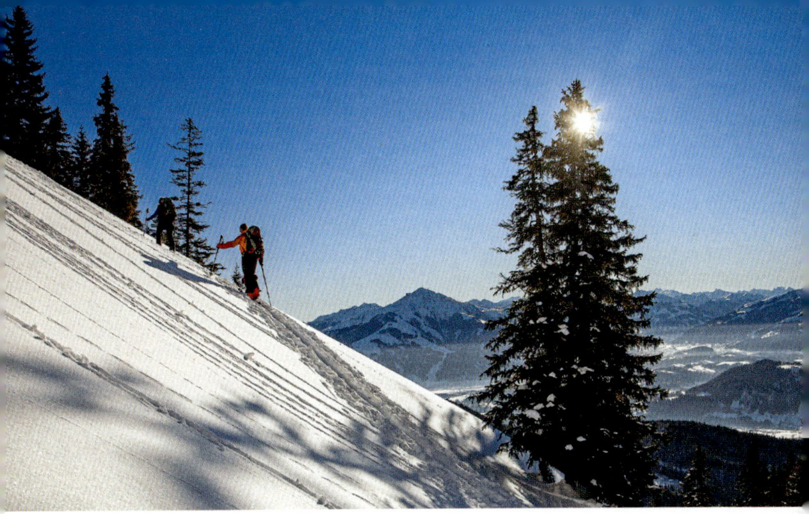

Im Aufstieg zur Gruttenhütte.

Der Skiaufstieg von der **Wochenbrunneralm** ① zur Gruttenhütte hält sich im Wesentlichen an den Sommerweg. Er führt zuerst am rechten Rand eines bewaldeten Rückens entlang und gelangt nach rund 100 Hm problemlos auf das Waldplateau zur Linken. Dieses überqueren wir schräg nach links, bis sich auf einer Höhe von ca. 1360 m eine Geländebarriere aufstellt und uns nach rechts abdrängt. Kurz darauf erreichen wir die Waldgrenze. Die Route führt zuerst weit rechts hinaus, dann müssen wir einen recht unangenehmen Steilhang dicht unter Felsen nach links in eine Mulde queren und erreichen über diese im Rechtsbogen das Gruttenplateau und in Kürze zur Linken die aussichtsreiche **Gruttenhütte** ②, 1620 m. Vor dieser steuern wir in einer Mulde und über Rücken ein über der Hütte gelegenes Kreuz an, ziehen dann in einer Mulde weiter auf eine Schulter und von dieser links auf die reizvolle Kuppe im Hochgrubach (**Gruttenköpfl** ③).

Abfahrt: Auf sonnseitigen Idealhängen kann sich jede(r) die beste Firnlage aussuchen. Man fährt entweder über das Aufstiegsgelände mehr südostseitig zuerst zur **Gruttenhütte** ab und quert dann unterhalb von Felsen, etwa auf dem im Winter meist unkenntlichen Hüttenweg, die Steilhänge westwärts oder schwingt schon vom Gipfel mehr südwestwärts auf den Felssporn im Süden des **Kaiserkopfes** hinab. Über eine ausladende Hangmulde erreichen wir einen lichten Sträuchergürtel, hinter dem wir bei einer Lichtung auf den Verbindungsweg von Wochenbrunn zur **Riedlhütte** treffen. Das zum Ausgangspunkt ostwärts zurückführende und zuletzt etwas ansteigende Forststräßchen stellt meist den einzigen Schönheitsfehler auf der Abfahrt dar.

TOP 58

↗ 900 m | ↘ 900 m | 6.1 km

Griesenerkar, Fritz-Pflaum-Hütte, 1866 m

3.10 h

N W O S

Der Frühjahrsklassiker im Wilden Kaiser

Ein Tourengeher aus dem südostbayerischen Raum, dem angrenzenden Tirol oder Salzburg, der noch nicht im Griesenerkar war, gleicht einem Münchner, der noch nie das Oktoberfest besucht hat. Sicherlich eine Rarität! Was zieht aber ins Griesenerkar? Gewiss ist es der eindrucksvolle Felsenzirkus des Wilden Kaisers, das viel begangene, häufig zu einer Piste eingefahrene Gelände zwischen Grieseneralm und Fritz-Pflaum-Hütte und nicht zuletzt die aus dem Karkessel zu den Scharten emporschießenden, anspruchsvollen Steilhänge und -rinnen, die den versierten Skibergsteiger kompromisslos nach oben ziehen und eine rassige Abfahrt versprechen. Allerdings kam manche(r) schon arg zerschunden im Karboden an und war froh, dass es so glimpflich abging. Und was schreckt vom Griesenerkar ab? Der Menschenauflauf, der an manchen Tagen zu Hundertschaften anschwillt!

Talort: Kirchdorf, Dorf im Osten des Kaisergebirges, Ortsteil Griesenau, 727 m, Bushaltestelle der Linie Traunstein oder Reit im Winkl – Kössen – St. Johann i.T.
Ausgangspunkt: Großer Parkplatz an der Griesneralm, 988 m. Mautstraße von der Griesenau seit 2022/2023 ganzjährig befahrbar.

Aufstiegszeiten: Griesneralm – Fritz-Pflaum-Hütte 2¼ Std., Griesneralm – Goinger Törl 3 Std., Fritz-Pflaum-Hütte – Goinger Törl knapp 1 Std.; gesamt je nach Tourenziel 2¼–3 Std.
Höhenunterschied: Fritz-Pflaum-Hütte knapp 900 m, Goinger Scharte ca. 1100 m, Schönwetterfensterl gut 1200 m,

Gleich ist die traumhaft gelegene Fritz-Pflaum-Hütte erreicht.

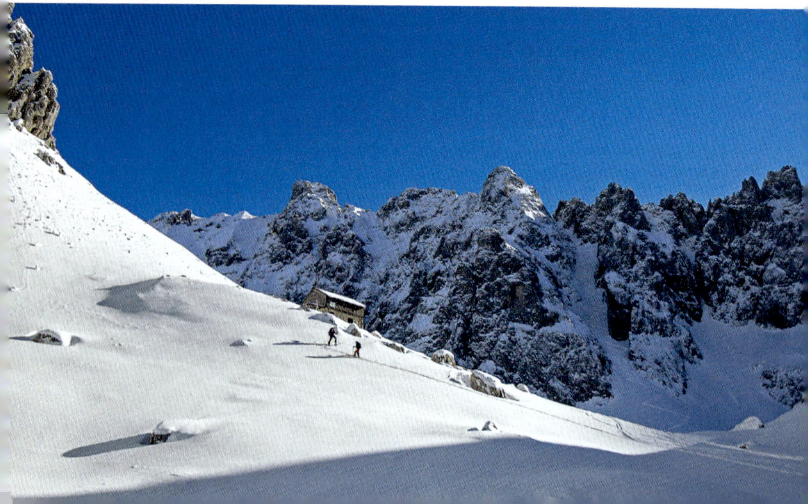

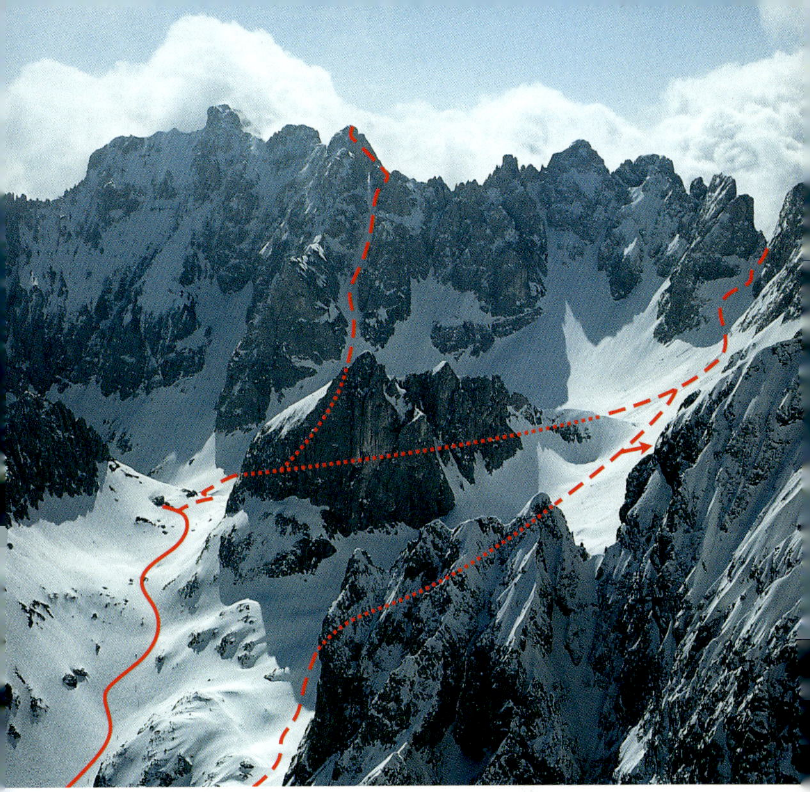

Das Griesenerkar mit dem Kleinkaiser in Bildmitte, links davon die Fritz-Pflaum-Hütte. Im Kamm darüber von links Ackerlspitze, Hochgrubachspitzen, Schönwetterfensterl, Regalpturm, -spitze, -wand, Törlwand, Kleines Törl.

Westliche Hochgrubachspitze knapp 1300 m, Kleines Törl gut 1100 m.
Anforderungen: Die viel begangene, z.T. recht steile Skispur ins Griesenerkar ist am Morgen meist vereist (Harscheisen!). Im späten Frühjahr häufig Trampelspur vorhanden. Zur Pflaumhütte »rot«, alle anderen Routen »schwarz« (relativ am einfachsten die Goinger Scharte, am anspruchsvollsten das Schönwetterfensterl).
Orientierung: Fast immer gespurt, deshalb meist problemlos.
Hangrichtung: Pflaumhütte und Schönwetterfensterl Nordwest und Nord, Goinger Törl Ost und Nord, Kleines Törl Nordost und Nord.
Lawinengefährdung: Stabile Schneelage erforderlich, nicht nach großen Neuschneefällen.
Günstige Zeit: Februar bis Mai.
Einkehr: Griesneralm am Ausgangspunkt, Fischbachalm im Kaiserbachtal.
Varianten: Alle »schwarz«, nur bei griffiger und absolut stabiler Schneelage:

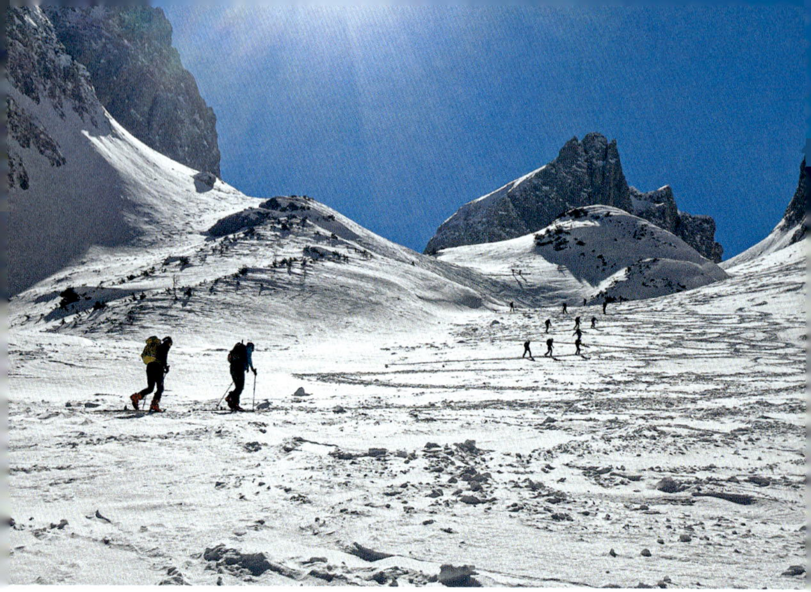

Bestes Skigelände im Mittelteil, allerdings oft stark verspurt.

1. Von der Pflaumhütte in ca. 1 Std. südwärts durch eine Grube und geradeaus durch die imposante Steilrinne aufs Schönwetterfensterl, 2195 m (Skidepot). Von hier in meist leichter, anregender Kletterei (I) nach links über den schrofigen Nordrücken in gut ¼ Std. zur Westlichen Hochgrubachspitze, 2277 m.
2. Rechts oder links um den Kleinkaiser herum, dann auf der rechten Hangseite zur markanten Einschartung des Kleinen Törl, 2111 m, hinauf (knapp 1 Std. von der Pflaumhütte).
3. In der oberen Hälfte des Griesenerkars durch die Mulde zum Durchschlupf westlich des Kleinkaiser, dann nach rechts und immer steiler zu den Felsen hinauf. Zuletzt in der linken Rinne zum Goinger Törl, 2085 m (auch rechts steigt manche(r) bis zum »Anschlag«).

Gleich hinter dem Gasthaus **Grieseneralm** ❶ über den Bach und auf einem breiten Wanderweg rechts auf die freien Hänge der **Russenleiten** hinaus, die man bis zum oberen Waldrand überwindet. Beim Wegweiser »Fritz-Pflaum-Hütte« ❷ schwenkt man links über einen Graben in den Wald. In diesem geht es links haltend aufwärts zu einer steilen **Karmulde** gelangt. Nun links auf den schütter bewaldeten Begrenzungsrücken oder in der Karmulde bis zu einem sperrigen Felssockel und dann erst links auf den steilen Rücken hinaus. Diesem folgt man, bis sich zur Rechten eine weite Karmulde öffnet. In dieser zu einer **Teilung** ❸ **des Kares**: rechts zum

Rechts: Skiroute ins Griesenerkar (Gesamtansicht). Die Route teilt sich oben, führt links zur Fritz-Pflaum-Hütte (verdeckt), rechts zum Kleinen Törl (in Bildmitte) bzw. auf das Goinger Törl (rechts verdeckt).

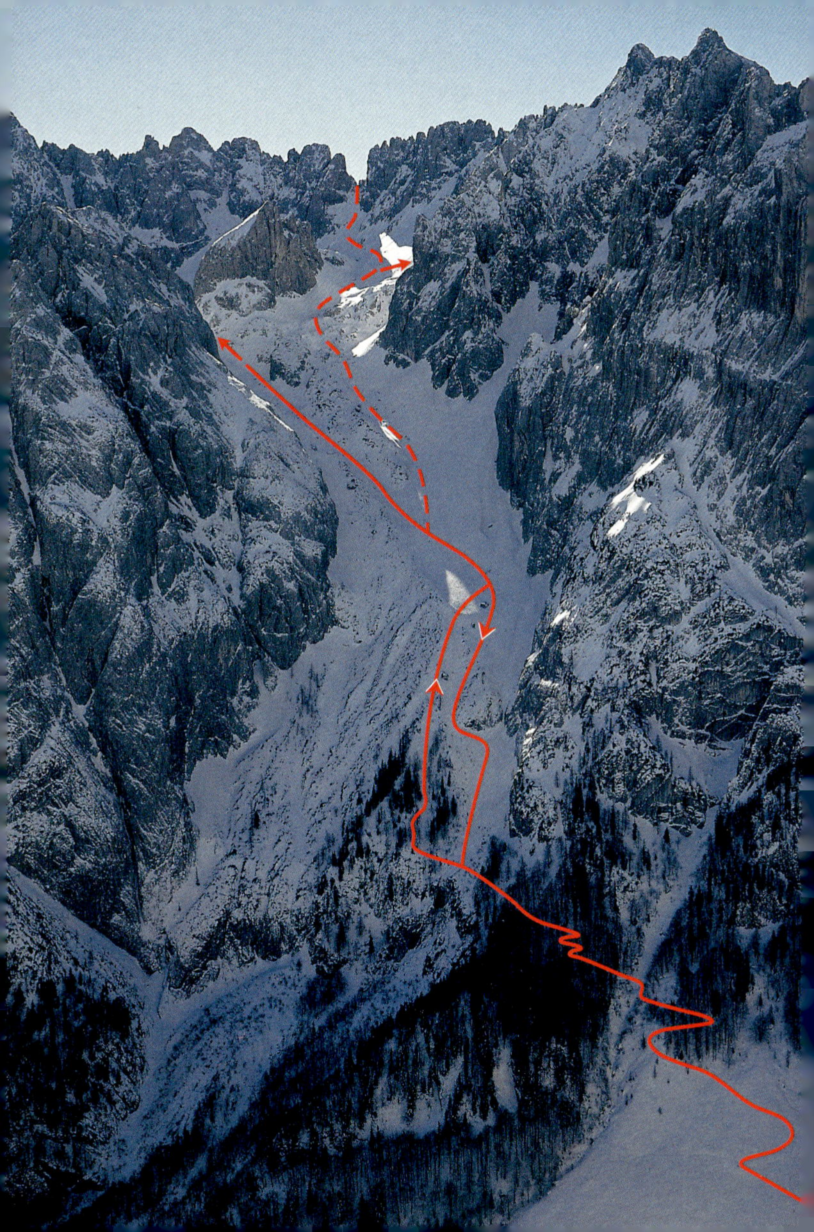

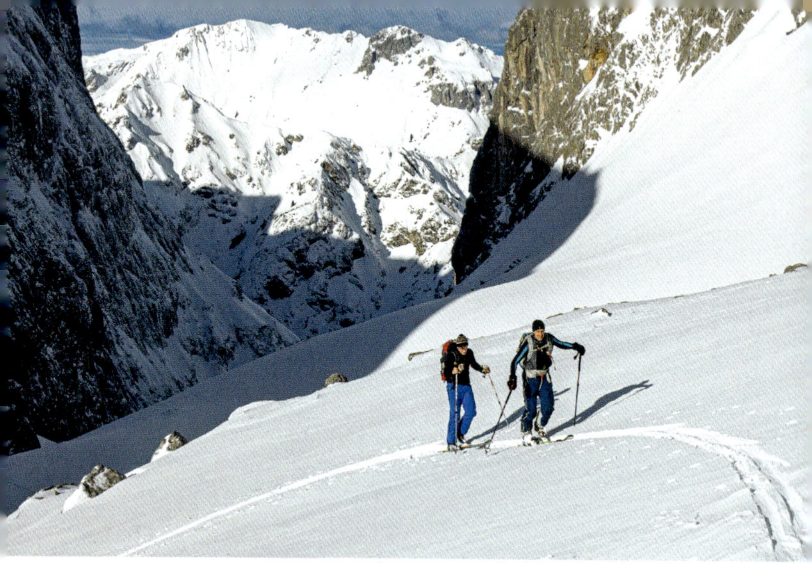

Unterwegs im felsumrahmten Griesnerkar.

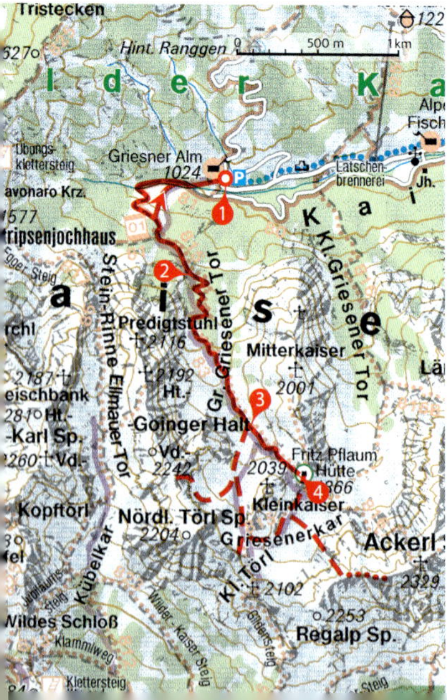

Goinger Törl (Variante 3), links über eine Steilstufe und anschließend in gestuften Mulden zu einem Sattel östlich des Kleinkaisers. Von hier in einem Katzensprung links zur **Fritz-Pflaum-Hütte** ❹, geradeaus zum Schönwetterfensterl (Variante 1), rechts zum Kleinen Törl (Variante 2) bzw. südseitig (rechts) um den Kleinkaiser herum zum Goinger Törl (Variante 3). **Abfahrt** von allen Zielen wie Aufstieg.

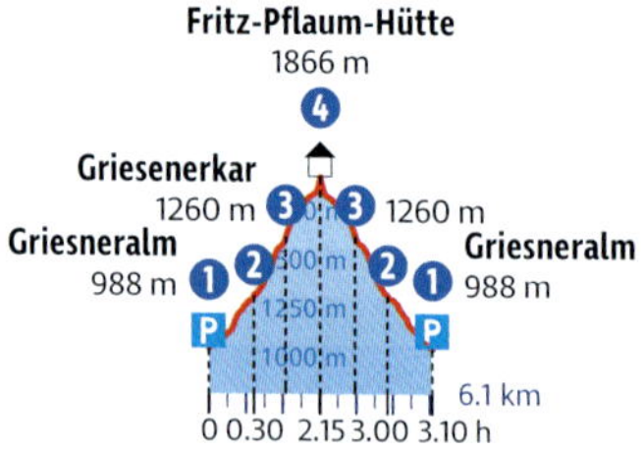

↗ 770 m | ↘ 770 m | 7.0 km

3.10 h

Brentenjoch – Weinbergerhaus, 1273 m

Großer Zuspruch für eine ehemalige Skipiste

Seit im Winter der Lift- und Skibetrieb von Kufstein zum Brentenjoch eingestellt ist, haben die Tourengeher das unkomplizierte Gelände »in Besitz« genommen. Sobald und solange eine halbwegs geschlossene Schneedecke bis zum großen Parkplatz am Kaiserlift oder mindestens bis zur Theaterhütte herabreicht, sind sie hier im Winter unterwegs und »bügeln« in großer Zahl die ehemalige Skipiste glatt. Neben dem fast ganzjährig geöffneten und auch mit einer Rodelbahn verbundenen Weinbergerhaus unweit des Brentenjoch sind bei günstiger Schneelage auch die anderen am Weg gelegenen Gaststätten bewirtschaftet. Zusätzlich zur viel begangenen Hauptroute aufs Brentenjochs und zum Weinbergerhaus bieten sich mit der Hirschlacke (früher auch Liftgebiet) und dem Gamskogel besonders bei Pulverschnee noch zwei reizvolle, aber wesentlich stillere Varianten.

Talort und Ausgangspunkt: Kufstein, Talstation des Kaiserlifts, 500 m. Zufahrt: Autobahnausfahrt Kufstein-Nord, am ersten Kreisverkehr rechts, am zweiten Kreisverkehr links, ab dem dritten Kreisverkehr dem Ww. »Kaisertal« bzw.

Über das Steinberghaus (Mitte) führt die Variante 2 zur Hirschlacke.

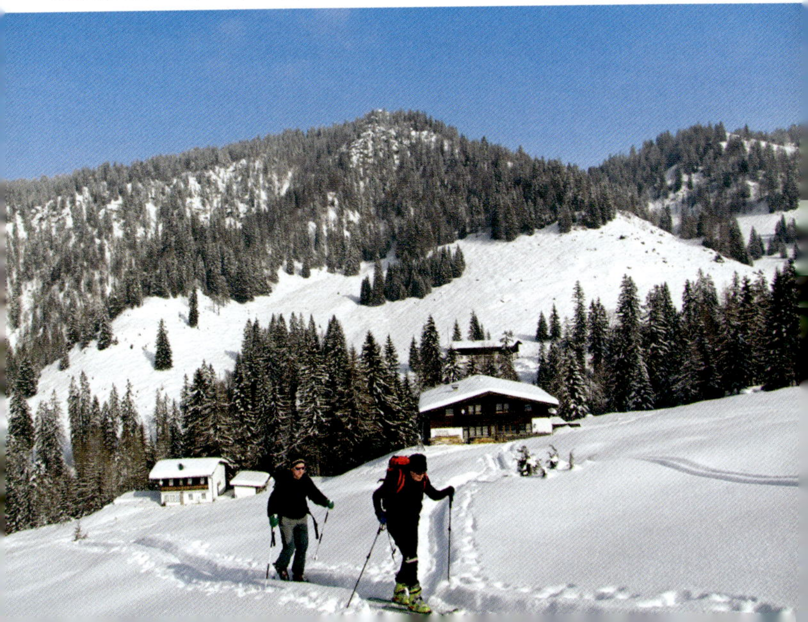

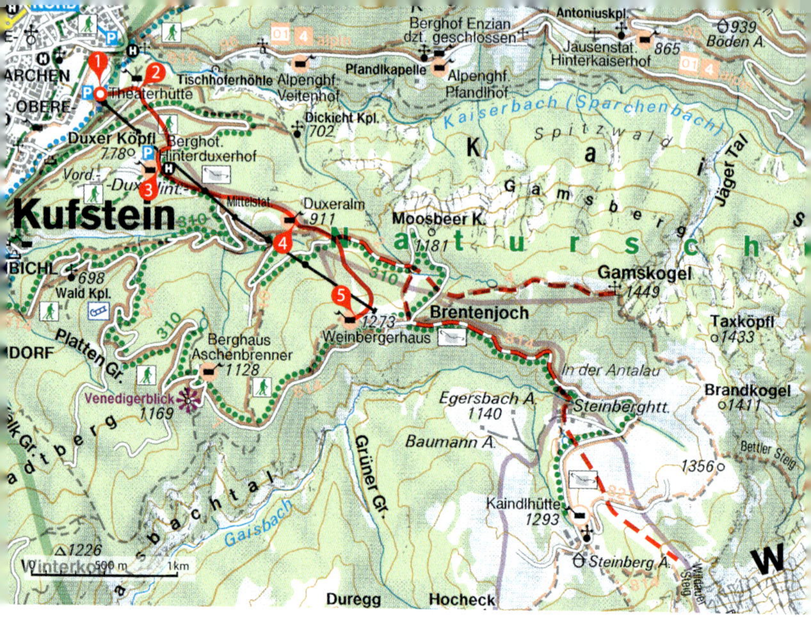

dann »Kaiserlift« zum Parkplatz folgen.
Aufstiegszeiten: Talstation – Hinterdux 45 Min., Hinterdux – Duxeralm 25 Min., Duxeralm – Weinbergerhaus gut 1 Std.
Anforderungen: Unkompliziertes Tourengelände entlang einer ehemaligen Skipiste.
Orientierung: Problemlos, da viel begangen.
Hangrichtung: Nordost bis Nordwest.
Lawinengefährdung: Gering.
Günstige Zeit: Dezember – März, bei Schneelage bis ins Tal.
Einkehr: Ghs. an der Talstation, Theaterhütte, Hinterdux, Duxeralm, Weinbergerhaus.
Varianten: 1. Gamskogel, 1449 m. Aufstieg: 2.45 Std., knapp 1000 Hm. Reichliche Schneelage erforderlich, am schönsten bei Pulverschnee. Auf den letzten 300 Hm unübersichtliches Waldgelände, das guten Orientierungssinn oder Gebietskenntnisse voraussetzt. Die Route: Dort, wo die Hauptroute rechts zum Weinbergerhaus abzweigt, geht man auf der nur leicht steigenden, meist geräumten Straße noch etwa 250 m weiter und zweigt dann erst von ihr rechts ab. Schon nach 150 m teilt sich die Route erneut: Rechts geht's auf kürzestem Weg zum Brentenjoch – geradeaus über einen kurzen Hang zu der vorhin verlassenen Straße, die in einer weiten Schleife ebenfalls zum Brentenjoch und zum Weinbergerhaus führt und als Rodelbahn sowie als leichte Anstiegs- und Abfahrtsroute dient. Die Straße erreicht man rechts von einem kleinen Graben (Routenteilung). Auf der Straße geht's weiter zum Brentenjoch, Weinbergerhaus und zur Variante 2. Zum Gamskogel dagegen quert man den Fahrweg und steigt rechts des kleinen Grabens mit zunehmendem Abstand dazu etwa 100 Hm (¼ Std.) durch steilen, gestuften Bergwald zu einer Geländeverflachung an. Dort mündet von rechts der verschneite und deshalb unkenntliche Sommerweg

vom Brentenjoch zum Gamskogel ein, in dessen Bereich man nun bis zum Gipfel aufsteigt. Er läuft noch eine Weile am schattseitigen Hang weiter, überwindet unmittelbar nach einer Mulde (Ausblick auf Scheffauer und Zettenkaiser) nach links drehend eine kleine Geländestufe und folgt anschließend einem schneisenartigen Tälchen bis zu seinem Ende (¼ Std.). Dort schwenkt die Route erneut etwas nach links und zieht in der bisherigen Richtung am bewaldeten Hang entlang auf den bescheidenen Gipfel des Gamskogels (¾ Std. von der Straße). Abfahrt: Bis zur o.g. Geländeverflachung entlang der Aufstiegsroute, dann zwischen dieser und dem kleinen Graben zur Straße hinab und im Bereich der Aufstiegsroute ins Tal.

2. Hirschlacke, ca. 1550 m. Aufstieg: 3.30 Std., dazu halbstündiger Gegenanstieg über 60 Hm am Rückweg; insgesamt gut 1200 Hm. Etwas abgelegenes und deshalb meist recht einsames Tourengelände mit einem genussvollen Nordwestrücken, der lange Zeit guten Pulverschnee bietet. Die Route: Wie bei Variante 1 zum Brentenjoch (Felsentor). Gleich dahinter zweigen wir links ab und gleiten (schieben) auf einem leicht fallenden Sträßchen 20 Min. talwärts. Ein Stück hinter einer Grabenquerung treffen wir auf eine Straßenteilung. Hier halten wir uns rechts und erreichen bald einen zweiten Graben (Steg). Hinter diesem geht es auf das freie Gelände um das Steinberghaus hinauf und über den anschließenden, freien Rücken auf ein gut sichtbares Feldkreuz zu, das aber rechts liegen bleibt. Nach einer Flachpassage stellt sich der Rücken zunehmend auf; wir gehen ihn am besten von rechts her an und folgen ihm bis zum höchsten Punkt oberhalb der verschneiten und deshalb meist nicht erkennbaren Hirschlacke. Abfahrt wie Aufstieg.

Vom großen Parkplatz beim **Kaiserlift** ❶ geradewegs auf den Bergsockel zu und im Linksbogen durch einen Waldstreifen zur **Theaterhütte** ❷ hinauf. Vor dieser und ein Stück darüber quert eine Asphaltstraße den breiten, freien Hang, der zuletzt im Rechtsbogen nach **Hinterdux** hinaufzieht. Dort

Genussvoller Pulverschnee bei der Abfahrt von der Hirschlacke (Variante 2).

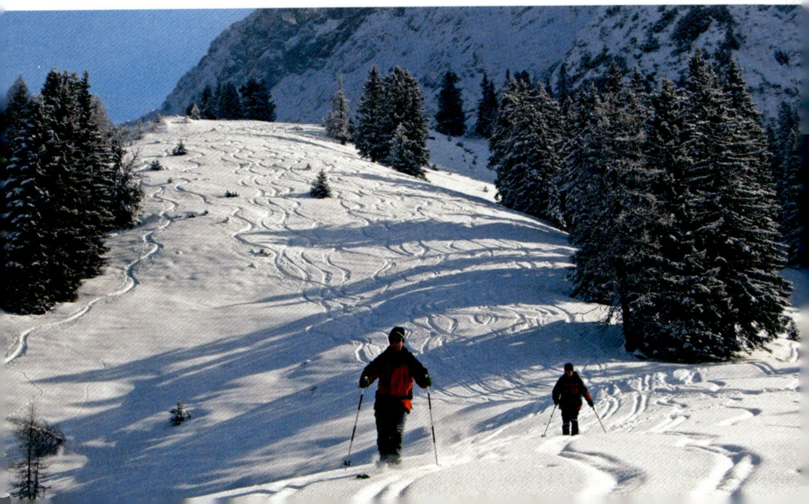

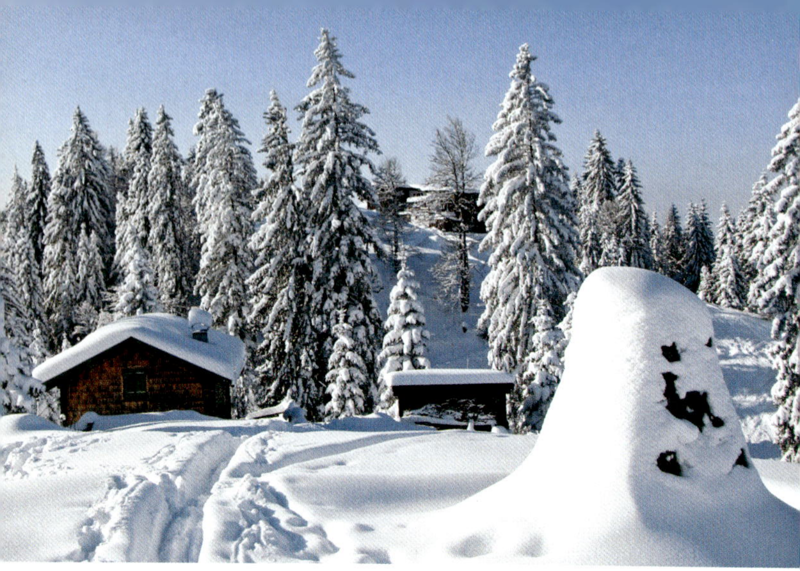

Hochwinter am Brentenjoch – in der Bildmitte oben das Weinbergerhaus.

geht es über eine Geländeschwelle hinweg und auf der Straße ein kurzes Stück zum **Hinterduxerhof** ❸ hinab. Links davon halten wir uns wahlweise an den zwischen Waldrand und Zaun verlaufenden Wanderweg oder steigen rechts davon über die Wiese bis zu einer Engstelle an, wo beide Routen wieder zusammentreffen. Hier halten sie sich links und ziehen entlang der ehemaligen Skipiste zur Mittelstation bei der **Duxeralm** ❹ (halbe Wegstrecke) hinauf, die aber rechts liegen bleibt. Im Folgenden wechseln sich Steilstufen und Flachpassagen ab, ehe wir den zum Brentenjoch (Weinbergerhaus) führenden und als **Rodelbahn** präparierten Fahrweg erreichen. Wir folgen ihm etwa 200 m nach links und können bei der Unterquerung einer Starkstromleitung vom Fahrweg rechts abzweigen. In einem weiten Rechts-links-Bogen mühen wir uns über einen recht steilen Rücken auf einen Absatz und nach einer flacheren Passage über eine weitere Steilstufe in einer Links-rechts-Schleife zur Zufahrtsstraße des **Weinbergerhauses** ❺, der wir rechts zu diesem folgen. Leichter, aber länger könnten wir hierher auch auf der meist präparierten Straße über das **Brentenjoch** ansteigen. **Abfahrt** wie Aufstieg oder weniger steil über das Brentenjoch.

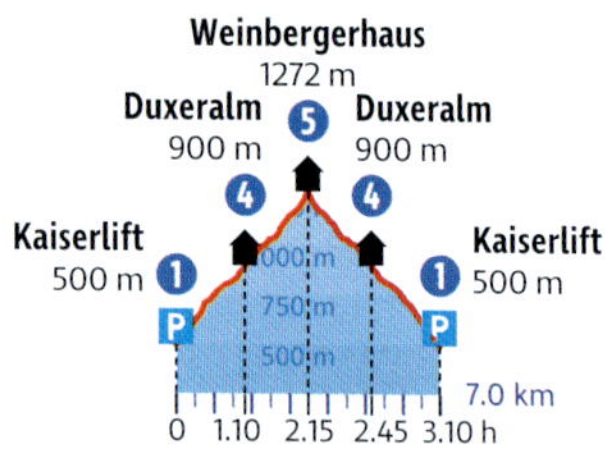

↗ 1100 m | ↘ 1100 m | 9.0 km

N W O S 4.30 h

Pyramidenspitze, 1997 m

Steil – steiler – Eggersgrinn

Die Skitour übers Eggersgrinn zur Pyramidenspitze zählt zu den technisch schwierigsten dieses Führers. Trotzdem ist die Route sehr beliebt und wird inzwischen – sichere Schneeverhältnisse vorausgesetzt – den gesamten Winter über begangen. Für eine Befahrung der über 45 Grad steilen Schlüsselpassage ist nicht nur absolut sichere Skitechnik, sondern auch eine relativ hohe Schneelage erforderlich, sonst kann eine mehrere Meter hohe, schrofige Unterbrechung den Fußabstieg erforderlich machen. Aber auch bei genügend Schnee ist die Stelle gerne vereist. Hier gab es schon mehrere schwere Unfälle, selbst von erfahrenen Bergsteigern. Steigeisen für den Notfall bei unerwartet schlechten Bedingungen mitzuführen ist unbedingt ratsam.

Talorte: Niederndorf, 500 m; Ebbs, 475 m, grenznahe Tiroler Dörfer im Inntal.
Ausgangspunkte: Gasthaus Kölnberg, ca. 870 m, bzw. Aschingeralm, 955 m. Zufahrt: Von der Inntalautobahn über Niederndorf in Richtung Walchsee. Ca. 0,8 km hinterm Sebiwirt (Bus von Kufstein) rechts in Richtung Buchberg, Kölnberg, Aschingeralm. Kurz nach der Unterquerung eines Schlepplifts (0,5 km von Kölnberg) zweigt rechts ein Forststräßchen ab; auf diesem noch bis zur Schranke (ca. 940 m, ca. 6 km vom Sebiwirt).
Aufstiegszeiten: Forststraße (Schranke) – Eingang ins Eggersgrinn 1 Std., Eggersgrinn – Scharte 1¾ Std., Scharte – Pyramidenspitze ½ Std.
Anforderungen: Sehr anspruchsvolle Skitour über sehr steile, nordseitige

Morgendlicher Ausstieg aus dem Eggersgrinn.

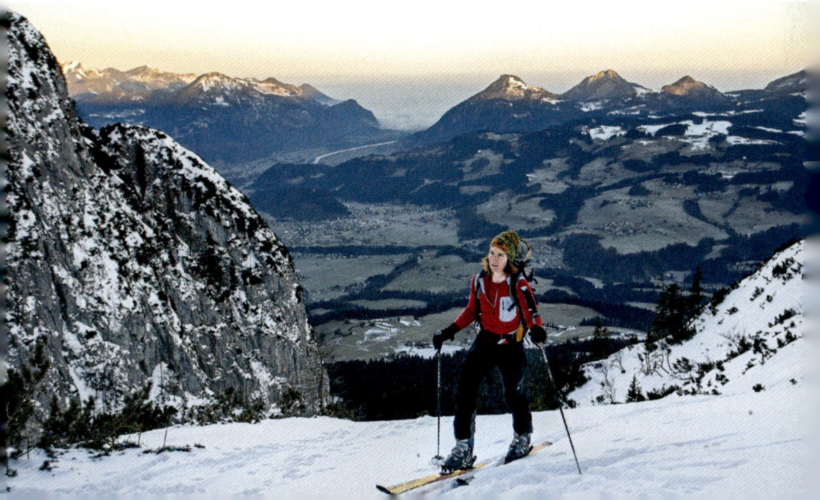

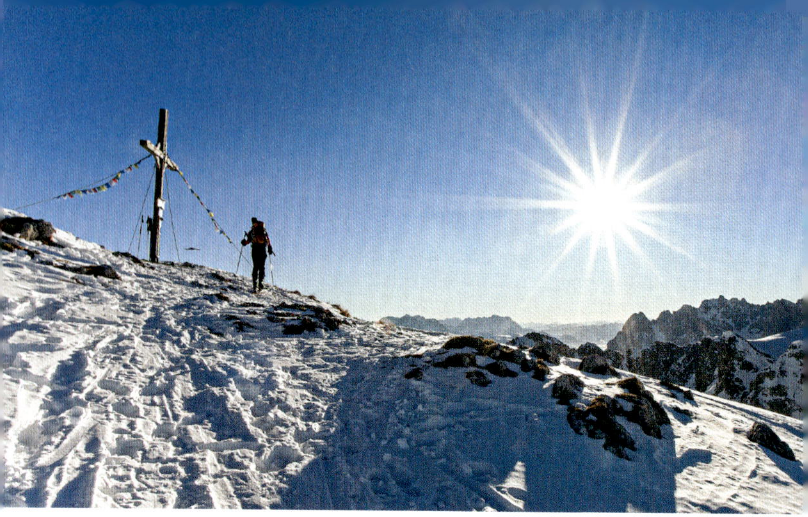

Bereits am frühen Vormittag am Gipfel.

Karstufen, die hervorragende Aufstiegs- und Abfahrtstechnik voraussetzen (Harscheisen mitnehmen!). Oft muss man über die Schlüsselstelle zu Fuß auf- und manchmal auch wieder absteigen (evtl. Steigeisen notwendig).
Orientierung: Der Zugang zum Kar erfordert bei fehlender Spur Orientierungssinn. Im Kar einfach, da vom Gelände vorgegeben. Zur Pyramidenspitze ist ausreichende Sicht erforderlich.
Hangrichtung: Pyramidenspitze West, Eggersgrinn Nord.
Lawinengefährdung: Sehr groß, nur bei absolut sicheren Verhältnissen ratsam.
Günstige Zeit: Anfang April bis Anfang Mai, nur bei Firn.
Einkehr: Gasthof Kölnberg und Aschingeralm.
Variante: Von der Pyramidenspitze südwärts durch eine Senke auf die Vordere Kesselschneid (2002 m, ¼ Std.).

Von der Schranke ① auf dem **Forststräßchen** gut 1 km (ca. 100 Hm) zu einer Gabelung. Hier scharf links, an der folgenden Gabelung (nach ca. 40 Hm) rechts und an der dritten Gabelung hinter einer markanten Linkskurve (nach weiteren gut 50 Hm) wieder links. Auf dem Forstweg noch ca. 300 m bis zu einer Umkehre (unscheinbare **Bauminsel** rechts der Straße, ca. 230 Hm ab Schranke). Hierher geht man bei Ausaperung kürzer, wenn man dem ca. 70 m vor bzw. nach der ersten Gabelung abzweigenden Steig (Steinmänner) ins Eggersgrinn folgt, der ca. 180 Hm ab Schranke die Forststraße quert. Spä-

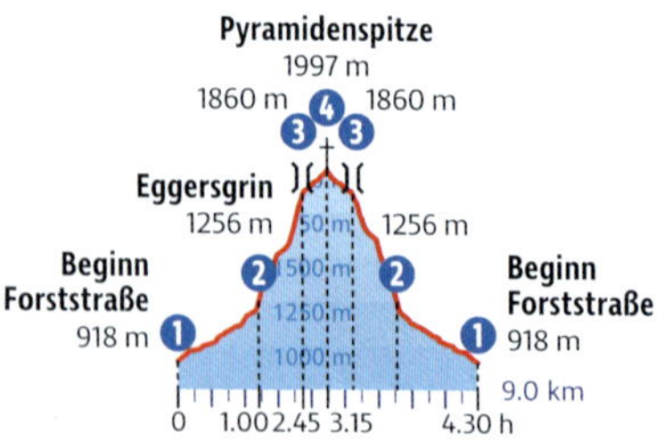

testens an oben genannter Bauminsel nimmt man in jedem Fall den Steig auf, der einer nach rechts abdachenden Rippe ca. 60 Hm an die Felsenschwelle ❷ des **Eggersgrinn** folgt. Diese wird (meist zu Fuß) auf der linken Seite genommen. Wer hier bereits Probleme haben sollte, dem/der kann man nur zur Umkehr raten! Im Kar geht es in zwei zunehmend steileren Aufschwüngen nach oben, wobei sich das Gelände in der ersten Hälfte über 35 Grad aufstellt, dann einen Absatz erreicht und über ca. 150 Hm eine »Verschnaufpause« gewährt, ehe es aus der Karmitte in einem leichten Links-rechts-Bogen durch eine ca. 80 m hohe Steilrinne über die **Schlüsselstelle** hinaufgeht. Auf den steilsten 25 Hm erreicht diese eine Neigung von mehr als 45 Grad (also 100 %), wobei der Ausstieg meist zu Fuß gemeistert wird. Auf den letzten 60 Hm bis zur **Scharte** ❸ legt sich das Gelände immer angenehmer zurück. Von dort folgt man links (ostwärts) dem buckeligen, mäßig geneigten Kamm noch auf die **Pyramidenspitze** ❹, 1997 m. **Abfahrt** wie Aufstieg.

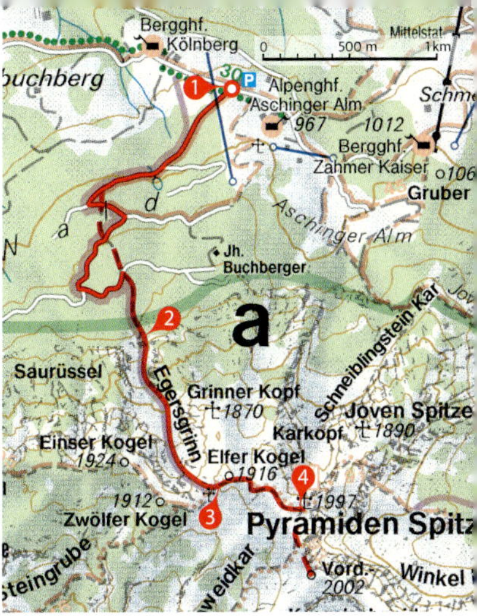

Düsterer Blick auf die steile Ausstiegsrinne in Bildmitte.

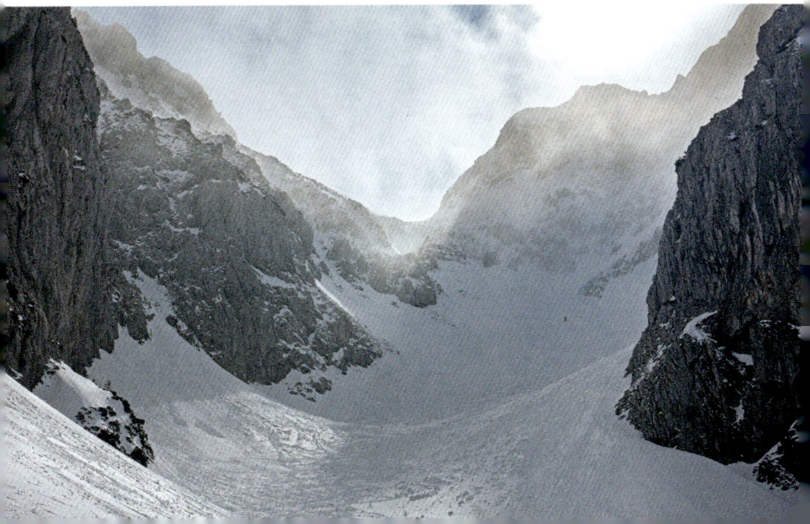

↗ 820 m | ↘ 820 m | 8.0 km

61 Winkelkar, 1538 m

3.20 h

Lange Pulverschneesaison im Eiskeller des Zahmen Kaisers

Man ist in manchem Jahr überrascht, wie lange sich im Winkelkar, dem Eiskeller des Zahmen Kaisers, trotz der niedrigen Ausgangslage guter Pulverschnee und im Frühjahr feiner Firn hält. Auf der Tour erreicht man allerdings keinen Gipfel, sondern steigt im Karbogen gewöhnlich nur so weit an, wie es mit den Skiern vernünftig erscheint. Der Routenverlauf wird im Wesentlichen von dem ins Winkelkar hinaufziehenden Taleinschnitt bestimmt.

Talort/Ausgangspunkt: Durchholzen/Walchsee, 690 m, Bus Kufstein – Kössen. In Durchholzen vom Ghs. Alpenhof 0,8 km dem Ww. »Pyramidenspitze« bis zum Parkplatz folgen, ca. 720 m. Falls nicht geräumt ist, beim Lift in Durchholzen parken.
Aufstiegszeiten: Parkplatz – Winkelalm knapp 1½ Std., Winkelalm – Winkelkar 1 Std.
Anforderungen: Sträßchen und Almgelände, oben steile Karmulde und Rücken.
Orientierung: Von der Natur vorgegeben.
Hangrichtung: Südost – Ost, vor allem aber Nord.
Lawinengefährdung: Die Skiroute ist von seitlichen Lawinenabgängen bedroht, deshalb auf die Lawinensituation achten!
Günstige Zeit: Januar – März und darüber hinaus.

Vom **Parkplatz** ❶ geht es auf einem Sträßchen (Ww. »Pyramidenspitze 91«, AV-Weg 816) bzw. über die seitlichen Almwiesen gut eine halbe Stunde lang ziemlich flach über die **Jager-Ried-Hütte** (Schranke) zur **Großpoit-**

Im schattigen Kar versäumt man bei schlechtem Wetter nichts.

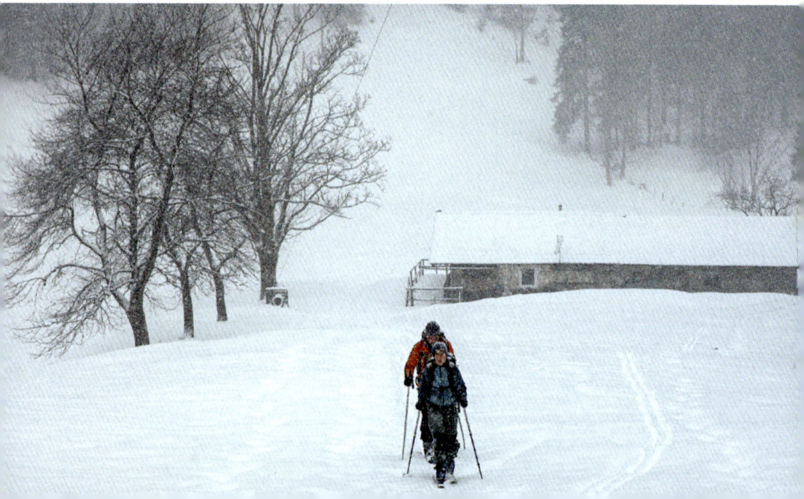

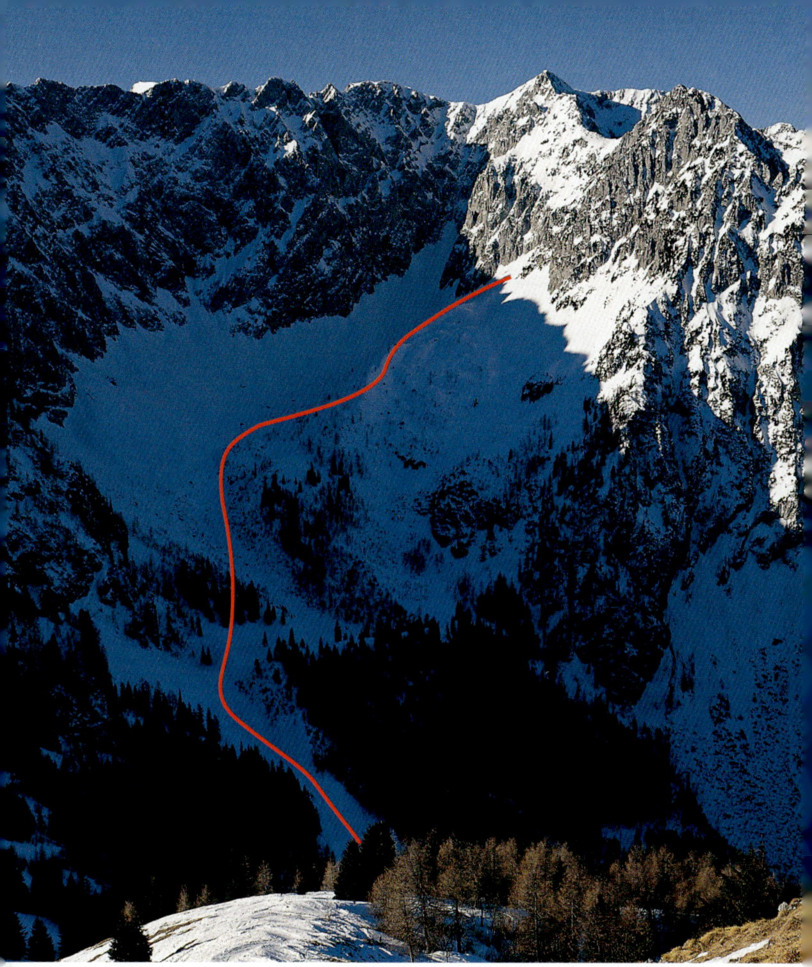

Im Winkelkar steigt man bis zur Schattengrenze. Darüber in der Sonne die Pyramidenspitze. Die Winkelalm steht nach dem unteren Rechtsknick der Skiroute.

neralm ❷, hinter der sich das Gelände aufstellt. Über einen freien Hang erreichen wir einen deutlichen Absatz und bald darauf die auf der rechten Hangseite versteckte **Winkelalm** ❸. Vor dieser ziehen von links zwei Lawinenstriche herab und hinter ihr beginnt das **Winkelkar**, das sich in einem ausgeprägten Rechtsbogen unter steilen Felsflanken zur Höhe schwingt.

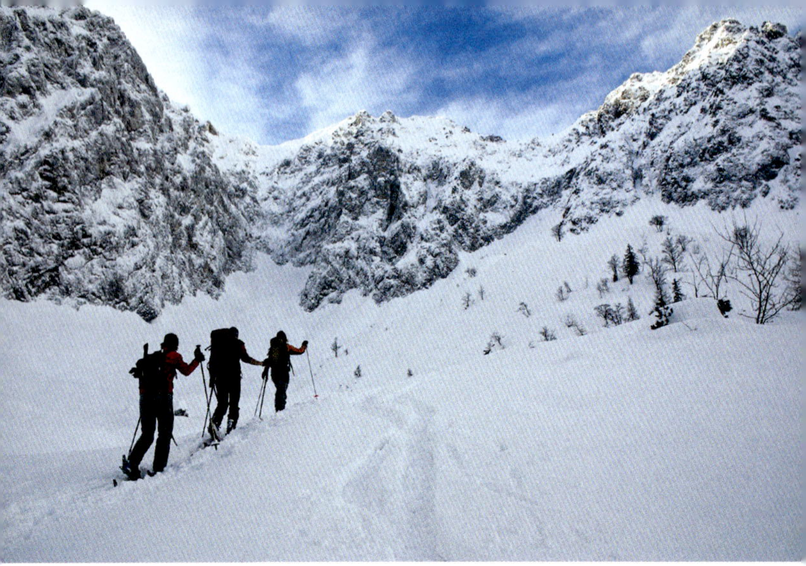

Das Kar wird rundherum von hohen Felswänden abgeschlossen.

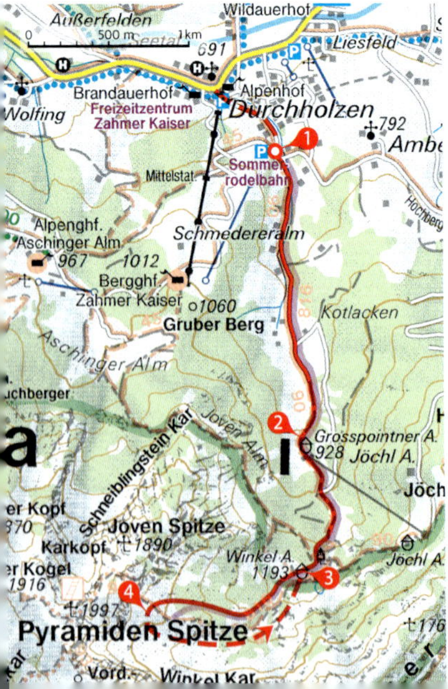

Die Alm lassen wir rechts liegen und queren durch das Wäldchen auf der linken Seite leicht ansteigend in eine Talmulde. In dieser steigen wir auf einen Absatz am Eingang in den oberen Karboden. Hier wenden wir uns nach rechts und mühen uns über einen recht steilen Rücken ❹, der zuletzt stark abflacht, 1538 m. Hier oder ein Stück darüber endet auch unser Aufstieg. **Abfahrt** wie Aufstieg; ganz oben bei stabiler Schneelage auch in der Karmulde.

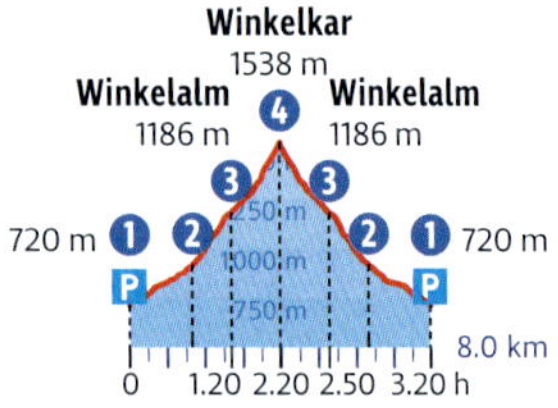

↗ 800 m | ↘ 800 m | 7.2 km

N W O S

3.30 h

Walchseer Heuberg, 1603 m

62

Ein reizvolles Anhängsel des Zahmen Kaisers

Der Walchseer Heuberg ist ein Namensvetter des Inntaler Heubergs und ein nordseitiges Anhängsel des Zahmen Kaisers; er bietet eine bescheidene, aber trotzdem reizvolle Skitour. Am Gipfel gewinnt man einen informativen Einblick in das von Felsflanken abgeschirmte Winkelkar (s. Tour 61), ferner einen Ausblick auf den Walchsee und die Chiemgauer Berge um den Geigelstein.

Talort: Walchsee, 658 m, Dorf am gleichnamigen See; Bus Kufstein – Kössen.
Ausgangspunkt: Parkplatz für Tourengeher, ca. 800 m. Zufahrt: Am westlichen Ortsrand von Walchsee zwischen den km-Marken 12,8 und 12,6 in Richtung »Camping« und weiter nach Öd. Dort rechts in Richtung »Heuberg« und über den Lippenalm-Parkplatz (hier nicht parken, Strafgebühren!) rechts zum Parkplatz für Tourengeher am Waldrand.
Aufstiegszeiten: Parkplatz – Wolfingeralm knapp 1½ Std., Wolfingeralm – Hageralm 25 Min., Hageralm – Heuberg 40 Min.
Anforderungen: Weidegelände, Forststraßen und kurze Waldpassagen.
Orientierung: Gute Orientierungspunkte vorhanden, deshalb unproblematisch.
Hangrichtung: Süd – Ost – Nord.
Lawinengefährdung: Von der Hageralm aufs Jöchl ist eine stabile Schneelage erforderlich. Lawinenstrich auch im Wald unter der Hageralm, ansonsten ist die Lawinengefahr auf Extremsituationen beschränkt.
Günstige Zeit: Dezember – März.

Gipfelausblick über den Feldberg zum Wilden Kaiser.

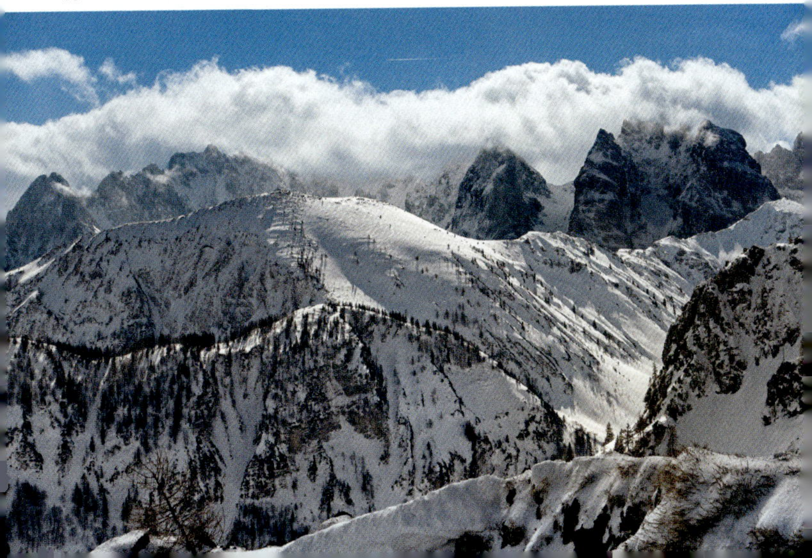

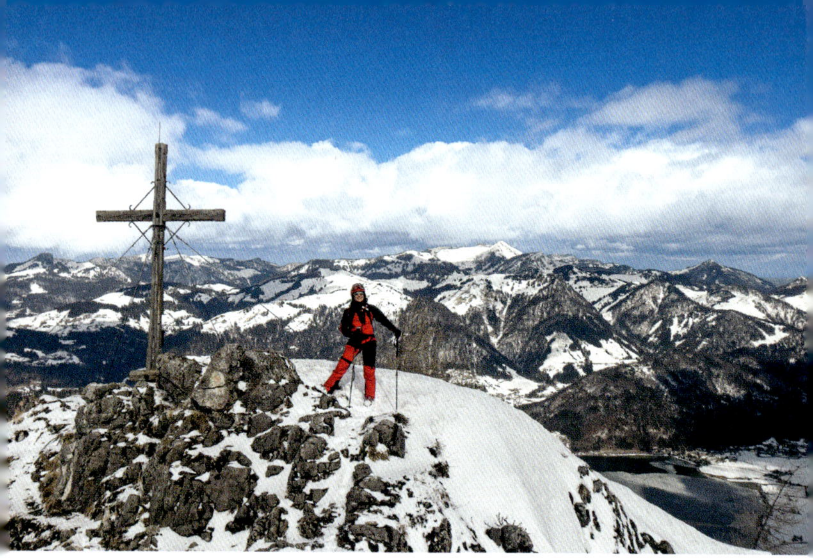

Exponiertes Gipfelchen hoch über dem Walchsee.

Auf der Forststraße ❶ links in den Wald, bis diese den Graben nach links quert (Routenteilung). Entweder auf der bequemen Forststraße weiter über die **Gwirchtalm** – dahinter rechts – oder ganz kurz vor dem Graben etwa 30 m nach rechts, dann links über eine kurze, bewaldete Steilstufe – u.U. zu Fuß – auf Almwiesen hinaus. Über diese (Abfahrtsroute) zum Waldrand hinauf, wo wir wieder auf die Forststraße treffen. Auf dieser oder – kürzer – entlang eines Wanderweges, der die Straße dreimal quert, durch den Wald und dahinter über Bergweiden auf die aussichtsreiche Schulter bei der **Wolfingeralm** ❷. Auf einer oft unkenntlich verschneiten Almstraße die Ostflanke des Heuberges queren – nicht über die Nordflanke! – und hinter

Querung zur Wolfingeralm.

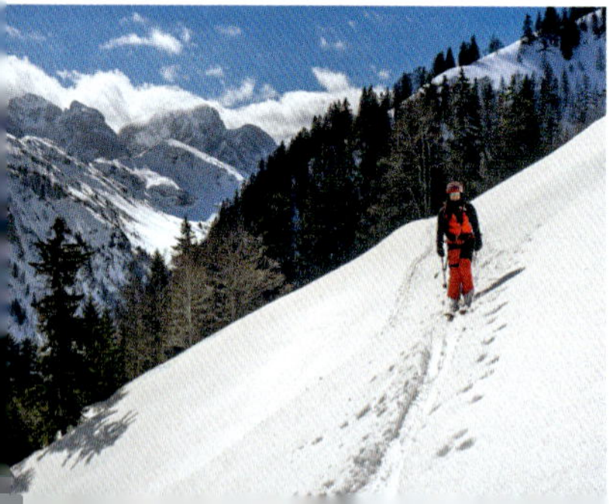

Hageralm mit Jöchl im Hintergrund.

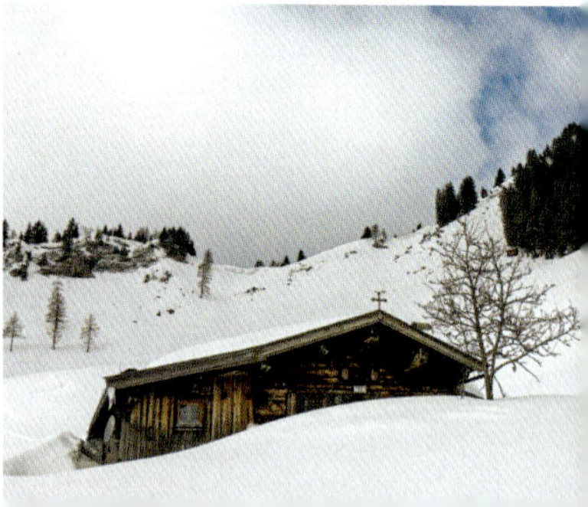

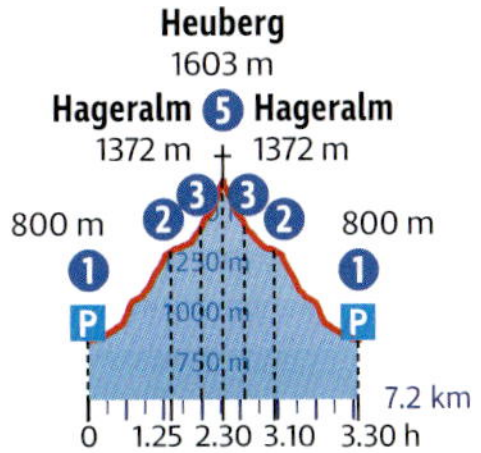

einem Waldgürtel über steile Grashänge rechts zu der in einem Kessel gelegenen **Hageralm** 3. In gleicher Richtung über steile Bergweiden aufs häufig überwechtete **Jöchl** 4 und über einen südseitigen, oft abgeblasenen und stark aufsteilenden Rücken zum **Heuberg** 5, 1603 m, den man zuletzt zu Fuß erreicht. **Abfahrt** wie Aufstieg, unten meist schöner über die Almwiesen als auf der Straße über die Gwirchtalm.

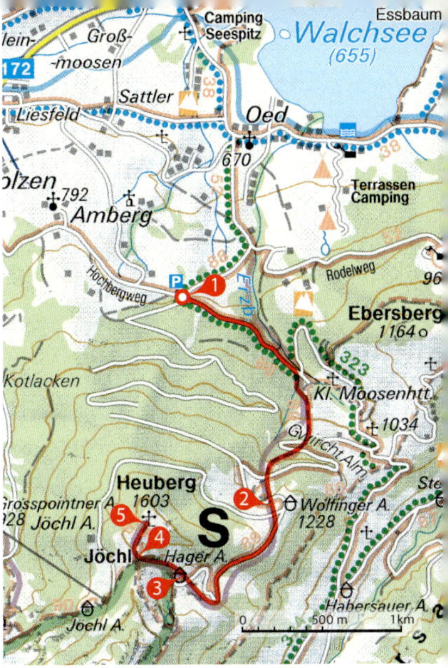

Vom Gipfelhang hat man einen tollen Tiefblick ins Winkelkar (Tour 61).

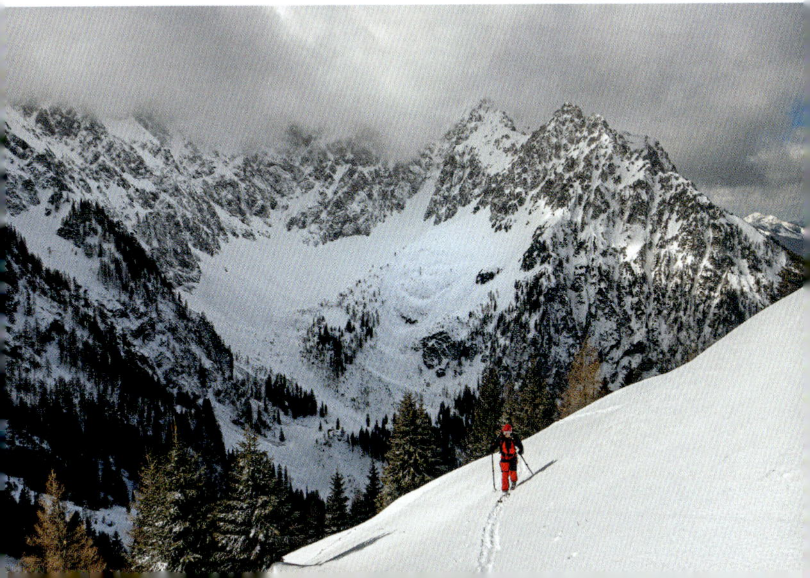

STICHWORTVERZEICHNIS

Umschlagbild: Hochwinter an der Abergalm (Tour 4).

Bild im Innentitel: Blick vom Aufstieg zum Dürrnbachhorn (Tour 16) auf Dürrnbachalm und Zahmen Kaiser (links der Bildmitte).

Bild Seite 2: Eindrucksvolle Gebirgsszenerie an der Hochalm (Tour 24).

Bild Seiten 28/29: In der Gipfelmulde des Geigelsteins (Tour 10). An der Mühlhornwand sieht man mehrere Lawinenabgänge.
Unten die Oberkaseralm.

Alle Fotos von den Autoren.

Kartografie:
62 Tourenkärtchen im Maßstab 1:50.000
sowie zwei Übersichtskarten im Maßstab 1:350.000 und 1:700.000

Die Ausarbeitung aller in diesem Führer beschriebenen Wanderungen erfolgte nach bestem Wissen und Gewissen der Autoren. Die Benützung dieses Führers geschieht auf eigenes Risiko. Soweit gesetzlich zulässig, wird eine Haftung für etwaige Unfälle und Schäden jeder Art aus keinem Rechtsgrund übernommen.

7., komplett überarbeitete Auflage 2023

ISBN 978-3-7633-5934-9

MIX
Papier aus verantwortungsvollen Quellen
FSC® C021956

Wir freuen uns über jeden Korrekturhinweis zu diesem Skitourenführer!
Bitte per E-Mail an: leserzuschrift@rother.de

ROTHER BERGVERLAG · Keltenring 17 · D-82041 Oberhaching
Tel. +49 89 608669-0 · www.rother.de